国民服・衣服研究

★監修・解説★ 井上雅人

第3巻

『国民服』

1942年（昭和17年）4月号〜6月号

ゆまに書房

凡例

一、本企画は、一九四一年（昭和十六年）十月に財団法人大日本国民服協会より創刊した『国民服』と改題後継誌『衣服研究』を影印復刻するものである。

国民服・衣服研究　全八巻

監修・解説　井上雅人（武庫川女子大学准教授）

第一巻　『国民服』一九四一年（昭和十六年）十月号～十二月号
第二巻　『国民服』一九四二年（昭和十七年）一月号～三月号
第三巻　『国民服』一九四二年（昭和十七年）四月号～六月号
第四巻　『国民服』一九四二年（昭和十七年）七月号～九月号
第五巻　『衣服研究』一九四二年（昭和十七年）十月号～十二月号
第六巻　『衣服研究』一九四三年（昭和十八年）一月号～三月号
第七巻　『衣服研究』一九四三年（昭和十八年）春季版・夏季版・秋季版
第八巻　『衣服研究』一九四四年（昭和十九年）春季版・夏季版・秋季号／解説

一、本書「国民服・衣服研究　第三巻」に収録するのは左記のとおりである。

『国民服』第二巻第四号　四月号　昭和十七年四月十五日発行　財団法人大日本国民服協会
『国民服』第二巻第五号　五月号　昭和十七年五月十五日発行　財団法人大日本国民服協会
『国民服』第二巻第六号　六月号　昭和十七年六月十五日発行　財団法人大日本国民服協会

一、『国民服』第二巻第四号について、九ページから三十ページまで削除されている。

一、復刻に際しては、表紙から裏表紙までをすべて無修正で掲載した。ただし寸法については適宜縮小した。また印刷については、目次および本文の単色カラーページを原則としてモノクロームとした。

一、底本の印刷状態や保存状態等の理由により、蔵書印、書き込み、欠字、判読不可の箇所、ページの欠損などがある。

謝辞

このたびの復刻版刊行につきまして、文化学園大学図書館より、復刻底本として所蔵資料の御提供を賜りました。謹んで御礼を申し上げます。

株式会社ゆまに書房

目次

国民服・衣服研究　第3巻　『国民服』１９４２年（昭和17年）４月号～６月号

『国民服』第二巻第四号　四月号

昭和十七年四月十五日発行　財団法人大日本国民服協会

新生活雜誌
國民服
昭和十六年十一月十五日第三種郵便物認可
昭和十七年三月二十五日印刷納本（毎月一回十五日發行）
昭和十七年四月十五日發行
特輯・佛印の纖維
成田文庫
四月號

教育參考資料に

理想的型紙

國民服關係型紙頒布

印刷部數に制限あり
即刻申込まれたし

素人にも出來る——
親切明快な說明書附き

★各型共縫製解說書を附す

甲號上衣型紙	五十錢
乙號上衣型紙	五十錢
甲號中衣型紙	三十五錢
乙號中衣型紙	三十五錢
袴型紙	五十錢
外套型紙	七十錢

〔送料各六錢〕

財團法人 大日本國民服協會發行

振替・東京・一四四六七五番

勅令　（昭和十五年十一月二日）

朕國民服令ヲ裁可シ茲ニ之ヲ公布セシム

御名　御璽

昭和十五年十一月一日

内閣總理大臣 公爵 近衞　文麿
厚生大臣　金光　庸夫
拓務大臣　秋田　清

勅令第七百二十五號

國民服令

第一條　大日本帝國男子ノ國民服（以下國民服ト稱ス）ノ制式ハ別表第一ニ依ル

第二條　國民服ハ從來背廣服其ノ他ノ平常服ヲ著用シタル場合ニ著用スルヲ例トス

第三條　國民服禮裝ハ國民服ヲ著用シ國民服儀禮章ヲ佩ブルモノトス

國民服儀禮章ノ制式ハ別表第二ニ依ル

第四條　國民服禮裝ハ從來燕尾服フロックコート、モーニングコート其ノ他之ニ相當スル禮服ヲ著用シタル場合ニ著用スルヲ例トス

第五條　國民服禮裝ニハ佩用ニ關スル規程ニ從ヒ勳章、記章及襃章ヲ佩用スルコトヲ得

第六條　本令ノ制式ニ依ラザル服又ハ徽章若ハ飾章ハ其ノ名稱中ニ國民服又ハ國民服儀禮章ノ文字ヲ用フルコトヲ得ズ

附　則

本令ハ公布ノ日ヨリ之ヲ施行ス

（別表第一）

國民服制式表

甲號

上衣	地質		茶褐絨又ハ茶褐布
	製式	襟	立折襟式開襟（小開キ）トス
		前面	袵形ヲ附シ釦五箇ヲ一行ニ附ス
		袖	筒袖型トシ脇開及端袖ヲ附シ釦各一箇ニテ開閉シ得ル如クス
		帶	帶形ヲ附ス
		裾	左右兩裾ヲ開ク
		物入	胸部物入ハ左右各一箇トシ袵線ニ沿ヒ縱型ト爲シ釦各一箇ヲ附ス腰部物入ハ左右各一箇トシ横型蓋附ト爲シ蓋及釦各一箇ヲ附ス但シ釦ハ附セザルコトヲ得
中衣	地質		適宜
	製式	襟	日本襟トス上襟及附襟ヲ用フルコトヲ得但シ禮裝ノ場合ニ於テハ附襟ヲ用フルモノトス
		前面	上衣ニ同ジ
		袖	上衣ニ同ジ附袖ヲ用フルコトヲ得
		帶	分離式トシ前面二箇ノ釦ヲ以テ留ム
		裾	上衣ニ同ジ
		物入	上衣ニ同ジ但シ腰部物入ハ附セザルコトヲ得

袴	地質		茶褐絨又ハ茶褐布
	製式	裾	釦ヲ以テ緊收開閉スル如ク爲スコトヲ得
		物入	左右ニ各一箇ヲ附ス
帽	地質		適宜但シ禮裝ノ場合ニ於テハ茶褐絨又ハ茶褐布
	製式		適宜但シ禮裝ノ場合ニ於テハ烏帽子型トシ折返及前庇ヲ附スルモノトス
外套	地質		適宜但シ禮裝ノ場合ニ於テハ茶褐絨又ハ茶褐布
	製式		適宜但シ禮裝ノ場合ニ於テハ左ニ依ルモノトス 襟 開襟式立折襟（小開キ）トス 前面 釦三箇ヲ一行ニ附シ比翼仕立トス 袖 筒袖型トシ端袖ヲ附シ釦一箇ヲ附ス 裾 後開ヲ附シ釦二箇ヲ附シ比翼仕立トス 物入 腰部左右ニ各一箇ヲ附シ釦一箇ヲ附ス
手套			適宜但シ禮裝ノ場合ニ於テハ白色トス
靴			適宜但シ禮裝ノ場合ニ於テハ黑革短靴トシ雨雪又ハ乘馬ノトキハ黑革長靴ヲ用フルコトヲ得

乙號

上衣	地質		茶褐絨又ハ茶褐布
	製式	襟	立折襟トス但シ開襟式立折襟（小開キ）ト爲スコトヲ得
		前面	釦五箇ヲ一行ニ附ス
		袖	筒袖型トシ脇開ヲ附シ釦一箇ニテ開閉シ得ル如クス端袖ヲ附スルコトヲ得
		裾	左右兩裾ヲ開ク
		物入	胸部物入ハ左右各一箇トシ横型ト爲シ蓋及釦各一箇ヲ附ス　腰部物入ハ左右各一箇トシ横型ト爲シ蓋ヲ附ス
中衣	地質		適宜
	製式	襟	日本襟トス附襟ヲ用フルコトヲ得但シ禮裝ノ場合ニ於テハ附襟ヲ用フルモノトス
		前面	釦四箇ヲ一行ニ附ス
		袖	筒袖型トス附袖ヲ用フルコトヲ得
		物入	胸部物入ハ左一箇トシ腰部物入ハ左右各一箇トス但シ腰部物入ハ附セザルコトヲ得
		其ノ他	背帶、背縫筥襞又ハ下脇襞ヲ附スルコトヲ得
袴			甲號ニ同ジ
帽			甲號ニ同ジ但シ禮裝ノ場合ニ於テハ製式ハ陸軍略帽型ニ依ルコトヲ得
外套			甲號ニ同ジ
手套			甲號ニ同ジ
靴			甲號ニ同ジ

備考

一　上衣、中衣、袴、帽（陸軍略帽型ヲ除ク）及外套ノ製式ノ形狀ハ圖ノ如シ

二　甲號禮裝ノ場合及開襟式立折襟（小開キ）ノ上衣ヲ用フル乙號禮裝ノ場合ニ於テハ立折襟ト爲スモノトス

三　甲號禮裝ノ場合及開襟式立折襟（小開キ）ノ上衣ヲ用フル乙號禮裝ノ場合竝ニ開襟（小開キ）ノ場合ニ於テハ中衣ヲ著用スルモノトス但シ暑熱ノ時期又ハ地方ニ在リテ上衣ニ副襟（副襟ニハ附襟ヲ附スルコトヲ得但シ禮裝ノ場合ニ於テハ附襟ヲ附スルモノトス）及附袖ヲ附シタルトキハ中衣ヲ著用セザルコトヲ得

四　禮裝ノ場合ニ於テハ附襟及附袖ハ白色トス

五　禮裝ノ場合ヲ除クノ外暑熱ノ時期又ハ地方ニ在リテハ中衣ヲ以テ上衣ニ代ヘ（此ノ場合ニ於テ中衣ハ半袖ト爲シ、襟開ヲ大ト爲シ及帶ヲ附セザルコトヲ得）又ハ袴ハ半袴ト爲スコトヲ得

六　禮裝ノ場合ニ於テハ茶褐絨又ハ茶褐布ノ長マントヲ以テ制式ニ依ル外套ニ代フルコトヲ得

七　外套ハ用ヒザルコトヲ得禮裝ノ場合ヲ除クノ外帽、手套及靴ハ用ヒザルコトヲ得

八　乙號立折襟上依ノ物入ハ當分ノ内外物入ト爲スコトヲ得

婦人標準服協贊

新學期生徒募集

目下願書受付中
規則書要三錢

速成科　高等科
普通科　隨意科

興亞女子洋裁學院

省線御徒町下車五分
東京市下谷區竹町百二十一
電話下谷（83）八八四三番

隨意科
華道科
書道科

特典　ミシン無料貸與

驚異!!本學院拔群の實力

◎厚生省後援・被服協會・大日本國民服協會主催
婦人標準服公募ニ對シ、甲賞一點、乙賞二點、佳作三點、外ニ卒業生多數入賞

◎三千百名ノ生徒定員八常ニ超滿員

洋　裁

財團法人
文化服裝學院

東京市澁谷區代々木山谷町
電話四谷 一五六九　一七七七　四九四六　七八九〇

△四月八日入學

本科……一二〇〇名
速成科……三二〇名
家庭科……一〇〇名
研究科……三〇〇名
裁斷科……三〇〇名
高等研究科……三〇〇名
中等教員研究科……三〇名（有資格者ニ限ル）

◎入學資格高女卒以上

夜學部充實

國民服・四月號目次

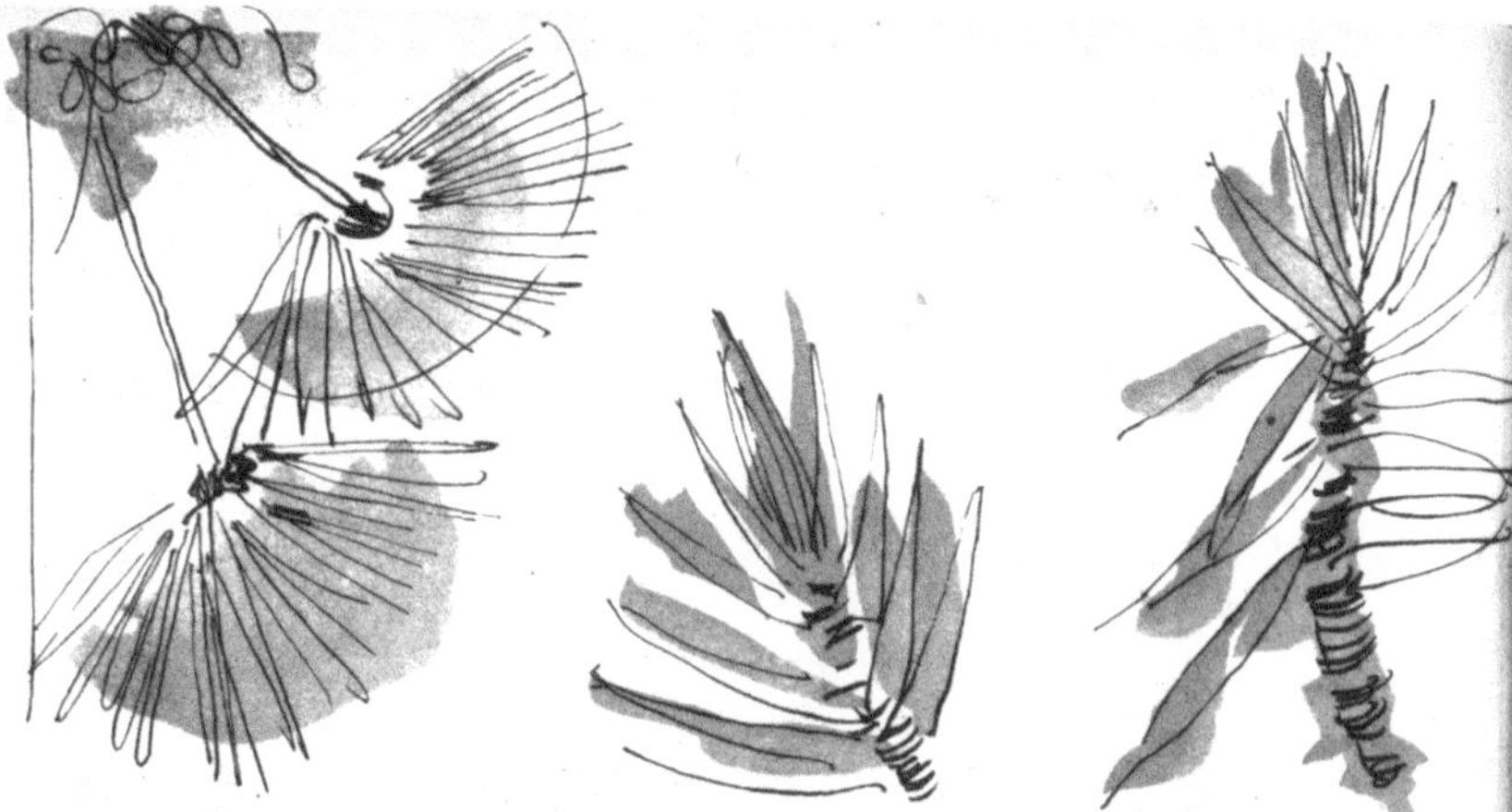

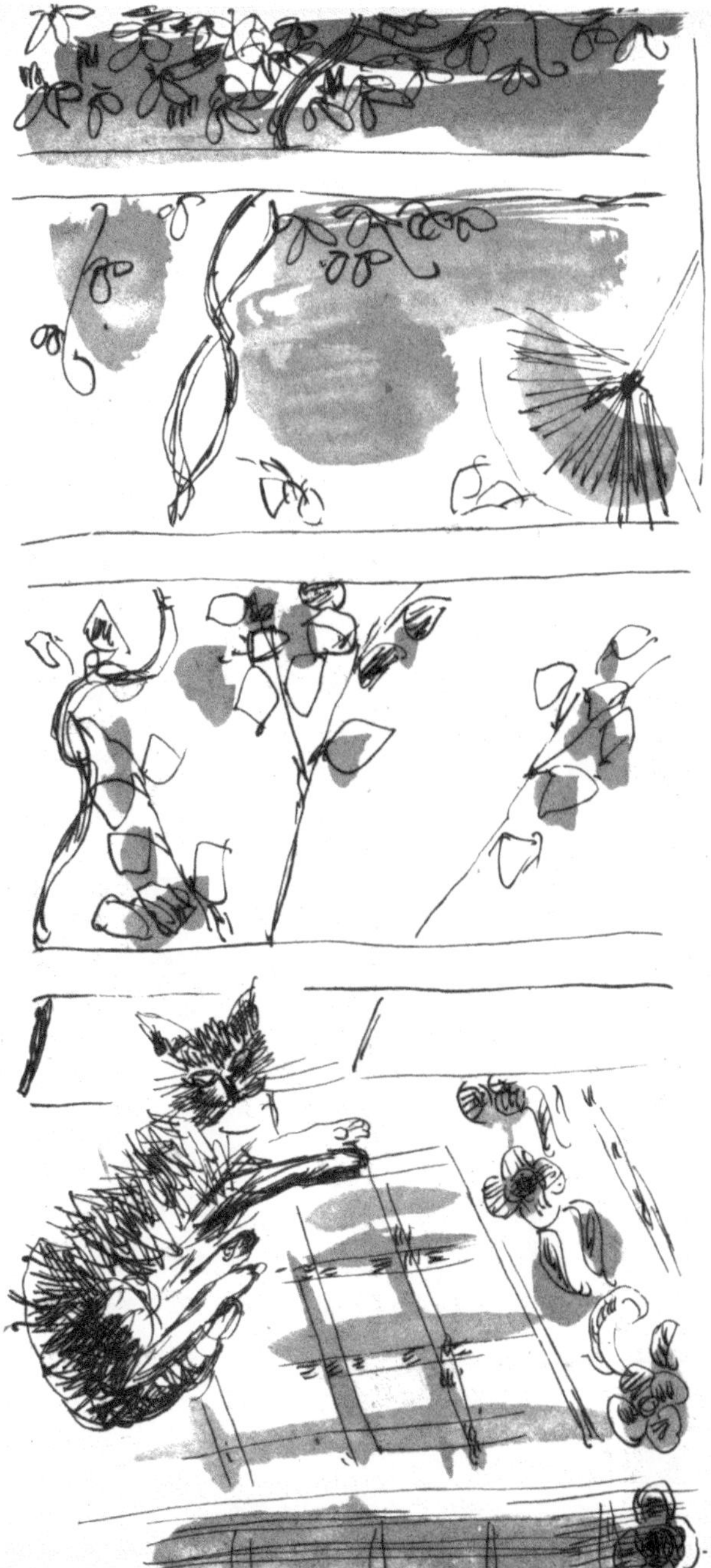

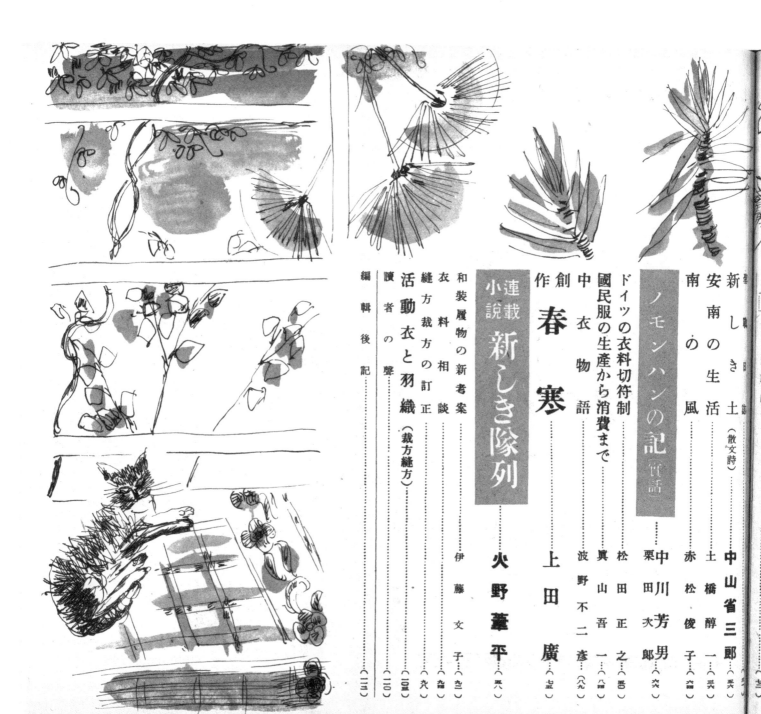

日本國民被服株式會社

大阪市東區内本町橋詰町三四

電話東(24)一一九四・八四〇三番

正規國民服

中衣

制定

儀禮章

國民帽

（カタログ進呈）

國民服配給株式會社

東京市日本橋區橋町三番地二一

電話浪花(67)五一二五、五一二六

「皇紀二千六百二年婦女圖」

伊東　深水

此圖は婦人標準服に取材したものです。標準服は厚生省生活局が各方面の權威者の意見を徴してあらゆる見地から研究創案されたもので仕立方も極めて簡易で且つ高雅な様式です。生地は勿論如何なるものを使用するも可能であるばかりでなくむしろこれ迄着てきた物を活用して作る事こそ時局柄望ましいので、そうした意味も充分考慮され作製されたのです。私も選定委員の一人として其相談に預つた關係上、これを畫家の立場から繪畫化した次第なのですが、斯様した企圖が多少でも宣傳のお役に立てば眞に本懐です。

右半雙

右側　甲型二部式（ツーピース）で古代裂を應用した意味を表現したもの、即ち自由性を示したものです。

中央　甲型二部式（ワンピース）で色目は男子の國民服に調和するやうに選定された標準色です。

左側　標準服に適應して考案された外套。

左半雙

右側　乙型二部式和服（ツーピース）で上部と下部は別々の生地を使用したものです，羽織もそれに相應しく創案されたものゝ一つです。

左側　甲型、二部式の應用型で上下を共裂で作られたもの。

頭髪　これも最近大日本淑姿聯盟が標準服や現時の生活に即應して應募されたものゝ中より選定された髪形で大體に於て標準型と云へるでせう。

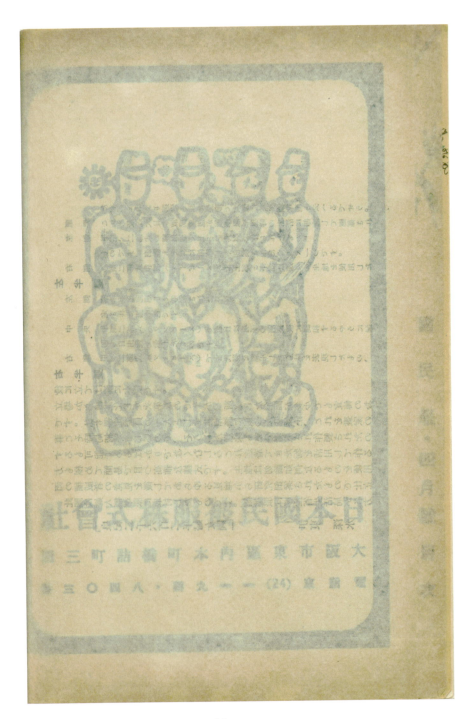

佛印の布
佛印資源調査圖
岸武八氏（商工技師、本會評議員）が佛印纖維資源調査の旅から持ち歸られた佛印の布、いづれも住民が日常使用するものです。
NY OMBY
Cie LYONNAISE
MISSION ECONOMIQUE DU JAPON INDOCHINA FRANCAISE

安南やラオスの人達がする首巻や帯などの一部です。原色と中間色との巧みな配合が、明るい佛印の空氣にぴつたりしてゐるのです。材料はカポツク、綿など土着品種に手製の染料を使つたもの、このほか、日本産の人絹なども使はれてゐます。
佛印の綿布（山羊印）はかなり上質で、工場設備も相當とゝのつてゐます。（本文參照）

移動演劇運動について

遠藤愼吾

日本は古來から「魂」を非常に重視する國柄である。「魂」と云へば、今更辭引を引くまでもなく人間の精神の作用を司る根源である。

とすれば、日本では外國などと較べて國民の精神生活の面が遙かに重要視されてゐてよい筈である。ところが、それが案外さうでないのは一體どうしたことであらうか。

例へば、最近國民の生活問題が隨分喧しく云はれるやうになつて、厚生運動などが盛んになつて來たが、この厚生運動といふものが、大部分體育方面のことを意味してゐて、精神生活の方を置き忘れ勝なのは、どうも理解し難い點である。

「魂」の發露は、感情

移動演劇隊が豫定地に着くと、まづその日の舞臺に適當な大道具、小道具を運び込む。會場の入口には立看板、舞臺わきには演目が貼り出される。

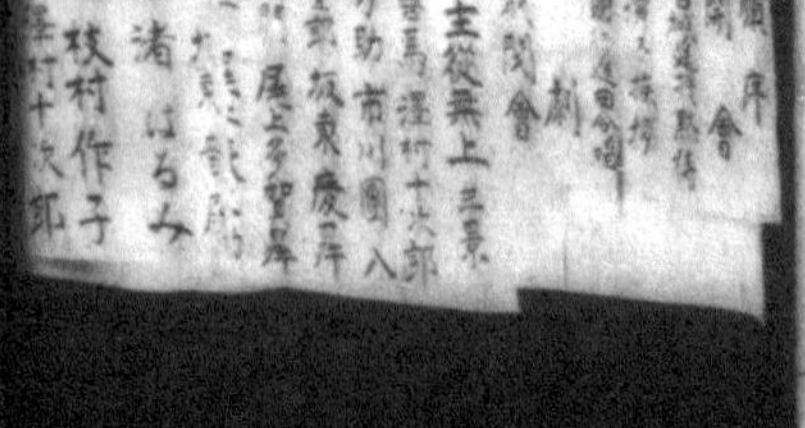

であり、情操である。

從つて又、「魂」の形成は、感情や情操の陶冶にある。傳統に育まれた日本的な感情や情操の育成こそ、わが民族獨特の「魂」の發展に欠くべからざるものである。

それだのに、知育や體育方面の錬成に比して情操の錬磨育成が疎かにされ勝ちなのは、どうも不思議でならない。

民族の興亡は、その民族の情操生活が、健康であるかそれとも頽廢的であるかにかゝつてゐると云はれてゐる。健康な情操生活が行はれてゐるところでは、いかに强烈な惡思想も傳播力を發揮し得ないのであるが、生活が頽廢してゐると、僅かなつまらぬデマさへも異常な波及力を示すのである。

前の歐洲大戰で獨逸は戰鬪に勝ちながら、戰爭に敗れたと云はれてゐるが、これには政府の戰時下の情操生活に對する顧慮が十分に行はれなかつたことが重大な原因をなしてゐることを見逃してはならない。更に又今時の歐洲大戰に於けるフランスの意外な程の脆さには、國民の不健康な情操生活が大きな役割を演じてゐることをも見落してはならない。

これらのことを考へる時、わが國では、大きな戰爭を遂行中なればこそ、今までの欠陷を補ふ意味で、國民の情操生活に對してもつともつと力を入れた施策が行はれてよいのではないかと考へられるのである。

移動演劇運動は、戰時下の國民、特に勤勞者層の情操生活に「うるほひ」と「ちから」とを與へようとして起つたものであるが、これが政府の仕事としてではなくて、寧ろ民間から盛り上つて來たところに、獨逸の「K・D・F」運動や伊太利の「勞働の餘暇」運動と違つた特徴

を示してゐる。

わが國で、移動演劇運動の叫びが起つたのは、一昨年の秋で

を示してゐる。
わが國で、移動演劇運動の叫びが起つたのは、一昨年の秋であつて、「東寶」及び「松竹」の二興行會社の中堅社員達の手で各々別個に移動劇團組織の計畫が樹てられ、これが時勢の波に押された兩會社の重役の容れるところとなり、先づ「東寶移動文化隊」が生れ、ついで「松竹國民移動劇團」の誕生となつたのである。

「東寶移動文化隊」は「產業組合中央會」と提携して農村方面へ出動し、ついで「松竹國民移動劇團」は陸軍恤兵部の手で中支戰線の慰問に向つたのである。

このやうに移動演劇運動は二興行會社の手によつて發足したのであるが、兩社共に重役達がこの運動を一種の時局的な流行

道具を運び了ると隊員はその晩の宿舍に案内される。
上圖は、分宿の農家で農具の使ひ方を敎はる隊員。

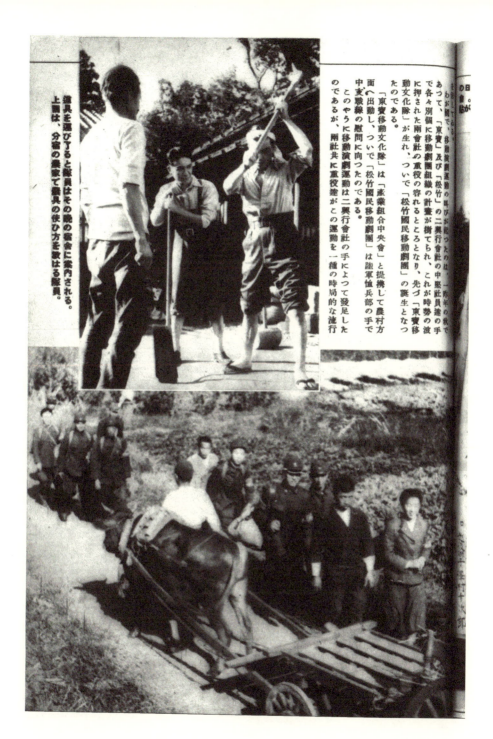

として考へてゐるらしいところがあつた。

その上に、何分にも會社側として相當の經濟的負擔を覺悟しなければならぬ點、及び劇團の配給上にも種々の難點があつたところから、いつこの運動が挫折の悲運にさらされるかもしれぬ運命にあつた。そこへ新しく創設された「大政翼賛會」と「情報局」の演劇關係機關が眼をつけたのである。

大政翼賛會文化部が主催して、移動演劇運動の統一的指導機關を設立する目的で、各興行會社主腦部と情報局關係官吏に參集を請うたのが昨年二月初旬であつた。その後數回に亙つて會合が開かれたのであるが、移動演劇運動の統一的指導機關設立のための費用の捻出について難點を生じたのである。

この運動が國民の情操生活に及ぼす影響の深さを考へるなら、費用も當然國庫支出によるべきものだつたと思はれるのであるが、然しこれは當時の情勢としてはなかなか實現困難のことであつた。

ところが、そこへ丁度「東京日日新聞」からこの運動の國家的意義を認めて犧牲的に金を出さうではないかといふ話が翼賛會へ持ちこまれたのである。そこで話が急に具體化し「東寶」「吉本」「松竹」「新興」の四興行會社及び配給を擔當する團體として「產業報國會」「產業組合」「大日本青少年團」が參加し「情報局」「大政翼賛會」「東京日日新聞社」からも委員を出し、こゝに「日本移動演劇聯盟」の創立を見たのである。聯盟委員長には岸田國士氏、聯盟事務局長に舞臺裝置界の第一人者伊藤喜朔氏が就任し、大政翼賛會會議室で創立記念式を行つたのが六月末で、これと同時に聯盟は直ちに活動を開始した。

觀客席の舞臺に一番近いところは出征軍人家族のために――

觀客層	公演回數	動員觀客數	%
傷痍軍人（軍人援護會）	15	12.550	6.1
工場・鑛山（產業報國會）	61	150.840	73.6
農村（產業組合）	27	31.800	15.5
市民（雜）	9	9.800	4.8
合計	112	204.990	100.0
公演第一回平均動員數		1.813	

開演の時間が近い、隊員たちは國民服姿も颯爽と宿舍を出る。（左端は隊長班長）

創立當時の聯盟參加劇團は「吉本移動演劇隊」「吉本移動演藝隊」「松竹國民移動劇團第一班」「松竹國民移動劇團第二班」「東寶移動文化隊」の五班であつたが、その後「籠寅移動演劇隊」「籠寅移動演藝隊」の參加を得、更に九月末に關西支部を大阪に設けることとなり、こゝにも亦「松竹關西班」その他數班の參加を見ることとなつたのである。

この外に聯盟は臨時的に移動演劇運動に參加希望の劇團の斡旋をも行ひ「羽左衛門一座」「文樂座」「前進座」「新生新派」「本流新派」「ロッパ一座」等をも各方面に配給してゐる。

七、八、九の三ケ月間に於ける聯盟の觀客動員數を表にして前頁に掲げて見たから參照していたゞきたい。

但し右表中には、「松竹國民移動劇團」と「籠寅演藝隊」の滿洲公演や皇軍慰問公演は加算せず、内地公演のみである。

この表以後十月半ばまでの動員數が約五萬人、十月半ばから十二月半ばまでの動員豫定數（これは公演豫定が極つてゐるもの）が約三十萬人である。

移動演劇隊の演目は、五十分程度の演劇が二つ、その間に漫才、歌謡曲、舞踊等をはさんでゐる。脚本は、大部分聯盟から各劇作家に特にお願ひして書いて貰つたものを使つてゐるが、今のところまだこれはと思ふやうな傑作は生れてゐない。

移動演藝隊の方は、漫才、浪花節、歌謡曲、曲藝、手品等をもつて、これ又約三時間程度のプログラムを構成してゐる。

六月末聯盟結成と同時に、演劇隊、演藝隊の兩方を各方面に派遣したのであるが、その結果、演藝隊の方はその場で喜ばれるばかりで後に殘る感銘が薄いのに反し、演劇の方が遙かに强く長期に亙る感動を呼び起すことが明かとなつて來たので、現在では殆ど演劇隊のみが派遣されてゐるやうな狀況である。

聯盟が觀客に配布してゐる調査表が大分送られて來てゐるが、それによると悲劇と喜劇とに對する要望が殆ど半々位であるのは注目に値する。現在のやうな時勢では觀客は笑ふことを欲してゐるであらうといふ風に概念的に考へられるのであるが、それが案外さうではなくて勤勞者層は笑ひと

觀客がそろそろ集まり出すと屋臺のおでん屋や鯛燒屋が乘込んでくる。

共に快い笑を發してゐるので

好は壓倒的であらうといふ風に考へてゐたのであるが、これが

皇軍慰問公演は加算せず、内地公演のみである。

神樂殿の裏が急造の樂屋　かつら下地て扮装に餘念のない女優さん

共に快い[illegible]好は壓倒的であらうといふ風に考へてゐたのであるが、これが案外さうではないのも注目すべき點である。聯盟に集つた調査表を系統だてゝ整理すれば、勤勞者層の娯樂享受度合、年齢別による娯樂嗜好の相違などが明かになり、興味あるものと思はれるのであるが、今のところまだその整理が出來てゐないのでこれは他の機會に讓る外はない。

現在、移動演劇に於ける最大の問題は、質的に良好な演劇をどうして供給するかといふことである。隊員の行動については創立の當初から、これが舞臺の成績以外に勤勞者層に深い影響を與へるものである點を考慮し、「大日本靑少年團」の手によつてかなり徹底した團體訓練を施してゐるので、到るところで比較的好評を博してゐるやうである。

移動演劇の内容の質的向上についても無論聯盟側として諸種の施策を講じてゐるのであるが、これは團體訓練のやうに簡單に効果が上らないのである。

舞臺ではいま時代劇「主從無上」が最高潮、熱心な觀客は身動きひとつしない。

第一に、この仕事が、今迄の演劇活動の理論や實際のABCでは割り切れない或る新しい要素を含んでゐる。

都會の劇壇で好評だつた演目を、そのまゝ移動演劇に使ふといふわけにはゆかない。移動演劇は都會の觀客とは違つた新しい觀客層を對象としてゐるし、今までの營利主義の演劇とは異つた目的を持つて居り、それに舞臺と觀客との繫りも、在來の都會の演劇では見られなかつた或る新しいものを内包してゐるのである。

卽ち「移動演劇運動」は、今日の戰時下に於いて、國民の協力體制を、より緊密により强固にして行くために、演劇といふ一つの手段を利用しようといふ廣い意味の一種の政治的目的を持つて生れたものであつて、元來決して演劇の改革それ自體を目標としてゐるものではないのであるが、然し結果的にみれば、この運動は新しい國民演劇誕生の爲の地盤を構築するやうな性質を内包してゐるのである。移動演劇の俳優が幾千もの勤勞者を前にして、懸命に演技してゐる時、彼等は演ずる人と觀る人との關係だけで繫つてゐるのではない。國家の爲に御奉公する人々を前にして、自分達も國家の爲に御奉公してゐるのだといふ感情が、觀衆と俳優との間に今迄になかつた强い共感の地盤を提供するのである。

移動演劇に於ける俳優と觀衆との繫りは、營利本位の劇場では觀られなかつた新しい或るものである。而も、この新しい或るものは、演劇の原始的なそして本質的な力を俳優と觀衆とに體驗さす機會を與へようとしてゐる。移動演劇運動の中にこそ、營利劇場の體驗を越えた或る新しい雰圍氣が生れようとしてゐるのである。

この雰圍氣を生かしのばしてゆく時、演劇が國民の情操と生活に「うるほひ」と「ちから」とを與へる一つの藝術形式として力强い本來の効果を發揮する時が來るであらう。

今こそ、政府も國民も「移動演劇運動」を通じて演劇本來の使命と力とを、もう一度はつきりと見直すべき時ではあるまいか。

（筆者は大政翼贊會文化部員）

分宿の農家の手厚いもてなしで、昨夜の疲勞を回復した隊員たちは、早朝に出發、次の公演地を目指して强行軍。

國民服

第二巻　第四號

征く空　　田中忠雄

簡易生活の尊さ

高木友三郎

簡易《かんい》生活なる語が筆者の耳《みゝ》に入つたのは日露戰爭前であつた。たしかフランス人のワグナー？原著《げんちよ》が日本に譯されて流行《りうかう》になつたのを筆者は中學生として讀んで大いに共感した。

今から思ふと、これはフランスの物質《ぶつしつ》文明の反動又は国正策として生《うま》れたものであらう。日本も當時、日清《につしん》戰爭に勝つて資本主義も鐵道《てつだう》、海運から紡績《ばうせき》、電燈、電話の普及となり、漸く物質文明が盛《さか》んならんとして、一服の淸涼藥《せいりやう》としてこの書《しよ》が譯せられ、一應の反響《はんきやう》を示したものであらう。とに角、筆者《ひつしや》はこれによりて當時流行の成功熱《せいこうねつ》、米國のマーデン唱《とな》へる所の個人主義的奮鬪熱《ふんとうねつ》と同時に簡易生活のすがすがしさに興味《きやうみ》を覺え、今に至るも筆者は簡易《かんい》生活に大なる人生《じんせい》の意義を認《みと》めてゐるのだ。

ついで筆者は日露《にちろ》戰爭の終つた年に中學を終《を》へて高等學校に入學したが、そこで英人《えいじん》ハマートンのヒューマン・インターコースなる書を田邊《たなべ》隆次先生（小泉八雲《やくも》の研究者・現武藏高校敎授《きやうじゆ》）から敎はり、その中《なか》でノーブル・ボヘミアニズム Noble Bohemianism なる章に接《せつ》した。

要旨《えうし》は、ボヘミア人は原始的な人生の流浪者《るらうしや》であるが、流浪のためには自然《しぜん》にその生活様式《やうしき》が簡易である。形式を捨てて實質《じつしつ》本位である。この形式や封帶《ふうたい》を捨てて內容本位の生活をするのは敢《あへ》てボヘミア人だけでない。苟《いやし》くも人生の偉大《ゐだい》なる事業をする人はすべて然り。理想《りさう》は飽迄も高く然も生活は簡易《かんい》にして實質的でなければ大事業はできぬ。ナポレオン然《しか》り、カント然り、フリードリツヒ大王《だいわう》然りなどと、一々偉人の多くの實例《じつれい》を擧げて、その重要さを說《と》いてあつた。之をハマートンは高尚《かうしやう》なるボヘミアニズムと稱し、單《たん》なるボヘミアンでない。高き理想《りさう》をもつたボヘミアンであると云つた。

このボヘミアンに對して、形式《けいしき》本位、見《み》え本位《ほんゐ》の生活者をフイリスチン主義と云つてゐる。フイリスチンとはキリストに僞善《ぎぜん》の代表者、白く塗《ぬ》れる墓の如く攻擊された當時の一地方民であるが、要は虛榮《きよえい》倒れ形式倒れ封帶《ふうたい》倒れの人を指《さ》す。精神のこもつてゐない物質萬能《ばんのう》主義者である。要するにユデア的俗物《ぞくぶつ》主義である。

筆者《ひつしや》はこの中學時代の本と高等學校時代《じだい》の本のおかげで益々簡易生活にあこがれる氣分《きぶん》をもつてきた。大分後であるが米人ソローの森《もり》の生活などが流行《りうかう》し、これも第一次歐戰で日本も贅澤《ぜいたく》生活に入つた反動《はんどう》でもあらうが、やはり米國人の物質文明の反動《はんどう》として米國では一層うけた本である。これも筆者は愛讀《あいどく》した。

これ等を通《つう》じて、筆者は「高き心・簡單生活」の讃《さん》美者であるが、では高き心とは何ぞや、それは云ふまでもなく、この人生《じんせい》にありて偉大《ゐだい》なる理想をもつ事である。その理想を自己の職域を通じて發揮《はつき》することである。

この偉大なる理想《りさう》―大東亞の建設《けんせつ》―日本國家の生々發展―その爲の職域奉公《しよくいきほうこう》―それによる自己本然性の創造《さうざう》・發揮といふ事が、もし一連の論理《ろんり》をもつて貫《つらぬ》かれてをれば、その創造過程《くわてい》に人生の無限の意味と興味《きやうみ》があり、また他に求むる所がない。

從來は職業が生活の手段《しゆだん》であつて、職域のうちに自己《じこ》を磨きあげ鍛《きた》へ上げやうとしなかつたから、樂しみと誇りを他に求めた。ここに虛榮《きよえい》主義、形式尊重《そんちよう》主義が生まれ、フイリスチン主義が生《うま》れる。

之に反して、もし職域を媒介《ばいかい》として自己の生きる事と國家の發展《はつてん》とが主體的に同一であり、從《したが》つて國家發展と職域の創造に人生の意義と興味《きやうみ》も發見せば、生活はおのづから簡易化し適正《てきせい》化せざるを得ないのである。

自由主義時代に贅澤《ぜいたく》とは身分不《ふ》相應《さうおう》な生活を指し、それは收入に合致《がつち》しない生活でもある。だから、もし收入《しうにう》の多い人がどんな生活をしやうと何人《なんぴと》も干渉《かんしやう》の權利がないのみならず、むしろそれは經濟《けいざい》發展を促進する作用《さよう》として賞讃された。ゾムバルトも云へる如く、資本主義の發展《はつてん》は實に贅澤《ぜいたく》に負《お》ふ所が大である。

だが、その爲にいかに人間の本質が毒《どく》されたかは、今度の大東亞戰でまざ〳〵と實證《じつしやう》されたではないか。何と英米人がわが日本人に對して弱いことよ。それから比較《ひかく》すると何となく蔣介石の軍隊の方が遙《はる》に強いのではないか。もし同じ武器《ぶき》をもたしたならば、恐らく英米軍は蔣軍にも敵《てき》しないのではないか。

むろん、日本軍が世界《せかい》的に強いのは種々原因《げんいん》があり、決して一つや二つの原因で說明《せつめい》できないが、日本人の生活がまだ一般《ぱん》的に見て物質文明と贅澤に溺《おぼ》れてゐない事も一因であり、これは支那軍とも共通《きようつう》せる東洋的生活の尊さでもある。

高田保馬《やすま》博士は貧乏必勝論を夙《つと》に唱道されてゐるが、貧乏はいろ〳〵の意味《いみ》で必勝原因となる。古來《こらい》の歷史を見てギリシア、ローマも國が富《と》んで北方の貧乏蠻族《ばんぞく》にやられてゐるのだ。

これを單に經濟《けいざい》的に見るも、質素《しつそ》生活は賃金を安くし、賃金安は物價を安くし、よく躍進《やくしん》日本を出現《しゆつげん》した。この躍進日本に對抗《たいかう》すべく英米では高率關稅《くわんぜい》その他で日本製品の進出を防止《ばうし》したが、その結果が今度の大東亞戰《だいとうあせん》となり、ここでも貧乏が金持ち生活・贅澤《ぜいたく》生活を壓倒《あつたう》するに至つた。

贅澤は要《えう》するに收入本位の浪費生活であり不《ふ》健康《けんかう》生活であり、これを社會的に見ると天物《てんぶつ》暴殄、自然力や勞力などの濫用《らんよう》生活である。早晚、個人も民族も腑《ふ》ぬけのからとならざるを得ない。

これに對して適正《てきせい》生活とは、その職域發揮《はつき》、能率再生產－昨日の能率以上に今日・明日の能率《のうりつ》を高めゆく生活－の健康生活を意味する。從《したが》つて衣食住の凡てが能率發揮を主軸として割《わ》りだされた生活方式である。それは合理《がふり》的たり科學的生活態度《たいど》であるが、同時にそれは簡易《かんい》生活でもある。決して形式的・外形《ぐわいけい》的けば〳〵しさの贅物《ぜいたく》をつけ加へた生活でない。實質《じつしつ》本位・中味《なかみ》本位の生活である。

婦人勞働服具の變遷（一）

江　馬　務

一

このたび厚生省《かうせいしやう》に於ては、被服《ひふく》協會と本國民服協會との後援を得て、久しき懸案《けんあん》たりし婦人改良服を全國より應募した服を基礎《きそ》として撰定せられ、この非常時局に對處《たいしよ》せられ　不肖も亦その委員の一人として微力《びりよく》を盡し得たことを光榮とするものである。さて此の撰定《せんてい》された多數の服より更に小委員會に於て標準服が考案《かうあん》せられ、過日厚生省より發表になり、やがては婦人《ふじん》國民服として男子《だんし》國民服と相並んで制定《せいてい》を見んとしてゐるが、これらの服を全國より應募する時にもその目標《もくへう》として擧げられた多くの綱目《かうもく》の中には

一、日常の生活、活動に一層便利《べんり》であると共に、非常の際の活動をも考慮《かうりよ》すること

二、女性の保健《ほけん》に適合し、體位の向上を期し得ること

三、資材の經濟を圖り、在來所持品《しよじひん》の活用をもなし得ること

四、質實簡素《かんそ》にして優美性《いうびせい》を失はず、被服文化の向上に資し得ること

等々の綱目があり、又改善《かいぜん》に關する要項として、

一、日本意識《いしき》を强調すること

二、風紀《ふうき》上の考慮を拂ふこと

等等の方針《はうしん》などに重要點を置かれたことは、吾人《ごじん》心あるものゝ、深く承知するところである。過日撰《せん》に上り又修正を加へられて試作《しさく》された服は、何れもこれらの方針を全部折《せつ》

裒されて成りしものであるが、私の今述《の》べんとする本論は我國に於て、古代から既《すで》に以上の方針の下に作られ、或は處置《しよち》せられしことが多く、それが時代々々によりて形式を異にする點に、之を現代に比して相當興味を喚起《くわんき》するのみならず、多少の參考《さんかう》となる點もあり、又將來の婦人國民服の形式にも、さまぐ\の意義《いぎ》のあることをも知らしめんとする微意《びい》に出でたるものなることを豫《あらかじ》めこゝに述べおくものである。

二

我國の太古《たいこ》の婦人服にありては、上衣、裳、帶、犢鼻褌《たふさぎ》、比禮を本體として居り、上衣《うはぎ》といふのは襟はメリヤスのシヤツ狀で、合せ目は中央に垂直《すゐちよく》について居り、筒袖《つゝそで》の丈の短い衣である。襟《えり》には左右に紐《ひも》がついてゐて着た後、双方を結《むす》び合はすやうに出來てゐる。合せ方は左衽《き》に合す。裳は朝鮮婦人の腰《こし》に卷いてゐるチマと同樣で、腰卷の長《なが》いやうなものをグルぐ\と體《からだ》に卷き、上の紐（腰といふ）を左の脇で片わなに立結《たてむす》びとする。次にその上から帶を括るが、帶は幅二寸位な、くけ紐《ひも》であり、正面で丸結びとする。肌《はだ》に直接穿《は》くのは、犢鼻褌《たふさぎ》で、丁度パッチの短いやうなもの、之を左脇《わき》で合せてその紐《ひも》も左脇で立《たて》結びとするのである。

比禮を振つて狩に出る夫を送る妻

比禮は一幅《はゞ》の裂で長いもの、之を兩肩《かた》或は片《かた》肩にかける。本來《ほんらい》は裝飾《さうしよく》であるが時に之を以て物を包み、或は虫を攘《はら》ひ、大伴《おほとも》狹《さ》手《で》彥《ひこ》の妻松浦佐用姫《さよひめ》が夫《をつと》の出征の時に山上から比禮《ひれい》を振つて別離を悲んだ如く、別れに振

(6)

り、或は又喝采に之を振ることもあつた。なほ婦人外出には淤須比《かすひ》と稱する一幅或は二幅の丈長い裂《きれ》の中央を頭にのせて、兩側に垂《た》れ、腰の邊で括《く》つて、顔を隱すこともあつた。以上は日本書紀、古事記《こじき》の記事や、發掘された埴輪《はにわ》の形狀より證明《しようめい》することができるのであつて、現今《げんこん》の南洋民族や文化の低い民族の衣服から旁證《はうしよう》することもできるのである。

こゝで上代《かみよ》の衣服について一言《ごん》すべきことは、上代には階級や職業や、年齢、境遇《けうぐう》、貧富《ひんぷ》による衣服の差別はなかつたので、その形式《けいしき》は最も自然に即《そく》した形狀を用ひたことであつた。即ち人體《じんたい》の形狀そのまゝか或はその形《かたち》に近い形の衣服を着《ちやく》したのである。凡《およ》そ勞働をするには、身體の形狀と同じ形の衣服《いふく》ほど、自由で活動に便《べん》利な形はない筈であるから、古代《こだい》の衣服は、その點で活動に最も適《てき》してゐたといつてよい。しかし女子《じよし》の古代服は、男子と違つて、裳（スカート）が體周《たいしう》を纏《まと》つてゐる。これも既に、天照大神の時代には、もはや丈が足頸《あしくび》に達してゐたのである。それ故、女子は勞働《らうどう》をするのには、男子程に樂《らく》ではない。スカートが足に纏《まと》ひつくのである。されば、天照大神が御弟《おんをとうと》素戔嗚尊《すさのうのみこと》に御會見の條《でう》には、日本書紀に

縛レ裳爲レ袴《もすそひきまつひてはかまとなす》

とあり、即《すなは》ち天照大神は弟の危害《きがい》を加へ給はんことを豫め御警戒《ごけいかい》になつた爲め、御活動の樂《らく》なやうに、御裳に紐をかけて御足にぐる〳〵と卷かせ給ひ、二股《また》に御足の形にし給うたのである。若し尊《みこと》が御袴を始めから穿いて居られたのならば、御裳さへ脱《ぬ》ぎ給へば、それで御袴《おんはかま》が現はれたのであるが、御婦人《ごふじん》には御袴を穿《は》かせ給はないために、かく御裳を御足の形に紐で括《く》り給ひしもので、これこそ女子の勞働服として文獻《ぶんけん》に見えた最初である。この例《れい》で知らるゝ通り、活動《くわつどう》には、手も足もの形《かたち》になつてゐる衣服が必要であり、若し袖《そで》も腕に餘れる位の太さならば、手纏《てまき》といつて手に紐を卷いて縛《は》ることがあり、又袴も太いものには足結《あしゆひ》といふものもあつた。（記）これから押《お》して、衣服形式の美といふものを發揮《はつき》するやうになつた後世《かうせい》の衣服は、自然に遠ざかつて、人體の形狀よりも輪郭《りんかく》が大となるだけに、勞働といふことには何《ど》うしても不便となつてゐる理屈であつて、大體衣服の形式美《けいしきび》は活動の目的と反比例《れい》するといふのが一の法則《はふそく》となつてゐる。

婦人《ふじん》は又活躍の時には、男装《だんさう》をすることすらあつた。されば畏きことながら、神功皇后《じんぐうくわうごう》が新羅《しらぎ》御征討の時、香椎浦で海水に御髪を浸《ひた》し給ひ、その自《おのづか》ら二つに分れたのを以て、そのまゝ男子の髻《まげ》たる美豆良《みづら》に結ひ上げ給ひ、御衣服も亦男子に倣《なら》ひ給ひしならんと思はれる。それは日本書紀に

吾婦女之《われたをやめにして》、加以不肖《またまさなし》、然暫假二男貌一《しばらくますらをのすがたをかりて》

とある、これである。尤もこの婦女の衣服《いふく》として最も不便なのは、前述《ぜんじゆつ》の裳である。されば、皇后は愈御出征の御時には男装《だんさう》を遊ばされたと拜察《はいさつ》せられ、御上衣に、ズボン式といふよりも寧ろパッチ式の御褌《おんはかま》を穿《は》き給ひ、上衣の上に御帶《おんおび》を結び、正面で結び垂《た》れ給ひしと思はれるのである。凡そ活動に最も便利《べんり》なのは、足の形のまゝに二股《また》になつてゐる褌《はかま》である。今日モンペが愛用せられることも既に二千年の昔から定《さだ》められたことである。

なほ上代の婦人の活動衣としては、別に比禮《ひれい》といふものがある。比禮は一幅の帶狀《おびじやう》のもので延喜式などにも、四條料三丈六尺とあつて即ち一條《でう》九尺位のものである。天人《てんにん》の繪などには、之を天衣羽衣ともいひ、かの駿河《するが》三保松原の天人の傳説《でんせつ》に、天人が羽衣を松にかけておいた間に漁夫が之を盜《ぬす》んだので、天人が飛揚《ひやう》することができず、途方《とはう》に暮れて漁夫の所へ之の返却《へんきやく》を追つた話がある。

奈良朝民間上流婦人　上衣と裙、帶、比禮

これ羽衣《はごろも》が天人の飛揚を助けるものであるといふ見解《けんかい》であるが、まさかに一條《でう》の帶が飛揚を助くるものとも考《かんが》へられず、今日の科學的智識《ちしき》でいへば、この比禮《ひれい》が、すべて身を保護し活躍《くわつやく》を助くるものであるといふことを例へたのであらう

〔削除〕9ページ〜30ページ

醫療

黴毒の早期發見

黴毒が民族に與へる影響の怖しさはいふまでもありません。殊に母體が黴毒の場合には胎兒の流産を起し、或は折角生れても、いはゆる先天性の黴毒となつて、その生命を縮め、或は生存不適格者として社會生活から落伍するなど民族的に見て、この病氣がどれ位、害作用をするか分らないのです。そのためには黴毒の徹底的治療が必要ですが、大概のものは病氣に罹つてもいゝ加減の治療でやめてしまつて、完全治癒するところまでやりません。この黴毒反應を見るためにはワッセルマン氏反應がありますが、しかし黴毒に罹つてゐるものゝ悉くが必ずしも皆、反應陽性に出るものではなく、病毒を體内に持つてゐながら陰性の反應を示すこともまた 決して少くないのです。これを一番有力に立證するのは乳兒が先天性黴毒でありながらその母親がワッセルマン氏反應で陰性のことが、非常に多くあるからです。したがつて反應が陰性だからといつて安心出來ません。ではかうした場合どうして黴毒を發見するか、最近これについて皮膚の白點による發見法が行はれてゐます。現出する場所は胸、腹、背中、腰部などで、こゝに大きさ針の頭くらゐの純白な部分が點々と散在するのです。この方面の研究者によると殆ど百發百中といはれます。身に覺えのある方はこれによる徹底治療こそ望ましいものです。

腦黴毒に恙蟲療法

黴毒ついでに、この腦症のものにマラリア療法のあることは誰もご存じの通り、最近これについて恙蟲療法といふのが學者によつて實驗研究が行はれてゐます。恙蟲病は信濃川流域に非常に多く發生する恙蟲の寄生による地方病ですが、その病源の恙蟲病毒を動物に接種し、病毒の弱くなつたものを今度は人間に接種するのですが、その實驗報告によると黴毒のために發病した痲痺性癡呆や潜在性の黴毒に對しては非常に有効で、特に痲痺性癡呆に對する効力は、マラリア療法よりもすぐれてゐるといはれます。またマラリア療法では、まま不幸にして死亡するものもありますが、恙蟲病毒では殆ど死亡者を出さないといはれます。それとこの療法のよいことは媒介者である中間宿主が淡水性の魚介類であるため、臨床的には患者から周圍のものに感染するおそれが全くないことです。マラリアの場合では蚊が媒介者であるため、患者から周圍のものに感染させるおそれが多いのです。

蛔蟲の害

人體の寄生蟲で何が一番多いかといふとそれは蛔蟲で、農村の國民學校をしらべると大概七〇%以上です。多くの場合は八〇%から九〇%。寄生蟲症はこどもを榮養不良にし、神經質にさせる、したがつて學業も進みません。そのためにも寄生蟲は驅除しなければなりません。單に、食生活から見ても、甚だ不經濟、不得策です。（荻遲秀一）

衣服資源

争奪戦物語（四）

高村敦

プラータラ王の横死

ボンヂシェリーの王城《わうじやう》は、町はづれにあつた。城《しろ》から海岸までは十丁あまりもへだたつてゐて、街《まち》の通りはその中程に十字路があるだけで、大通りは城から海岸《かいがん》まで殆んど一直線になつてゐた。その十字路の一つの角には、印度にはめづらしい西洋風《ふう》の館があつた。それが數年前から印度の士民《とみん》の家屋に手を加へていつの間にか洋館に改造せられたものであつた。これは今から二百七十年も昔《むかし》のことで、一六七三年にフランソア・マルタンが此處に出張して來る前のはなしである。

この洋館は、土地《とち》のものからカヂの商館と呼ばれてゐた。カヂ・ミアクトンといふ印度人の經營《けいえい》であるが、そこにはどんな商品《しやうひん》が取扱はれてゐるのか、土地のものにはよく知られてゐなかつた。が、この港《みなと》に西洋の船が入つて來るたびに、赤毛《あかげ》の水夫共がよくこの館に寢泊りしてゐた。船のものが上陸することさへも國王の許可《きよか》を得なければならなかつた定だつたが、フランスの船が港に入るやうになつてから、この規則《きそく》はてんで守られなかつた。こゝの士侯《しこう》たるプラータラ王は、役人を遣はして嚴重に抗議《こうぎ》したのであつたが、船のもの共はてんでそれを相手にしなかつた。そればかりでなく、町のもの達に對する傍若無人《ばうじやくぶじん》の狼藉ぶりは、言語に絶するものがあつた。

印度では、海岸寄《より》の士侯の財政は海關取引に對する課税が、その收入《しうにふ》の主なるものであつた。從つてもし密貿易《みつぼうえき》を行ふものに對しては、極刑を以て嚴罰してゐた。カヂの商館は、プラータラの役人達からは、常に疑惑《ぎわく》の目で視られてゐたが臨検《りんけん》することが出來なかつた。そこには、いつも數人のフランスの水夫たちがゐるので、全く一觸《しよく》卽發の危險《きけん》があつたからである。

それにしても、その日のフランスの兵共の狼藉《らうぜき》には目にあまるものがあつたので、王は單身《たんしん》街頭に現はれた。王としては、役人共の報告《ほうこく》だけでは滿足出來なかつたし、それに王城の樓上《ろうじやう》から街頭の騷擾《さうぜう》を先刻もその目で眺めた位で、人民の善良なる治者《ちしや》としては、こうした場合に凝《じ》と冷靜を持することはとても出來ないことなのだ。

しかし、王自身で街頭《がいとう》に現はれたことは、街の騷擾を鎭定《ちんてい》することにならず、却つて民心を興奮《かうふん》させるばかりだつた。町の與力《よりき》といつたやうな警察署長格のカルワールといふものが、先刻から數人の巡警《じゆんけい》を引つれてフランス人の暴行《ばうかう》をどうすることも出來ずに傍觀してゐたが、王の姿を認めるやその傍にかけ寄つて現狀《げんじやう》をこま〴〵と說明した。そればかりでなく、カヂ商館を今こそ臨検《りんけん》する必要があると熱心に說いたものであるから、王はこれらの巡警を引つれて、その館內に門番の拒否《きよひ》を排除して强引《がういん》に入つたのである。

しかし、プラータラ王はまもなく死骸となつて街上に橫《よこ》たはつた。

騷ぎは勿論絕頂《ぜつちやう》に達した。

カヂ商館を王府近衞《このゑ》隊が取捲いたときに、カヂの支配人格《かく》の印度人は、それはこの土地のものでなかつたけれど、彼はフランスの水兵達に守《まも》られながら、殺した理由《りゆう》は館內に無斷で侵入したからだと抗辯《かうべん》した。しかも 彼は王はこのやうな場所に自ら出向《む》いて來ないものだ。王《わう》はもし自分達に不審《ふしん》の議があるなら役人を出張させてよこすだらう。王がこゝに來たといふのは、それは王の名を騙《かた》るものであるといふのである。これは元より欺瞞《ぎまん》の抗辯であるので、ボンヂシエリーの近衞隊の憤懣《ふんまん》を激發させるばかりだつた。

だが、近衞隊としては、これは王の尊骸《そんがい》であることの事實を證明すべき理論を考案《かうあん》しなければならなかつた。恐らくこれほど滑稽《こつけい》な背理はあるまい。

しかし、カヂ商館側の抗辯には、一應の理窟《りくつ》が立つわけである。却つて事實の持主の方にこれを事實として押通すものがなく、事實に對して餘分《よぶん》の理窟を附けようとするので、交涉《かしよ》に手まがとれた。しかし、素朴《そぼく》のものには、事實より雄辯《ゆうべん》なものがない。

王の死體を中心に王府役人とカヂ商

館側と對抗《たいかう》辯論をつゞけてゐる間に、王に平素忠誠を契《ちぎ》つてた近衞隊の勇士等は、その商館内に突撃《とつげき》して行つたので、静閑《せいかん》だつた館内は忽ちの中にあび叫喚の巷《ちまた》と化した。

こうした場合に暴力《ばうりよく》は、或は正義の判斷の行使《かうし》であるかも知れぬ。商館は王府の兵隊によつて、またゝくまに破壞し去られた。廢屋《はいおく》の中より街頭に放出されたものは　無斷搬出《はんしゆつ》を禁ぜられてゐた數々の印度の名産品ばかりだつた。香料、寶石《ほうせき》、印度更紗、綿布、綿花棡、それは、この商館が佛蘭西向の集荷搬出の密貿易《みつぼうえき》の本場だつたことを證據立ててゐた。

この武力行使で事件《じけん》は重大化した。王府《わうふ》の役人や兵隊達は、フランス側の暴行によつて受けた王の惨殺事件に就き、どう處置《しよち》したらよいか、殆んど手の施しようのないほど困惑《こんわく》してゐた。惨殺に對する損害《そんがい》の請求は當然考へられてゐたが、先づ下手人《げしゆにん》が何者であるかを明にして、之が所刑を行ふために下手人の引渡が要求《えうきう》されることになつたが、交渉の相手がカヂ商館の破壞や、殺戮《さつりく》によつて不明になつた。

しかし、ポンヂシェリの王府では、それはフランス側の指令《しれい》によつて行はれたものであるから、港の沖に碇泊《ていはく》してゐるフランス船に就いて取調べる要があるとの見解《けんかい》の下に交渉に入らうとした。その命令を受けた役人共が小舟に乘込んで、沖《おき》の船に向つて漕出した。だが、その舟が漕出《こぎだ》す以前に、陸上の事件がマリンの早舟《はやぶね》によつてフランスの本船に通告《つうこく》されてゐたので、印度人の小舟が海岸から漕出して來たら、本船に近づけない用意が整《とゝの》つてゐた。果してその小舟が本船に接近《せつきん》したとき、轟然數發の大砲が發射されて、小舟が忽ちのうち海中に沒《ぼつ》し去つた。

それを見てゐた陸上の人々の右往左往する有樣が海上からも眺《なが》められ、いまにどんなことになるのかと人々を危惧《ぐ》せしめた。

士侯の役人達は、町や海岸一體からフランスの勢力を驅逐《くちく》しようと謀議を凝らした。しかしそれは、大砲《たいはう》を持つてゐる洋船《やうせん》に對しては手も足も出なかつたのである。喧騷《けんさう》の裡にも人心の歸一する所は、陸上より外人を一掃《さう》しようとする運動の開始であつた。これは民衆の激昂《げきかう》を後援とする士侯軍隊の全面的外夷《ぐわいい》討伐であつたのである。

この對外運動の情勢を察知《さち》したものは、レビ商館に潜伏《せんぷく》してゐた英吉利人ジョン・ゼムランであつた。彼は手下として使用《しよう》してゐる印度人レビ・チールに商館の經營を委《ゆだ》ねてゐたのであるが、數人のレビの使用人をして稽密《おんみつ》の役割を授《さづ》け、印度における地方情況の蒐集《しゆうしゆう》に努めてゐた。彼はいつ頃から印度に來たものか、また如何なる使命でやつて來たものか、は明《あき》らかになつてゐない。しかし、役等一味《み》は、一五九七年にハウトマンが印度遠征《えんせい》を終つて本國に歸つたオランダ船隊と關聯《かんれん》あるものと見ねばならぬ。ゼムランは英吉利人としてオランダの東洋進出を喜《よろこ》ばなかつた。アムステルダムがリスボンに代つて東洋の財寶《ざいほう》を陸上げし、歐洲における東洋市場として經濟景氣が日に盛んになつて行くのを見聞《けんぶん》したロンドナーに取つては、ロンドンを以て世界市場の中心《ちゆうしん》とうぬぼれてゐただけ、それは耐《た》へられなかつた。そこで、ロンドンの商人達の一團《だん》はカンバーラドン伯ジョーヂをかついでファウンダー會堂に會合し、世界の新寶庫《ほうこ》たる印度との取引による巨利《きより》を如何に獲得すべきかを協議《けふぎ》した。それ一五九九年七月三日午前十一時のことであつた。これによつて出來たのが「東印度貿易《ぼうえき》ロンドン商人會社兼統制《とうせい》營團」であるがこの商人會社の重役ゼームス・ランカスターは、その腹臣《ふくしん》ともいふべきゼムラン父子に莫大《ばくだい》な資金を授けて、之を印度における自己の利益地盤《ちばん》設定の使命を以てひそかに東方に派遣《はけん》したのである。それは、ロンドンの實業界では殆んど誰《たれ》も知つてゐなかつたと云はれてゐる。こうした自分獨《ひと》りのための御先廻りは、東印度會社の前身《ぜんしん》ともいふべきその營團に封する叛逆《はんぎやく》であるが、英吉利人は自分の利益のために友を賣る位のことは昔《むかし》から平氣でやる人種である。一六〇一年にゼームス・ランカスターが四隻の商船隊を引具《ひきぐ》して自ら印度及ジャバに航海《かうかい》したのは、ゼムランの情報に基いたのである。それだけ東洋人の所有物であるべき諸種の財寶《ざいほう》を略奪《りやくだつ》同様のことをするために、當時すでにこのやうな利益團體の諜報《こふはう》機關を印度及びその他東洋の諸要地《えうち》に設けてゐたのである。

　この時代のゼムランは子のジョンであつたが、士侯政府《せいふ》とフランス商船との間の抗爭《かうさう》が王の横死によつて事件の收拾《しうしふ》のつかなくなつたことを見て、彼は好機《かうき》乘ずべしと爲した。彼は、英吉利本國からの土產《みやげ》であると稱する數々の寶財を數人の從者に持たせ、盛裝《せいさう》を凝らして、プラータラ王の崩御《ほうぎよ》に哀惜の意を表するために政廳《せいちやう》を訪れた。

安南の生活

繪と文　土橋醇一

服裝

熱帶國安南は一世紀前の優勢な支那文化の影響を受け、すべての點に支那的文化面がのぞいて居る。安南人の服裝もその一つで男女共に同一な服裝をして居る。

たゞ男子は白のズボンに黒い上着、黒のターバン（印度人の樣な布地をまき付ける樣式を取らず、帽子樣に出來て居るものの中に少數のものは白いターバンを用ふ）

女子は例外なく白いズボンを用ひ、上着は白赤は單色の色物を着用して居る。たゞし結婚後の婦人は上着に黒い朱子を使用して居る。

脇下から直に開いて居る長い裾をそよ風になびかせて散歩して居る娘達、たばね髪を長々と後にたらし編笠をかづいた女學生達、黒のターバンに同じ樣な上着をなびかせる男達、優雅と云ふより無氣力と云つた方が適當かも知れない。然し一度都會を離れて田舎に一歩入れば娘達の色物の上着もなく赤土色の一色に變つてしまふ。

土民達はすべての着衣をクナオと稱する山藷に似た植物の染料にて染めたものを着用して居る。田畑も道も民家の壁も、總て赤土色の部落に土民達が郡水蠢いて居る風景は全く文化から置き忘れられた、眞當の意味の土民と云ふ感じを抱かせられた。

フアサン賣り

街全體が並木に蔽はれた南佛蘭西の避暑地の樣な感じのする河内《ハノイ》の街、正午から三時迄の晝寢時間のハノイは全く死の街の樣な靜けさである。旅行者の誰もが鄕愁の念に襲はれる時間に、街角から「オカーサン」「オカーサン」と、物淋しい呼聲が聞える。全く矢もたてもたまらぬ郷愁にかりたてられる。

河内特有の南京豆賣りで佛印の他の街には見られない情緒のあるものでファーサン（南京豆）に冠詞「オ」を付けて呼ぶために我々の耳には「オカーサン」と聞えるらしい然しひと度び窓を開けてあまりにもきたならしい彼等の正體を眺めると幻滅の悲哀を感じて了ふ。

ラオス人の家

安南山脈の南側ラオスは言語、風俗、宗教、其の他すべて安南の面影を傳へるもの何一つない全く異國である。安南をのぞいた佛印で最大の面積を持ち最少の人口で全土をジャングルに蔽はれた熱帶國ラオスの住民は亦なんと日本人に似て居ることか。ラオス人、タイ人、マン族、猫族モヒ族等の未開人の多くはラオスに住んで居り彼等の多くは佛教を信じ、性勇敢にて信義に厚く、全く日本人かと思はれる樣な容貌をして居る。

其の住家はおそれ多い話ではあるが伊勢の皇大神宮の樣な造りで屋根には千木をのせ、床下が高く手すりを廻して居る　蜜林の中にこんな一部落を見出した時には全く日本の神社の境内かと錯覺を起すことがある。然し嚴かな神域から褌をしめた男と、横縞の腰卷一つの女達が現はれると始めて熱帶國ラオスに居ることを思ひ出す。

新しい繊維の知識

小泉竹藏

我國最近の紡織繊維《ばうしよくせんい》を檢討《けんたう》して行くと戰時下國内外の狀勢に押されて、從來巾《はゞ》をきかして居た羊毛《やうもう》や棉花等の樣に天然の儘の繊維形態《せんゐけいたい》で然も其儘或は極めて簡單《かんたん》な精練操作の下に利用《りよう》出來た繊維《せんい》は殆んど姿を消し、多かれ少かれ必ず現行《げんかう》紡織機構《きこう》に副はしめる樣人工を加へなければならないものが大部分を占めて來つゝあることが判る。即ち絹の短繊維化、麻の棉化《めんくわ》、獸毛の羊毛《やうもう》化等皆これである。

即ち天然繊維《てんねんせんい》も人造繊維《じんぞうせんい》も人工を加へて其の天產の外觀を一變せしめる點《てん》に於ては全く近似《きんじ》して來て居る。否從來の人造なる語意《ごい》に拘《かゝは》つて居ると全く其區別がつかなくなり懸つて居る。

依つて筆者は改めて之を其の成分的《せいぶんてき》に檢討《けんたう》し更に之を繊維づけた力が人工《じんこう》、天然《てんねん》に懸るかを分類して見た處、此等系統の繊維の性質《せいしつ》や用法が極めて明瞭整然《せいぜん》と整理出來、又暗示《あんじ》され得ることを知つた。

即ち斯る分類法《ぶんるいはふ》が最近の繊維を向上さすのにも將又《はたまた》其の利用技術を刷新合理化《さつしんがふりくわ》さすのにも益する所多であると信じ敢て次頁分類法に從つて最近《さいきん》の繊維に就き其外貌《ぐわいばう》を覗つて見ることにする。

繊維素系天然繊維

繊維素系天然繊維は廣く植物界《しよくぶつかい》に存在《そんざい》し繊維素並に「リグニン」「ペクチン」等の繊維素誘導體《いうだうたい》を主成分とするもので、一般に大なる强力を有する反面伸度《はんめんしんど》が少なる特徵が

筆者の提案する纖維新分類法

- 纖維
  - （纖維素纖維）纖維素並に其の誘導體を主成分とする纖維
    - （纖維素系天然纖維）棉花、麻等の如く天然產出の纖維の儘利用出來る纖維
    - （纖維素系人工纖維）人纖、經木纖維等の如く天然產出の纖維を人爲的に纖維狀に加工して利用する纖維
  - （蛋白纖維）蛋白質並に其の誘導體を主成分とする纖維
    - （蛋白質系天然纖維）羊毛や獸毛等の如く天然產出の纖維の儘利用出來る纖維
    - （蛋白質系人工纖維）更生絹糸、ラニタール等の如く天然產出の蛋白質物を人工的に纖維狀に加工して利用する纖維
  - （無機質纖維）無機質を主成分とする纖維
    - （無機質系天然纖維）石棉の如く天然產出の纖維の儘利用出來る纖維
    - （無機質系人工纖維）硝子棉、金屬纖維等の如く天產の無機物質を人工的に纖維狀に加工して利用する纖維
  - （合成纖維）有機合成化合物を主成分とし人工的に纖維狀に利用する加工纖維

ある。然し其の纖維《せんい》成分《せいぶん》が纖維素並に「ペクチン」より成るものは概ね灰白色《くわいはくしよく》を呈《てい》するが、纖維素と「リグニン」より成るものは黃褐色特に時日の經過《けいくわ》に從ひ其の程度《ていど》を增す性質がある。此の系統《けいたう》の纖維は其の植物界に於ける存在《そんざい》場所によつて實毛纖維と靱皮《じんぴ》纖維《せんい》、脈管《みやくくわん》纖維に區分せられるが何れも多少に不拘內腔空《たいこうくう》を有す。

實毛纖維《じつもうせんい》は其の名に示す通り植物の種子をかこむ細毛《さいもう》纖維であつて各纖維は單細胞《たんさいはう》の狀態で產出され其の代表的なものは棉花《めんくわ》である。最近の代用《だいよう》纖維として蒲穗、ぜんまい毛等を擧げ得るが何れも強度《きやうど》が餘り大ならざる上伸度《しんど》が極めて少さく甚だ脆《もろ》い感《かん》がある。

靱皮纖維は紡織原料《げんれうちう》中最古のもので明白《めいはく》に古代埃及文化の時代から利用《りよう》されて居り、又最近《さいきん》代用纖維中最も多數《たすう》を占めて居る。

主として雙子《さうし》葉植物《えふしよくぶつ》の莖に於ける靱皮篩管部に短い單獨細胞の集合纖維《しふがうせんい》として存在する。紡織工業に於ては斯る集《しふ》合體《がうたい》を纖維束と呼び、從來多くの場合單獨《たんどく》に分離せず其儘麻紡績機械により利用《りよう》して來たが、近來棉花不足《きんらいめんくわふそく》の爲め割合に單細胞の長い種類《しゆるい》に就てのみ之を濃苛性曹達《のうかせいさうだ》處理を施

し、其纖維束を形作る膠着性物質《かうちやくせいぶつしつ》を除去すると共に單纖維に可紡性《かばうせい》を與へ各纖維を單獨に分離《ぶんり》して代用に供する場合が生じて來た。此の棉花代用《めんくわだいよう》纖維は麻の棉花纖維と呼ばれ主に大麻《おほあさ》、綿麻《めんあさ》に就て應用されて居る。

然し單獨細胞《たんどくさいはう》に分離加工《ぶんりかこう》して利用出來るのは亞麻、大麻苧麻等の優秀な麻類數種《あさるいすうしゆ》に限られて居つて其の他大部分の麻は總て纖維束の狀態《じやうたい》に仕上げ適當《てきたう》に之を切斷して代用に供せられて居る。

元來靭皮纖維《じんぴせんい》は主として纖維素を主體《しゆたい》とする「ペクチン」「リグニン」等の複雜《ふくざつ》な物理化學的《ぶつりくわがくてき》結合物より成ると稱せられ、植物は靭皮《じんぴ》は之等纖維の束《たば》を筋《すぢ》として更に其の周圍を圍繞《ゐねう》する非纖維質より成り、其の莖に對外的抵抗力《ていかうりよく》を與へて居る關係《くわんけい》上此の纖維の利用《りよう》に際しては必ず此等周圍にある非纖維質不純物《ふじゆんぶつ》を精練除去し、埋沒《まいぼつ》せる靭皮纖維を遊離せしめねばならぬ。斯る精練工程《せいれんこうてい》を總稱して「レッテング」と呼び、醱酵《はつかう》や苛性曹達煮沸等の操作《さうさ》に依り行ふ。前者は其作用緩漫《くわんまん》で纖維を損傷する危險性小なれど後者は之に對し急激《きふげき》に作用する爲め其の操作期間《さうさきかん》を著しく短縮せしめ得る反面纖維を損傷する危險率《きけんりつ》大である。

昨今出現して居る纖維としては雙子葉植物《さうしえふしよくぶつ》の靭皮纖維としては各種麻屑《あさくづ》、野生苧麻、市皮、洋麻、蕁麻《いらくさ》、葛《くづ》等あり其他藤、桑、柳、蔦《つた》等の喬木《けうぼく》靭皮纖維を擧げ得る。一般に此等纖維は伸度《しんど》が極めて少ない代り強力は甚だしく大であるが特に喬木靭皮纖維は前者《ぜんしや》に比し粗剛《そがう》の感深く太さ長さ等に於ける不均齊《ふきんせい》の度が強く可紡性《かばうせい》も小である。最近此の伸度、可紡性等の少い點を除整《ちよせい》するため濃アルカリ冷溶處理が普邊化《ふへんくわ》されつゝあるが、此の加工處理の際副產的《ふくさんてき》に纖維に多少の羊毛樣捲縮が附與《ふよ》される。特に黃麻系統《こうまけいとう》の纖維に此の性質《せいしつ》が著るしいので斯る處理《しより》を施した黃麻は羊毛代同纖維として推賞《すいしやう》せられて居る。

脈管纖維の最も利用に好都合《かうつがふ》なものは主として單子葉植物の葉の中に存在する纖維で最近《さいきん》は龍舌蘭《りうぜつらん》、鳳梨、芭蕉《ばせう》から熊笹《くまざさ》、稻の樣なもの迄利用に登場《とうじやう》して來て居る。一般に此種脈管纖維は靭皮纖維《じんぴせんい》より更に粗剛《そがう》である許りか原料の保留が少なる缺點《けってん》がある。

其の他疊表の藺草や高粱、林桃、馬鈴薯から扨は稻の根等迄からも纖維が採られ代用纖維《だいようせんい》として登場して來て居るが、何れも前述《ぜんじゆつ》靭皮纖維脈管纖維等と大同小異である。

最近北海《ほくかい》に產する「すがも」と稱する海草《かいさう》からも纖維が採取《さいしゆ》されて居るが可成りの利用《りよう》價値もある樣に思はれる。

纖維素系人工纖維

纖維素系人工の纖維は天然《てんねん》に產する纖維素並に其の誘導《ゆうだう》體の纖維質を化學的、物理的《ぶつりてき》に纖維に整形加工《せいけいかこう》して製造する人爲の纖維であつて代用纖維中、最も重要《ぢうえう》なス・フが代表的なものである。其他物理的に加工された經木《きやうぎ》、藁《わら》、竹等の纖維も含《ふく》まれる。何れも其の原料は天然《てんねん》に產出するが其儘之を利用《りよう》するには餘りにも價値《かち》の少い纖維を化學的又は物理的方法により面目《めんぼく》を一新し、又は一新し樣と考案《かうあん》された纖維であるところに大なる特徵《とくちやう》がある。

ス・フは木材を原料とし纖維素以外の不純物《ふじゆんぶつ》も化學的方法に依り可及的精製除去《かきふてきせいせいぢよきよ》した人絹パルプを直接原料とし、此の纖維膠質物も「アルカリ」、「二硫化炭素《りゆうくわたんそ》」等の助けをかりて水中に分散《ぶんさん》させ、次で之を微細孔より放出《はうしゆつ》せしむると同時に此の纖維膠質を酸、鹽類等の作用に依り再凝《さいぎやう》集せしめて系狀纖維《けいじやうせんい》を造るものであつて最後に適當《てきたう》に切斷し棉花羊毛等の代用に供す。其の當初は可成り粗惡品《そあくひん》が市販された樣であるが、最近は強度に於ても耐久性《たいきうせい》に於ても極めて優秀なものが出現《しゆつげん》して居る。特に纖維膠質を作る程度《ていど》を加減したり、紡糸機構《ばうしきこう》に於て二浴式緊張紡糸と云ふ方法を採用したり、將又羊毛樣の捲縮を物理化學的《ぶつりくわがくてき》に附與せしめたりしたものは現在最優秀《げんざいさいいうしう》な棉花羊毛の代用纖維であると推賞出來る。尙之に合成樹脂《がうせいじゆし》其他を利用して纖維の滑脫《かつだつ》を困難ならしめたり、其の捲縮に彈力性、耐水性《たいすいせい》を持たせたもの等種々研究《けんきう》されて居るが之又優秀な代用纖維の一であることは論を俟たない。

ス・フの一族でベンベルグ人織、醋酸《さくさん》人織があるが、前者は其の纖維膠質を解膠《かいかう》せしめるのに銅アンモニア溶液《やうえき》を用ふる點に特徵《とくちやう》があり、後者は纖維素を醋酸《さくさん》と結合《けつがふ》せしめて後「アセトン」等の溶劑《ようざい》に溶して紡糸《ばうし》する。最近後者に屬するものに普通《ふつう》スフを加工して醋酸人織を作る發明《はつめい》が我國に於て完成《くわんせい》せられて居る。共にス・フに比し著るしく耐水性が改良されて居るが、原料に製造經費《せいざうけいひ》の難關があるが特に後者は普通染料《せんれう》を使用し得ない處に難點《なんてん》がある。

其他此等人工纖維製造の工程《こうてい》に於て顏料や染料を混じ、「染色しないで利用出來るス・フ」即ち染色操作《せんしよくさうさ》による危險や手數を防止省略《ぼうしせうりやく》した着色ス・フや纎維内部を中空《ちうくう》にして保溫性《ほをんせい》を向上せしめた中空ス・フ、特殊白色顔料《とくしゆはくしよくがんれう》で艶を消した艶消ス・フ、其他羊毛樣の觸感《しよくかん》や染色性を保持《ほぢ》させるため少量の蛋白質又纎維に搦合性《せい》を持たせるため少量のゴムや人造樹脂《じんざうじゆし》等を混入《こんにふ》した樣な特殊スフ等出來て居る。共に今後大いに代用纎維として實に多士濟々《たしさいく》の感がある。共に今後大いに着目してよい纎維であらう。

纎維素を元とする植物質に物理的加工《ぶつりてきかこう》を施し製造した纎維に經木纎維がある。最近檜其他の材木片《ざいもくへん》を機械的に薄く削つて更に細く截斷《さいだん》したものに一片の巾$\frac{1}{10}$粍程度のものが出來て居る。其他セロファン、和洋紙《わやうし》等を削つて纎維化したもの等色々あるが、現在の處紡織用纎維としては未だ太さ伸度等に難點《なんてん》のあるものが多い。然《しか》しセロファン纎維は既に紐《ひも》、ロープ等の原料《げんれう》として活用されて居る。又藁や竹を碎《くだ》いて纎維化したものもあるが何れも前記《ぜんき》のものと略々同一で精々紐ロープ用として實用《じつよう》されて居るに過ぎない。

蛋白質系天然纎維

蛋白質《たんぱくしつ》を元成分とする天然纎維は廣く動植物界《どうしよくぶつかい》特に動物界に存在する。一般に植物纎維素系纎維《しよくぶつせんいそけいせんい》に比し強力が少であるが著るしい伸度と良好《れうこう》なる彈性《だんせい》を有する動物蛋白の天然纎維としては羊毛《やうまう》、獸毛、蠶糸《さんし》、人髮、皮革《ひかく》纎維が代表的なものであるが植物性蛋白系《たんぱくけい》天然纎維は現在の處未だ發明されて居ない。

羊毛、獸毛、並に人髮等の哺乳類《ほにうるい》動物の毛纎維は何れも皮膚中層に存在する毛根《まうこん》より發生《はつせい》し皮膚要部を包被保護する單細胞《たんさいはう》纎維であるが、其の形體《けいたい》、性質は一樣でない。一般に髓部《ずいぶ》中層表面層に分たれ纎維の強伸度彈性等の特性は何れも此の中層に左右せられる。表面層《へうめんそう》は多少に不拘鱗片狀の角質《かくしつ》より成る。此の纎維の成分《せいぶん》は何れも「ケラチン」を主體とする複合蛋白《ふくごうたんぱく》であるが、髮類獸毛に比し著るしく粗《そ》剛《がう》である。概《がい》して其の太さは$\frac{1}{10}$粍から$\frac{1}{100}$粍位のものであるが長さは其の生育期間《せいいくきかん》や發育狀態等に依り千差萬別であることは論《ろん》を待たない。從來此種代表的《このしゆだいへうてき》唯一のものとも云はれた羊毛は其の表面層に於ける鱗片が特に深刻明確《しんこくめいかく》である上彈性のある良好《れうこう》な捲縮と伸度《しんど》を有して居る。此の特徴が綜合《さうがふ》して纎維相互の搦結による堅いフェルトを羊毛《やうまう》製品に與へる。此の性質《せいしつ》が微少か乃至は全然《ぜんぜん》無い。從つて最近此の羊毛繊維を廻つて種々《しゆ〱》な代用繊維が出現して居るが之を完全に代用《だいよう》し得る繊維は全然《ぜん〱》ないと云つても差支へない位である。従つて昔から羊毛製品《やうもうせいひん》の故物を何回も〱機械的に反覆回収《はんぷくくわいしう》して利用する。此回収羊毛を反毛と稱んで居るが廣義の代用羊毛と云へやう。最近《さいきん》特に形を改めて登場した繊維に山羊毛、牛毛《ぎうもう》、馬毛、兎毛、羽毛、蠶糸《さんし》等がある。

山羊毛、牛毛、馬毛、犬毛、兎毛共に其の化學的成分《くわがくてきせいぶん》は羊毛同様ケラチンを主體とする複合蛋白《ふくがうたんぱく》であり、然も其强伸度は羊毛に酷似《こくぢ》しては居るが何れも捲縮殆んどなく特に山羊毛、牛毛、馬毛等は粗剛《そがう》で其儘では利用《りよう》し難い。昨今之を酸や「アルカリ」處理に依り細くして柔軟《じうなん》ならしめ様とする試みや藥品《やくひん》や熱等に依る繊維の膨脹《ばうちやう》と収縮を適當且つ急激《きふげき》に組合處理することにより之に捲縮性を與《あた》へ様とする試み、或は又硝酸鹽《せうさんえん》其の他の藥品《やくひん》により縮絨性を大ならしめ様とする試み等があるが試作程度《しさくていど》で未だ實用的に完結されたと云ふ程度迄立至《までたちいた》つて居ない。然し兎毛は極めて柔軟な性質《せいしつ》を持つて居るので硝酸水銀《せうさんすいぎん》や其他藥劑で處理して帽子等の製造に廣く利用《りよう》されて居る。最近の珍《めづ》らしい試みに禽鳥類《きんてうるい》の羽毛の單繊維化繊維がある。即ち羽毛の規則《きそく》正しく並列平行状《へいれつへいかうじやう》に發生された繊維を機械的に分離し更に之に化學的處理《しより》を施したものだが羽毛繊維の單繊維化不充分《ふじゆうぶん》と繊維强伸度持の長さの劣少《れつせう》は其の利用價値を低《ひく》めて居る。

此等の毛繊維《もうせんい》外に最近の繊維として皮革繊維《ひかくせんい》がある。動物類の皮はコラーゲン蛋白《たんぱく》を主成分とする網状締結組織より成り各種鞣劑《なめしざい》に依つて板状の皮革類となし利用される事は既に周知《しうち》であらう。皮革《ひかく》繊維は此の「コラーゲン」網状締結組織《ていけつそしき》を解組繊維化し、鞣理論に從つて「フォルマリン」又は「クローム」等により此の繊維《せんい》蛋白《たんぱく》の定着を施し耐水性《たいすいせい》を與へたもので又一名革「コラーゲン」繊維とも稱せられる。

凡ゆる皮組織《ひそしき》より採取《さつしゆ》し得る理由だが網状締結組織に於ける網目の長さと繊維化難易に影響《えいきやう》されて目下成品《せいひん》となつて居るのは鞣皮内部層より採る鯨繊維《くぢらせんい》位のものである。皮革繊維は他種天然繊維に比し特に耐酸《たいさん》耐「アルカリ」性が低い。羊毛代用に供せられるが概《がい》して强伸度長さ、太さ等極めて雜多不均齊《ざつたふきんせい》で其の上一本の繊維から恰も樹脂《じゆし》様《やう》に枝繊維が分裂《ぶんれつ》して居るのは此等繊維は單細胞《たんさいばう》の集合繊維束であるからだとも云へよう。

蠶絲は萬人《ばんにん》の知る樣に蠶の吐出《としゆつ》する糸であつて「グリシン」及び「アラニン」等の各種複合《かくしゆふくごふ》蛋白より成る。極めて長い光澤のある纖細《せんさい》な纖維であるが吐出《としゆつ》せられた糸の狀態は内部に平行無端《へいかうむたん》な二本の纖維があり、之の外側を膠質で夫々包被《はうひ》すると共に此の二本の纖維を一本に合體《がつたい》せしめてゐる。前者《ぜんしや》をフイブロイン纖維又は絹糸《けんし》と稱し後者を「セリシン」又は絹膠《けんかう》と稱する。此の絹膠は水に易溶性《やうせい》のもの故、從來斯る蠶絲《さんし》は其儘或は生糸《きいと》に繰つた後、又は織物に織つた後に石鹼《せつけん》や「ソーダ灰」で精練《せいれん》除去して「フイブロイン」纖維のみを利用し來つたものである。

最近代用纖維として盛んに宣傳《せんでん》せられて居る一粒繰短纖維絹とは生糸が普通《ふつう》七——一五粒位の繭《まゆ》から蠶絲を繰糸して造られるのに對し、極端に云へば一粒宛繰糸《つぶづゝくりいと》して生糸を作り之を切斷《せつだん》して短纖維化した代用纖維で多量の「セリシン」を含有《がんゆう》する。此れと對照して開繭纖維絹と稱《しやう》せられるものは繭《まゆ》の儘精練又は半精練《はんせいれん》したる後開繭機なる機械により蠶絲を解舒切斷《かいぢよせつだん》したもので、前者に比して手數を非常に省略し得る特徴がある。

尙此等短纖維化《たんせんゐくわ》された蠶糸を「フォルマリン」又は「クロム」鹽類等で處理し殘存《ざんそん》する絹膠を皮革《ひかく》纖維同樣水に難溶性化し、今迄廢棄《はいき》して來たものを「フイブロイン」纖維上に殘留《ざんりう》させ纖維の一部として利用させる纖維があり此の處理を「セリシン」定着《ていちやく》と稱し定着された代用絹纖維を「セリシン」定着絹《ていちやくきぬ》と呼んで居る。

蛋白質系人工纖維

前述した樣に各種蛋白質《かくしゆたんぱくしつ》は「フォル・トリン」や金屬鹽類と結合して水に難溶性《なんようせい》となる性質がある。從つて蛋白質を膨潤させて之をスフ同樣糸狀《しじやう》の形態《けいたい》を保たしめた後其蛋白質を不溶性化《ふようせいくわ》すると蛋白纖維が人工的に出來る。

伊國の「ラニタール」我が國の「シルクウール」等が之である。

前者は牛乳「カゼイン」を後者は「グリシニン」を主成分とする大豆《だいづ》蛋白を原料とする。共に此等蛋白は粒狀《つぶじやう》ではあるが其の「アルカリ」溶液は棒狀《ぼうじやう》であるから之を引張つて糸狀の配列《はいれつ》を強制し、次で凝固《ぎやうこ》せしめて纖維狀となし最後に「フオルマリン」處理に依り難溶性化《なんやうせいくわ》せしめるのである。が、此等蛋白《たんぱく》が熱「アルカリ」「アルコール」等に依り變質され易い性質《せいしつ》があるので、此の繊維を製造したり紡織加工したりするのに比較的《ひかくてき》高級な技術《ぎじゆつ》が要求される。

其他海草《かいさう》より「アルギニル」蛋白を抽出《ちうしゆつ》し之のアルカリ溶液を利する海草繊維、絹、羊毛等動物蛋白《たんぱく》繊維や魚皮、獸皮等の「コラーゲン」蛋白等の銅《どう》「アンモニア」溶液を利用する更生《かうせい》絹糸更生羊毛「コラーゲン」人造繊維、蒟蒻《こんにやく》粉《こ》を利用《りよう》する蒟蒻繊維等多々あるが何れも大同小異の方法で製造される。此等蛋白糸人工繊維は強度特に濕潤《しつじゆん》強度が低いが外觀殊に手觸《てざは》りに至つては全く羊毛に類似《るいに》せる繊維である。其他少々異つた維繊に「ゴム」繊維がある。「ゴム」原料である「ラデクス」を人絹同様《じんけんどうやう》に紡糸した植物ゴム蛋白繊維で恐らく彈性と伸度とが大である。

無機質繊維

無機質《むきしつ》の繊維は餘り實用衣服用原料《いふくようげんれう》として利用されないが其の不燃性《ふねんせい》特徵を利用して消防服《せうぼうふく》、機械用織物、保溫材耐酸、耐アルカリ濾布《ろふ》材料《ざいれう》等として利用される。昔から石棉は此の代表的《だいへうてき》な繊維として有名《ゆうめい》であるが、此の代用繊維として最近《さいきん》盛に出廻《でまは》つて來たものに「ロックウール」「スラッグウール」硝子繊維等人工繊維がある。「ロックウール」は火山岩《くわざんがん》を原料とし「スラッグウール」は製鐵冶金工場に於ける鑛滓《こうかう》を原料とし共に加熱溶融の狀態で細孔《さいこう》より空中又は水中に噴出凝固《ふんしゆつぎやうこ》させて繊維狀とする。

硝子繊維は溶解爐《やうかいろ》の底部小孔より赤熱溶融の硝子を空中に融出落下《ゆうしゆつらくか》させて其落下速力と硝子の粘度條件《ねんどでうけん》を適當に調整することにより繊維狀に紡糸《はうし》する。前者は主として保溫《ほおん》材に後者は耐藥品《たいやくひん》繊維材又は濾布《ろふ》として利用される。この他に金屬《きんぞく》繊維があるが此れは針金を造《つく》ると同樣金棒を赤熱したり引延《ひきのば》したり所要《しよえう》の細さを得る迄何回も繰返し、或は又金屬を一旦板狀《たんはんじやう》や泊狀に延展した後細く截斷《さいだん》して製造するが何れも裝飾用《さうしよくやう》に用ひられるのが主である。

合成繊維

今迄述べた各種繊維は凡て天然の繊維乃至は天產《てんさん》の原料に物理的《ぶつりてき》化學的の加工《かこう》を加へた繊維であつたが、最近原料から全く人爲的《じんゐてき》に製造有機繊維が現はれて來た。原料の製造に天然物《てんねんぶつ》を利用しない限り之を化學的に合成と稱んで居り、全く人類の科學的進歩《くわがくてきしんぽ》の所產繊維であり天然に挑戰する人類《じんるい》の繊維であると云ふことが出來る。米國に於ける「ナイロン」「ビニオン」獨乙に於ける「ペーッエ」繊維我國に於ける合成《ごうせい》一號「カネビアン」等之である。「ナイロン」は此の世に於ける合成繊維の元祖《ぐわんそ》とし數年前始めて米國に於て發表《はっぴやう》された絹代用繊維で絹の有する大概《たいがい》の性能を具備《ぐび》する。其の成分は「アヂピン」酸《さん》と「ヘキサメチレン・ヂアミン」の縮合重合體《しゅくごうぢゅうごうたい》で共に石炭酸を原料とし大體硝子繊維と同一法で紡糸《ばうし》される。只紡糸後更に極端《きよくたん》な緊張を與へた上最後《さいご》に酸化《さんくわ》等の影響を附與する中である。一ニオン」「パーツェー」繊維も大體「ナイロン」と同様な性質製法を有するが、其化學的構造《くわがくてきこうぞう》は鹽化「ビニール」と醋酸「ビニール」の共重合體《きやうちうごうたい》より成り溶融點が前者に比し比較的低いので衣料用《いれうよう》に供されず、只濾布其他に特殊用途を持つのみである。原料《げんれう》は「カーバイド」食鹽である。

吾國《わがくに》に於ける合成一號「カネビアン」と稱する繊維は共に前記醋酸《さくさん》「ビニール」より「ポリ・ビニールアルコール」を作り普通人造絹糸《じんざうけんし》製造の濕式紡絲機械とその方法を利用して繊維となし最後に仕上處理を施して耐水性《たいすいせい》を與へたものである。之を長繊維の儘代用とし叉捲縮を附與し切斷《せつだん》して羊毛代用《だいよう》に供する原料を「アセチレン」卽ち空氣と石炭と石灰《せきくわい》で賄《まかな》ふ點卽ち原料的に不安のないことと、在來人絹設備《せつび》を其儘利用出來ることが、此の繊維の他類合成繊維に對する最大の强味《つよみ》であると共に我國が世界に誇《ほこ》つてよい技術的な繊維である。

此等合成繊維は更に向後益々《ますます》發展《はってん》して多種多様の原料から多種多様任意《にんい》の狀態に發明《はつめい》製造されるのは恐らく火を見るより明らかで、正に近代人類文化の驚威的發展《きようゐてきはってん》を物語るものではなからうか。

（筆者は陸軍製絨廠技師）

印度の棉花

増田抱村

衣料《いりう》切符制が實施《じつし》され、消費者として購《か》買《い》上の制限を受けるやうになつてはじめて國民の間にも、衣服問題が生活上如何に重要《じゆうえう》なものであるかを感じたものもあらう。これは日常生活においてふだんその健康《けんかう》の價値性を意に留《と》めなかつたものでも、一たん病氣にでもなつたときにその健康の有難《ありがた》さをはじめて知るやうなものだ。

そこで衣服問題の基本的《きほんてき》な考察として　日本人は一たい一年にどれだけの衣服資源《しげん》を消費するかといふに、最低限度《げんど》一人當七ポンドとして七千三百萬の內地人口の需要《じゆえう》する一年當りの消費量は、大體三百八十三萬二千ピクルの割合であるから最低內地需要量年當《あり》り四百萬ピクル、多少ゆとりをみて獨逸《どいつ》のやうに一人當十四ポンド平均《へいきん》とせば、總需要量年八百萬ピクルとならう。

しかし、消費はあまり切詰《きりつ》めた見方をして立案《りつあん》すると、國內生産を衰微せしむるばかりでなく産業の發達を阻害《そがい》せしむるものであるから、方策の立案者としては內需量年當一千萬ピクルとして計算《けいさん》を立てねばならぬ。もし之を國內需要量四百萬ピクルとして、之に對する供給源《きやうきふげん》を確保しようとして切符《きつぷ》制《せい》を實施したものとせば、それは日支事變の過程《くわてい》中に於て考案されたものの實施であらう。現在は情勢が急變《きふへん》してゐて、大東亞戰爭遂行《すゐかう》過程に入るに及んでその戰果の擴大する所、衣服資源《しげん》も之に從つて近き將來の供給力も伸展《しんてん》する。之を考慮《かうりよ》に入るゝことなくして、從來の四面楚歌《しめんそか》の閉塞時代の資源計算によつて立案《りつあん》したものをそのまゝ採用して、數年間の先きまで之で押通そうといふことでは、國民生活を全然度外視《どぐわいし》するばかりでなく、廣《かう》域ブロツク向《むけ》輸出産業までも衰微せしむるに至るであらう。

我國は獨逸とは事情を異《こと》にする。衣服資源《しげん》に於ては、わが現下の情勢では獨逸に比し何れだけ廣大《くわうだい》なる資源を有《いう》してゐるか、日本はこの大戰爭によつて從來の計量《けいりやう》を全く改めねばならぬほど資源領域が擴大《くわだい》した。需給關係は、この事實を計算に入れて考へよ。此の大戰爭完遂《くわんすゐ》過程にありては、大東亞共榮圈内棉花《めんくわ》問題を廣汎《くわはん》に考察するのでなければ、廣域ブロック内の需給《じゆきふ》方策の立案が得られぬからである。然るに、日本を主體とする共榮圈内原棉《げんめん》需要量の測定《そくてい》は大體二千萬ピクルと豫想《よさう》されるのであるが之に對する現在の生産量は五百萬ピクルと想定《さうてい》されてゐる。そこで不足量は一千五百萬ピクルであるから、案《あん》を爲《な》すものは此の中の一千萬ピクルを五ケ年計畫《けいくわく》で支那棉花の生産に依存《いぞん》せんとし、殘の五百萬ピクルは五ケ年計畫で佛印、泰、フイリツピン、蘭印、ボルネオに於て百萬町歩栽培《さいばい》で三百萬ピクルを擧げようといふのである。

この生産計畫は主《しゆ》として大阪の人達によつて立案されたもので、大規模企圖として壯とすべく、而も實業家等の方策だけに政策の具現性《ぐげんせい》の可能である點に於て見上げたものである。

併し乍ら、この成案基礎《きそ》に就き疑義を提示《ていじ》し度いことは、その案には不足量充足資源の大部分を支那に置いてあることゝ、所要量を獲得《くわくとく》せむが爲には猶五ケ年の過程を要することである。立案者は何故に印度棉花を全然供給圏の範圍外《はんゐぐわい》に置いたかの點に關し、筆者は疑念《ぎねん》を懷かざるを得ない。星港陷落《かんらく》後の印度は、英帝國補給路より中斷せられ、近く具現《ぐげん》せられるであらう所の西亞進出《しんしゆつ》の獨伊勢力と我が國の交通路《つうろ》は之と關聯を保ち得ることを思ふとき印度は英帝國のルート圏外に遮斷《しやだん》せられるものである。この場合の印度の生産經濟は全く東亞共榮圏に依存《いぞん》せざるを得なくなり、また我が國として共榮經濟政策の對象《たいしやう》として印度を取入れるのでなければ、星港並にビルマ攻略の經濟的意義《いぎ》を解することが出來ない。纖維資源《しげん》に就いても之が供給方策を考察《かうさつ》するものは、生産計畫に於ても大規模に且組織的たるを要すべく、而も支配力を遠大に行使《かうし》するのでなければ、この千歳一偶の大戰果を後顧《かうこ》の憂なく收穫することが出來まい。

印度が英帝國ルートより遮斷《しやだん》せられたる後の經濟困惑《こんわく》は想像に難くないも

のがある。從つて之に經濟指導を加へ、この國の生產過剩《くわじやう》量にして我が需要充足に轉用《てんよう》し得るものは、之を當然我が國への供給部分として確《かく》保せしめねばならぬ。印度棉花の如きは、之を路《ろ》傍《ばう》の石として顧みざるの理由はない。印度における棉花の生產は、昭和十五年の計算に於て四百七十八封度入で四百四十萬俵を擧げてゐる。之を換《くわん》算《さん》してみると千五百七十七萬ピクルとなる。昭和十六年に於ける印度棉花《めんくわ》生產豫想高は五百萬ベールとなつてゐるから、之を換《くわん》算してみると千七百九十二萬五千ピクルとなる。

然るに昭和十五年に於ける棉花《めんくわ》生產量四百四十萬ベールに要《えう》した作付段別は三千百九十八萬二千エーカーとなつてゐるから、之を町步に換算してみると千三百萬町步となる。大阪の棉花對《たい》策《さく》立案者の生產計畫《けいくわく》では百萬町步より三百萬ピクルを擧《あ》げる見込であるから、生產技術《ぎじゆつ》的指導を加へると同樣の見込に於ても、印度耕地面積《めんせき》千三百萬町步よりは四千二百萬ピクルの收穫《しうくわく》を擧げるわけで、共榮圈所要量たる原棉《めん》需要量二千萬ピクルに對し之を充足《じうそく》しても、印度供給力は尙優《いう》に二千二百萬ピクルの過剩《くわじよう》量を生じるわけである。

そこで、この二千二百萬ピクルの過剩量の處分《しよぶん》に關する問題であるが、これはそのうち約七百萬ピクルは印度內需に充當《じゆうたう》せしめ、殘の千五百萬ピクルは樞《すう》軸與國に對して供給すればよいわけである。

玆に注意しておくべきことは、印度原棉栽培《さいばい》耕地《ち》たる千三百萬町步は現存量であつて、生產を擴《くわく》大しようと思へば猶いくらでも可耕地《かかうち》に生產餘力を持ち、之が收益《しうえき》の增進が可能であることである。この餘力を持ちながら生產力が異常の發展を告げなかつたのは、英吉利の採算《さいさん》上からの制約を加へてゐたからである。しかし、印度が英帝國の經濟補給路《ほきふろ》から遮斷《しやだん》せらるゝ場合の印《いん》棉《めん》處分は、日本が手を下すに非《あら》ざれば救濟不可能である。

ドイツの衣料切符制

松田正之

○

いよいよ衣料《いりよう》切符制が實施《じつし》されて見ると、いままでうつかり聞き流してゐた諸外國の例にも、改めて深い關心が持たれる。

見廻したところ、今次の大戰《たいせん》に參加してゐる世界の第一線國のうちで、衣料切符制を布《し》いてゐる國といへば、樞《すう》軸側《くがは》ではドイツ、イタリー、反樞軸國ではイギリス、ソ聯《れん》などが擧げられる。このうち、最も模《も》範《は》的なものはいふまでもなくドイツで、イギリスの衣料切符制もドイツの眞似《まね》をしてゐる點が頗る多い位である。

わが國の制度《せいど》は、わが國情を斟酌した獨特《どくとく》のものであるが、他山の石として、ドイツ衣料《いりよう》切符制が如何に行はれてゐるかに就き、一應《おう》の認識を持《も》つことも、この際決して無駄ではない。殊に、ドイツの衣料切符制はドイツ國民によつて、理想的《りそうてき》に實行され、現在ドイツでは、ハンカチーフを忘《わす》れても、「あつ、一點忘れた！」といふ位、日常生活に滲透《しんとう》してゐる度合《どあひ》が深いので、衣料切符使用にあたつて學《まな》ぶべき點も多々あると思はれる。

○

一九三九年八月二十七日、ドイツ政府は、フンク經濟相《けいざいしやう》の名を以て、ドイツ國民の生活必需《ひじゆ》臨時確保令を發布《はつぷ》し、差當つて實施すべき十四種にわたる消費統制《とうせい》品目の中に、「紡織製品」を擧《あ》げた。これは、開戰當初既に戰爭の長期化を覺悟《かくご》したドイツが、最初に發布《はつぷ》した消費統制に關する法令であつて、時あたかもポーランド作戰《さく》開始の頃である。現行ドイツ衣料切符制の基《き》礎もこゝに置かれたのであつた。

　この法律《はふりつ》はその後幾度も改廢《かいはい》され、附則も作られ、まづ現行切符制の前身ともいふべき購賣《かうはい》證券制が登場した。

　これは、一般紡織製品及び靴について、購賣券《かうはいけん》引換に消費者に品物を渡すもので、各種類について別々の切符が發行される。いはゞ單行《たんかう》切符制とでもいつたもので、我國の特免《とくめん》品配給のやうなシステムであるが、これが全國民を對象《たいしやう》としてゐるところが違《ちが》つてゐる。購賣券には消費者の氏名、現住所《げんぢゆうしよ》を記し、購賣券發行後一ケ月以内に、××の品物を配給するものなりとして、官廳印《かんちやういん》が押されてゐる。これと引《ひ》換《か》へに品物が配給されるわけであるが、その數量は、一定の法定量《はふていりやう》がある。これにも除外例が認められ、軍部《ぐんぶ》關係者は購賣券を要せず、出産《しゆつさん》、病氣、災害、死亡、新家庭創設等の場合には、法定量以上を認められることもある。面白いのは、一般國防團體、ナチス黨、特殊《とくしゆ》文官等の制服常用者《じやうようしや》は、法定量の半分でよいことになつてゐる。これは制服《せいふく》に就ては、別に特殊の考慮《かうりよ》を拂ふことになつてゐるのと、一面制服生活の單純性を認めた爲であらう。

　この購賣券《かうはいけん》は、法定量までは無限に交附されるかといへば、さうは行かない。

　購賣券の交附《かうふ》を受けんとする者は、その旨を地方行政廳《ぎやうせいちやう》へ申告しなければならぬ。その結果《けつくわ》、必要と認められた時にはじめて交附《かうふ》せられるのである。つまり役所で必要と認められたら、古い衣服《いふく》や靴《くつ》などを提出し、購賣《かうはい》券《けん》はそれと引換へに渡されるといふ仕組になつてゐる。

　この購賣券は、發行《はつかう》されたら、直ちに現品を買入れるのが原則《げんそく》となつてゐるから、有效《いうかう》期限は僅《わづ》かに一ケ月といふ短期間である。しかし、消費者の申《しん》請によつて、有效期限を一ケ月迄延長することもできる。

　以上でわかる通り、この制度《せいど》は手續きが面倒《めんだう》でもあり、また全國的消費統制を行ふには種々の不便《ふべん》があつたので、遂に一九三九年十一月十六日以來、現行《げんかう》衣料切符制が布《し》かれることになつたのである。

　こゝで少し專門的《せんもんてき》になるが、ドイツに於ける紡織製品の需給《じゆきふ》狀態を見てみよう。蓋《けだ》し、衣服切符制の根底《こんてい》となるのは、その國の現段階に於ける衣服資源であるからである。

ドイツの紡織原料

御承知の通り、ドイツは衣服資源に關する限り、有名な「持《も》たざる國」であつた。試《こころ》みに統計を見るに、第一次世界大戰前の一九一三年に於ける棉花《めんくわ》の輸入額は、五億七千八百萬マルク、羊毛《やうもう》は三億六千二百萬マルクであつて、自給額は僅かに植民地《しよくみんち》から、兩者併せて二千四百萬マルクに過ぎなかつた。この外絹、黄麻《くわうま》などは一本も自給《じきふ》できず、この有様で大戰を迎へんか、大いに憂慮《いうりよ》すべき狀態にあつたのであるが、果然《くわぜん》强大な英國海軍の封鎖にあつて、紡織《ばうしよく》原料輸入の途を塞がれ、非常な困難に陥つたのである。

大戰後、纖維自給《じきふ》の企もないではなかつたが、英米資本の侵略《しんりやく》と、國内ユダヤ資本國の横行《わうかう》により、相も變らず輸入纖維の洪水《こうずい》となつて現はれ、一九三三年を例にとれば、國内需要の、實に九五%を外國產紡織原料に仰《あふ》いでゐたのである。

かくの如き高度の外國依存《いぞん》は、他の列强《れつきやう》に例を見ぬ所であつて、まさに第一次大戰前後のドイツ國防經濟《けいざい》の弱點《じやくてん》の一つをなしてゐたといつてよいだらう。

ナチス黨は政權獲得《くわくとく》後、まづ六百萬に上る失業者の救濟と、荒廢《くわうはい》した農村救濟《きうさい》を目的として第一次四ケ年計畫を行ひ、盛《さか》んに土木工事等を興したが、次《つ》いで第二次四ケ年計畫に於て、原料自給、軍備の再建を主眼として、これまで外國依存《いぞん》を餘儀なくされてゐた紡《ばう》織《しよく》原料部門にも、人造纖維（ステープル・ファイバー）人絹（レーヨン）工業の著《いちじる》しい進步と、亞麻《あま》、大麻の增產をはかり、大いに效果を收めた。從つて纖維《せんゐ》資源については昔日《せきじつ》と同一に談じられぬとはいへ、長期戰下の國防《こくばう》經濟的見地から見る時ドイツ當局は、全般的消費統制を實施《じつし》せざるを得なかつたのである。

○

現行ドイツ衣料《いりやう》切符制はどんなものか。

現《げん》在行はれてゐる衣料切符制は、一九三九年十一月十四日附の紡織製品消費統制《とうせい》令に依るものである。

まづ衣料切符は二大別がある。

それは全國衣《い》服券《ふくけん》と、購賣證券の二種類であつて、およそ生存《せいぞん》に必要なありとあらゆる纖維《せんゐ》製品はこの二種類のなかに包含《はうがん》される。

購賣證券は前に述べたやうに、手續きが厄介であるばかりでなく、地方官吏の裁量《さいりやう》が地方々々に依つて異り、全體として、物動計畫を狂はすやうな結果になる懼《おそ》れがある。これを適正《てきせい》にしようとすれば、國民各自のタンスの中まで一々檢査《けんさ》しなければならない。しかし、かゝる不便はあるが、特殊《とくしゆ》の物に對しては有效と認められるので、一般用品以外は前と同じ購賣券制度が併《へい》用《よう》されることゝなつた。その品目はおよそ次のやうなものである。

一、織地作業服及び職業服
二、男子用夏冬外套《ぐわいとう》、婦人用冬外套及び肩掛《かたかけ》
三、スキー服
四、運動競技《きやうぎ》用シャツ、ズボン
五、敷布《しきふ》類《るゐ》
六、寢臺用品
七、卓布、布巾《ふきん》類
八、敷物及び幌《ほろ》類
九、窓掛、幕類

大體《だいたい》右のやうなものは、購賣證券を貰つて即ち許可《きよか》を得て買ふやうになつてゐる。

つまり、ドイツ衣料切符制は、綜合《そうがふ》點數切符と、購賣證券制の二本建《だて》である。

その點數制切符——即ち全國衣服券は次の五種類《しゆるゐ》がある。

(一) 二、三歳の幼兒用(バラ色)
(二) 滿三歳から滿十四歳までの男子兒童用(綠色)
(三) 滿三歳から滿十四歳までの女子兒童用(靑色)
(四) 滿十四歳以上の男子用(黄色)
(五) 滿十四歳以上の婦人用(橙色)

切符は百枚の支分券に分れ、このほかに十四枚の特別《とくべつ》支分券がついてゐる。特別支分券は、紡織《ぼうしよく》經濟特別受託官の許可《きよか》をまち、追加された品目を買ふ爲に保存《ほぞん》しておくのである。

これまでの經驗《けいけん》に依れば、消費者は切符を交附《かうふ》されたが最後、すぐに一ケ年分の品物を買溜《かひだ》めてしまひがちなので、いくら自制せよといつても大衆は聽入《きゝい》れない。そこで當局は、切符の有效期限《きげん》を三段に分けた。即ち支分券のうち三十枚を即時《そくじ》有效《いうかう》とし、十枚を三ケ月後有效、二十枚を半年後有效とした。

これに依て、ばかな買溜《かひだ》めは防止されたが、一面困《こま》ることもある。それは男子用上着のやうに、點數の大きいもの、例《たと》へば一着六十點の背廣を買へばあとは何も買へぬことになる。そこで、このやうな時《とき》には將來有效となる

切符の例外《れいぐわい》的使用として先買も認《みと》められるが、普通の場合には「衣服券」の有効期限は嚴重《げんぢゆう》に制限され、まもられてゐる。

○

さて、根本的な問題《もんだい》として、ドイツ「衣服券」の基礎は、わが國に於けると同じく、全生産計畫《けいくわく》に從つて得られる紡織原料《げんれう》の量にあることを知らねばならない。卽ち、その總額を全國民數で除《じよ》した數が、一人當りの紡織原料の數量となるのである。

前に述《の》べた通り、ドイツ衣服券《いふくけん》に於ては、男子用外套《ぐわいたう》、婦人用冬外套、寢床敷布、廠布(テーブルクロス等)が除外されてゐる。

これは何故であらうか。

これに限つて購賣證券に依らなければならない理由《りゆう》は やはり生産量の關係上、國民に徹底《てつてい》的節約を要求する必要があるからである。いくら擦《す》り切れた外套でも、その筋の係官が見て、使用に耐へないと認定《にんてい》しない以上購賣證券を交附《かうふ》してはくれない。

ついでゝあるが、靴《くつ》もやはり、この方式の許可制となつてゐるのは注目すべきであらう。

軍需優先《いうせん》は申すまでもないが、民需關係でも、一足の靴も持《も》たないドイツ國民《こくみん》は一人もゐない譯である。從つて、學童靴《がくどうくつ》や事務用靴を除き、一般民需は、許可制として、徹底的消費規正を行《おこな》ふことになつたのである。

その結果二つの現象《げんしやう》が現はれた。

一つは代用品である。日本のやうな魚皮靴なども早速あらはれたが、どういふものか日本のやうに普及せず、木《もく》製《せい》靴が盛んに履《は》かれてゐる。婦人用などは殊にこれが著《いちじる》しいといふ。それは、靴の購賣許可《きよか》制は、事實不許可といつてよいほど嚴しいからである。

だから、當分《たうぶん》の間、手持品を修繕できる限りして利用する外はないといふので、修繕屋が大繁昌《だいはんじやう》を極めてゐるといふ。

話はもとに戻《もど》るが、ドイツ衣料切符制は、その後、イギリス、イタリー、ソ聯、日本などで行はれるやうになつた綜合《そうがふ》點數切符制の元祖であるだけに幾多の特長《とくちやう》をもつてゐる。

點數制といふ創案《さうあん》も、なか／＼頭のよさを示《しめ》してゐるが、前述の買溜の防止の有効期限制、次に同種《どうしゆ》の品物を買溜めしない工夫《くふう》などいづれもドイツの創案である。

例《たと》へば、靴下は一年を通じて男子は

五足、婦人《ふじん》は六足であるが、男子の第四足目と第五足目、婦人の第五第六足目とは、點數が前の倍《ばい》になつてゐる。即ち最初《さいしよ》のうちは四點づゝであるのに、あとの二足は一躍《やく》八點とられる。こゝいらに、當局苦心《くしん》の跡《あと》が見られる。

　これによつても分る通り、ドイツ衣服制度は、個人の所得《しよとく》よりも、その消費を基調《きちやう》としてゐる。個人の所得の大小によつて、衣服《いふく》の數に多少はあるかも知れないが、消費《しうひ》の點に於ては兩者《りやうしや》は同一であるといふ觀方である。ストツクはあつても、これは限りがある。ナチス政府の目指《めざ》すところは、戰時下に於ては、重役も職工も、衣服《いふく》の點に於ては、差別を許さぬといふのであらう。

　前世界大戰中《たいせんちゆう》に、はじめて衣服切符制（購買證券）を實施《じつし》し、また今次の大戰にあたつて點數制を考案《かうあん》したドイツは、衣料《いりやう》切符運用《うんよう》に就ても既に輝かしい成績をおさめてゐる。

　我國の衣料切符制の點數に較べて、背廣《せびろ》は我國五十點に對しドイツ六十點、靴下《くつした》二點に對しドイツは四點といふやうに、すべて點がからくなつてゐるに拘《かゝは》らず、既に二年有餘ドイツ國民はこれによつて安定《あんてい》した戰時下の「衣生活《せいくわつ》」を送つてゐることを考へるとき われ〴〵は大いに學ぶところがなければならない。

新しき土

中山省三郎

そこには、弟よ、
樹海のざわめきがある、
水にうつる南十字の影がある。

弟よ、
お前が生ける日に屬してゐた機關銃隊は、
どこにゐるのか。

木の芽立つ、豹の皮のやうな丘を望み、
春雷の轟くを耳にするとき、
撃つて、撃つて、挿彈子のあらん限り、

撃たうとしたお前の
汗にまみれた顔を感ずる。

今は、倨傲なりし者の聲もきこえず、
豪宕なる民族の
日ごとに高まる跫音に、
淨められてゆく國土が展ける。

そこには、弟よ、
樹海のざわめきがある、
水にうつる南十字の影がある。

新しき隊列

火野葦平

四

十二月に入つたはじめに、日本は米英兩國《べいえいりやうこく》に宣戰《せんせん》を布告《ふこく》した。その前からつづけられてゐた日米會談《にちべいくわいだん》が、傲慢無禮《がうまんぶれい》な米國の態度によつて一向に進捗《しんちよく》せず、つひに決裂《けつれつ》したのである。

宣戰の大詔《たいせう》は渙發《くわんぱつ》せられ、東條首相《とうでうしゆしやう》の決意は世界の隅々《すみずみ》にまで傳へられた「私、不肖《ふせう》なりと雖も一身を捧げて決死報國《けつしほうこく》唯々《たゞたゞ》宸襟《しんきん》を安んじ奉《たてまつ》らんとの念願《ねんぐわん》のみであります」との一節《せつ》に、立ちどまつてラヂオを聞いてゐた街《まち》の人の中には涙《なだ》をおとす者もあつた。

この宣戰《せんせん》の布告《ふこく》を知つたときに、父の孝兵衛《かうべゑ》は母のりんに、今夜は赤飯《せきはん》をたいて、何か御馳走《ごちそう》をこしらへるやうにといひつけた。それから氏神様《うぢがみさま》へぞろぞろと一家の者《もの》を引きつれて參拜《さんぱい》した。

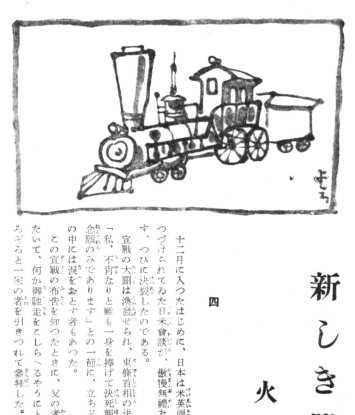

拜殿《はいでん》の前には多《おほ》くのひとびとがつめかけてゐた。どの顔も緊張《きんちやう》はしてゐたが、明《あか》るさがみなぎつてゐた。これから容易《やうい》に果《はて》しのつかない大戰爭《せんさう》になるといふやうな感じよりも、行くところ必ず勝利《しやうり》を獲《え》るとの信念《しんねん》があふれてゐたからである。

柏手《かしはで》をうつて拜禮《はいれい》してゐると、孝之介《かうのすけ》は戰地にゐる兄孝吉の便りを思《おも》ひ出した。英支《えいし》國境《こくきやう》の川のまんなかに立ちはだかつて、ぷりぷりと怒《おこ》つてゐる兄《あに》の姿《すがた》がありありと浮んで來た。

それから四五日經つた或る晩《ばん》のこと、孝之介《かうのすけ》は叔父《をぢ》の家に使《つか》ひにやられた。

成木太三はそのまへに、この港での功勞者《こうらうしや》として商工會議所から表彰されてゐたので、祝《いは》ひの品《しな》を持つて行つたのである。何《なん》とかかんとかいはれながらも、叔父《をぢ》が石炭商《せきたんしやう》として、この町に盡《つく》した功績《こうせき》は並々《なみなみ》ならぬものがあつた。

この町に鐵道《てつだう》が開通《かいつう》されてから恰度《ちやうど》五十年になる。五十年まへの人々にとつて汽車《きしや》はまことに驚異《きやうい》であつた。汽車が運轉《うんてん》を開始するといふ日には沿線《えんせん》は見物人の黒山《くろやま》を築いたといはれる。當時《たうじ》の人々は汽車《きしや》とはどんなものか、まるきり知らなかつた。ただ電信柱《でんしんばしら》が格子《かうし》のやうに見える途方もなく早い岡蒸氣《をかじやうき》といふものがあるといふ噂《うはさ》を聞いてゐただけであつた。今では電鈴《でんれい》になつたがその頃《ころ》は發車《はつしや》の五分まへになると大きな鐘《かね》をがらんがらんと鳴《な》らしてゐた。

汽車と汽船とは、當時《たうじ》の町の人々の誇《ほこ》りであつた。明治の三十年頃《ねんごろ》にうたはれた唄に次のやうなのがある。

　この名物《めいぶつ》知らない人に、
この名所《めいしよ》が知らせたい、
山から棧橋《さんばし》眺《なが》めりやねえ、
岡蒸氣《をかじやうき》がピー
煙をね、綠家《みどりや》の二階《かい》で、
ええぢやないか、蒸氣《じやうき》の煙《けむり》をねえ、
ちよつと見とつた

鐵道《てつだう》は石炭を炭田《たんでん》から港に運搬《うんぱん》することを第一の目的として敷設《ふせつ》された。かうして五十年間《ねんかん》にすさまじい發展《はつてん》を遂げたのである。

この驛《えき》は日本《につぽん》一の、といふことは東洋《とうやう》一といふことになるが、操車場《さうしやちやう》を持つてゐる。孝之介《かうのすけ》も鐵道《てつだう》には出てゐるし、この日本一の操車場《さうしやちやう》（驛《えき》はちつぽけでお話にならないが）を持つ構内《こうない》に働くことに一種の誇《ほこ》りに似たものを感じてゐた。

殷賑《ゐんしん》をきはめてゐると共に、この事業《じげふ》も複雜《ふくざつ》で、繁忙をきはめ、並大抵《なみたいてい》の努力では十分の成果を發揮《はつき》しえないのであつた。成木太三《なりきたさう》はさういふ中で、遺憾《ゐかん》なく手腕《しゆわん》を發揮したのである。

この度、市役所《しやくしよ》と商工會議所《しやうこうくわいぎしよ》と鐵道局《てつだうきよく》との共同主催で、鐵道《てつだう》敷設五十周年記念祭《しうねんきねんさい》が催された。時局柄《じきよくがら》、派手な催しは遠慮《ゑんりよ》されたが、或るデパートで、鐵道《てつだう》と石炭《せきたん》によつて、いかにこの町が發展《はつてん》して來たか、その經路《けいろ》を示す展覽會《てんらんくわい》がひらかれ、五十名ほどの功勞者《こうらうしや》の表彰《へうしやう》が行はれた。そのなかに成木太三《なりきたさう》の名も加へられてゐた。そのお祝《いは》ひとして、兄の孝兵衛《かうべゑ》は置時計を弟《おとうと》に贈《おく》ることになり、それを孝之《かうの》介《すけ》が持つて行《ゆ》かされたのであつた。

ところが孝之介《かうのすけ》は何となくこの使《つかひ》を有難《ありがた》がらなかつた。

叔父が警察《けいさつ》から歸《かへ》つたといふことは前《まへ》に聞いてゐたが、古賀《こが》の海岸以來《かいがんいらい》、すこし好《す》きになりかけてゐたのが、また嫌《きら》ひになり始めてゐたので、父から置時計《おきどけい》を届けるやうになど命《めい》ぜられるとあまり氣の乘つた返事《へんじ》は出來なかつた。

町《まち》に出ると、あたりは暗《くら》かつた。演習《えんしふ》が行はれ、夕方から警戒管制《けいかいくわんせい》が敷かれてゐた。叔父の家は山の手にあつた。いつも點《つ》いてゐる街燈《がいとう》が消えてゐるので、路地《ろぢ》に入るとわづかに足《あし》もとしか見えなかつた。塀《へい》についてゐる勝手口《かつてぐち》の方の戸をひらいた。

「どなた？」

臺所《だいどころ》から叔母《をば》の聲がした。

「僕《ぼく》です」

「え？」

「孝之介《かうのすけ》です」

「ああ、孝《かう》ちやん」

硝子戸《がらすど》があいて、丸髷《まるまげ》の叔母《をば》が出て來た。

「ひとり？」

「ええ」

「暗《くら》かつたでしよ、そこらは眞《ま》つ暗《くら》だし。さあ、おはいり」

孝之介《かうのすけ》は臺所の方にあがつた。黑い布で覆《おほ》ひをした電燈《でんとう》がぼうつと、まるく、板《いた》の間《ま》を照《て》らしてゐた。

「叔父《をぢ》さんは？」

「今夜《こんや》はね常會《じやうくわい》なの、いま、はじまつたばかりなのよ」

さういはれてみると硝子戸《がらすど》をはいつた時から、奥座敷《おくざしき》の方で大勢《おほぜい》のひとびとのざわめきや話《はな》し聲がきこえてゐた。

「なんか用《よう》？」

「ええ……濟《す》んでからでもいいんですよ」

祝《いは》ひものを叔母《をば》にわたして歸《かへ》つてもよいのであるが、孝《かう》之介《すけ》はふつと好奇心《かうきしん》がわいた。叔父《をぢ》はこの間、惡いことをして警察《けいさつ》にひつぱられ、その問題《もんだい》がどういふ風《ふう》になつたかなりゆきは知らないが、とにかく、つい先《せん》だつて歸《かへ》つて來たばかりである。

その叔父《をぢ》が町内會《ちやうないくわい》の會長《くわいちやう》をしてゐる。今夜《こんや》はその常會といふわけなのだらう。警察《けいさつ》にひつぱられた叔父《をぢ》が、近所の人たちを集《あつ》めて、一體《たい》どんなことをいふのだらう。さう思《おも》つた孝之介《かうのすけ》は、常會《じやうくわい》が濟んでからでもよいといつて、臺所にあがりこみ、座敷《ざしき》の聲のきこえる位置《ゐち》に坐つた。

「今夜《こんや》はばかに冷《ひ》えるわね」

叔母《をば》は炭をついだ火鉢《ひばち》を孝之介《かうのすけ》の方に押しやつた。

「結構《けつこう》です」

「孝《かう》ちやんは、この間、古賀《こが》で泳《およ》いだんですつてね」叔父さんが、よくあんなことが出來るつて、感心《かんしん》してたわ」

「馬鹿《ばか》なことをしました」

「それで、べつに風邪《かぜ》もひかなかつたのね」

「はあ」

話してゐると聞き覺《おぼ》えのある叔父《をぢ》の咳《せき》ばらひが聞えた。

「さきほども申しました通《とほ》り」

と叔父《をぢ》の聲がきこえた。孝之介《かうのすけ》はよく聞きとれなかつたので、間の座敷《ざしき》の襖《ふすま》に身體《からだ》をすりよせた。

「今度《こんど》の戰爭ほど、氣持《きもち》のええものはありません。私がもう何《なに》も申しあげることはないです。私《わたし》は無學《むがく》な者で、みなさんの方《はう》が私なんぞよりも學《がく》がおありになりますから、こんなことを申しますとおこられませうが、昔《むかし》、私《わたし》たちの國は神《かみ》さまがお作《つく》りになられたものです。高天原《たかまがはら》からたくさんのお立派《りつぱ》な神《かみ》さまたちがお降《くだ》りになられて、したがはない賊《ぞく》どもを平《たひ》らげて、この日本《につぽん》といふありがたい國のいしずゑをお作《つく》り下すつたのです。それからは蒙古《まうこ》の軍勢《ぐんぜい》がおし寄せて來ようが、馬關攻擊《ばくわんこうげき》のやうに佛蘭西《ふらんす》や英吉利、亞米利加、和蘭《おらんだ》などの軍勢《ぐんぜい》が攻めて來ようが、または支那や露西亞《ろしあ》がどんなに侮《あなど》つて來ようが、この國體《こくたい》はゆるぎもしなかつたのです。かういふことは何《なに》も今さら私《わたし》が申しあげるまでもないことです。今度《こんど》も、支那で事變《じへん》があれば、英米《えいべい》よつてたかつて、日本《につぽん》の邪魔《じやま》だてをする。邪魔だてをするから戰爭《せんさう》にきりがつかない。ええかげん日本《につぽん》を膺めた

天罰《てんばつ》がてきめんにやつて來るのです。この大東亞戰《だいとうあせん》はこれからまた新《あたら》しい歴史《れきし》が始まる第《だい》一頁《ぺいじ》になるわけです……」叔父《をぢ》は「新しい歴史が」といふところへ來ると一段《だん》と聲《こゑ》をはずませたが「第一頁になるわけです……」といふところまで來ると、暫《しばら》く默《だま》つたまま一座《ざ》の人たちの顔《かほ》を見まはした。（つづく）

聖戰日誌

二月十七日　シンガポール島（港）は爾今昭南島（港）と改稱、南方共榮圏の一大軸心基地として生れかはる。
○陸軍部隊は、南スマトラの要衝パレンバンを完全占領す
十八日　戰捷第一次祝賀の日、バンカ島上陸部隊は全島を完全占領。
○海鷲スマトラ方面で敵特務艦撃沈、英驅潜艇一、掃海艇一、英蘭船各一隻を拿捕す。
十九日　陸海軍部隊要衝デンパサルを完全占領、ジャバ島の咽喉を扼す。
○海鷲濠洲北岸ポート・ダーウインに大攻撃を敢行、敵艦艇船舶十四隻敵機廿六機撃滅
○一方陸鷲はジャバ島バイテンゾルクを強襲、米蘭機廿七機、バンドン西飛行場では十九機を撃墜破す。
廿日　水雷戰隊所屬○○驅逐艦二隻はバリ島東方ロンボク水道に米蘭艦隊を捕捉、驅逐四撃沈、巡洋二驅逐一大破の偉勲を樹つ。
○海軍落下傘部隊再度チモール島附近に奇襲降下す。
○陸軍部隊はスマトラ南端タンジユンカランを占領、蘭領ビンタン島二ケ所の無血上陸にも成功す。
廿一日　陸鷲西部ジャバ、カリデヤチ飛行場を攻撃、米蘭機廿七機を撃破す。
○海鷲ニユーギニア島北東洋上において體當りで敵航空母艦を大破炎上せしめたる外、敵十機撃墜破の大戰果をあぐ
○チモール進撃部隊プトン飛行場を占領す。
廿二日　我が艦隊堂々と昭南港へ入港す。
○スマトラ急進部隊要衝ラハトを占領。
○海軍落下傘部隊はチモール島の要衝クーパン占領を終る
○海鷲チモール島沖で蘭艦船三隻を屠る。
廿四日　わが潜水艦米本土カリフオルニヤ洲沿岸軍事施設を撃破す。
○陸軍部隊南部スマトラの要衝ベンクレンを完全占領。
○海軍部隊、大島島を逆襲し來る敵を直ちに反撃し敵大巡一隻炎上、巡一、驅一を大破せしめたる外敵五機を撃墜す
廿五日　陸鷲マンダレー及びミンガラドン飛行場を強襲敵三十四機を撃墜破、カリジヤチ飛行場では殘存敵機三十七機を撃墜破す。
廿七―廿八日　スラバヤ沖海戰、海軍部隊敵米英蘭聯合艦隊に屬する巡洋艦三隻、驅逐艦六隻を撃沈、巡洋艦四隻を大破す。
三月一日　バタビヤ沖海戰海軍部隊敵米大巡一隻、濠巡一隻を撃沈、更にクラガン北方海面に於いて英甲巡一隻並びに驅逐艦二隻を撃沈す。
○陸軍新鋭部隊ジャバ島東部中部西部三方面に敵前上陸。
二日　海軍部隊ミンダナオ島西端の要衝ザンボアンガに敵前上陸、之を完全に占領。
四日　笑止、敵三十機南島に出撃、直ちに我が反撃に七機撃墜されて遁走す。
五日　陸軍部隊、敵首府バタビヤを完全に占領。
七日　我が精鋭部隊、ペグ「市を完全占領。
八日　ラングーン市を完全占領、日章旗敵首都に飜る。
九日　午後三時、蘭印聯合軍遂に無條件降伏。

南の風

繪と文　赤松俊子

雲が、頭の上で、青空の唯中で生れた。白い手足を、ザウザウとのばした。

右寄りの青空に又雲が生れた。ジツと、高い青空をみつめてゐると、淡いほのかな白が滲み出る、滲み出た白が動き出す。ザウザウとひろがる。

からして、青空の唯中で雲が生れる。雲は雲を呼び、渦となつて空をかけはじめる。雲は折からの南風に乗つて北へ走る。黒いすさまじい雨をぶちまけながら。

雨は、水の太いかたまりになつて、地べたにぶつかり落ちた。道が、どろで流れる。

ペツタ、ペツタと桃色の足の裏をみせて、離島から來たカナカたちが通る。黒い多量の髪の毛が、スコールでペツとぬれて、髪のしづくが茶褐色の膚を流れる。通りすぎたスコールのあとに金色の夕陽が輝いた。ぬれたカナカの茶色の水が、金色に、逆光に輝いた。

ムン、ムンと物が乾く。たつた今ぬれた土。どろが。もうつと湯氣が立ちこめる。熱氣と濕氣が、又新たな生物を發生させる……。こんな風に熱くて濕氣てゐて、はげしくて。時々。刻々と生命が移り變つて行く、はげしい、たぎりたつやうな所なのです。

遂には半袖のシャツさへもぬぎとり、離

島の離島でわたくしは、島民並みに腰みのつけて、サラリサラリとした乾いた草の葉のすがすがしさをよろこびました。

スコールでぬれて、ぬれた體が又乾いて。

そこには生活上の手間も、やつかいもありませんでした。洗濯もなし、縫ひものもなし。わたくしは身の廻りをかだづける何の仕事もぬきにして、はだかんぼうで繪をかきました。こんなことをしたがるわたくしの心の中には幾分眞面目を缺いた、おどけたものがあるので、南洋ははだかに限りますなどと大それたことは主張いたしませんが。あの濕氣てゐて熱い日本の夏に、これが文化人の服裝ですよ。とばかりに、ヨーロッパの乾燥して涼しい土地の、ハイカラなどで、又その上にネクタイなどで首をしめつけさせられて、汗もだらけになつて、何とかしなけりや、何とか改良を、などと口で言ひ言ひ、やつぱりまだ、何ともできずに、文化的服裝をつゞけてゐるかなしさを。そのまゝ又、これが文化人の服裝ですよ、なんどと南の方へ持つて行つたら。南の人々もこまるだらうし、持つて行つた日本の人はなほこまるのだらうと思ふのです。それではどんな服を、といふと私にはよい服の形が頭にあるわけではないのだけれど、とにかく、おかしいからなどといふ觀念をぬきにして、暮しよい樂な姿で生活できる形を勇かんに創造したいと思ふのです。

ノモンハンの記（三）

中川芳男
栗田次郎畫

七月二十五日

砲彈の炸裂に日が暮れて、今日も又砲聲の轟で夜が明けた。引續き素晴しい上天氣である。八時、對空監視所長に勤務、同四十五分敵機が三機、段列右の上空に飛來するのを發見直ちに「敵機」と陣中へ叫、望遠鏡で敵機の動向を見守つた。敵機の奴、今日は又珍しく低空でやつてゐた、ダンダンダンダンと高射砲彈の空中炸裂の煙を避けて敵機は段列左側方約三粁の處に繋留してある友軍の觀測氣球の方へずつと高度を落して進んでゆく。あつ、敵機《あぶ》の奴「氣球」を狙つたらしい。地上の友軍の各陣地から機關銃の對空射擊の音がバリバリバリリンと盛んに聞える。敵機が氣球に近づくと見るや「あつ畜生」氣球が火を吐いた。無念、ばーつと火焰となつて、地上へ落下してゆく。

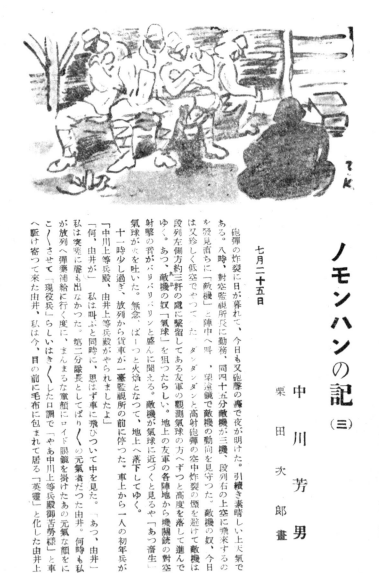

十一時少し過ぎ、放列から貨車が一臺監視所の前に停つた。車上から一人の初年兵が「中川上等兵殿、由井上等兵殿がやられましたよ」

「何、由井が」　私は叫ぶと同時に、思はず車に飛びついて中を見た。「あつ、由井」私は突嗟に聲も出なかつた。第二分隊長としてぱり〳〵の元氣者だつた由井。何時も私が放列へ彈藥補給に行く度に、まんまるな童顏にロイド眼鏡を掛けたあの元氣な顏をにこ〳〵させて「現役兵」らしいはき〳〵した口調で「やあ中川上等兵殿御苦勞樣」と車へ駈け寄つて來た由井、私は今、目の前に毛布に包まれて居る「英靈」と化した由井上等兵の土色に變つた顔色を見守つて、何だか現實と夢と一緒に見て居る樣な氣がした。運轉手と助手の話すところに依ると、今朝友軍が射撃を始めると同時に何時もの樣に盲撃の敵彈が無數に放列へ飛んで來た。砲撃の轟音、敵彈の炸裂爆音は耳も聾にせん許り、硝煙は立籠めて咫尺を辨ぜず、聲を限りに號令する小隊長の聲も、ともすれば爆音に消されてはつきりと聞きとれない。業を煮やした由井上等兵は、掩帶から飛び出して、小隊長の號令が適確に聞取れると思ふ所迄駈つけた。その時、彼の近くに敵重砲彈が一發轟然と炸裂した。ぱつと伏せの姿勢を取つたが、その破片は、由井上等兵の腕腹を貫いた。「あつ」と聲を立てると共に、彼は其のまゝ護國の英靈と化したのだ。

實に壯烈な、砲撃戰の華々しい犧牲である。「歩哨」の知らせに段列小隊長 下、皆が車の所へ駈つけて來た。皆は由井上等兵を取圍んで聲を呑んだ。

由井上等兵の同郷人で、生前仲の好かつた應召兵「新海上等兵」は車の上に飛乘つて、由井の屍を抱く樣にして、「おい由井、由井、きき貴樣、何故死んじまいあがつたんだ、由井、由井」と、涙をぼろぼろ落して、口惜がつて居る。

平野軍曹が「おい、新海、君は由井と一緒に野戰病院と火葬場へ送つて行つてやれ」

「はい」と、新海を乘せたまゝ、皆に見送られて車が動き出した其の時。

「班長殿、由井がやられたんですつて？」と叫び乍ら、林上等兵が炊事班の方から駈けて來た。由井上等兵の同年兵で、彼とは初年兵の時から仲の好かつた戰友である。

彼は、法華宗で有るらしく、背中に「南無妙法蓮華經」と記した木綿襦袢を着て、首に「數珠」を掛け、小刀を手挾んで居る。出征する時、故郷の同宗の人達から贈られたものださうだ。

段列の炊事班に居る時、何時も上衣を脱いで居るので、その姿は精勤な彼の其の元氣と共に、段列の人氣者である。

動き出した車に、後からぶら下る樣に飛びついて、「あつ由井、由井、しつかりしろ、畜生、由井、敵は取つてやるぞ、由井、」速力を増した車から飛下りると、其のまゝ車の後を二三十歩走つて追ひ掛け乍ら、由井、由井、と叫び續け、立止つて、擧手の禮を捧げたまゝ、立すくんでゐる彼の樣子には、皆流れる泪をどうすることも出來なかつた。

午後一時、又敵機が來たが、高射砲と高射機重の猛撃に腐いてかあつさり退散してしまつた。夕方對空監視長を異状無く「下番」して、壕へ歸つて休んで居ると、平野軍曹が來て、

「おい中川上等兵、放列で砲の位置を變へるので、牽引車を持つて來いと言つて來たが、君誠に御苦勞樣だが、放列へ行つて呉れないか」

田中一等兵の運轉する車に乘つて、折惡しく雨の降り出した宵闇の中を放列に向つて出發した。晝間の喧騷に比べて、氣味の惡い程に靜かな道を途中迄行くと、眞暗になつてしまつた。文字通り鼻を摘まれても分らない眞の闇だ。道が分らない。たうたう迷つてしまつたのである。さあ困つた。雨足は次第に強くなるし、速く放列へ行かなければ向ふでも待つて居るだらうし、心細さと、じつとして

居られない氣持でなほも前方へ進んで行くと、闇の中から突然「止れ」と、歩哨らしい兵の聲だ。

「やあ有難い。こゝで聞けば分るかも知れ無い」飛降りて、其の兵に「君、三島部隊梅田部隊の○隊の放列へ行くんだが、暗くなつて道に迷つてしまつたんだが、君知らないかね」

「さあ、自分は野砲隊の歩哨ですが、よく知りせんね」「うん矢張り知ら無いか。困つたな」と、思はず歎息したが、これは實際無理も無い話で有る。此の四圍の陣地と言ふ陣地は、皆砲兵隊の陣地ばかりだし、私達も、毎日其の前や脇を通る野砲隊の放列陣地の部隊名さへ未だに知ら無いんだから。

まあ兎に角、此の先は、敵に肉薄して居る歩兵の陣地許りだ、と言ふ彼の言葉に後戻りして、三叉路の處迄引返して來ると嬉しや、向ふから乘用車が一臺やつて來る。「おーい」と聲を掛けて停めると、眞暗でよく分ら無いが、中には將校らしい人が乘つて居る。全く地獄で佛の思ひで有る。

私は嬉しさの餘り、ステップに片足を乘せ掛けて、「失禮します自分は○隊の兵ですが、放列へ行くのに道に迷つてしまつたんですが、御存じ有りませんか」と尋ねると、「うーん、○隊と、あゝ、それぢや○○だね」「えゝさうです」「それぢあ、此の道を右へ約一粁半ばかり行つた處に十字路が有る。其れを右へ、そうだね、一粁位行つた處に有る陣地だ」「あゝさうですか。どうも有難う御座いました」

あゝ有難い〳〵、ほつとして、其の通りの道を行つて、もう此の邊だらうと思ふ所迄進んで、車から飛下りた。闇にすかして見ると、確かに觀測所らしい小高い稜線がぼーつとかすかに見える。思ひ切つて「おーい○隊ー」と叫んで見た。すると意外に近い處から「おーい」と返事をして、一人の兵が駈けて來た。

「何だ、何だ」「あゝ小林上等兵か」「おゝ中川上等兵、牽引車を持つて來たのか。どうしてこんな方から廻つて來たんだい」と言はれて見ると成程、何時も行く道の丁度反對の側方である。

放列へ來て見ると、今準備が終つた處らしい。第一分隊の壕へ、第二分隊の「砲」を入れるのだ。「おゝ中川上等兵」と駈け寄つて來た兵が有る。意外、金太郎上等兵の小川だ。「おや小川上等兵、どうして此方へ來て居るんだ」「いやー、晝間炊事の車で放列へ來て、片桐分隊長殿と話しをして居る中に、車に置いて行かれてしまつたんであります」と頻り恐るさうに頭をかくまねをして笑つて居る。

すつかり作業が終つてしまふと、もう十二時だ。小隊長の石川準尉も「おい中川上等兵、御苦勞、御苦勞、三人共、危險だから、今夜は此處へ泊つて、夜が明けてから歸れよ」と言つて與れたし、又歸りに道に迷つてしまつては大變だとも思つた。然し、放列には一人だつて餘分な人間の這入れる場所は無し――と、考へて居ると丁度石川準尉の處へ、何か連絡に來て居た須田曹長が、「觀測所へ來て泊れよ」と言つて與れたので、運轉手と小川上等兵と三人で觀測所へ來て峰岸上等兵の壕を探し當てると「おーい今夜泊めて貰ふぞ」ともぐり込んだ。「何だ、何だ、おや中川上等兵じあないか。どしたんだ今頃」と丁度眠りかけて居たらしい峰岸が座り直した。

「うん、これ〳〵から云ふわけで放列へ來たんだが、須田曹長がおそくなつて歸りが危險だから、峰岸の壕へ行つて泊めて貰へと言つ

たから來たんだ、宜しく頼むぜ」

「さあ寒いだらう、火の側へ來いよ。日中のあの馬鹿〳〵しい暑さに比べて、夜の寒さはどうだい。今夜の樣な雨の晩は又格別だよさあ、皆もう少しそつちへ詰めて呉れ」と言ひ乍ら通信手の岩佐上等兵が席を明けて呉れた。

「有難う〳〵」と言ひ乍ら、皆ぎゆう〳〵肩を詰め合せて火を圍んだ。見ると、薄暗くともつて居る隅の蠟燭の側で、通信手の板橋一等兵が向ふ向きになつて夢中で飯を喰つて居る。「何だ、今頃」と見ると雨に濡てびつしよりだ。「どうした板橋、どうしたんだ」と聞いて見ると、峰岸上等兵が「板橋は今日夕方位置の變つた第二分隊の砲列迄架線するのに、雨の爲暗くなつてしまつたので、道を間違へて、飛んでも無い方へ行つてしまつた。同じ所を二度も三度も堂々廻りをして延線して、やつと任務を果し、今歸つて來たんだ」と説明して呉れた。

「何だ、迷子か」私は、又思はず笑つてしまつた。側で運轉手がくすぐつたさうな顏をして、笑ひを殺して居る。飯を喰ひ終はると板橋が「何が可笑しいんだい」と云ひ乍ら側へ寄つて來て眞面目くさつた

彼の顏を見ると又可笑しくなつてわつはつはつと笑つてしまつた皆聲を揃へて笑つたので、彼は怒つた樣な顏をして、「ふん、それでなくても狹くてやり切れないのに、三人も居候に來られたんじあ寢る事も出來やしないや」と言ひ出した。私は「何を言つてやがんだ。第一、御客樣が來たのに、お茶も座蒲團も出さ無いつて法が有るかい、此方がやり切れ無いや」と負けて居ない。

すると、何時も、余り冗談口をきいた事の無い金太郎上等兵が、「居候、置いて合はずか」と感心した時の様な表情で言つたので、今度は板橋も一緒になつて、皆聲を揃へて笑ひ出した。

おゝ寒いと、炭をくべて、本當に狭くて寢る場所も無い壕の中で、皆膝を抱へて居眠りを始めた。それでも何時の間にか眠つたらしい。

ぶる〳〵、寒い、と目を覺まして見ると、火が皆灰になつて居るし、外は薄明るくなつて居る。小川上等兵と運轉手を揺起して皆に禮を言つて外へ出た。未だ雨が降つて居る「さあ段列へ歸つて、休まう〳〵」今度は小川上等兵が運轉して歸途に着いた。途中の三叉路の處迄來ると、濡た道に牽引車の無限軌道の跡が、はつきりとまるで反對の方向へ走つて居る。「ははあ、成程、昨夜彼方へ行つてしまつたんだな、野砲の歩哨が居なかつたなら、敵の中へ飛込んじまふ處だつたよ」「たあんだ、昨夜あんた方へ行つてしまつたんですか」道の跡を目で追ひ乍ら、小川上等兵が言つたので、私は「誰にも云ふなよ」と、念を押して彼に初めて、昨日の顛末を白狀してしまつた。「何しろ、眞暗闇なもんだから、間違つてしまつたんだよ。危い〳〵」田中一等兵が今更らしく、「ぎくつ」とした樣な聲で言つた。

段列へ着いて、小隊長に復命をすませ、壕へ歸ると三人共打倒れる樣に、ぐつすりと眠つてしまつた。

七月二十七日

昨日は夕方雨が上つたと思ふと、敵機が一寸襲來して來た。が、高射砲に追飛ばされて逃げて行つてしまつたのを最後に、それからずつと今朝迄、これが戰場かと不思議に思はれる程、靜穩其のものゝ樣に、何の音も聞え無い。

雨は上つたが、どんよりと曇つて、おそろしく寒い。幕舎のそばの水嚢に、雨水が溜つて居る。飯盒の蓋ですくつて呑んだ。實に美味い。

勿體無いが、手拭に少し水をしませて、顔を拭いた。あゝ、實に何とも言へ無いほど晴々として、目がさめた樣に氣持がよい。未だ起床時間に成らないので、皆寢て居るらしい。

人影もまばらな炊事班へ行つて見ると、炊事當番の兵が五人で朝飯の準備を一生懸命やつて居る。其の側で、鈴木伍長と林上等兵が、乾パンの空箱へ腰を掛けて、話をして居る。

「お早う」と聲かけて、近寄ると、

「やあ中川さん、早いですね」と、鈴木伍長が立つて「まあ、お掛けなさい」と乾パンの箱を下して呉れた。

現役を終へて間も無く應召する迄、澁谷の方で、「バス」の運轉手をして居たといふ此の若い伍長殿、古兵の私を、何時も「中川さん」と呼ぶ。「やあ有難う」と腰を下すと、

「お茶を一つ如何ですか」と、林上等兵が、牛肉罐で作つた自家製のお茶碗へ湯をついで呉れた。

自家製と云へば、戰場では中々器用な兵隊が居て、何でも自家製で有る。

鰹の罐詰が空くと、其れを乾パンの箱に卷付けて、有合せの針金で鉉を付けて、急須が出來、牛肉の空罐は蓋を兩方から三分の一づ

つ切つて、それを丸めて外測へ曲げると、立派なコーヒー茶碗である。かうすると、ブリキの物でも、熱い湯を入れた時、平氣で持てるし、石油の空罐では、バケツ桶はもとより、立派なコンロ迄出來て居る。鈴木伍長は、彈藥箱の木片で下駄を作り、手掛の處に付いて居る棕櫚縄で鼻緒をすげて履いて居る。

各分隊の壕の内部の、彈藥箱應用の調度品の數々に至つては、性來不器用の私等は、感心と云ふより、むしろ不思議な氣さへする程で有る。

段列の入口に「乘用車」が一臺止つた。

見ると、中隊長宮殿下の御用車で有る。

おや、と思つて、私達は同時に起立した。

中隊長宮殿下が、貫名少佐殿を前後に下車遊ばされ、平野軍曹が御用車の側へ飛んで行つて、御迎へ申上げて居る。

こんなに早朝から段列へ御出遊ばされた事を、私達は不思議に思つて居ると、殿下には、私達の立つて居る炊事場へ、御出遊ばされた。不動の姿勢を取り、擧手の禮を捧げる私達に、一々御答禮を賜ひ、

「皆御苦勞、都合に依つて、中隊長は、外へ行く事になつた。いづれ正式に告辭はするが、今日限り皆とも御別れだ。それで一寸立寄つたのだが、皆元氣で奮鬪して呉れ」と仰せられた。餘りに突然で有つたので、私達ははつとしてしまつた。

誠に畏れ多い事乍ら、本當に御名殘り惜しい事で有る。私は謹んで、殿下に對し奉り、應召以來賜つた御高恩に對し、厚く御禮を申上げると共に、

「誠に御殘り惜しい事で御座います。が、何卒、益々御健祥にわたらせられまする樣御武運を御祈申上げます」と申上げると、殿下には、「やあ有難う」と御微笑遊ばされた。そして、先日來の總攻擊の戰果狀況と昨日由井上等兵の戰死の場所等迄、赤鉛筆で印した紙片を御示し遊ばされ、一々御說明を賜つた。殿下は、貫名少佐殿の手にするカメラの前へ、御立遊ばされた。かくて私達は、殿下と御一緒に寫眞を撮つて戴く一生一代の光榮に浴し、感激して殿下にお別れ申上げたので有る。

殿下が御車をお召遊ばされると同時に、雲の晴間からぱつと、朝日が輝き出した。

私は應召したあの日、此の光輝ある部隊へ入隊するの光榮に浴して、部隊長宮殿下より「中川上等兵は、第一分隊の彈藥車長を命ずる」と「御命令」を賜つてから今日迄、殿下より賜つた御高恩の數々を偲び、金枝玉葉の御身を以て硝煙彈雨下に、一中隊長として御奮戰遊ばされ、赫々たる御武勳を立てさせられて、今、〇〇方面へ御轉戰遊ばされる中隊長宮殿下の、益々御武運長久なる事を御祈り申上げつゝ、御車が稜線の彼方に見え無くなる迄、擧手の禮を捧げて御見送り申上げた。（未完）

世界動向

聯合艦隊惨敗

東洋における米英の主力艦隊がハワイ、マレー沖の海戰で殲滅されてからは、米、英、蘭、濠の海軍勢力を糾合して聯合艦隊を組織し、ジャバ海に游弋して虎視眈々、わが艦船を狙つた勇氣は敵ながらもあつぱれなものであつた。彼等がジャバ海に於て此の擧に出たのには理由がある。それは、米が太平洋作戰の中央進擊路と賴んだハワイ、ウエーキ、グアム、マニラ、星港の據點は、ハワイを除き凡て我に攻略せられ、而もその主力の殲滅後の今日、敵性海軍勢力は孤立無援の狀態に陷つた。彼等は、ジャバ以外には、身のおき處が無くなつたのである。かくて殘敗勢力たる聯合艦隊は、スラバヤ及びバタビヤを據點とするジャバ海に最後の攻略的體勢に出たのであるが、バリ島沖、スラバヤ沖、バタビヤ沖の海戰、及びその後の追擊戰によつて、堂々の攻擊陣を布いたわが無敵艦隊の捕捉する所となり、敵性西南太平洋聯合艦隊は遂に壞滅するに至つた。

かくて大東亞海は、わが海軍によつて完全に制海制空權を握られ、命の綱と恃むジャバも敗殘艦には遂に安住の地とならず、太平洋に於ける敵性海軍の殲滅によつてジャバ攻略は、わが軍に取つて鎧袖一觸の感があつたのである。海を制するものは眞に世界を制するのである。

ジャバ島失陥

ＡＢＣＤ對日包圍陣の一角としてきのふまで虛僞の威勢を示してゐた蘭印本據ジャバも、周到且巧妙なるわが軍の作戰によつて孤立無援に陷り、星港陷落後に當然來るべきものとして、これも遂にわが軍によつて攻略された。三百五十年前、コルネリス・クレースゾーンによつて亞細亞の地圖を刊行し、ホイトマンによつて東洋進出の有利なるを口說かれた和蘭人が、一五九五年四月二日を以て東洋征服の船出をしてから、可憐なるインドネシア民族は、惡魔の祭壇に供せらるゝ運命が定つた。

しかし、この呪はれたる運命も、皇軍の降魔の利劍によつて打開された。ピーテル・ボートが一六一〇年十二月ジャバ征服以降三百三十一年ぶりで、蘭印インドネシアは再び東亞民族へと白人の桎梏より解放さるゝに至つた。皇國八紘一宇の慈悲顯現に非ずして何ぞ。

オランダの女帝クリスチナがかつて蘭印を「赤道にかけられた此の世に又となき寶玉の御橋」と稱し、この橋をオランダの女帝のみが渡るべきものなりと爲し、而もこれは神が彼女に與へたる恩寵なりとして喜悅した。世界に又となき數々の財寶の諸島たることの蘭印を、それがわが日本に近接せる東亞の領域内にあるに拘らず、歐洲の一角にある小國オランダが此の廣大なる資源を獨占して、日本が手を盡して要請せるに一顧も與へず、米英と合作して對日包圍陣の據點としてわれに刄向ふに至つては、之が攻略されたる今日わが降魔の利劍を甘受すべき當然の報である。

蘭印副總督ファン・モークの二月末にデーリー・メール特派員に對し語つた米國に對する怨言をわれらは興深く想起する。曰く、自分が最近米國訪問當時蘭印援助に關しルーズヴェルトは之を爲すべき意思表示をした。蘭印は今や米國が速にこの約束を履行されることを期待してゐる。然るに米國が、窮境にある現下の蘭印に對し支援を拒みつゝあるは一の犯罪に等しいと。

ファン・モークがこの怨言を繰返しつゝあるとき、ルーズヴェルトは二月二十八日土曜放送に於て、米國が新銳增援軍を急派すればジャバ島はまだ救はれると云つた。バリ島沖の敗戰を知り、ジャバ島周邊が皇軍に攻略せられ孤立に陥つてゐる狀勢に對し、彼は猶 この欺瞞を爭して自國を惑し、ジャバに虚言を送り、その與國を迷はしてゐたのである。ファン・モーク等蘭印統治者等が、米のこの僞瞞に信賴し、信義ある日本に反抗し、而も猶その存立を持續し得るものと思つてゐた。その愚や眞に憐れむべきではなかつたか。

緣なき衆生は度し難しといふが、かつてわが日蘭會談の芳澤大使の誠意に對し彼は之に一顧の儀禮だも拂はなかつたといふではないか。彼等は米英陣營の一角に立つて、わが東亞共榮圏の建設に協力すべきを傲然拒否した。それがジャバ島三地點より上陸し東西より席捲せる皇軍猛進擊するや、彼等の驚愕恐怖以外に何者もなかつた。ユダヤ金權に踊らされ世界制覇を夢みたルーズヴェルト等のいゝかげんの言説に惑はされ、大東亞共榮圏建設に邁進する日本の信義を理解すること能はずして蘭印の滅亡を自ら招きし彼等の愚や 之を痛罵すと言はむよりはむしろ白人頭腦の無能を憐憫せざるを得ないのである。

ジャバ失陥後の聯合國頽勢

曩に星港の失陥によつて受けた敵陣營の打擊は、西南太平洋に於ける全戰略的中心據點の喪失となり、その結果印度洋の日本海軍による制壓となり、ジャバ、濠洲への直接脅威を招來したのであるが、今またジャバ島の失陥によつて、アメリカの東亞交通路の全面的遮斷となり、南洋資源領域よりの完全排除となつたのである。そしてまたこのことが濠洲をして孤立無援の窮地に陥らしむるに至つた。

ジャバの失陥は、日本軍をして蘭領全資源領域を確保せしめ、アメリカをしてその軍需工業に絕對不可缺の錫とゴムの入手をして不可能ならしめ、日本をして從來の立場を一變せしめて米英に對し、此種軍需資財をして經濟逆封鎖を決行するの契機を與へたのである。

ルーズヴェルトは、その國民慰撫の語に於て、アメリカは緒戰において失ひたるも、明後年までの軍備大擴張によつて失地恢復は元より敵の本土に對し戰はんと强がりを云つた。しかし、ハワイ以西に於ける廣大なる領域に亙り凡ての軍事據點を失ひながら、失地恢復と渡洋進攻に必要とする艦隊動力物資たる八百萬噸の石油を何處で補給しようといふのか。

医療 つづき

夜間勤務と結核

結核は民族の敵である。時局の敵である。この病氣がどれほど民力をすり減らすかは計り知れぬものがあります。この病氣の豫防にはいろ〳〵の對策が考へられますが、一番必要なことは抵抗力をつねに高めて置くといふことです。そこに陽轉者といつて、結核反應で陰性から陽性に轉じたものの合理的な生活の必要があるわけですが、これについて興味のある報告が最近行はれてゐます。それは某工場での話ですが、晝間勤務のものと、夜間勤務のものとでは、同じ仕事で、同じ勤務時間でありながら夜間の方が結核發病者が多いといふことです。このことは夜間勤務の方が疲勞度が高いことを意味するものと見てよい。これが專門家の寄せる見解です。

この結核の診斷には赤血球の沈降速度が一つの補助として用ひられます。われ〳〵人間の血液をクエン酸ソーダで處理して立てゝ置くと血液はかたまらないで赤血球は徐々に沈んで來ますが、健康者の赤血球であると一時間に男子では八ミリまで位、女子では一五ミリまで位しか沈下しませんが、結核菌におかされて發病してゐるものですと、多くの場合ずつと多くなります。それを結核に罹つてゐるかどうかの手がかりにするのです。

胃酸過多症の治療

胃酸過多症は非常に多い病氣です。この治療法としては重曹の服用がありますが、これは一時的の對策療法で、根本療法ではありませんが、最近、ジヤガイモを用ひて胃酸過多を治す療法が行はれやうとしてゐます。やり方はジヤガイモをおろし金でおろして日に何回も服用するのですが、これを一週間から二週間も續けて行くと大概の胃酸過多症は治つて行くといはれます。ジヤガイモの何が胃酸過多に効くのか、ジヤガイモには誰も知るやうにソラニンといふ有毒物質がありますが、この物質が何等かの機轉で効くのではないかといはれてゐます。

ヂフテリアの豫防

ヂフテリアは冬から春にかけて流行する傳染性の疾患です。主として三歳以下の小兒が罹りやすく、日本では一ケ年に十萬人ぐらゐの患者が發生し、六百人ぐらゐの死亡者を出してゐます。殊に東京では逐年多少增加の傾向を示してゐる點は、大いに注目されてゐます。では、ヂフテリアには完全な豫防も治療法もないかといふに、これには非常に効果的な治療血清があり、また、豫防液もあるのです。殊に治療血清の方の効果は大きい。これにくらべると豫防液の方は多少効果が疑はれてゐます。しかしそれにしても効果のあることは事實である。にも拘らず患者が續發し、死亡者が出るのはどういふわけか、殊に東京で近年增加傾向のあるはなぜかといふと、これは小兒に對する豫防注射が怠られ勝ちであり、治療が手遲れになる結果であると見られ、そこに、赤ちやんや三歳以下の幼兒を持つお母さん方の關心が望まれてゐる次第です

春寒

上田廣

カツト・甲斐巳八郎

一

この數日間《かん》、私は間もなく祖國《そこく》を離れなければならない立場《たちば》にゐて、これまでにないと云つてもよい靜《しづ》かな生活を送つてゐる。そして同じやうな生活《せいくわつ》は、これから何日つゞくものやら、命《めい》によつては、今日にでも出發しなければならなくなるかも知れぬが、そのときはまたそのときだと云ふ氣持もあつて、筆執る感慨《かんがい》にも自《おのづか》らなるものがあるのだ。

曾《かつ》て武器を持つて戰つた私だが、新しい任務《にんむ》を前にすると、その新しい任務がどのやうなものなのか、略々《ほゞ》見當がつくにしろ、くはしくわからないまゝに若干《じやくかん》の興奮を覺える。それは生命《いのち》をさゝげる決意のあるのを、自分自身に云ひきかせながら、祖國の港《みなと》を出て行つたときとは、可成りのへだたりがあるやうにも思はれる。云つてしまへば、それはすでに過去《くわこ》のことであつて、いまでは殊更《ことさら》自分の生命についてなど考へなくともよい、さばさばしたものがはたらいてゐるのである。そのことについて、兵隊《へいたい》としてでないからだと云ふ仲間《なかま》もあるが、私には必ずしもさうとばかりは思へない。戰場の實相《じつさう》が、銃火を交へてゐるときも、治安《ちあん》確保につとめてゐるときも、共通的に私たちに教へてくれるものは、正に生きぬくと云ふことであるやうに、兵隊の場合もまた私たちの場合も、全く同じだと斷《だん》ぜざるを得ない。何《いづ》れにあつても、兵隊と共に戰ひ、兵隊と共に東洋を再建《さいけん》しなければならない、と云ふわかりきつたことに思ひ至るなら、問題《もんだい》はいつそうハツキリする。

この物語《ものがたり》は、さうした私の前に、はからずも現《あらは》れたひとりの青年――と云つても私の昔の戰友《せんいう》だが、そのまことに珍らしい運命に根《ね》をもつ死生觀の解説である。今日の國民で、祖國のために殉ずることに光榮《くわうえい》を感じないものはひとりもなからうが、いだいてゐる死生觀をたかめるために、他の死生觀を知ることぐらゐ早道《はやみち》はない。それがたとへばどんなに奇《く》しきものであつても……

まだ夜のあけきらない早朝《さうてう》のことである。同室の誰よりも早く眼《め》覺めた私は、ながい勤勞生活の習慣《しふかん》からか、そのまゝ毛布《まうふ》にくるまつてゐることも出來ず、起きあがり、足音を忍ばせるやうにして洗面所《せんめんじよ》へはいつて行つた。息がまつしろに出て、瞬間、眼《め》の前をかくすやうな寒《さむ》さであつた。

歯ブラシを使ひ、冷《つめた》い水を口にふくんでゐるところへ、これもまたもの靜かに、洗面道具《だうぐ》の袋を下げた青年が、

「お早いですな」

と云ひながらはいつてきたのである。

私はドキンとした。それはたつたひと言《こと》だが、どこかできいたことのあるやうな聲《こゑ》に思へたからである。然し振返つてみても、夜明《よあ》けの仄かな光では、誰なのか見《み》さだめることも出來なかつた。ひとの顏を覺《おぼ》えるのに、相當時日《じじつ》を要する私は、今度《こんど》あつめられた仲間の大半《たいはん》をまだ知らないでゐるのだが、不思議《ふしぎ》にその青年には、それだけで濟まされないひつかかりが、次第に大《おほ》きく感じられてくるのであつた。

顏《かほ》をぬぐつて、洗面道具《だうぐ》をまとめてゐると、青年は洗面器の中に兩掌をいれたまま、ふと思ひだしたと云ふ風《ふう》に私の顏を見あげ、

「失禮ですけど、濱田《はまだ》さんぢやありませんか？」

と云ふのである。

めつたに本名《ほんみやう》を呼ばれない私は、いささかあわててさうだと答へたが、やはりさうだつたのかと瞳《ひとみ》を輝やかせた相手は、指先《ゆびさき》で自分の鼻を何度も突《つ》ついて見せながら、私ですよ、杉山晉作ですよ、と繰返すのである。

それでも私は思ひだせないまま、

「いつお目《め》にかかりましたかな？」と羞《はづか》しい思ひでき返した。

相手は、急に聲《こゑ》をたてて笑つてから、答《こた》へた。

「臨汾で私に成田《なりた》山《さん》のお守りをくださつたぢやありませんか……曲沃へ連絡《れんらく》に出るんで私がお寄りしたとき……」

「………？」

「わかりませんかね、その杉山晉作がまだ生きてゐるんですが」

「まだ生きてゐる」

と口の中で呟《つぶや》き返した私は、ふと思ひだした。さうだ、あのときの兵隊にちがひない。髪《かみ》こそ長くしてゐるが、猫のやうにせまい額《ひたい》から、頬へかけての骨《ほね》つぽい線にも、高い鼻にも、當時の面影《おもかげ》が殘つてゐる。

初めて會《あ》つたのは、彼自身《じしん》も云つてゐるやうに、昭和十

三年五月、つまり、敵の遊撃《ゆうげき》戰術に私たちが最も困難《こんなん》な狀況下に置かれてゐた頃《ころ》で、曲沃へ連絡に出《で》る〇〇隊長に隨行し、途中《とちゆう》、私たちの宿舎に一泊《ぱく》することになり、偶然に私の部屋《へや》にはいつてきたときである。その夜《よ》、私は慰問袋の中から現《あらは》れた殘りものなど持出し、ささやかな壯行《さうかう》の宴をひらいてやつたが、一、二杯《はい》の酒が廻ると同時に、出征前印刷工だつたと云ふ彼は瞳《ひとみ》をうるませてお喋《しやべ》りになり、今度こそ生《い》きて歸らぬ、よい死《し》に場所を見つけたやうなもので、この機《き》を逸《いつ》したくない、と自分自身に訴《うつた》へるやうに叫んでゐた。それが、あまり眞劍《しんけん》だつたので、暫くは私たちもあつけにとられてしまひ、ただ顏《かほ》を見合せてばかりゐたものである。戰場《せんぢやう》にある故に、自分の死に場所を考へるのは誰でもが同じだが、彼《かれ》の場合には、どこか死をいそぐ感があつて、若干奇異《きい》に映じたのも事實である。

そこで私は、半《なか》ば笑ひながら、

「死ぬときが來ればいつでも死ねる、いそぐとかへつて遲《おそ》くなるかも知れんぞ」

と云つた。

すると彼は、よけい眞面目《まじめ》に口さきをとがらせ、喰《く》つてかからんばかりに云ふのであつた。

「私は誰《たれ》よりさきに死ななければならない人間です、ずつと世話《せわ》になつてきたことを思ふと、それだけでたまりません、早く世話になつたひとの身代《みがは》りになりたいのです」

「と云つても、君《きみ》ひとりでどうのかうのと云ふわけにはゆかんだらう」

「そりやさうです……然し、私の氣持《きもち》が濟まないのです」

「世話になつたつて、そんなことはおたがひぢやないか」

「いや、私の場合《ばあひ》はさうぢやありません、私のためにどんなに迷惑《めいわく》してるひとがあるか、と思ふとゐたたまらなくなつてしまふんです、それはもう並大抵《なみたいてい》の話ではないのですから……」

「たとへばどんなこと？」

さう質問する私に、チラと向《む》けられた瞳には、光るものが見られ、何か胸に溢《あふ》れたにちがひない、云はうとすることが言葉にならないやうな、もどかしい表情《へうじやう》がつづいてゐた。私は、かたはらの「スペヤー」を取上《とりあ》げ、一本ぬき取つて火をつけながら彼にもすすめ、自然《しぜん》に話しだすのを待つつもりで濃い紫煙《しえん》を吐きだした。すると彼もまた彼で、感慨《かんがい》深さうにうつむき、何度も煙《けむり》を吸ひ込んでゐたが、やがて、急に晴れ晴れしい顔になり、あんた方から考へれば、何でもないことかも知れませんが、私にとつてはゆるがせに出來ないのです。と斷《ことは》つてから、ちよつと私の顔を眞正面《まとも》に見た。

「あんたは、私たちが日本を離《はな》れるときの出來事を覺《おぼ》へて居りますか、夜中《よなか》の一時か二時頃だつたと思ひます、私たちを乘せた運送船が、下關《しものせき》の沖でとまつたことですよ」

「…………」

私は默《だま》つたまゝうなづくよりほかに仕方《しかた》がなかつた。そんなこともあつたやうだし、なかつたやうにも思はれるのである。然し相手《あいて》に、あれは私のせいなんですよ、と云はれ、すぐにひとつの記憶《きおく》を呼び起すことが出來た。

今度は私が相手の顔《かほ》を見まもる番になつた。

二

「〇〇の港《みなと》を出て間もなくでした」と彼は云つた。「急に私は腹痛《ふくつう》を感じだしたのです。然し、私はふだんが丈夫《じやうぶ》だつたので、何か喰《た》べたものでもいけなかつたのだらうぐらゐに思ひ、軍醫《ぐんい》さんにも申出ないでがまんして居りましたが、それから數時間も經《た》つてからでせうか、ついにゐたたまらなくなつてしまひました。戰友《せんゆう》のひとりが軍醫さんを呼んでくれ、診斷《しんだん》の結果、急性盲腸炎《もうちやうえん》だと云ふことがわかつたのです。然もすでに手遲《おく》れになつてゐて、一、二時間の間に手術《しゆじゆつ》しなければあぶない、と云ふことでもありました。軍醫さんは當惑《たうわく》さうな顔をして居りました。船内《せんない》には盲腸炎を手術する準備《じゆんび》がないのです。さうした話も私は夢うつつできいてゐたのですが、それだけにまた激《はげ》しく甦るものもあつて、體内《たいない》をかけめぐる感情にもたへられなくなり、一時は索漠《さくばく》たる氣持に襲《おそ》はれてしまひました。もちろん私とて、光榮ある令狀《れいじやう》をいただいてから、何度も死の覺悟を繰返《くりかへ》しながらそこにまで至つたのですが、思ひもかけなかつたところで終《をは》るのだと思ふと、くやしくもなり悲しくもありました。長いこと、軍醫《ぐんい》さんは私を前にして、眼をつぶつて居りました。やがて部隊長《ぶたいちやう》もきてくれたやうでしたが、いつしか私の意識も朦朧《もうろう》となり、何もかもわからなくなつてしまひました。それからどれほど經《た》つてからでせう、ふと私は眼覺《めざ》めました。大きな動搖《どうえう》が感じられたのです。つよい腹痛は、まだ殘《のこ》つて居りましたが、あたりの様子がすつかり變《かは》つてゐるのには、すぐ私も氣づきました。小さな船《ふね》に乘せられてゐるのでした。そして脇《わき》には、軍醫さんも戰友もゐない代《かは》り、ひとりの衞生兵がつき添《そ》つてゐてくれました。いつたいどうしたのかとたづねてみますと、下關の病院へ向ふ途中《とちゆう》だと云ふのです。たとひ若干手遲《おく》れになつてゐても、助《たす》かるものなら助けてやらう、と云ふはからひなのですが、そのありがたさを感《かん》ずると同時に、私は苦《くる》しいまでの濟まなさに見舞《みまは》れました。衞生兵の說明で、僅《わづ》か私ひとりのために、附添《つきそひ》のものが歸るまで本船がとまつてゐる、と云ふことがわかつたからです。その本船が、敵地までの航路《かうろ》をどんなにいそいでゐるか知つてゐる私の氣持《きもち》を、いま私は言葉で現《あら》はすことが出來ません。私ひとりの生命《いのち》ぐらゐ終《をは》つてもよいから、まつすぐ進んでくれればよいのに、と思はないではゐられませんでした……そしてそのとき私は、本當《ほんたう》に自分の生命の鴻毛《こうもう》より輕い、と云ふことを、日本人として、肉體的《にくたいてき》に意識することが出來た、と思《おも》ふことが出來ました……」

「然し、癒《なほ》つてよかつたね」

と私は云つた。

「勿體ないほど手厚い看護《かんご》を受けまして……」

と相手は答へた。

「戰線《せんせん》についたのはいつ頃なの？」

「皆さんより二ケ月以上遲れました」

「もうすつかりいいんだね」

「そりやもう大丈夫です、自分《じぶん》でも氣《き》になるほど大丈夫なんです」

とやうやく彼も笑つた。いちど助《たす》けられたから、と云ふ意味からでなく、危險《けん》な任務にすすんでつきたい氣持がつよくなつてきたと云ふのである。曲沃への連絡も、戰友の誰よりさきに買《か》つて出たと云ふ。その氣持《きもち》も私はわかるやうな氣がした。

その翌朝、私は自分が持つてゐた成田山のお守《まも》りをやり、宿舍《しゆくしや》の門前で見送つてから、數日後《ご》、無事歸つてきたと云ふことをきいたが、それ以來《いらい》ずつと顏を合せてゐないのである。ひと廻りも年齡のちがつてゐるところから、歸還も私の方が早く、正直《しやうぢき》のところ、いつの間にか忘れてしまつてゐたのである。

その彼と、再び任務を同じくするのも奇縁《きえん》だが、まだ生きてゐる、と云ふことへの感慨《かんがい》が、新しく私のものとなつたのも、彼が突然現《あらは》れたためだと云へなくもない。まだ生きてゐるから〇〇へも行けるのだ、と思ふと、複雑《ふくざつ》な氣持はいつそう複雑になる。

　私たちは、面會室《めんくわいしつ》にあてられてある、玄關脇《わき》の部屋へはいつて行つた。火もない冷《つめた》い部屋だつたが、そのままそれぞれの部屋《へや》へ歸りきれない氣持であつた。

　廣い庭園《ていえん》をへだてて、凹地の軌道《きだう》を走る電車の音が微かに聞え、夜明《よあ》けの寒む寒むした氣配《けはい》が深まつてきた。

「あのときいただいたお守《まも》り、まだ持つて居りますよ」

　と云ひながら彼は、腰《こし》につるしてあるお守袋を見せ、ニヤッと笑《わら》つた。

「やつぱり、そのおかげかも知れないね」

　と私も笑つて見せたが、相手は皮肉《ひにく》とでも感じたらしく、あわてて口ごもりながら云つた。

「ひとの好意だけは無《む》に出來ませんからね……この中には、いろいろのお守りがはいつてゐますが、みなひとからいただいたものばかりです、考へるともう勿體《もつたい》なくて……」

「神様は信《しん》じないの？」

「いや、神様《かみさま》は神様で……」

「さう、そりやいい」

「然し濱田《はまだ》さん」と彼はちよつとあらたまつた。「人間の運命なんて、神様がおつくりになるとばかりは思《おも》へませんね、さう思つてゐても、事實《じじつ》はもつと、奇《き》だと云ふ感じですよ」

　始まりさうだな、と思つたが私は靜《しづ》かに笑つた。

「何か面白《おもしろ》い話でもあるの？」

「面白いかどうか、私にはわかりませんが、そりやもうそれからもさうしたことの連續《れんぞく》だと云つてもいいくらゐです」

「それから？」

「ええ、あの曲沃から歸《かへ》つてからです、それからも私は、好《この》んで危《あな》い任務につくやうにして居りましたが、そして實際に何度もう駄目《だめ》だと思ふやうなめにあひましたが、その度に不思議《ふしぎ》に助かつてゐるんです、ただ私だけが助《たす》かつてゐるんなら氣も樂ですが、その代《かは》りに戰友がやられたこともあつて、それはもう思ひだすだけでも背脇《せわき》のちぢむやうな思ひにさせられます」

「たとへばどんなことがあつたの？」と私はたづねないではゐられなかつた。

彼は、暫《しばら》く二本の指でつまみ持つてゐる煙草《たばこ》の煙に見入つてゐたが、珍《めづ》らしさうに戰爭に行つたひとに話す必要《ひつえう》などないかも知れませんが、と斷《ことは》つてから云つた。

「S號作戰《さくせん》の頃でした、私たちは作業《さげふ》列車で史村へ向つてゐたんですが、途中で敵の襲撃《しふげき》を受け、簡單に突破《とつぱ》出來さうもなかつたので、列車をとめて應戰《おうせん》することになつたのです、そして三十分ほどで擊退《げきたい》してしまひました、全員乘車、と云ふ命令《めいれい》で、兵隊たちはそれぞれ自分の車輛《しやれう》へ乘つたのでしたが、何《なん》と云ふこととなしに私は、いちばん近く車輛がすいてゐるまま、その中に收《をさま》り込んでしまつたのです、ちようどそのとき、殘敵《ざんてき》の放つた迫擊砲彈《はうだん》が後方車輛に飛來して炸裂《さくれつ》したではありませんか、初めての損害が出たのです、戰死《せんし》二、負傷三、と云ふ知らせがすぐに傳《つた》はつてきました。それが驚《おどろ》いたことには、初めに私が乘つてゐた車輛だつたのです、從つて犧牲者《ぎせいしや》は、初めに私といつしよに乘つてゐたものばかりで、ただ私だけが助《たす》つたと云ふことになつてしまひました……いまになると、何故《なぜ》もとの車輛にもどらなかつたか、そんな悔《く》ひでもない悔ひが感じられてなりません」

さう云つて、結んだ唇《くちびる》が紫色に震《ふる》へてゐるのを、私は痛々しいまでに侘《わ》びしく感じた。

「やむを得ないことだよ、偶然《ぐうぜん》なんだからね」

と私は慰《なぐさ》めるつもりで云つたが、相手はおだやかに首《くび》を振つてゐた。

「初《はじ》めは私もさう思つてもみましたが、偶然《ぐうぜん》にしてはあまり偶然過ぎます、その後《ご》にも同じやうなことは何回あつたかわかりません、その度に私は、何《なん》だか私は、ひとをどうかするためにばかり存在《そんざい》してゐるやうに思へて、たまらなくなつてくるのです」

「思ひ過《す》ぎない方がいい、人生なんて、偶然の連續《れんぞく》だつて云ふひともあるぢやないか、そのうちさつぱりするときもくるよ」

「さつぱりするとき？」

と相手の瞳《ひとみ》は光つたが、私は默《だま》つたまゝうなづいた。それを、どのやうに理解《りかい》したか、わからないでもなかつたが……

「今度も私は、召集《せうしう》令狀がくるものとばかり思つてゐたんですが、いささか拍子《へう》ぬけの態《てい》です」

と彼は思ひだしたやうに立ちあがり、庭園《ていえん》にのぞんだ障子をあけてから、すぐにもとの席《せき》にもどつてきた。かたい蕾《つぼみ》を持つた梅の老木《らうぼく》が、明るみかけた縁さきに枝をひろげてゐた。私は火のない火鉢に思はず兩掌をかざした。そのために、かへつて、ゾクゾクとしたが、神經《しんけい》が澄んで、思ひがけない清淨感《せいじやうかん》が伴つてこゝちよかつた。

「何《なん》でもいい、思ひつきりやらうぢやないか」

と私は彼の世界の中に連《つ》れ込まれてゐる自分を意識《いしき》しながら云つた。

相手《あひて》はそんなことにおかまひなかつた。

「死ぬと云つてもいたづらに死ねません、いたづらに死んでは、これまでのひとに申譯ありませんからね、とにかく、私は今度《こんど》こそ歸つてこないつもりです」

「俺《おれ》もさうするよ」

と私は口ごもつてゐた。

「いつしよに歸還《きくわん》したので、もう向ふへ行つてるものもあるんです、〇〇の〇〇で會《あ》へるかと思ふとたのしくなりますね」

「それまでは死ねんね」

私が笑ふと、彼もまた笑《ゑ》顏《がほ》だけつくつた。

「印刷工には、いい機會《きくわい》が惠《めぐ》まれないかも知れませんね」

「どうして？」

「どうしてつて――」

顏を合《あは》せたが、云はなくもわかるやうな氣《き》持《もち》であつた。

風のない朝が靜かに訪《おとづ》れてゐたが、それからも長い沈默がつづいた。新しい戰友たちも眼《め》覺《さ》めたのであらう　洗面所に水の音《おと》がしだした。（完）

國民服の生産から消費まで

眞山吾一

國民生活《こくみんせいくわつ》に於て食住と共に衣服《ふく》の占めてゐる割合《わりあひ》は極めて高いのであり、特に日本の纖維産業の様に、棉花《めんくわ》羊毛のみならず主な副原料《ふくげんれう》である染料、苛性曹達（工業鹽《こうぎふえん》）等の全部乃至大部《だいぶ》分《ぶん》を海外而も今では敵國《てきこく》たる米英からの供給に仰がねばならぬ國に於ては、過《か》剩《じやう》不合理な衣料費支出を是正《ぜせい》し此の擧國の長期戰體制を通じて、衣服様式の徹底的改善《てつていてきかいぜん》と新しい創出《さうしゆつ》が企てられねばならない。徹底的な消費規正《せうひきせい》の爲にはドイツ、イタリーで行はれてゐる衣類の點數切符制《てんすうきつぷせい》のやうなものも考へられねばならないのであり、その爲には、生地、色《いろ》、柄《がら》、仕立《したて》等々に於て恐らく數百數千を數へるであらう衣料や身の廻り品の種類《しゆるい》を徹底的《てつていてき》に削減し、最も適正な規格《きかく》の限定《げんてい》を行はねばならないのである。

國民服の制定《せいてい》には以上の様な趣旨《しゆし》を含んで居るのであるが、色、形は決められてゐても、用布地即ち國民服《こくみんふく》に用ひらるべき織物《おりもの》の種類は限定《げんてい》されてゐないのである。然し、此の事は早晩《さうばん》解決さるべき事であり、而も國民服を除いた洋服の新規注文《しんきちゆうもん》は、特別《とくべつ》の場合を除いて禁止《きんし》される様な方途が考へられねばなるまい。

國民服以外の洋服《やうふく》の製作《せいさく》が禁止乃至制限される、また國民服に用ひられる生地が限定《げんてい》される、といふことになると、その事の狙《ねら》つてゐる國民衣料《こくみんいれう》支出の合理化の點から、價格を成るたけ低廉ならしめることと、質を確保《かくほ》することに依つて間接的《かんせつてき》な浪費《らうひ》を省くといふ事が考へられねばならない。此の爲には、衣服原料即ち織物《おりもの》を生産《せいさん》し、またそれを配給する仕組《しくみ》の上の無駄が徹底的に排除《はいぢよ》されねばならぬことは明らかであり、纖維産業に於て現在問題になつてゐる遊休紡績機械《いうきうばうせきかい》、織機の處理《しより》とか、重點主義に依つて優秀工場に生産を集中する問題とか、絲《いと》から織布《しよくふ》、整理染色に至る各工程を縦貫的《じゆうくわんてき》に聯繫《れんけい》する問題とか、或は元賣、卸賣、小賣等の配給機構を配給統制會社《はいきふとうせいくわいしや》に依つて整備するとか、纖維統制會《せんいとうせいくわい》の組織とかの政策は、總て此の纖維産業の合理的《がふりてき》再編成といふ一聯の政策體系《せいさくたいけい》を爲してゐるのである。

原料《げんれう》纖維が糸に挽かれてから、國民服となつて一般消費者《せうひしや》の手に渡る迄の經路《けいろ》を瞥見《べつけん》して見る事も、今後消費の立場から生産が規制されねばならない時機に於て強ち無駄でもあるまい。

スフによる國民服

一般に國民服に使《つか》はれてゐる織物《おりもの》を大雜把《おほざつぱ》に擧げて見ると、梳毛糸織物（新毛）、紡毛糸織物（反毛）、梳毛、紡毛混用織用（以上は一括《くわつ》毛織物と言はれる）毛紡式ステープルファイバー織物、所謂《いはゆる》梳纖糸織物、ス・フ織物、人絹織物、絹織物、ス・フ絹混用織物更生糸《かうせいし》織物及びその交織織物等が擧げられるであらう。

今、石炭、藥品の供給減少《きやうきふげんせう》の爲、その前途《ぜんと》に幾多の不安《ふあん》を擁《よう》してはゐるが原料パルプ自給五ケ年計畫の結果、原料パルプの殆んどを自給《じきふ》し得る域《いき》に達してゐる意味に於て、今後の纖維政策上、生産と共に二大國策纖維《こくさくせんい》の一たるス・フに依る國民服に就いて、その生産から消費《せうひ》に至る經路《けいろ》を概説《がいせつ》して見よう。

凡そ衣類《いるい》は國民服に限らず、それが衣類として國民に消費《せうひ》される迄には次の過程《かてい》を通らねばならない。

原料→紡績→織布→染色整理→裁縫→消費

此の過程は、自由經濟《じいうけいざい》であらうと、統制經濟乃至は計畫經濟《けいくわくけいざい》であらうと、必ず通らねばならぬ生産の基本工程なのである。唯自由主義時代には、之等各工程《こうてい》間の流れが何等意識的《いしきてき》には規制されることなく、利潤を主要契機《しゆえうけいき》として、秩序《ちつじよ》なく運營《うんえい》されたのであり、統制經濟は之に反し、利潤の追求《ついきふ》の代りに、國民經濟《こくみんけいざい》の各部門相互並に生産と消費相互の均衡的運營《きんかうてきうんえい》といふ公益的目的を以て、各工程間の流れを規制して行くのである。

却説、ス・フ織物の原料たるス・フ糸が木材《もくざい》を原料としたパルプの藥品《やくひん》に依る化學操作《くわがくさうさ》に依つて製造される事は周知《しうち》の通りである。此のパルプは日滿《にちまん》パルプ聯合會《れんがふくわい》の會員である内地及び滿洲のパルプ製造會社で製造され、その直接販賣店《ちよくせつはんばいてん》である國産パルプ同業會會員を通してス・フ製造會社に配給《はいきふ》される。ス・フ製造會社はその製造したス・フ綿を、ス・フ元賣商人《もとうりしやうにん》を通して紡績會社に引渡すのである。紡績會社《ばうせきくわいしや》で製造されたス・フ絲は綿絲元賣商業《めんしもとうりしやうげふ》組合員又は日本人織絲元賣商業組合員を通して日本綿絲卸商業組合聯合會に販賣され、卸商聯《おろししやうれん》は道府縣單位に配給所を設置《せつち》して、機業家《きげふか》にス・フ絲の共同販賣《はんばい》を行ふのである。

現在、絲の配給には纖維需給調整協議會《せんいじゆきふてうせいけふぎくわい》が組織《そしき》されて、綿絲ス・フ絲、人絹絲、毛絲、更生絲等の割當《わりあて》をやつてゐるが、機業家は同會に登錄してある織機を基準《きじゆん》としてス・フ絲の割當《わりあて》を受け、それに相當する割當票を貰つて、配給所《はいきふしよ》から絲を買ふのである。織布工場《しよくふこうじやう》で織り上げられたス・フ織物は、現在指定生産《していせいさん》に依つて全面的にその織り上げる規格《きかく》が指定されてゐるので、指定通りに織つた上、纖維需給調整協議《せんいじゆきふてうせいけふぎ》會の絲量檢査と規格檢査《きかくけんさ》を受け、合格品は一旦日本綿ス・フ織物工業組合《おりものこうげふくみあい》聯合會で買上げて日本綿織物卸商業組合聯合會に引渡すのである。染色加工《せんしよくかこう》を要《えう》するものは、此の場合、機業家《きげふか》四割綿商聯《めんしやうれん》六割の割合で加工する。

生産者から消費者へ

以上《いじやう》に依つて、織物は出來上る譯《わけ》であるが、それが消費者の手に入るには更に幾段階《いくだんかい》を通らねばならない。すなはち、綿織物卸《めんおりものおろし》商業組合聯合會に買取られたス・フ織物は、更に纖維需給調整協議會の決定《けつてい》する配給計畫《はいきふけいくわく》に從つて日本纖維製品小賣商業組合聯合會及び日本百貨店組合《ひやくくわてんくみあい》に配給され、更に日本纖維製品小賣商業組合聯合會所屬《しよぞく》の府縣纖維製品小賣商業組合聯合會所屬小賣業者《こうりげふしや》及び百貨店の手を通つて、ス・フ織物は此處に滿洲《まんしう》や樺太《からふと》産木材の轉生《てんせい》として始めて一般消費者の手に入ることになるのである。之が國民服となるのには、洋服屋の手に依つて縫はれるか、又は既成服《きせいふく》工業組合《こうげふくみあい》聯合會所屬組合組合員の手に依つて既成服となり、既成服商聯《きせいふくしやうれん》から前述纖商聯の手を通して、一般消費者《せうひしや》の手に入ることになるのである。

以上はス・フ織物に就いて、その生産から消費に至る經路《けいろ》を概括的《がいくわつてき》に見たのであるが、毛織物その他に就いても關係團體、關係業者《くわんけいげふしや》は違ふが、ほぼ同様のやり方がなされてゐるのである。

現在の統制機構《とうせいきかう》の下にあつて衣類の生産《せいさん》される經路、そしてそれが販賣《はんばい》される經路は以上概觀《がいかん》した通りであるが此の物の造られ流される經路といふものは何等一定不變《ていふへん》のものではなく、絕えず變つて行くものである。唯、現在の生産の仕組《しくみ》に於ては物が造《つく》られるのは賣られる爲であり、幾《いく》ら物を生産《せいさん》しても賣れない場合には、生産の目的は達せられないことになる。自由取引《じいうとりひき》が許された時代には、此の物の價格、それに含まれてゐる利潤《りじゆん》の獲得を繞《めぐ》つて絶えざる自由競爭《じいうきやうさう》が行はれる譯であり生産、配給總てが、工業者や商業者の自由な計算《けいさん》で、儲《もう》けを追つてやられてゐたのであるが、戰時經濟時代《せんじけいざいじだい》に入ると先づ第一に作戰資材《さくせんしざい》、そして生産力擴充資材の充足を急速に圖らねばならぬ立前から　不急な一般國民消費資材《せうひしざい》は出來る丈その生産、消費を制限をしなくてはならなくなつて來たのである。然し、生産《せいさん》だけを制限《せいげん》して　價格を放任《はうにん》して置けば、需要供給の不均衡《ふきんかう》から、價格の騰貴《とうき》は免《まぬが》れず、國民生活の根底《こんてい》を脅かす結果になるので、價格を公定して取引を一定の枠に抑へると同時に、價格の公定《こうてい》に依つて生産が偏り、最も必要とするものの供給減少《きやうきふげんせう》を來すことを防止《ばうし》する爲に、一定の計畫を立て丶、必要とするものは必ず生産させる立前《たてまへ》を取らなければならなくなつたのである。之が現在織物の生産に就いて實施《じつし》されてゐる指定生産《していせいさん》制度であつて、最近の統計に依れば、內地向織物總生産量の內、人絹《じんけん》は約四割ス・フは九割五分毛は殆んど全部指定生産になつてゐるのである。

配給機構の整備

然し、生産《せいさん》が全部指定生産になり、價格が全部《ぜんぶ》公定《こうてい》になつたとしても、問題はその公定された價格《かかく》が果《はた》して合理的であるかどうか、更に合理化される餘地がないかどうかにあるのであつて生産內部の合理化《がうりくわ》と共に、前に見たやうな、生産と消費《せうひ》を結ぶ過程《かてい》に尨大な元賣、卸賣、小賣といふ段階《だんかい》が介在《かいざい》して居ることが果《はた》して必要かどうかが考へられねばならなくなつて來る。

例へば、梳毛織物サージ第一號（混用五割）一米當の價格を見れば、機屋の販賣價格《はんばいかかく》三圓七十五錢が小賣業者の手を離れる時は四圓五十六錢になつてゐるのである。ス・フ五割混用アルパカサージ第一號七割國防色の甲號國民服既製品《きせいひん》は生産者販賣價格二十九圓五十一錢が、小賣される時は三十六圓九十錢になり、その差額《さがく》は商業者が介在《かいざい》する爲の値上りになるのである。

複雜《ふくざつ》な配給機構の整理は一面からいふ所からも必要となるのである。計畫經濟の面が強くなれば、投機的《とうきてき》な商業者機能《きのう》は自然に弱まつて來ざるを得ないのであり、纖維製品配給機構の整備といふ商工次官通牒《つうちやう》も之を促進《そくしん》する趣旨に出てゐるのである。その案に依れば、綿、ス・フ、織物莫大小《メリヤス》製品《せいひん》、足袋、タオルに就き夫々一つの製造統制會社を作り、各々製品の一手買上げをして、矢張り綿ス・フ、莫大小《メリヤス》、足袋タオル等に就き夫々出來る中央配給統制會社に販賣《はんばい》し、各中央配給統制會社は道府縣別に一つ宛出來る地方配給統制會社に販賣することになる。また勞働作業衣《さぎやうい》、既《き》成服《せいふく》、和裝既成品、布帛雜品の各々に就き中央製造配給統制會社が出來ることになる。之は前の製造統制會社と中央配給統制會社《ちうおうはいきうとうせいくわいしや》を一緒にした機能《きのう》を營むことになるのである。

此の樣に、生産と配給の面に於ては着々整理統合《せいりとうがふ》が爲されてゐるのであり之と對應《たいおう》して、町内會なり、部落會なりの形に依る消費者の組織が考へられた。

生産と消費とが、一貫的に綜合規制《そうがふきせい》を爲されねばならないのである。食住に於てもそうであるが、衣の面に於ても個々人の趣味嗜好《しゆみしかう》に任されてゐた從來の行方から脱出《だつしゆつ》し、國民擧つて新しい生活樣式確立《かくりつ》に邁進《まいしん》すべきことが強く強く要求されてゐるのである。

一月二十日「纖維製品配給消費統制規則《きそく》」が公布《こうふ》され、同規則第十一條に基《もと》いて二月一日以後衣料品の買入は總て切符制《きつぷせい》に依ることとなつた。本小稿の配給系統《けいとう》等はそれに依つて一部變更になつてゐる個所《かしよ》もあるが、根本の精神に於ては些《いさゝ》かも異《こと》つてゐず、寧ろ切符制が何故採用《さいよう》されなければならいなか、衣料《いれう》消費規正を必要とする所以《ゆえん》は之によつて幾らかでも分つて頂《いたゞ》けることと思ふので訂正加筆《ていせいかひつ》は爲さなかつた。

衣料切符制終局の目標《もくひやう》は衣料に關する高度の消費規正の實施《じつし》にあり、それを通じて日本の國民生活に從來《じゆうらい》最も欠けてゐた生活の計量的建設を促進《そくしん》せんとするものである。吾々《われ〳〵》國民の一人々々が、此の切符制が大東亞戰爭《だいとうあせんそう》の赫々たる戰果の唯中《たゞなか》で實施されたといふことの意味をよく認識《にんしき》し、安易な樂觀論《らくくわんろん》を捨てて、着實《ちやくじつ》に新生活樣式の創造《さうぞう》に努めねばならない。有史《いうし》以來始めての經驗《けいけん》として、衣料綜合切符制は幾多《いくた》の疑義難問《ぎぎなんもん》續出の情態であるが、統制法規上未だ曾《か》て見ざる日本的性格《せいかく》を持つものとして、「纖維製品《せんゐせいひん》配給消費統制規則」が官民一體の理解協力《りかいけふりよく》に依り、最も圓滑効果《ゑんかつかうくわ》的にその使命を果さんことを祈念《きねん》するものである。

中衣物語（一）

波野不二彦

朝起きて食事をする。そのあとは洋服を着て出勤する。ワイシヤツを着てネクタイを結ぶのが一つの習慣となつて居た。都會の大多數の勤勞者はこれを繰かへしてゐた。

農村では、何かの用事で町へ出るやうな時、結びつけないネクタイに一苦勞しながら、それでもいつぱし容儀をとゝのへた樣なつもりで、得々としてゐた。

明治時代から何十年かの間これがつゞいて來たのだ。

幕末時代の寫眞を見ると、變に板につかない洋服を着た當時の尖端的人物——恐らく軍人　外交官であつたらうが、それらの姿を今日見ると、外國文明の東漸史をそのまゝ見る樣な氣がする。

外國を恐れ乍ら、何とかこれを眞似したいとつとめた時代の名殘りが、最近まで、毎朝ネクタイを結びつゝ、外國文化吸收の本能がわれわれにつきまとつてゐた。

國民服はそれらに眞正面から立ち向つた。

あるいは當然に見えたかも知れない。

だが、國民服が生れて三年經つた現在では、すべてが變つて來た。

正直なところ　今、ネクタイの柄を本氣に考へてゐる者は少ないと思ふ。

ネクタイの柄に關して何も知らない私ですら、ネクタイの柄の流行はウイーンや、ロンドンから生れると聞いてゐた。

今、日本的な柄を考へながら、ネクタイに向つても、何といふ事なしに張合のない事のやうに思へる。

こんな些細な感覺などは、雄大な大東亞戰下の今日、どつちでも良いのだが、その背後に横たはる問題は大きいのだ

私はハワイ眞珠灣で散華した軍神に關する公表の中に、「心の米英擊滅」といふ一句があつたのを思ひ出す。

國民服は失はれんとする日本人の心の故鄕を想ひ出させる役目をもつとめてゐるのだ。

國民服は決して「服」だけで動いてゐるのではない。國民服はすべての生活にあるのだ。

國民服のなかでも、中衣が表現する日本精神の昂揚といふ事は、まだ、あまり知られてゐないやうだ。

その證據には、あんな襦袢のやうなのは嫌だと云ふ人がある。

その反對に、あんなに着て樂な、便利なものはない。一度着たらやめられない、と云ふ多數の人もある。

實用價値は現實に使用して見ないと分らないが、外觀その他から來る感じは、すぐ批判の對照になる。

その初めであつた。國民服は中衣を持た

なかつた。國民服制定の主要目的が、當面の國民生活の實際より、軍用轉用を第一とされたので、まづ、軍服に一番近い形をと考へられた。

しかし、中衣の發見は、軍服の下に着用して、日常生活に便利な新しい衣服の創造を實現した。

これに依つて、カラー、ネクタイ、ワイシャツ、チョツキを一蹴する事が出來た。そこで、背廣と同じく三部構成でありながら、國民服は背廣とは全く違つた新しい服となる事ができた。

背廣の三部構成中のチョツキは、いつたいどんな役目をするものであらうか。

上着の補助物としては、ポケットが（それも淺い）所々あるだけで、背中は拔けてゐる。

下着としては、ワイシャツの邪魔にこそなれ、別に大した事はない。

習慣といふものは恐ろしい。チョツキのボタンがちぎれさうでも、ぢつと我慢して着てゐたわれわれであつた。

ワイシャツ、これは下着として必要物であつたらう。しかし、堅いカラーをさつさと止めてしまつて、ワイシャツにくつつけてしまつた最近の傾向は、アングロサクソンといふ容儀を輕視したやり方であつた。

夏の開襟シャツ全盛時代となつたある頃、私は背廣はこゝに半ば崩壞したと思つた。

次に來るものは、何であつたらう。

物の行き詰りは恐ろしいものである。

たとひ、盛夏の候といへども、ネクタイをもぎとられた背廣の見苦しさよ。輕快ではあつても、そこには背廣本來の美は殘つてゐないのだ。

私はかつて南方に行つた時、熱帶地域のホテルで、やかましい歐米風俗のしきたりで、嚴として守られてゐるのを見て考へざるを得なかつた。こゝでは、最早開襟シャツも存在し得ない。

冷房裝置がある事などは問題にならない。戸外にまで冷房裝置を施す事は、不可能なのだ。

地域と風土と、そして時代までも無視した米英文化侵略の魔手に踊ればよいのだらうか。

中衣は精神的に見て國民服の生命である。

中衣に宿る日本精神は、外來の何物にも冒されない純粹なものである。これまで、服裝を語る場合、外來文化に依る影響を無視するわけに行かなかつた。極端な事を云へば、日本の服裝は外來文化を吸收併合する事のみに依つて發達した樣な立論をするものもあつた位である。

しかし乍ら、わが國には、固有の上代服裝文化があつた。これをその素朴な形に於て繼承したのが中衣の姿である

歷史の尊さと國土の侵す可からざる事はいふまでもない。今、中衣の襟を考へて見ると、これは我が民族祖先が着用した形そのまゝである。幾千間の間に我國服裝は變遷してゐるが、變らざるものは、日本襟と呼ばれる一型式である。

個人の好惡や趣味は、昔も今も同じであると思ふ。簡素を以つて後世の範となつた鎌倉時代に於てすら、これは否定する事が出來なかつたのである。

併しながら、あらゆる型式の分派を超越して變らないものは、それ自身大きな生命の力を持つてゐるものと云へよう。

中衣が持つ最大の型式は、この日本襟であつて、それ自身國民服の生命である。

和装履物の新考案

伊藤文子

電車もバスも超滿員、人と人とが重なり合つて居る現在の乘物苦難時代に、他人の土足の爲に足袋を汚されないやうにといふ事は無理な事で、汚され合ふ事の方が當然でありませう。それだのに毎日務めに通ふ婦人達もこぼしながら弱いスフの足袋に何等爪先を被ふものもない履物をはいて眞白な足袋の爪先を汚されて居るといふ事は實に愚かな事で、時代錯誤も甚しい事であります。

家屋——と着物及び履物、の關係は切り離せないものでありますから、疊の生活に適する着物を着て居る以上、現在の和服の履物が時代錯誤であるからといつて、着物に靴も用ひられませんので、從來の草履や下駄に靴の特徴である爪先を被つて居るものを應用したらと研究して作つたのが圖のやうなものです。

從來から存在して居る爪掛でもいゝのですが、足袋の親指のところが忽ち穴があきますから假令汚れはしなくなつても、足袋の爲によくないものです。ビロードのフエルト草履に爪掛を作りつけにしたものもありますが、之は鼻緒の前壷が切れたら使へません。そこでサンダルのベルトを中心で結ぶのを利用して、爪先を被ふ事を目的にして、ベルトの巾を廣く爪掛のやうな形にして作り、之を試みに履いてみました。ところが結果は非常によく、之ならば爪先を汚す事もなく足袋の先が破れる事もなく、鼻緒が切れても直せます。履いて居りますと、電車の中などで、必ず向側の人が注目しますが、之は爪掛のやうに全部を被つて居ないので、前から見ると、ほんの一寸白い足袋の先が見えるからでせうと思ひま

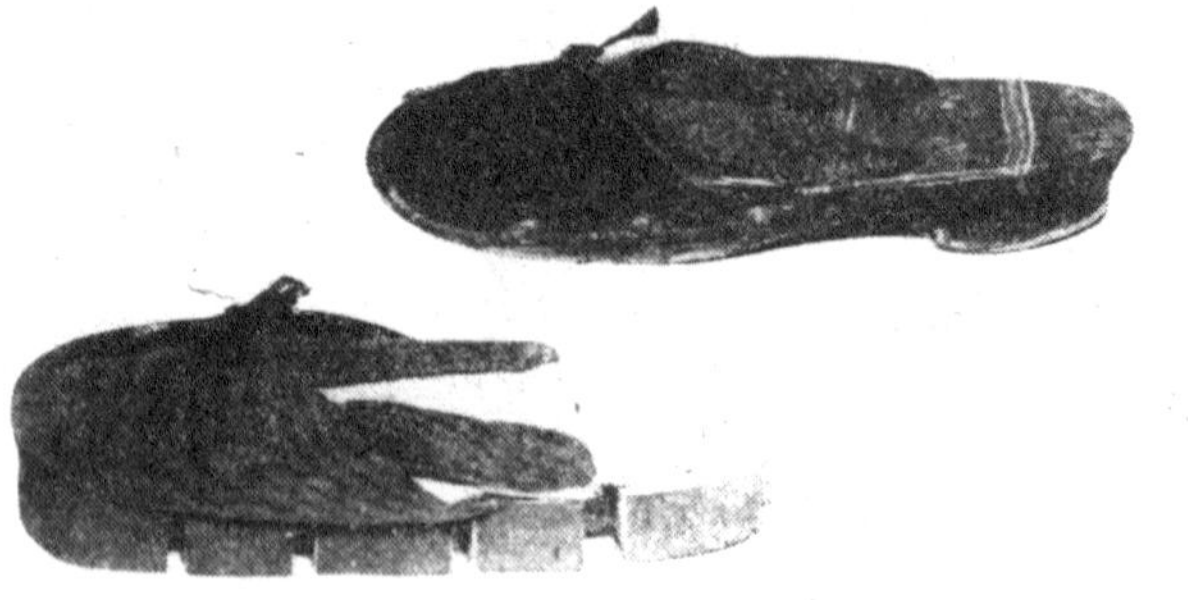

す。然し之は習慣的に爪掛を標準において居るからでありますが、一寸觀念をかへて習慣から離れて見れば少しもをかしいものではありません。寧ろ、モダーンなものであります。草履にも下駄にも之を取り附けられます。こんな具合のいゝものは世間廣くの人々に流行させて、目下のお互の不便を一掃する事が時代に適應した生活方法ではないかと痛切に思ふのであります。

次に現在の履物の不便は、下駄を履いて行けば官廳、事務所等で地下室で冷飯草履とはきかへさせられる事であります。それだからとて草履を用ふれば、フエルトが惡いので直ぐ底を損じ、且埃りつぽくて、足袋は汚れ、裾は汚れ、俄雨にも困るといふ全く實用に適しないものであります。習慣のみに囚はれて、フエルトの如き國産に反したものを、多くの人が現在迄も使用して居る事は非常な間違ひであります。こゝにフエルト草履の代りに板裏草履を、上等の材料で作らせてみました。俄雨にも困らず、埃もせず、外觀は草履の感じで、實に便利重寳なものです。

板裏草履の公定價格は八十錢程度とか申しますが、之は板裏草履は最下等な勞働者用の履物として取扱はれて居るからでありますが、時代に適應した婦人履物として再認識を求めたならば、公定價格制限などは變更にならない限りもありますまい。

缺點はカタ〳〵と音がする事でありますから、底に裁屑の革かゴムをつけて音を防ぎ、官廳事務所等で草履と等しい取扱ひに改善して貰つたならば便利で且つ國策に添つた履物と思ふのであります。

この板裏草履に、前述の爪掛式ベルトをつけましたら便利此上もない履物であります。板裏の厚みの外側を赤とか黒とかで塗りましたら體裁よき立派な婦人履物であります。

不便を託ちながら習慣を續ける事の愚を一刻も早く自覺し、時代に適應したものを進んでお互に研究し使用したいものと思ふのであります。

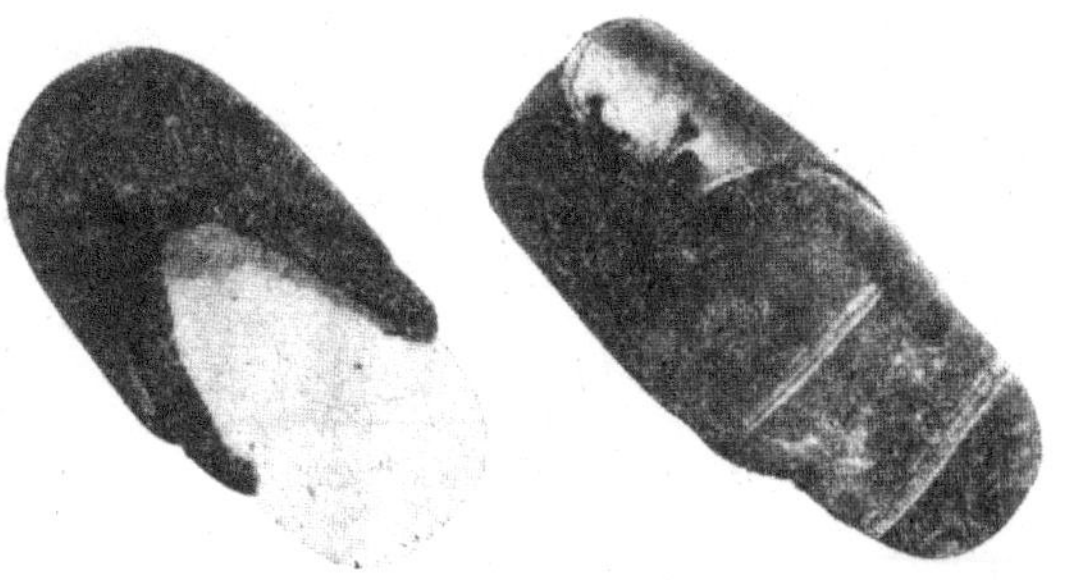

衣料相談

（問）制服を脱ぐ乙女ですが、洋裝の最も合理的な設計法をお教へ下さい。

（答）服裝の組織を今迄の觀念通りに考へると、到底その通りには百點で實行でき得ないのですから、そこにあなた方、新時代の乙女の服裝に對する創造が新しく生れるべきです。その意味からいつて、この與へられた點數を如何に巧みに使用するかは、生きた大きなゲームでありませう。樂しく思ひつきや工夫を生かすことができるのです。

まづ大體に若い方は飾らないこと。飾らないことが青春の美しさを充分に發揮できるといふことを記憶すべきです。殊に若い婦人の生活樣式は簡易で衞生的で、日本的に改良をした洋服で日常の衣服生活を規正したいものです。

ドレス類のスタイルも實用性のある數種類の洗練されたものに限定し、色や型の流行を抑制しなければなりません。家庭着はスカートとブラウスとし、勤勞服はズボン、パンツ、スカート、或はモンペに近いもの。

學校を巢立つてこれから卒業と同時に社會に出る方は、應用範圍の廣いスーツを一揃作り、ツーピースは家族の古い衣服（銘仙類）を利用すれば春先から初夏へかけて着られます。學生時代のセーラーを更生して上衣とスカートにするのもよく、運動服を改良してブラウス代りにすることもできませう。

スーツさへ一着あれば、ワンピースは必ず入用といふわけではありませんが、もしツーピースを作るつもりならば、點數の上で十五點の方のワンピースにすべきです。

春はブラウスの（絹物二點、四分の一點です）ともう一枚白かピンクのブラウスがあればよろしい。

スカートは紺か黑、鼠など地味な色で、お父樣の短かく縮まつて、はけなくなつたズボンを接ぎ合せて作ると見事なしつかりしたスカートが生れます。下着類はシミーズやブルマーは持合せてゐませうから、春にはブルマー（四點）を一枚、スリップ（八點）を作ります。從つてどうしても作らなくてはならぬものの品名を擧げると左のやうになります。

品名	枚數	點數
スーツ	一	二七
ブラウス	二	八
スリップ	一	八
ブルマー	一	四
靴下	三	六
ハンカチ	一	一
合計		五六

スカートとツーピース、勤勞服の類は家庭にかくれてゐた古いものを更生して作るとして、以上五六點で大體の形が整ひます。

冬に入つて殘りの四四點で冬のオーバーを豫算に入れ、殘りで靴下を求めませう。どんな衣類もすべて布を求めて、仕立は自分の手で作る自家製のものこそ理想的ですが、それは凡ての人に望むのは不可能ですから、なるべく婦人の頭の働かせ方で、實用的價値を百％に生かすやうにしませう。

（問）衣類中で最高點の背廣の新調は脅威です，一日も長く壽命を延ばす早期の修理法をねがひます。

（答）背廣で一番傷み易いところはズボンではお尻と膝、上衣では肱や袖付のあたりの裏袖です。これらをもちのよいやうにするには、破れてしまつて修繕するのでは遲すぎます。まづ上衣から――肱や袖付の邊りに、縦すじの捩じが出來かゝりましたら、ひどくならないうちに切れたところを共色の糸で突合せ接ぎにしておきます。肘のあたりに小孔があきさうでしたら、袖下の縫目をといて、傷んだ裏へ當布をあてます。

裏袖付のいたみは　早く手入れをしないと孔が急に大きくなりますから、ひどく破れないうちに　袖付のくりに合せて當布を裁ち裏の表からあてゝまつります。これはくりがきちんと合つてゐないと、當布がつれて、袖付の形がくづれますから御注意下さい。

上衣の肘のあたりが薄く切れたら、孔のあかぬうちに、表から一面に縦に刺縫しておくとしばらくは丈夫です。この場合布地の厚味をすくふ氣持で、布表にはできるだけ針目を小さく出すことが必要です。

ズボンの繕ひ方、男子服のズボンはすべて膝裏に布がついてゐますが，この當布が少し弱つてきましたら、少しも早く取りかへることです。もし表が傷んだ場合は、當布をとりはづし、羽二重糸で表の地の目通りに縦に細かく刺縫ひをします。このときも布の厚味をすくひ表には出來るだけ針目を出さぬやうにします。そして元通りに當布をつけておきますが、當布は表よりも幾分つり加減につけないと、膝頭がふくらんで不體裁です。木綿巾で九寸ほどの長さの膝當をつけ、兩脇を縫目に綴ぢ、上部を細かくとぢつけておくのです。

ズボンのお尻は最も無理のゆくところですから、破れないうちに裏から布を當てます。羽織の裏、メリヤス、羽二重などなるべく柔かい布が最もよく、巾は兩方の後の折目から外に出ない程度にはめ込みます。當布は斜布にしてとると伸縮がきいて工合がよろしい。綴ぢ方は中央縫目と上部と脇を表に目立たぬやうにつけ、下はそのまゝにしておきます。もし非常に生地が薄くなつてゐる時は、裏に更に薄い布をあて、さし縫ひにするとずつと丈夫になります。さす糸は同じ布の糸をほぐして用ひると目だちません。針目は表にごく小さく、裏をあらくします。

（問）羽織下用には半巾帶を使つてすませましたが，コート、羽織を脱ぐと目立ちますので、帶の更生法をお知らせ下さい。

（答　帶の繰廻し方は數限りなくあります。今まで持合せの古いものを省みず、態々二十點出して新調するといふのは能がありません。古くて使へなくなつたものを一寸加工して再び美事なものに生かすことを考へませう。

帶の傷み場所と云へば大抵きまつてゐて、折目とか合せ目など、また垂れの方が汚れたので、手の方と繰廻さうとすると、折目がひどくついてとれないので困るのです。さういふ帶を幾筋か持つてゐる方は改めて見直し、早速上手に更生させませう。

　山の所がどうにもならないほど切れてしまつたものは、思ひ切つて眞中から二つに切り接ぎ合せるのも一方法です。單博多などでしたら、帶と調和のよい好みの色の羽二重を一押巾ほどに切り接ぎ目に入れてもよく、黒繻子などには配色のよいリボンを一本縞のやうに入れると、趣味的なものが出來ます。

　古い單帶で山や合せ目の糸が引けたものは山の傷んだ所をかくすために、フランス刺繍のクロス・ステッチを一本入れます。帶巾も元は八寸あつたものならば内側に縫ひ込み七寸五分位にし、丈も五尺帶にすれば衛生的です。簡單な刺繍をしただけで氣の利いた輕い帶となります。


（問）　私は人並より足が大きいので、どうしても買つた足袋では洗ふと一度で小さくなつて履けなくなつてしまひます。折角貴重な點數を拂つて求めても水の泡です。自分で作れたらどんなによいかと思ひます。どうぞお教へ下さいませ。


（答）　ス・フの質の惡い足袋を求めるより、自家製のものがすべての點で長保ちします。足袋は白又は無地もののみを履からとするで生地に制限されますが、丈夫な布であつたら、縞でもかすりでもよく、着物とお揃ひの手織のゴツ〳〵した足袋などはくと、しつかりしてゐて外出用には丈夫この上もありません。お子さんのある家庭ならば子供のエプロンなど何よりです。又家庭用には手織木綿のあり布かセルの殘り布など表布として一尺もあれば出來ます。底布は普通厚地のものを用ひますが、有裂のしつかりしたものを幾重にも張り合せ、中の方は型つきのものでも何でもよろしい。糊を固くして張板で凡そ三、四枚位張りますと、相當部厚な底布が出來、帶芯など無理して切らなくとも間に合ひます。

　要するに足袋は布地さへみつかり底布に手間がかゝりますが、あとは仕上げまで二時間もあれば出來ます。

　コハゼは古足袋のをとつて用ひます。

　足袋の型紙はデパートで賣つてゐますから、家族の多い家庭では大中小一組求められるとよいでせう。型紙は大抵たつぷりの大きさに出來るやうになつてゐますから、足の寸法より稍々小さめにするとすつきりします。また型紙によらずとも古い自分のはいてゐたものをといてそれを用ひてもよろしい。

　足袋は仕立も大切ですが、上手な型が基礎になりますから、一つ縫つてよく足にあはせて正しい型を作ることです。裏生地はフランネルか夏向ならばメリケン袋の布など使ひます。

　底布には前に張り合せた厚い布と、裏になる布にネルを重ねて裁ち、左右が出來上るやうに二枚裁ちます。それに裏布がつきますから裏表四枚、底二枚とります。

縫ふ順序

　コハゼかけの方を最初に縫ひますが、その時表布と裏布との間に力布を入れます。かうするとコハゼのかけ場所の傷みが少くてすみます。次にコハゼの間隔をよく見てコハゼを附けながら表と裏とを縫ひ合せます　この兩方の布を合せて四つ縫とし、コハゼの方とコハゼかけの布を重ねて止めます。これで甲の方が出來上ります。

次に底をつけますが、これを要領よくやらないと穿きにくいものが出來上ります。大體踵に近い兩脇は平にぬひ、爪先に近い所まで甲の布をやゝゆるめて縫ひ、爪先は一目づゝゆるめて縫ひます。踵は甲の布を吊れ加減にぬひつけてゆけば無理がなくはけます。

仕上げ

足[redacted]はすべて半返し縫ひにし、糸はカタン四十番くらゐを二本どりでします。全部が縫ひ上りましたら、縫目から折目を正しくつけます。これがはつきり折返らないと、形が惡くなりますから、縫目から折つたら、輕く小さな金槌で叩いて下さい。

かうして表がへしすると出來上りますから足に合せて一度はいてみて、コハゼかけの寸法をきめ、コハゼかけをつけます。木綿糸、カタンの二十番を四本よりにして丈夫にし大小の針目でとぢます。

これで出來上りですが、なほ型をとゝのへるために、縫目を山にして輕く金槌で叩き、霧吹してアイロンをかければ完成します。

(問) ス・フの補強劑がいろ〳〵出てゐますが、果して効果があるものでせうか。素人の見分け方がございませうか。

(答) ス・フの補強としては、第一に水にぬらさないといふこと、第二になめらかな纖維が脱け出さないやうに防止するとよいのです。それ故補強劑は大體において防水劑に糊料を加へたものから出來てゐて、摩擦を人口的に防ぐためには蠟などをいれてあるのが普通です。

それで補強劑が有効かどうかを見分けるには、まづ防水性があるかどうかを見ます。次に棒の先で處理した布地を強くこすると、補强のよく利いてゐるものは破れないが、利かないものはぢきすり切れてきます。

第三にほこりのたからぬもの、これらの缺點がなければ有効な補强劑と云へませう。

縫方・裁方の訂正

――婦人標準服の決定――

前號まで掲載しました婦人標準服の縫方と裁方は、その後委員會でいろいろ研究の結果、一層完全なものとして、多少の變更が加へられ、このほど厚生省生活局から發表されました。

大體の方法は變りませんが、細部に少しづゝ訂正されたところがありますから、左に掲げます。

尙標準服は現下の時局に卽應し、自家裁縫主義を徹底させなければなりません、もし、分らないところがありましたら、本誌編輯部宛お問合せ下さい。

また、婦人標準服は、婦人服裝の特殊性にかんがみ、これを制服的に一定することを避け、原則さへ崩さなければ、部分的應用工夫を施すことは認められてゐます。これについては、次號以下で述べる事に致します。

甲型縫方

二部式一號（單仕立の例）

○上　衣

袖

1、「袖布に袖足し布を接ぎ合はす」と附加。

身頃

3、「切り替を縫ひ合はせる」とあるのを「肩及び胴のつまみを縫ふ」と訂正。

○下　衣

1、「この時右脇縫目に内ポケットを附ける」と附加。

5、「こはぜは上部の襞山蔭に附ける」と附加。

二部式二號（單仕立の例）

○上　衣

袖

1、「袖布に袖足し布を接ぎ合はせる（袖の前の方に接ぎ目がくる）」と附加。

2、「袖下を四糎明ける」とあるのを「袖附の方を四糎縫ひ殘す」と訂正。

「身返しにしてまつる」は「三つ折にしてまつる」と訂正。

一部式一號（單仕立の例）。

袖　二部式一號に同じ

身頃

2、「上衣の切替を縫ひ合はす」とあるのを「肩及び胴のつまみを縫ふ」と訂正。

5、「下衣の切替を縫ひ合はせる」とあるのを削除し、「脇縫目に内ポケットをつける」と附加。

9、「脇の開け方は二部式一號に同じ」と附加。

11、「衿元衿先、及び下衣の上部襞山蔭にこはぜを附ける」と附加。

一部式二號

○下　衣

1、「但し右の縫目の上部二十糎明ける所に持出し布を附ける」と附加。

○胴接

1、2、に「上身頃」とあるのを「身頃上部」と訂正。

乙型縫方

二部式（袷仕立の例）

○上衣

4、後の箱襞作り

5、衿附　前幅一ぱいに附ける。

○下衣

一號（捲き合はせ式）

5、紐附「襞の深さは一糎位」と附加。

二號

5、紐附「前布の端を着用者の胴廻りに合はせて表側に折る。襞の深さは一糎位」と附加。

圖版訂正分

一、二部式一號の上衣前の圖

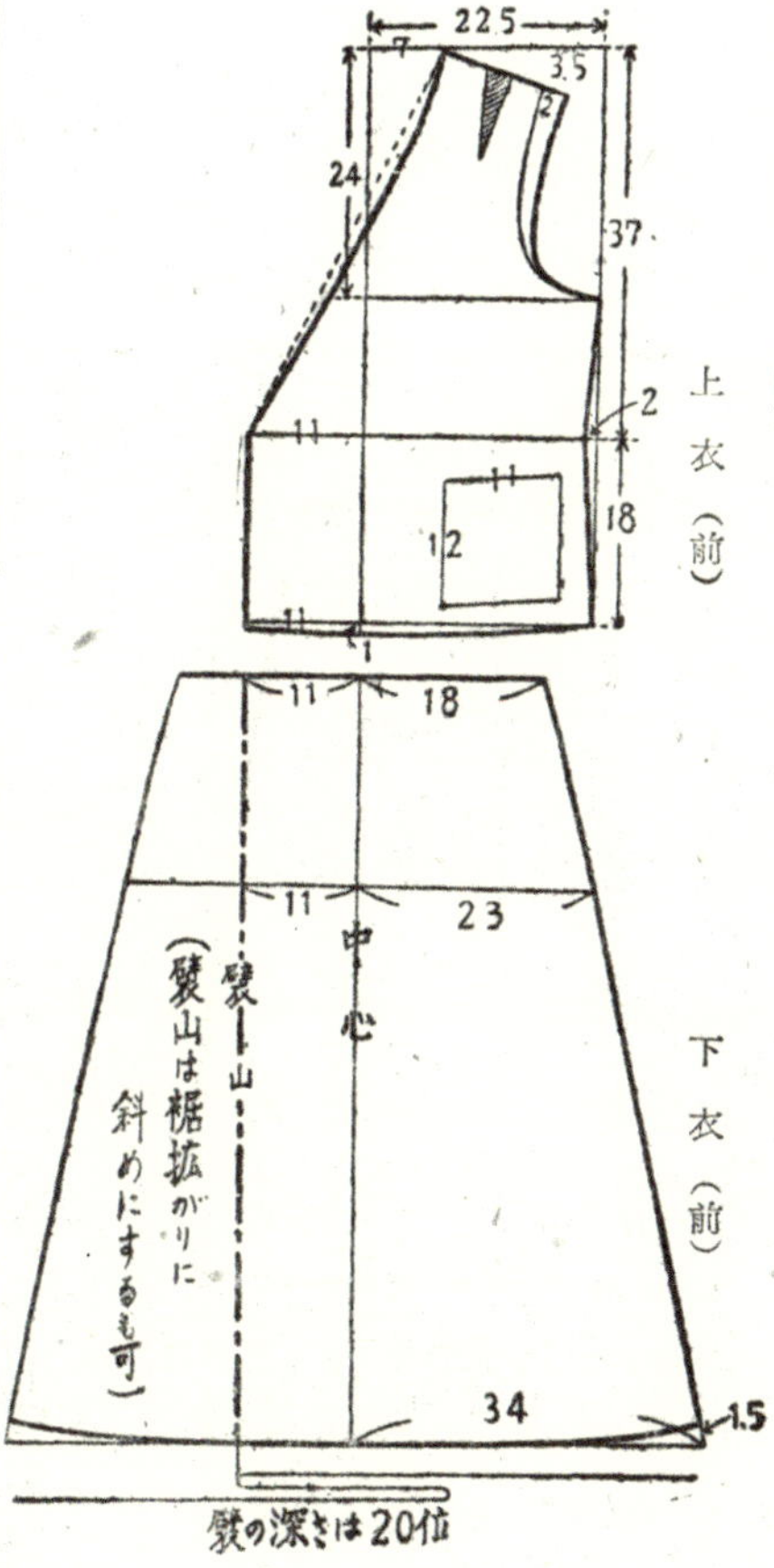

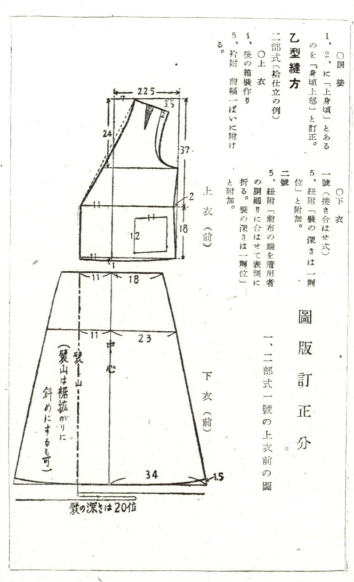

二、一部式一號

前の圖

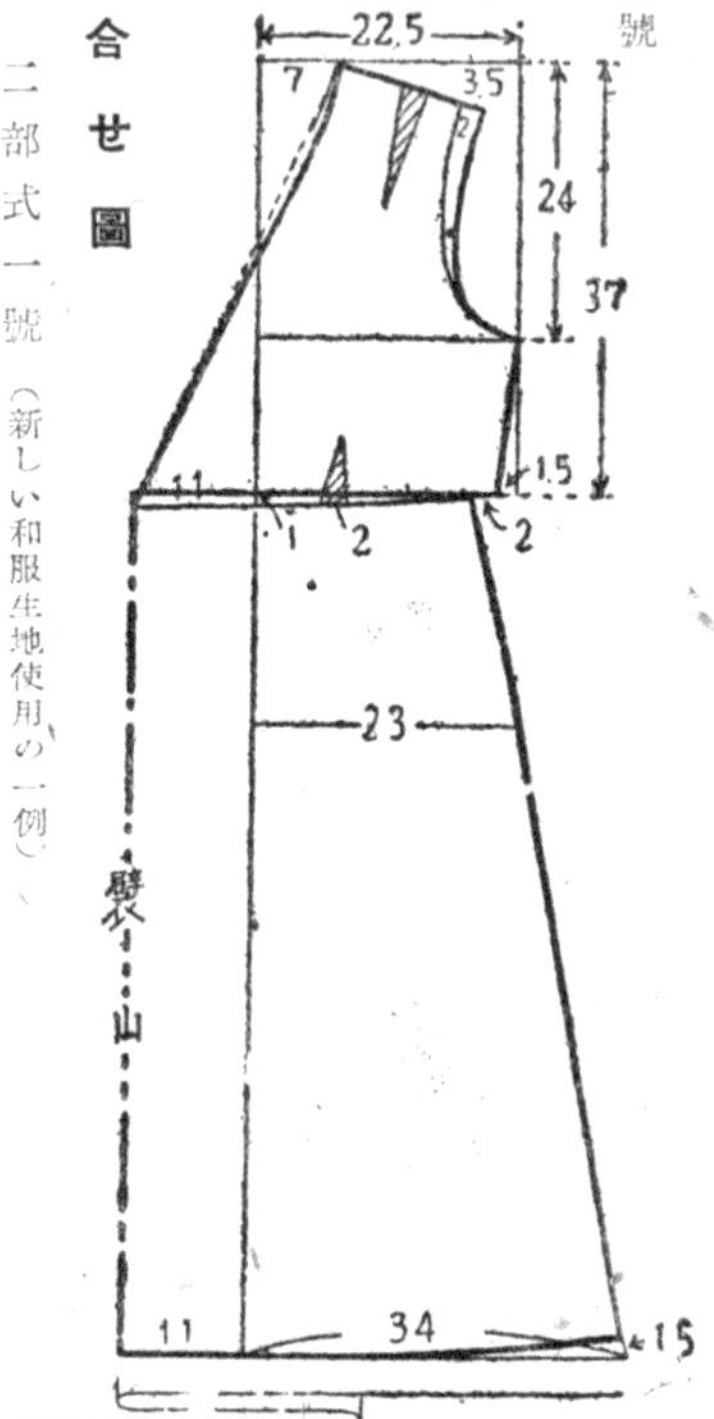

裁合せ圖

二部式一號（新しい和服生地使用の一例）

用布　九・一米

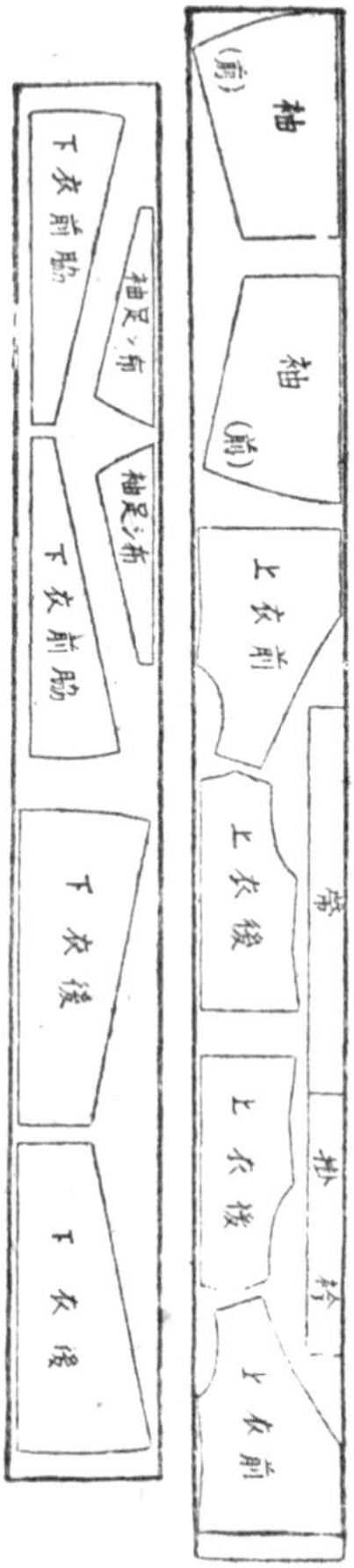

備考　衿は二部式一號に同じ

備考　1、斜線は薩襞となる部分を示す。
2、上衣布接目その他に於ける縫代は後の利用を考へて多く加へおくも可（以下同じ）

二部式一號（和服更生の一例）

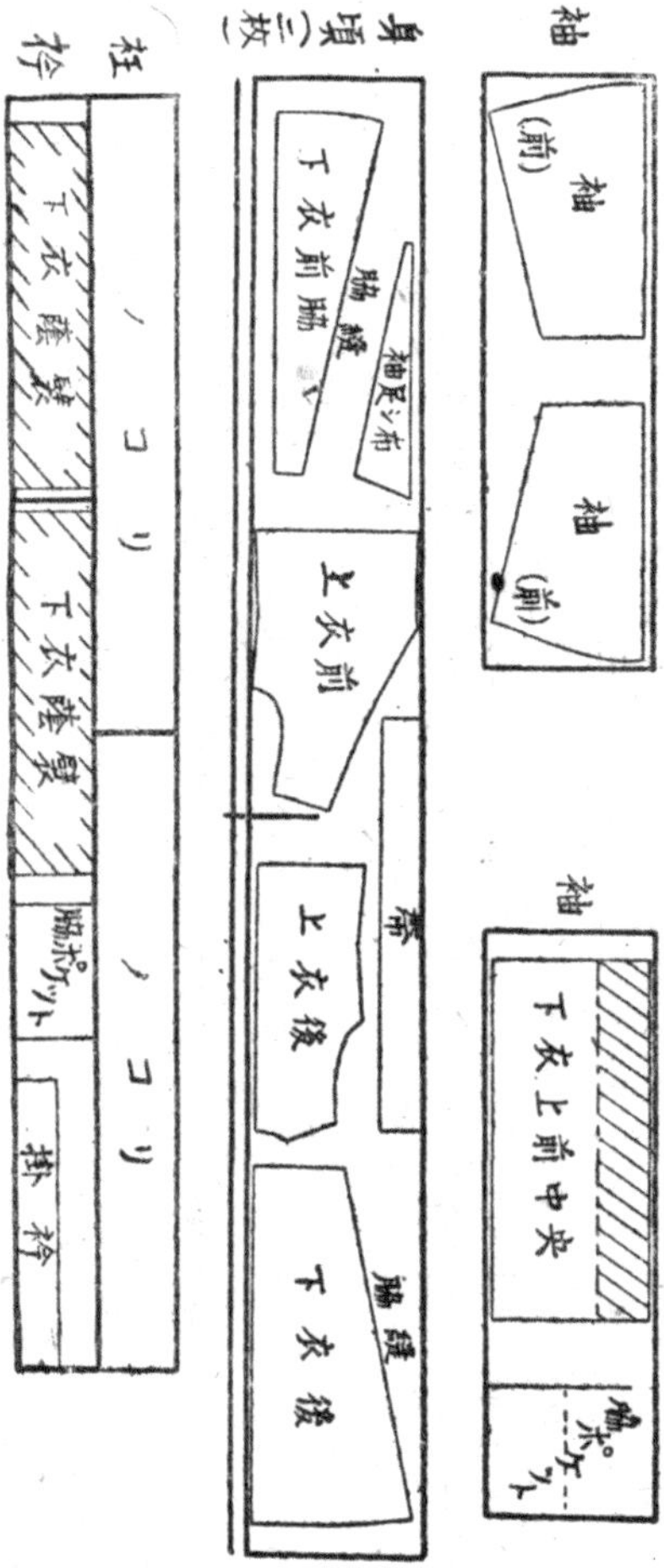

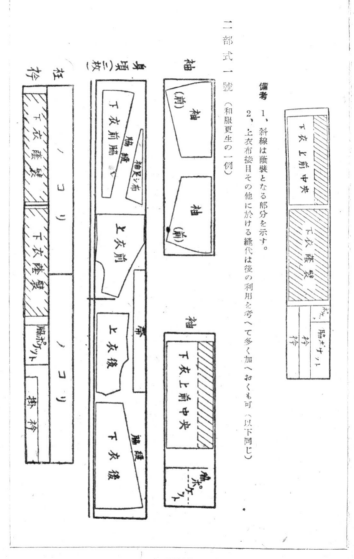

一部式二號（和服更生の一例）

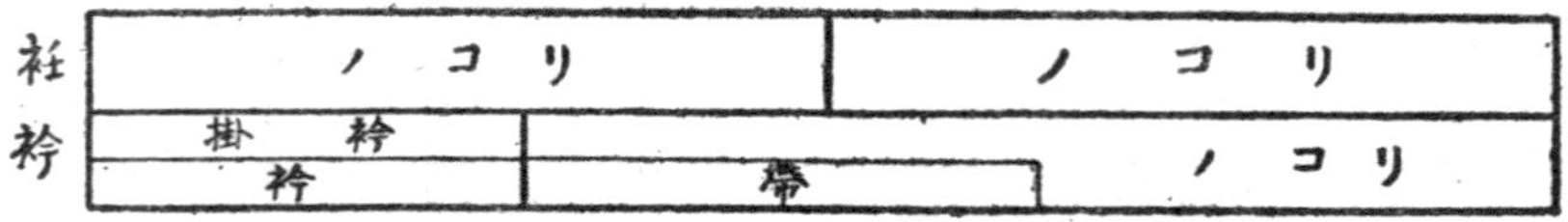

裁方（注意 寸法は糎を單位とす、以下同じ）

二部式 イ、捲き合せ式

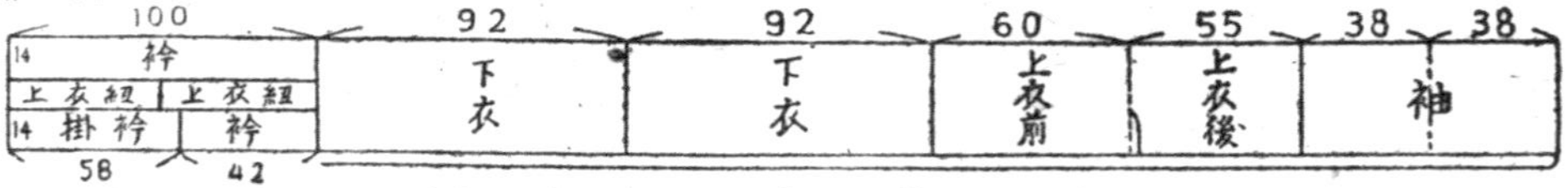

總用布＝袖丈×4＋(後身丈＋前身丈)×2＋下衣丈×4＋衿丈
850　38　55　60　92　100

ロ、單式

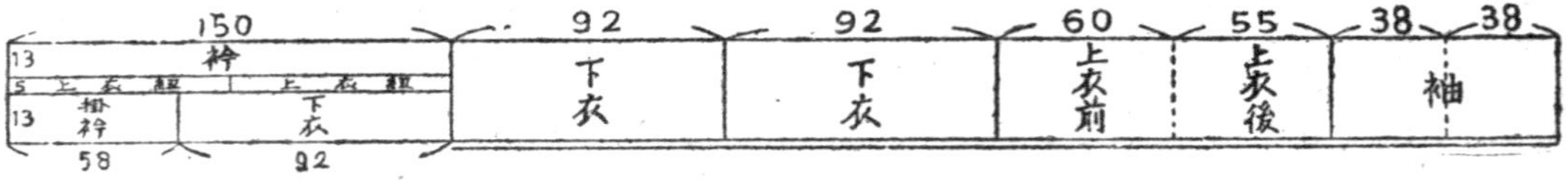

總用布＝袖丈×4＋(後身丈＋前身丈)×2＋下衣丈×4＋衿丈
950　38　55　60　92　150

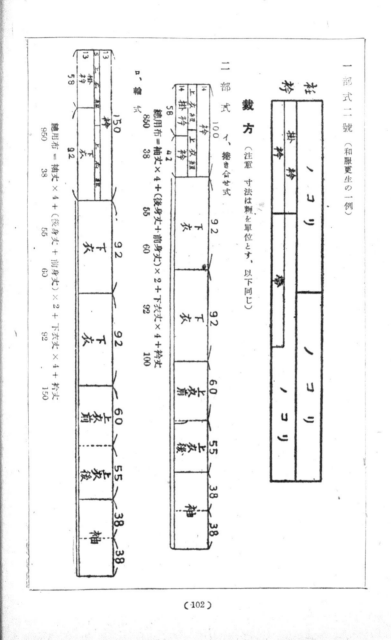

乙型活動衣

○上衣

袖

イ、袖下縫

袖下の口及び附を五糎位殘して舟底型に縫ひ明けた所は三つ折絎にする

ロ、袖口布附

身頃

イ、背縫

三糎の縫代に縫ふ

ロ、脇縫

身八つ口を五糎あけて縫ふ

ハ、衿附

衿布を接ぎ合はせて前幅一ぱいにつける

ニ、袖附

ホ、袖口始末

釦附、穴かゞり

ヘ、紐附

○下衣

1、前後兩脚に襠をつける、裾口として六糎縫殘す

2、前後胯上縫

3、前後胯下縫

4、脇縫を上部を二十糎あけて縫ふ

脇胯下共に前に折り押へ縫をする

5、脇明の始末

裏に折り耳絎をする

6、ポケット附

7、紐附

前後の腰に(2)圖の様に襞を取り紐をつける。後紐には堅き芯を入れる

8、裾縁布附、裾紐附

○帽子

1、ひさし作り

ひさし芯を入れて外廻りを縫ひ表に返し(1)圖の様に刺す

2、後襠附

(2)圖の様に頭布に後襠を入れ、縫代を頭布の方に折り、押へ縫する

3、ひさし附

頭の深さを着用者によりて適當に折り、ひさしを縫附ける

4、前襠附

紐の三方を絎け、前襠の斜の方を絎けて(3)圖の如く紐と前襠を附け頭布に附ける

5、下の折を三つ折絎にする

下衣圖

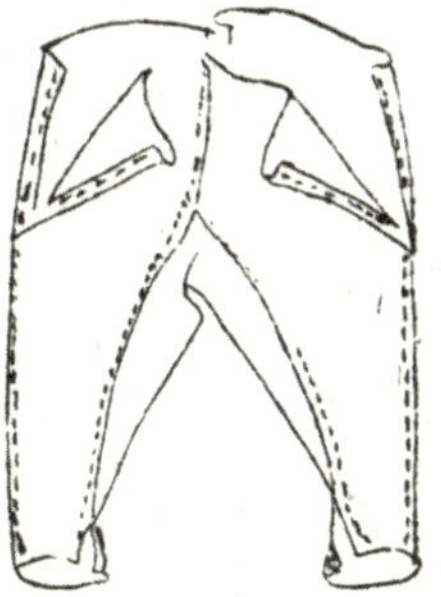

(1)縫ひ合はせ方

(2)腰襞の取方

帽子圖

(1)ひさし作り

(2)後襠附、ひさし附

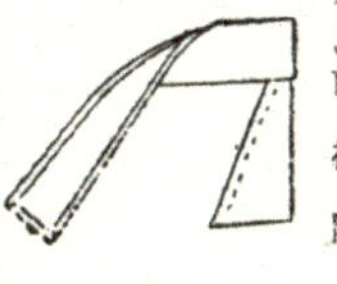

(3)前襠附

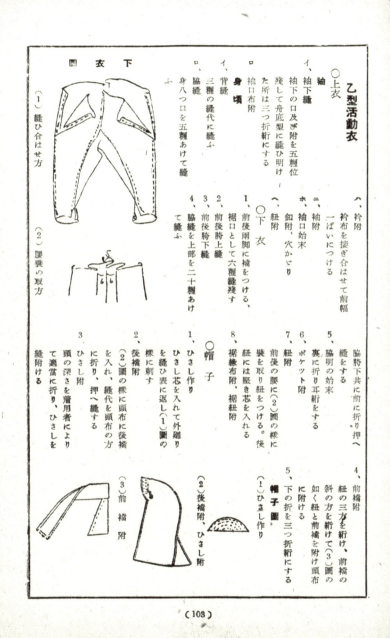

○手甲

1、山縫

（1）圖の様に幅を二つに折り、一ぱいの縫代に縫つて縫目を割り、表に返して縫目を中心に（2）圖の如き山形を作る

2、兩横縫

（2）圖の様に下部を二つ折にして兩横を縫ふ。その時圖の右の様に紐を入れ縫附け表に返す

3、山形の下に裏返した端を纏ひ附ける

4、指掛け附

打紐か又は糸を數本合はせたものを、山より二糎下に、中指の太さに合はせて附ける

手甲圖

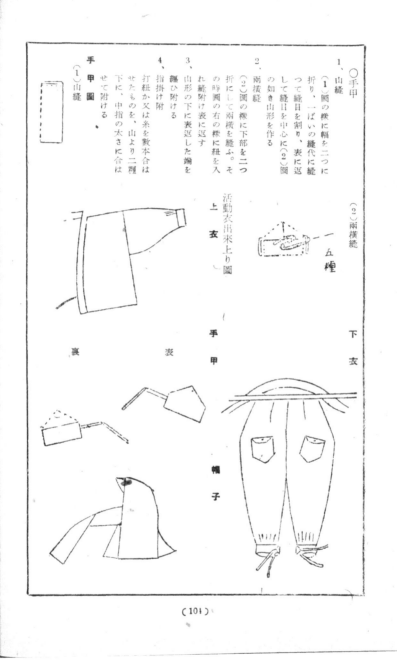

（1）山縫

（2）兩横縫

五種活動衣出來上り圖

下衣

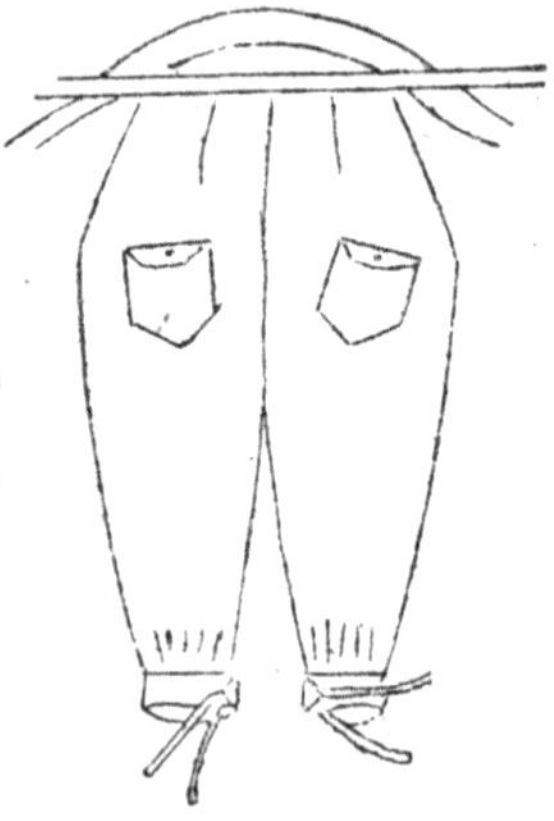

上衣

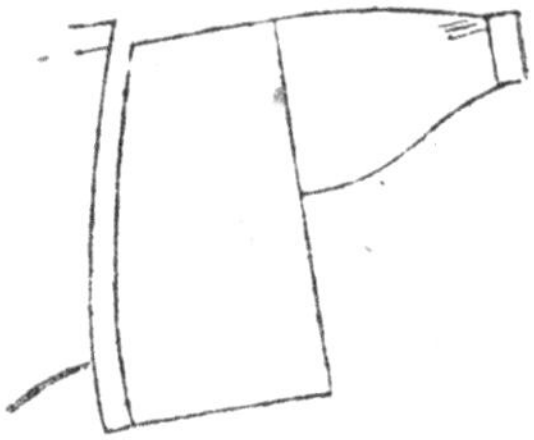

手甲

表

裏

帽子

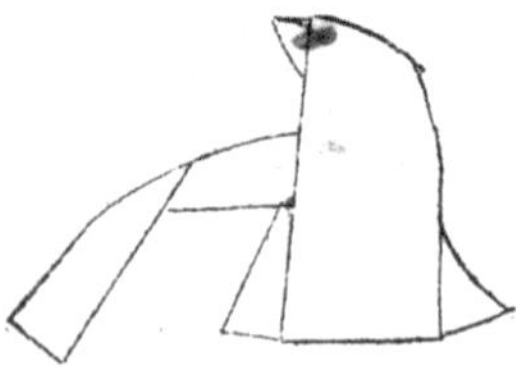

乙型附屬參考

下穿

裁方

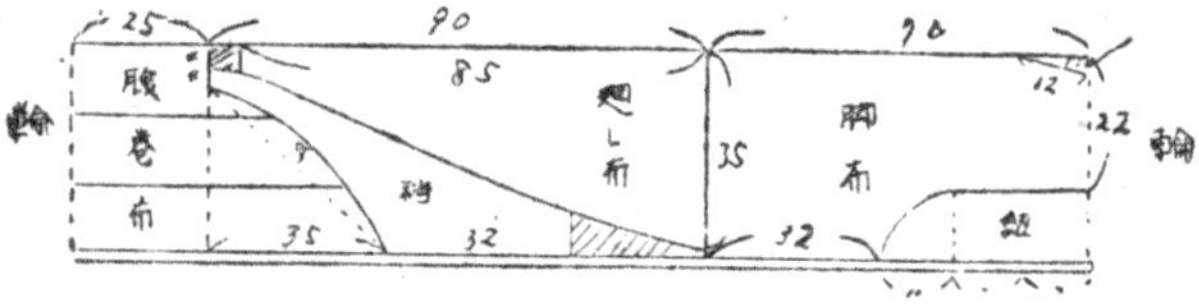

總用布＝(脚布＋廻し布＋腹卷布)×2
370　70　90　25

縫方參考圖

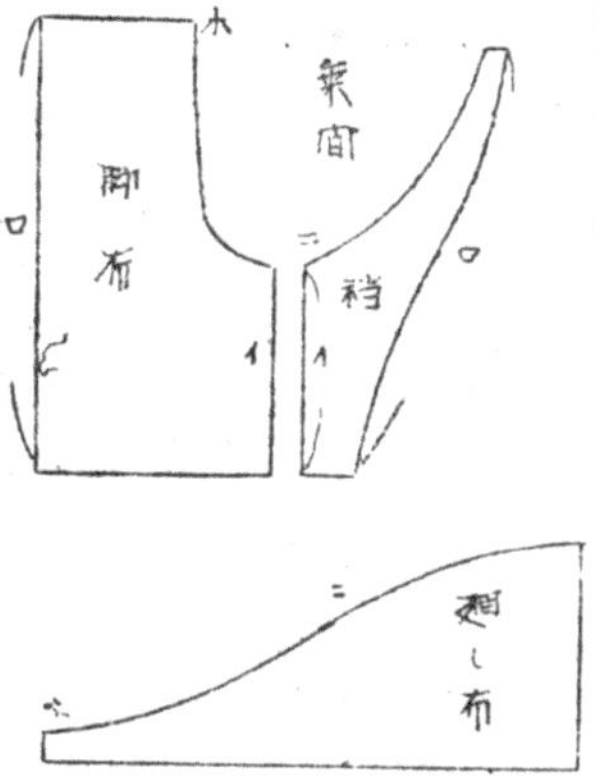

縫方

1、**裾合はせ**
表裏の裾を合はせ、裏に折をつけ、表を七粍位出して折返す

2、**脚布と襠布縫合はせ**
圖のイとイ、ロとロを縫合はせ、折は何れも脚の方へ返す

3、**廻し布附**
乘間を廻し布の表裏で挾んで縫ふ（圖の廻し布のハ・ニ・ホを乘間のハ・ニ・ホに合はせる）

4、**腹卷布附**
イ、廻し布後部で三ケ所襞を取る（深さ一糎位）
ロ、左右の脚を前で廻し布の幅だけ重ねて綴る
ハ、腹卷布を表から附け先端に紐を附け裏で絎ける
ニ、腹卷布の中央より二十糎左の幅の中央に紐通しの穴を明けてかゞる

出來上り圖
前向

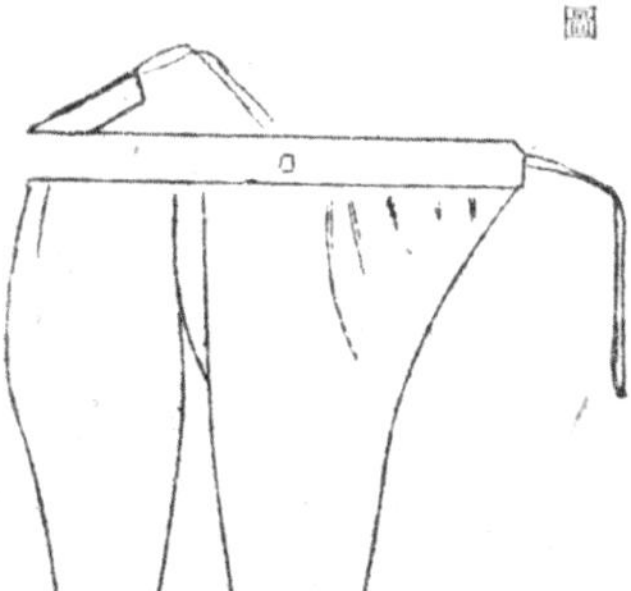

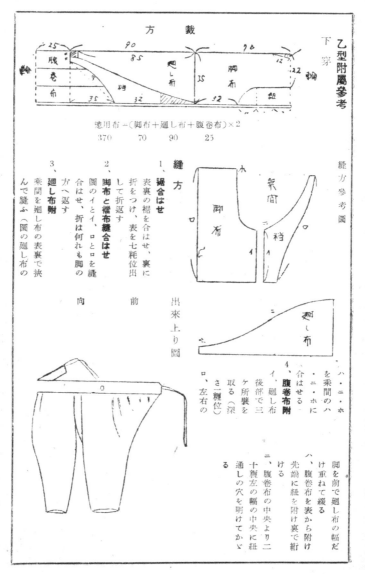

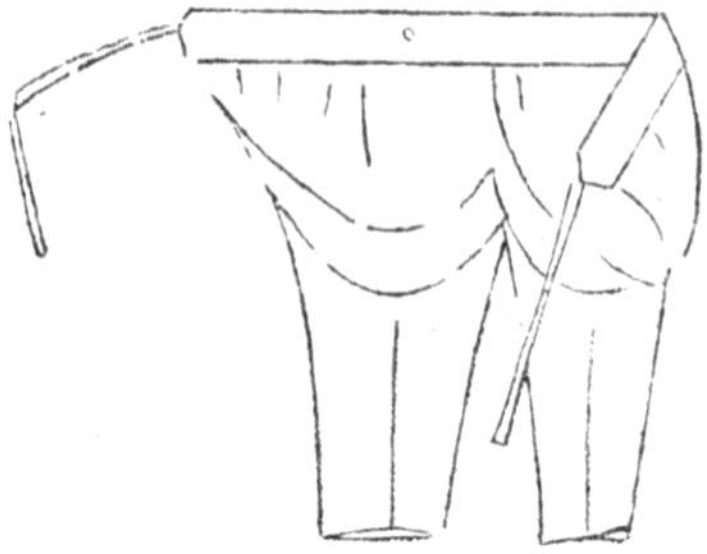

縫方

1、**襠附及び胯下縫**

イ、圖の如く前布に襠を附け縫代を前布の方へ折り押へ縫をする

ロ、圖の○印を合はせて縫代を後布の方へ折り押へ縫をする

2、**脇縫**

一方の上部を約五糎縫殘す、縫代は前の方に折り押へ縫をする

3、**裾口始末**

襞を取つて三つ折絎にする

4、**乘間縫**

袋縫にする（前の上部に五糎縫ひ込む様に自然に曲げて縫ふ）

5、**上部始末**

二糎位の三つ折絎、縫ひ殘した所から紐を通す

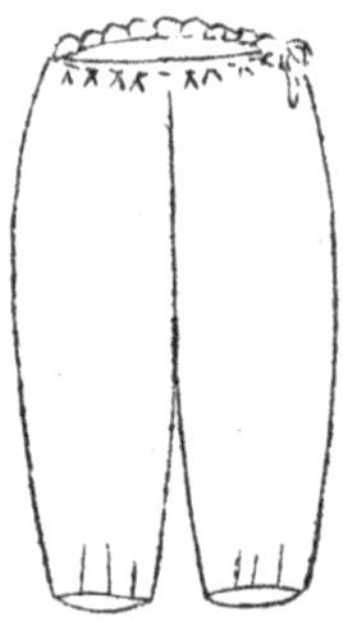

出來上り圖

中穿

裁方

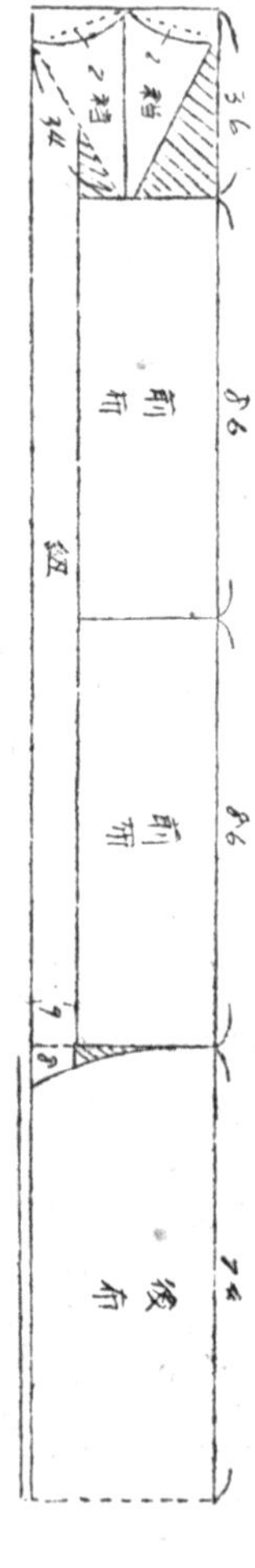

總用布＝前布丈×4＋前後の差×2＋襠丈
396　86　8　36

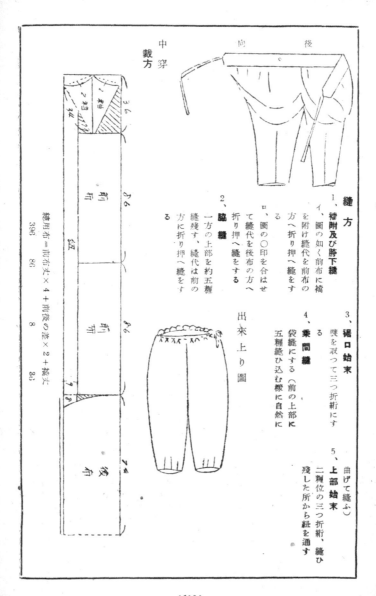

羽織

標準出來上り寸法

區分		メートル	鯨尺
羽織	袖丈	三六糎内外	九寸五分内外
	袖口	一六糎——二〇糎	四寸二分——五寸三分
	袖附	二二糎——二六糎	五寸八分——六寸九分
	袖幅	三二糎——三四糎	八寸五分——九寸
	身丈	八五糎内外	二尺二寸五分内外
	後幅	二九糎——三〇糎 裾にて二・五糎出す	七寸七分——八寸 裾にて七分出す
	繰越	二糎——三糎	五分——八分
	身八つ口	一〇糎	二寸六分
	前下り	四糎	一寸
	乳下り	三二糎（肩山より）	八寸五分
	衿幅	六・五糎	一寸七分
	裄	六三糎——六五糎	一尺六寸五分——一尺七寸

縫方

1、**袖** 着物に同じ

2、**身頃**

イ、胴接

ロ、背縫

ハ、前下り縫

前下りより前裾先丸みの四—五糎上迄續けて縫ひ、きせは裏に掛ける

ニ、脇縫

ホ、縦綴

3、**袖附**

4、**衿附準備**

イ、芯を一枚入れて衿を作る

ロ、乳附

ハ、前身頃の端を乳の少し上迄縫ひ置く

5、裏身頃に衿を附け、表身頃を絎け附ける

裁方

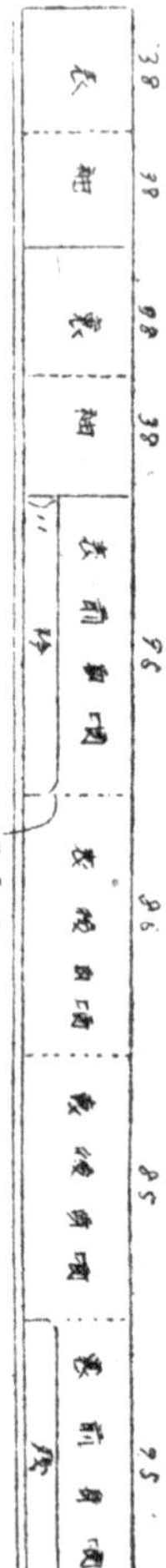

總用布＝袖丈×8＋後丈×8＋前後の差×4
1 24　38　85　10

出來上り圖

表

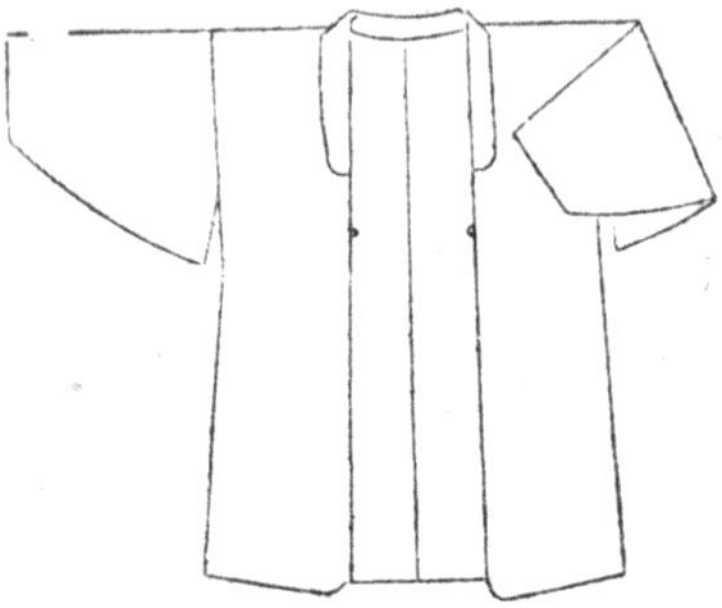

裏

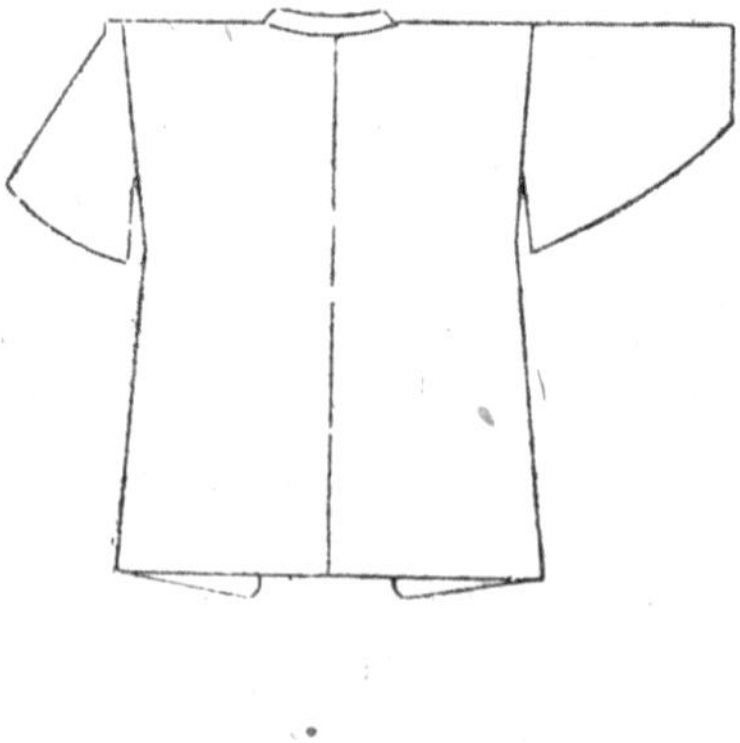

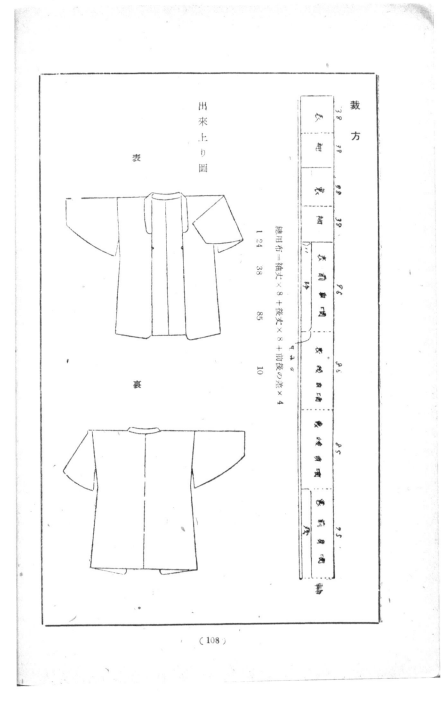

讀者の聲

○婦人標準服の縫ひ方裁ち方がのせてあるのは當を得てゐると思ひます。

二月號の蘭印問題も大變面白く拜見しました。

女子にも親しめる樣にお願ひします。

普通の雜誌に墮してゆかぬ樣たのみます。茨城・千代子）

○私は○○專問校で家政學を擔任してゐる者です　被服資源、被服材料學等多方面からの研究を揭載して下さい。

（京都・吉川）

○國民服發行當初より愛讀して居ります。

國民服に關する大衆の聲なども出して下さい。

國民服の本當の精神と價値が一般に解れば、背廣以上に愛好されるものと信じてゐます。御誌の御發展を祈りつゝ

（東京・川村）

○雜誌國民服の使命は、國民服の普及と共に、生活文化の水準を引上げるのが目的と思ひます。肇國精神と大東亞生活文化の昂揚を主眼とした記事をどしどし載せて、國民教化につとめて下さい。（青森・坂口）

○新世界の鎭守に任ずる聖國日本。われらの新しい指導風俗及び生活樣式建設に最も良き教科書として編輯して下さい。新日本文化運動に挺身の覺悟ある自分らを指導して欲しいと思ひます。（東京・岸田杏舞子）

○國民服はおそらく都會のみの國民服ではない。農村生活に關する記事をお願ひします

（千葉・松崎）

○國民服と云ふ誌名にとらはれず、自由な立場から時事問題も書いて良いのぢやないかと思ひます。新しい意氣のあふれる雜誌にして下さい。

（遼陽・秋吉）

“新生活の會”發足

本誌は昨年十月創刊以來、國民服運動推進雜誌としてこれまでの雜誌に見られない新しい立場を堅く守つてゐりました。私達のいたゞく「勅令」は、世界最初の國民服をお示しになつたものです。私達は肇國の精神を體し新しい衣服生活の建設を目指し、大東亞戰下、いさゝかお國の爲になつたと自負してゐる次第です。幸ひ、本誌の主張は、讀者の皆樣から共感をいたゞいてゐますが、この際、愛讀者の會をつくりたいといふ御希望が强いので、本誌としては、協會本部の指導を仰いだ結果、愛讀者有志の會の結成にお力添へをする事になりました。どうか、同感の方は進んで會へ御參加下さる樣希んで居ります。

三木淸先生、火野葦平先生、中山省三郎先生等とも有志がいろいろ懇談の上、會の名も「新生活の會」として出發する事になりました。愛讀者十人をまとめられたら、地方新生活の會（たとへば神奈川新生活の會、城南新生活の會など　が結成されます。會の目的は、國民服誌を中心とし、衣服其の他これに關聯する國民新生活問題を研究し、おたがひに勉强して人格の向上をはかると云ふのです。くはしい規約並に會の準則は左記に御申込下さい。

東京市芝區西久保廣町十八
「國民服」編輯部内
新生活の會本部

財團法人 大日本國民服協會

役員名簿

（昭和十七年二月現在）

相談役 厚生省生活局長 川村秀文
同 陸軍省經理局長 栗橋保正
同 陸軍被服本廠長 西原貢
同 陸軍製絨廠長 古川武次
同 商工省纖維局長 梶原茂嘉
同 農林省蠶糸局長 石井英之助
同 貿易局長官 石黒武重
同 熊谷憲一
同 日本蠶糸統制會社副社長 吉田清二
同 日本原麻株式會社々長 鹿野澄
同 產業組合中央金庫理事 井川忠雄
同 陸軍主計中將 森武夫
理事長 陸軍主計中將 石川半三郎
常務理事 陸軍主計大佐 石原通
理事 厚生省生活課長 中島賢藏
同 陸軍省經理局衣糧課長 吉良五市
同 衆議院議員 龜井貫一郎
同 被服協會理事 三德德次郎
同 農林省蠶糸局絲政課長 佐野憲次
同 宮內事務官 中田虎一
同 厚生省囑託 齋藤佳三
同 熊本縣總務部長 武島一義
同 東京日日新聞地方部長 瀨口正央

監事 株式會社第三銀行常務監査役 富永靜雄
評議員 厚生事務官生活局生活課 美馬郁夫
同 滿洲海拉爾安井部隊本部 高木六郎
同 南支派遣藤井部隊本部 下川又男
同 陸軍省經理局高級課員 森口德治
同 陸軍省經理局衣糧課員 有田實
同 陸軍被服本廠技師 小川安朗
同 陸軍技師 小泉竹藏
同 日本化學機械製造工業組合專務理事 八木靜一郎
同 商工技師 岸武八
同 商工省纖維局絹毛課長 霜島潛
同 商工省物價局總務課長 吉田悌次郎
同 商工省總務局附 溜淵正利
同 商工省纖維局綾業課長 和田太郎
同 商工事務官 今井善衞
同 農林技師 田口敏夫
同 內務事務官 丹羽喬四郎
同 東京日日新聞社編輯副主幹 西野入愛一
同 大阪毎日新聞社副主幹 世川憲次郎
參與 益田友之助
同 新田義次
既成服中央製造配給統制株式會社社長 中谷虎司

本會の事業

國民服の普及奬勵
勅令の御趣旨を奉戴し、正しき國民服を正しく普及する爲各般の事業を行つてゐる。

國民服用資材の調査研究
豫備服としての條件に適合す可き既製未製の資材の調査並研究を行つてゐる

一般服裝文化の適正指導
國民服を中心とし、服裝の品種外型着用法などの適正指導を行ひ、服裝文化の向上を圖つてゐる。

雜誌並會報發行
雜誌「國民服」は月刊にして服裝を中心とし、新しい生活建設を目指し、淸新堅實なる一般國民を目標としてゐる。會報は年三回發行にして、本協會々員及關係官廳、團體、學校等へ寄贈し、本協會の動靜周知を目的としてゐる。

技術指導所の運營
國民服縫製技術の最高水準を確保し、永久的指導に當り、不正規なる國民服の出現を防止する任務を持つてゐる。當所には隨時講習を行ひ、縫製技術者のみならず、一般家庭婦人をも對象としてゐる。

（111）

後記

「朝に一城を取り」とは戰國時代の形容詞、「朝に數萬平方キロを制壓し」とは今日の雄大な現實である。

日本の山河は悠久の昔と變りはないが、日本人の氣宇は意見と雖も變つて來た。大いに變つて來た

數日前ある人がいつた、「銀座を歩く人達の中でも、人目を引く様な洋裝などを見ると、何だか古いといふ感じがする」私は何氣ないその人の言葉に大きな衝撃を受けた。

あゝ、それらの人達は今の今まで尖端的感覺を誇り現在でも誇りつゝあつたものだ。

私はいつた。「銀座も塗り變へる時期が來てゐるのだ」と。

大都會を分散再編成する國土計畫の如く、服裝に於ける大都會的優位性は、今や根底から考へ直さなければならぬ。千里の外で叩きつけられた英米獨善文化の波紋は、國内殘る英米文化の最後の一片まで動搖せしめてゐる。

われわれの感覺は最早、バタ臭い物を無條件に受けいれなくなつてしまつてゐる事を知る可きである。

新しい生活の萌芽はこゝから發する。

この場合の文化が間に合せであつてはならない。

國民服運動に於ける文化の問題は簡單に片づけられないものがある。

服裝は孤立するものでない事は分つた。然らば高度國防國家の要請にもとづく國民服は、服裝以外の生活財――食住の方へも關聯を持つ事となる。

× ×

本號では政府の命令で、過般佛印資源調査に赴いた本會評議員岸商工技師の報告を丼錄した。岸氏は東京工大講師をも兼ねるわが國纎維學界のエキスパートであるが、その卓拔な行政的識見と專門的言說とは併せて、時局下示唆するところ多大である

前月號に挿入した調査票については、全國各地から多數の御返事をいたゞき、感謝に堪へない。

これによつて、本誌の讀者は各々の職域としての立場は別とし、いづれも大いなる時代の姿に鋭敏で、新文化胎動への積極的熱意あふれる方々である事を知つた

たとへ百萬の讀者を得るとも、甘い讀者なら、過去はいざ知らず、今日以後の雜誌としては、いはゆる大戰前型に屬するといつてよいだらう。

本誌は現狀を以て、新銳裝備を誇るものではないが、讀者の心構への精强さが解り、これだ、と快哉を叫んだ。徒らに形式の壯大のみを希ふ事はない。

本誌の鍛錬も倍加されなければならぬ。（眞）

「國民服」毎月一回十五日發行 第二卷第四號

㊖定價一册四十錢（郵税一錢九厘）

「國民服」はなる可く豫約して下さい。御希望の方は書店へ御申込下さい。定期御購讀の方は左記の前金を添へて本協會へ御申込下さい。

半年分（六册）	金二圓四十錢（郵税とも）
一年分（十二册）	金四圓八十錢（郵税とも）

●御註文は總て前金で願ひます。
●御送金は振替が便利です。

廣告料は本協會編輯部廣告係へ御照會下さい。

昭和十七年三月廿五日印刷納本
昭和十七年四月十五日發行

發行人 石原通
編輯人 井澤眞太郎
印刷人 淺野剛

東京市芝區櫻川町一二
印刷所 株式會社金羊社

東京市芝區西久保廣町十八
發行所 財團法人大日本國民服協會
電話芝（43）四五〇五番
振替口座東京一四四、六七五番

文協會員番號第二一六〇四三號

配給元 東京市神田區淡路町二ノ九 日本出版配給株式會社

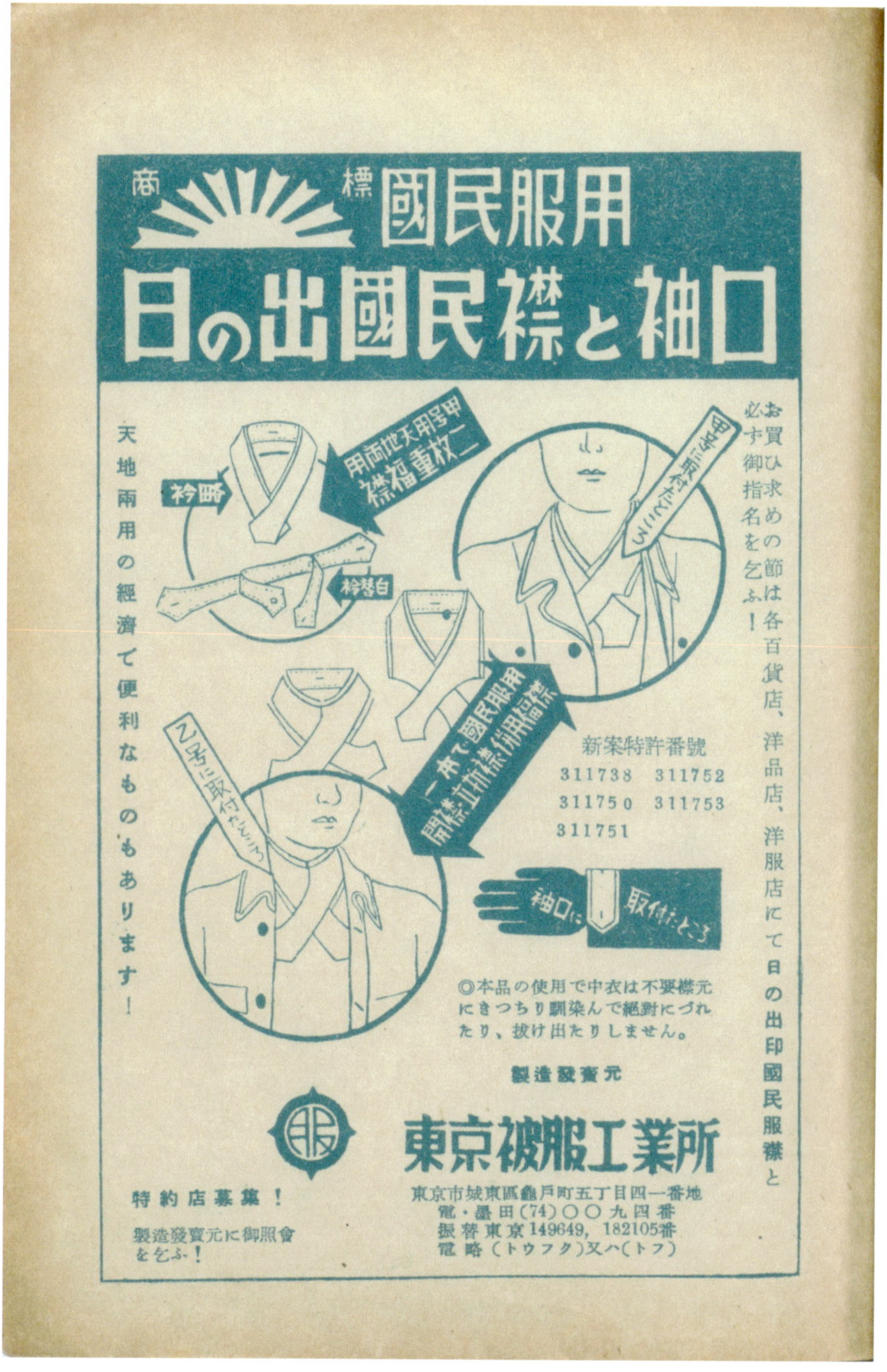

商標
國民服用
日の出國民襟と袖口
甲號用天地兩用
二枚重福襟
略衿
白替衿
甲號に取付たところ
一本で國民服用
開襟・立折襟・併用福襟
乙號に取付たところ
袖口に取付たところ
天地兩用の經濟で便利なものもあります！
お買ひ求めの節は各百貨店、洋品店、洋服店にて日の出印國民服襟と必ず御指名を乞ふ！
新案特許番號
311738 311752
311750 311753
311751
◎本品の使用で中衣は不要襟元にきつちり馴染んで絶對にづれたり、拔け出たりしません。
製造發賣元
東京被服工業所
東京市城東區龜戸町五丁目四一番地
電・墨田(74)〇〇九四番
振替東京149649, 182105番
電略(トウフク)又ハ(トフ)
特約店募集！
製造發賣元に御照會を乞ふ！

昭和十六年十一月十五日第三種郵便物認可
昭和十七年三月二十五日印刷納本
昭和十七年四月十五日發行
（毎月一回十五日發行）

㊢ 定價金四十錢

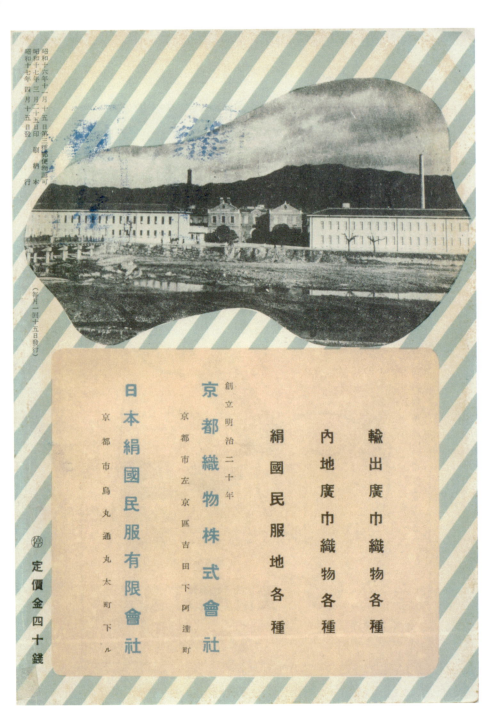

『国民服』第二巻第五号　五月号

昭和十七年五月十五日発行　財団法人大日本国民服協会

新生活雜誌
國民服
昭和十六年十一月十五日第三種郵便物認可
昭和十七年四月二十五日印刷
昭和十七年五月十五日發
特輯・ドイツの制服
五月號
成田文庫

勅令 (昭和十五年十一月二日)

朕國民服令ヲ裁可シ玆ニ之ヲ公布セシム

御名 御璽

昭和十五年十一月一日

内閣總理大臣 公爵 近衞文麿
厚生大臣 金光庸夫
拓務大臣 秋田清

勅令第七百二十五號

國民服令

第一條 大日本帝國男子ノ國民服(以下國民服ト稱ス)ノ制式ハ別表第一ニ依ル

第二條 國民服ハ從來背廣服其ノ他ノ平常服ヲ著用シタル場合ニ著用スルヲ例トス

第三條 國民服禮裝ハ國民服ヲ著用シ國民服儀禮章ヲ佩ブルモノトス

國民服儀禮章ノ制式ハ別表第二ニ依ル

第四條 國民服禮裝ハ從來燕尾服フロックコート、モーニングコート其ノ他之ニ相當スル禮服ヲ著用シタル場合ニ著用スルヲ例トス

第五條 國民服禮裝ニハ佩用ニ關スル規程ニ從ヒ勳章、記章及褒章ヲ佩用スルコトヲ得

第六條 本令ノ制式ニ依ラザル服又ハ徽章若ハ飾章ハ其ノ名稱中ニ國民服又ハ國民服儀禮章ノ文字ヲ用フルコトヲ得ズ

附 則

本令ハ公布ノ日ヨリ之ヲ施行ス

(別表第一)

國民服制式表

甲號

上衣	地質		茶褐絨又ハ茶褐布
上衣	製式	襟	立折襟式開襟(小開キ)トス
上衣	製式	前面	袵形ヲ附シ鈕五箇ヲ一行ニ附ス
上衣	製式	袖	筒袖型トシ腕開及端袖ヲ附シ鈕各一箇ニテ開閉シ得ル如クス
上衣	製式	帶	帶形ヲ附ス
上衣	製式	裾	左右兩裾ヲ開ク
上衣	製式	物入	胸部物入ハ左右各一箇トシ袵線ニ沿ヒ縱型ト爲シ鈕各一箇ヲ附ス腰部物入ハ左右各一箇トシ横型襞附ト爲シ蓋及鈕各一箇ヲ附ス但シ鈕ハ附セザルコトヲ得
中衣	地質		適宜
中衣	製式	襟	日本襟トス上襟及附襟ヲ用フルコトヲ得但シ禮裝ノ場合ニ於テハ附襟ヲ用フルモノトス
中衣	製式	前面	上衣ニ同ジ
中衣	製式	袖	上衣ニ同ジ附袖ヲ用フルコトヲ得
中衣	製式	帶	分離式トシ前面二箇ノ鈕ヲ以テ留ム
中衣	製式	裾	上衣ニ同ジ
中衣	製式	物入	上衣ニ同ジ但シ腰部物入ハ附セザルコトヲ得

袴	地質		茶褐絨又ハ茶褐布
	製式	裾	釦ヲ以テ緊收開閉スル如ク爲スコトヲ得
		物入	左右ニ各一箇ヲ附ス
帽	地質		適宜但シ禮裝ノ場合ニ於テハ茶褐絨又ハ茶褐布
	製式		適宜但シ禮裝ノ場合ニ於テハ烏帽子型トシ折返及前庇ヲ附スルモノトス
外套	地質		適宜但シ禮裝ノ場合ニ於テハ茶褐絨又ハ茶褐布
	製式		適宜但シ禮裝ノ場合ニ於テハ左ニ依ルモノトス
		襟	開襟式立折襟（小開キ）トス
		前面	釦三箇ヲ一行ニ附シ比翼仕立トス
		袖	筒袖型トシ端袖ヲ附シ釦一箇ヲ附ス
		裾	後開ヲ附シ釦二箇ヲ附シ比翼仕立トス
		物入	腰部左右ニ各一箇ヲ附シ釦一箇ヲ附ス
手套			適宜但シ禮裝ノ場合ニ於テハ白色トス
靴			適宜但シ禮裝ノ場合ニ於テハ黑革短靴トシ雨雪又ハ乘馬ノトキハ黑革長靴ヲ用フルコトヲ得

乙號

上衣	地質		茶褐絨又ハ茶褐布
	製式	襟	立折襟トス但シ開襟式立折襟（小開キ）ト爲スコトヲ得
		前面	釦五箇ヲ一行ニ附ス
		袖	筒袖型トシ腋開ヲ附シ釦一箇ニテ開閉シ得ル如クス端袖ヲ附スルコトヲ得
		裾	左右兩裾ヲ開ク
		物入	胸部物入ハ左右各一箇トシ横型ト爲シ蓋及釦各一箇ヲ附ス 腰部物入ハ左右各一箇トシ横型ト爲シ蓋ヲ附ス
中衣	地質		適宜
	製式	襟	日本襟トス附襟ヲ用フルコトヲ得但シ禮裝ノ場合ニ於テハ附襟ヲ用フルモノトス
		前面	釦四箇ヲ一行ニ附ス
		袖	筒袖型トス附袖ヲ用フルコトヲ得
		物入	胸部物入ハ左一箇トシ腰部物入ハ左右各一箇トス但シ腰部物入ハ附セザルコトヲ得
		其ノ他	背帶、背縫宮襞又ハ下脇襞ヲ附スルコトヲ得
袴			甲號ニ同ジ
帽			甲號ニ同ジ但シ禮裝ノ場合ニ於テハ製式ハ陸軍略帽型ニ依ルコトヲ得
外套			甲號ニ同ジ
手套			甲號ニ同ジ
靴			甲號ニ同ジ

備考

一 上衣、中衣、袴、帽（陸軍略帽型ヲ除ク）及外套ノ製式ノ形狀ハ圖ノ如シ

二 甲號禮裝ノ場合及開襟式立折襟（小開キ）ノ上衣ヲ用フル乙號禮裝ノ場合ニ於テハ立折襟ト爲スモノトス

三 甲號禮裝ノ場合及開襟式立折襟（小開キ）ノ上衣ヲ用フル乙號禮裝ノ場合竝ニ開襟（小開キ）ノ場合ニ於テハ中衣ヲ著用スルモノトス但シ暑熱ノ時期又ハ地方ニ在リテ上衣ニ副襟（副襟ニハ附襟ヲ附スルコトヲ得但シ禮裝ノ場合ニ於テハ附襟ヲ附スルモノトス）及附袖ヲ附シタルトキハ中衣ヲ著用セザルコトヲ得

四 禮裝ノ場合ニ於テハ附襟及附袖ハ白色トス

五 禮裝ノ場合ヲ除クノ外暑熱ノ時期又ハ地方ニ在リテハ中衣ヲ以テ上衣ニ代ヘ（此ノ場合ニ於テ中衣ハ半袖ト爲シ、襟開ヲ大ト爲シ及帶ヲ附セザルコトヲ得）又ハ袴ハ半袴ト爲スコトヲ得

六 禮裝ノ場合ニ於テハ茶褐絨又ハ茶褐布ノ長マントヲ以テ制式ニ依ル外套ニ代フルコトヲ得

七 外套ハ用ヒザルコトヲ得禮裝ノ場合ヲ除クノ外帽、手套及靴ハ用ヒザルコトヲ得

八 乙號立折襟上依ノ物入ハ當分ノ內外物入ト爲スコトヲ得

正規國民服
中衣
制定
儀禮章
國民帽
(カタログ進呈)
國民服配給株式會社
東京市日本橋區橋町三番地二
電話浪花(67)五一一五、五一一六

國民服・五月號目次

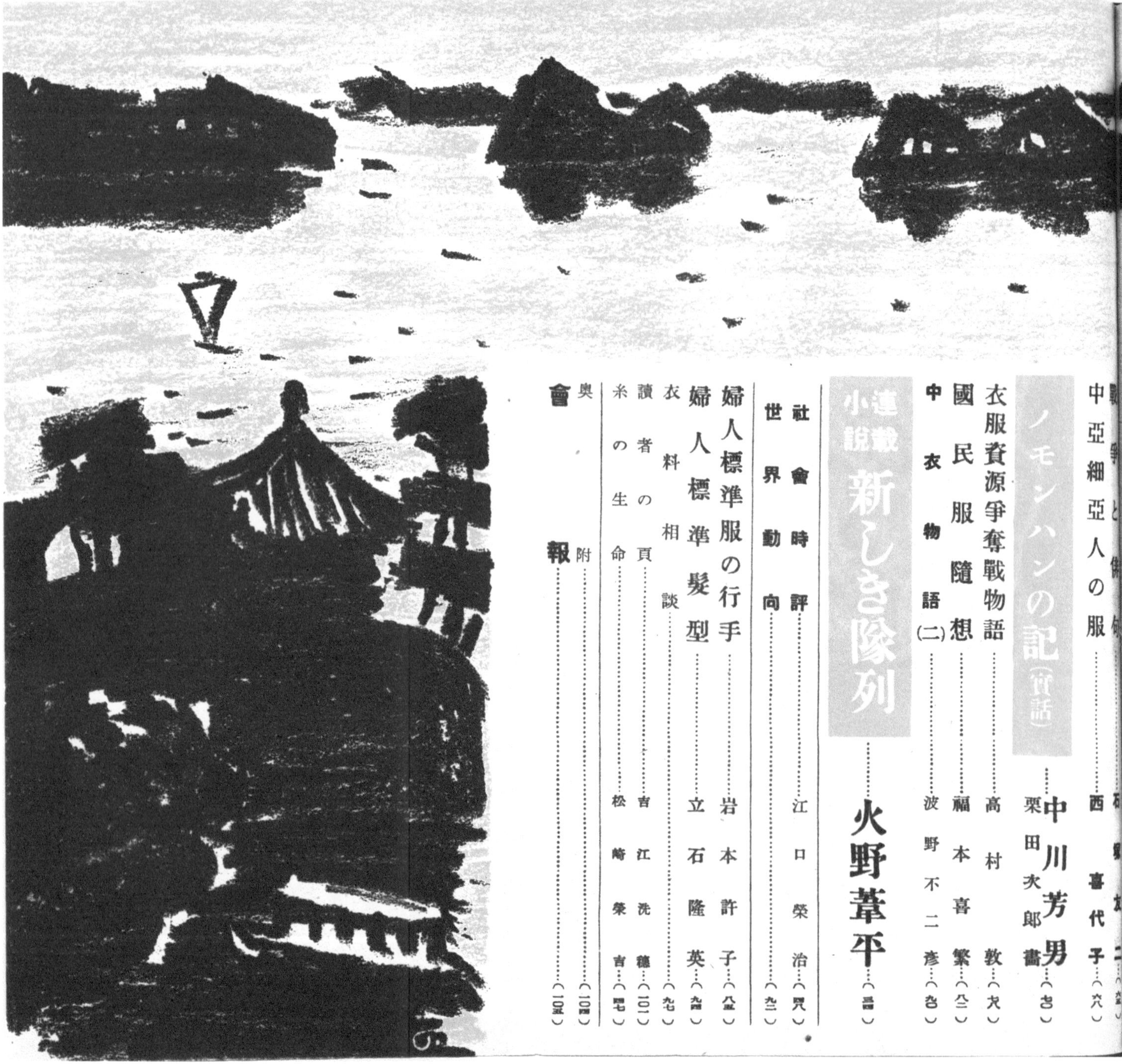

タルザルム・カイの顔　　　　山川秀峰

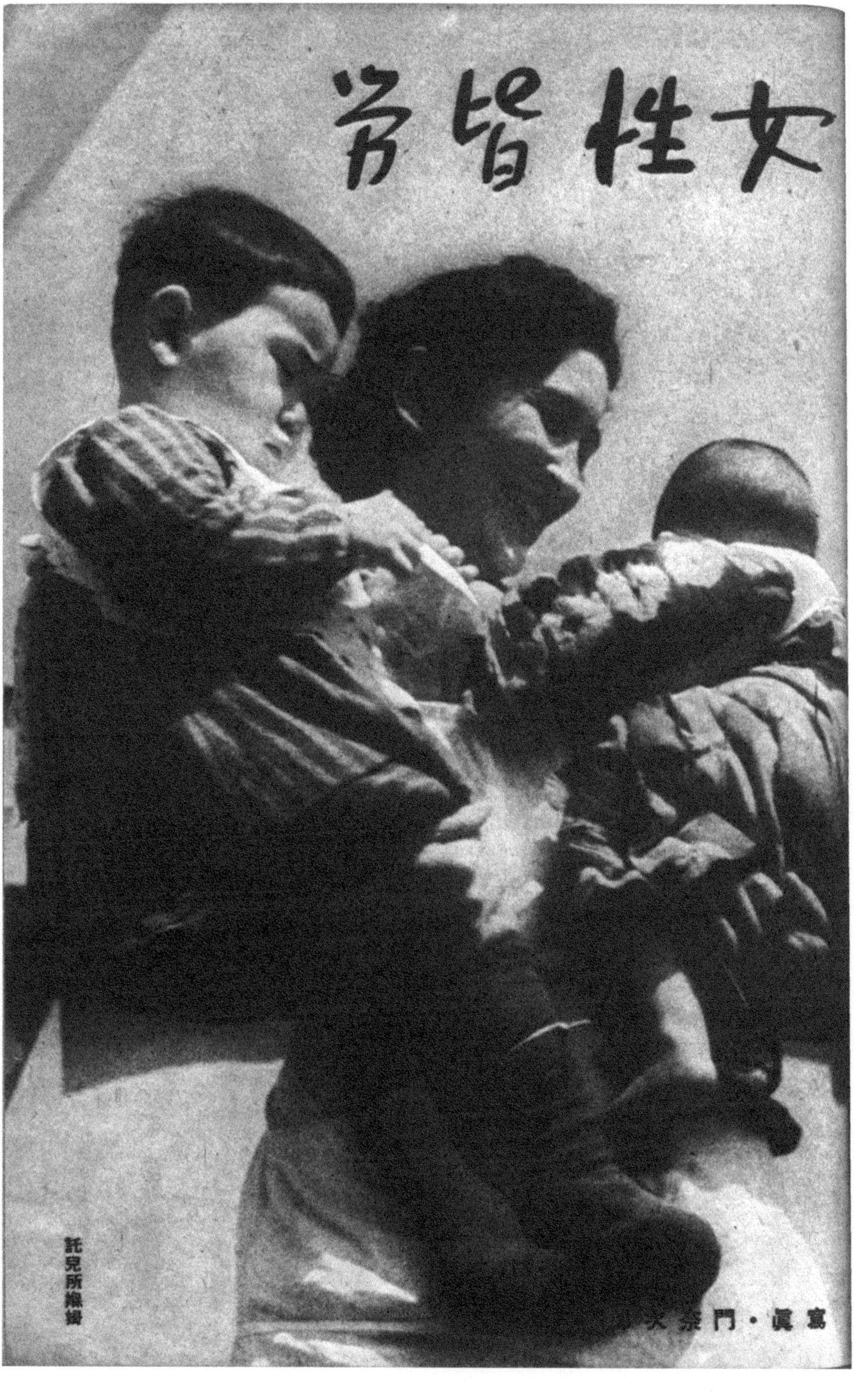
女性皆労
託兒所點描
寫眞・門奈

かつて働く女性の美しさといふ事がいはれたが、このやうな觀念では、「女性皆勞」のきびしい時代精神は說明出來るものではない。

職域奉公する女性の姿から、われわれは新しい美を發見するが、それは前時代の美のやうに淺薄な魅力ではない。

職域は擴がる、そして新しい女性の姿が時代を刻んで行く。職場職場で異なる服裝にもやがては一貫した指導精神が與へられるであらう。そして彼女たちの精神も一丸となるのである。

紡績工員

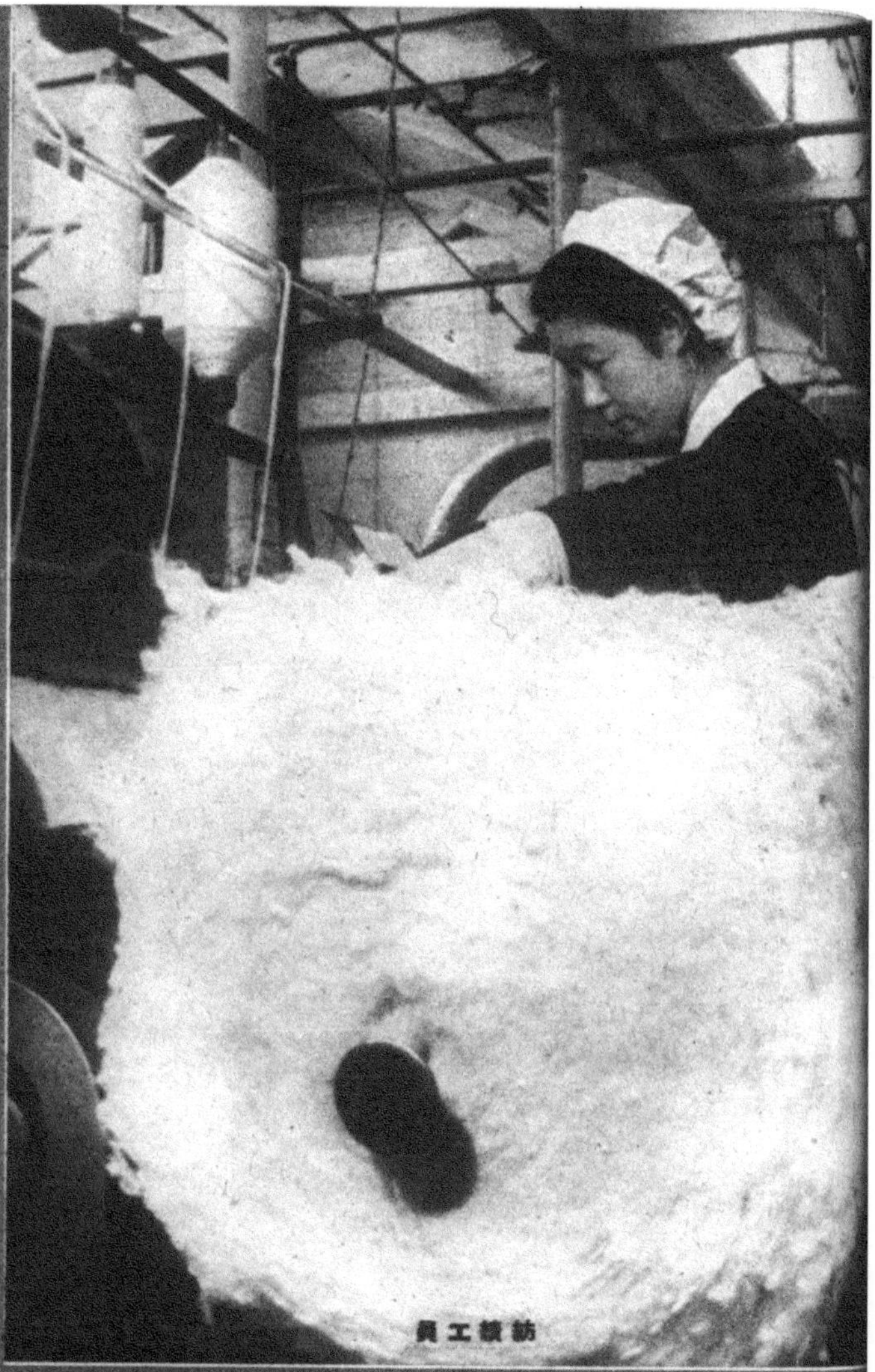

紡績工員

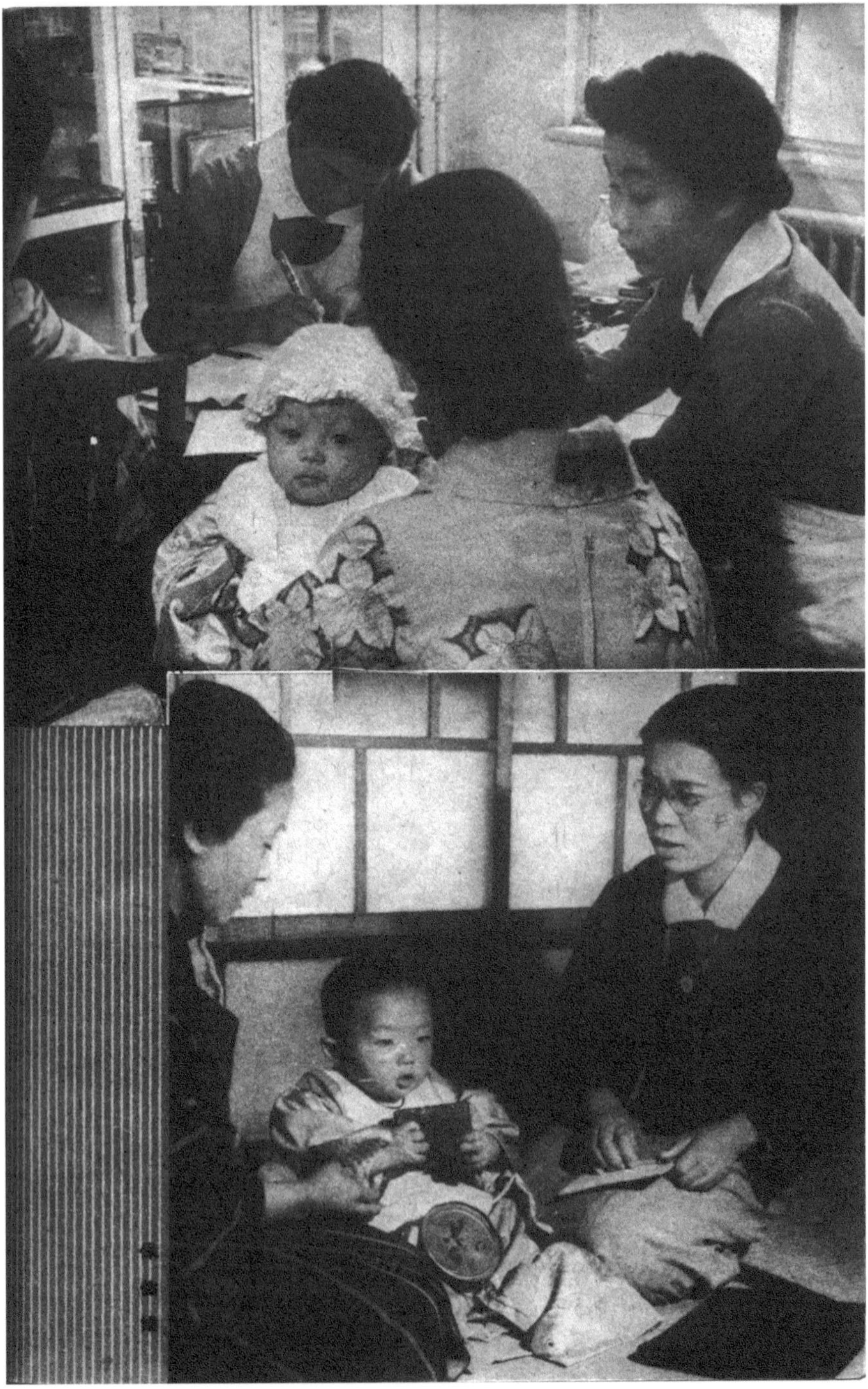

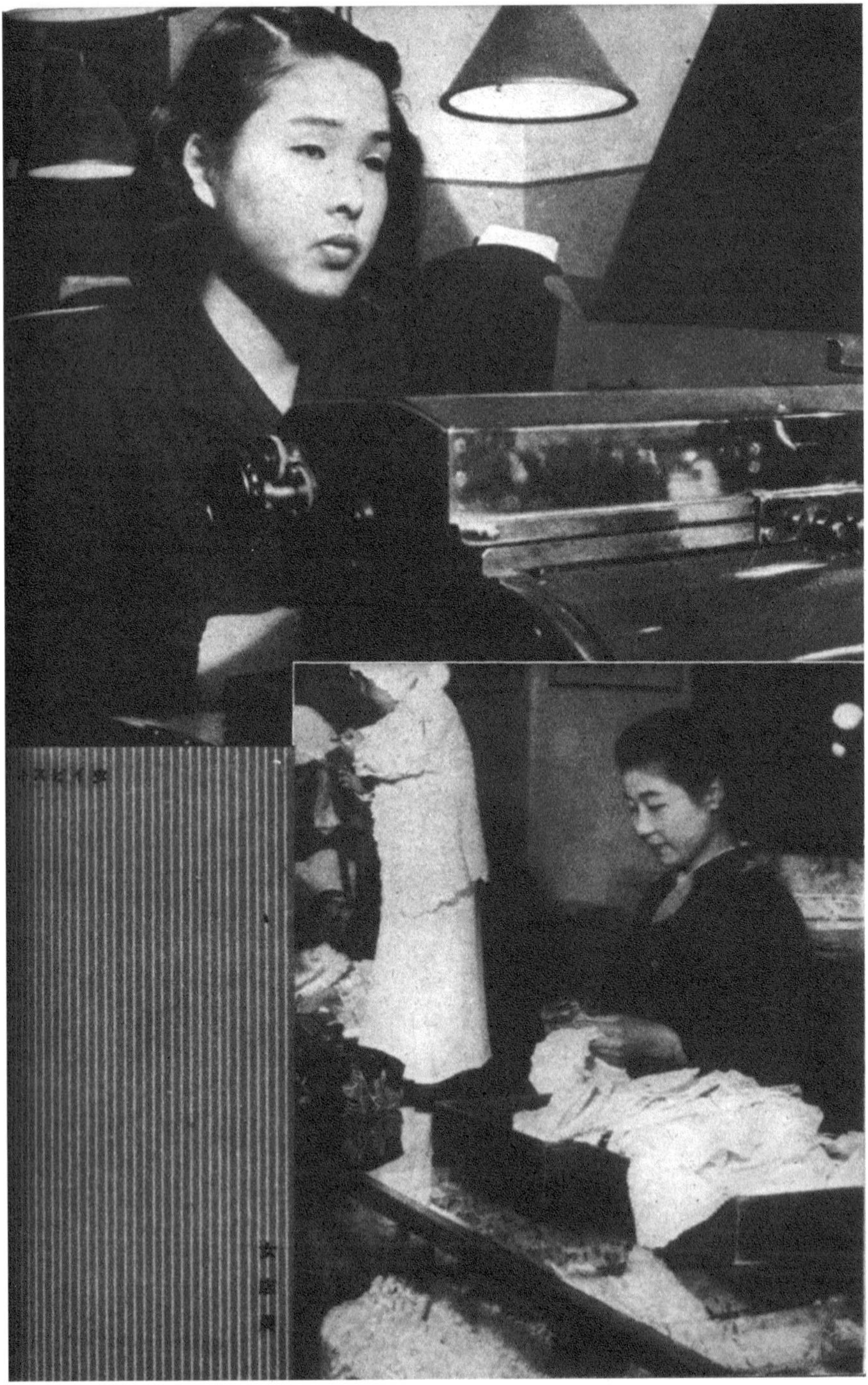

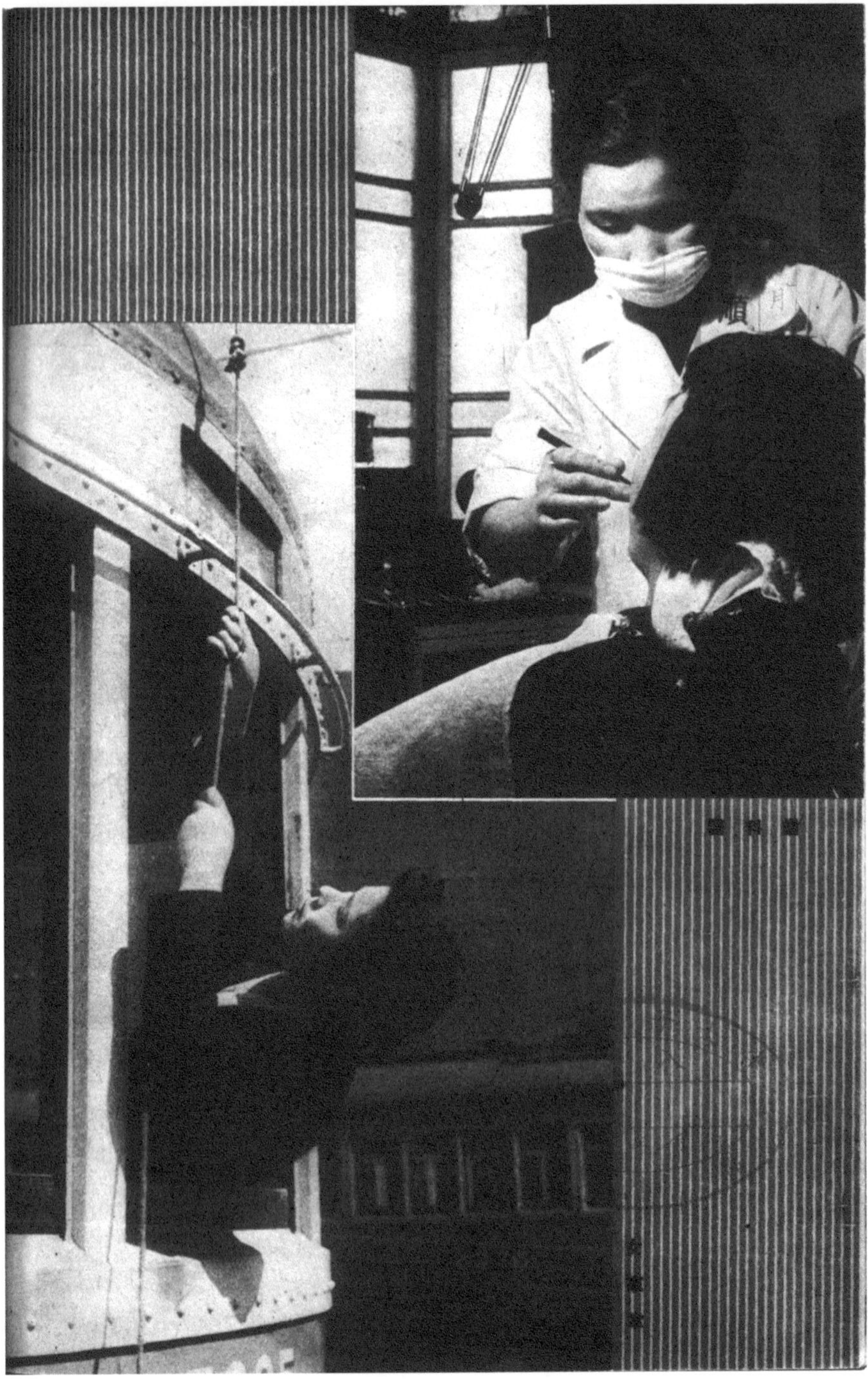

國民服

第二巻　第五號

枇杷　　近藤光紀

皇軍の大戰果に報ゆる道

石原通

昭和十六年十二月八日大東亞戰爭《だいとうあせんそう》開始以來皇軍は陸に海に相次いで偉大《いだい》なる戰果を擧げ、我が國の武威《ぶい》を中外に宣揚すると共に、大東亞建設の基礎《きそ》を築き得たるは、之一に御稜威の然らしむるところであるが、又精鋭《せいえい》にして忠勇無比なる皇軍將兵が各其分《そのぶん》を守り、其機能を最高度に發揮して、敵を殪《たほ》さざれば死すとも止まざる日本精神發露《はつろ》の賜である。而して斯る偉大なる戰果《せんくわ》の蔭には、銃後に於ける國民の獻身的努力亦與《あづか》つて力大なること勿論であるが、國民各自の行動を仔細に觀察するときは　現下の如き超非常時局に處する國民として其態度が甚だよろしくない者がある中には、今日本が古今未曾有《みぞう》の重大時局に直面しあることを認識せざるか、又は之を無視するが如き感を抱《いだ》かしむる者あつて、あらゆる困苦《こんく》に堪へ、身を忘れ家を忘れ、唯皇國の爲一身を犧牲にし、奮戰力闘以て偉大《いだ》なる戰果を擧げ銃後國民をして些《いさゝか》も不安の念を抱かしむることなき皇軍將兵に對し　罪を謝するに言葉がないのである。且現代の戰爭は國家總力戰であつて、國民中に斯る分子《ぶん》が介在《かいざい》するときは、唯に國策の遂行《すゐかう》を困難ならしめるばかりでなく、其の廢頽せる思想の蔓延《まんえん》は由々しき結果を招來《せうらい》することとなるから、速かに斯る態度は是正《せい》しなければならない。又思想的には惡くはないが、其の行動が時局《じきよく》に卽しないので改善を要するものがある。以下此等に關し所見《けん》を述べ、反省を求めようと思ふ。

態度の是正

大東亞の建設に伴《ともな》ひ、大東亞共榮圏に包含《はうがう》せらるゝ各國民に對し、我が國民は將來指導的立場に置かるゝを以て、其の一擧一動に細心の注意を拂ひ、其の行動が凡《すべ》て模範的でなければならない。かりそめにも野卑《やひ》な行動を爲し、彼等をして顰《ひ》蹙《ゆく》むしむる樣なことがあつてはならない。彼等に對し常に神國民たるの態度《たいど》を以て望み得る樣平素の心掛けが大切《たいせつ》である。從來海外に出て居る我が國民の、態度の良くない者が相當あつた。將來《しやうらい》此のことなき樣平素から修練を積まなければならない。以下述ぶるところも畢竟《ひつきやう》之に外ならないのである。

協力一致

大東亞戰爭を遂行《すゐかう》して行くのには、國民が協力一致して行かねばならないことは、既に本誌の一月號に述べた通りであるが、之が實行《じつかう》はなか〳〵むつかしく、今尙小さい部門でさへ相當の軋轢《あつれき》がある樣である。然し之では長期戰に克く堪《た》へ大東亞を建設することは困難である。須《すべから》く自我切利の觀念を捨て、協力一致以て大局に歸《き》一しなければならない。

經濟道義の昂揚

買溜め、賣惜みや、闇取引が依然止まず、經濟道義が廢頽して居るところも尠《すくな》くないので、先般來大政翼贊會始め商業報國中央本部や、物價統制協力會議では之が絶滅《ぜつめつ》を期し、經濟道義の昂揚《かうやう》に努めて居らるるが、之が徹《て》底はなか〳〵むつかしく、之の惡風《あくふう》は容易に影を潛めないけれど、斯る行爲は我が國民として洵《まこと》に恥づべき行爲であるばかりでなく、斯る行動が止まないようでは、身命を賭《と》し辛苦して居る第一線將兵《しやうへい》に對し申譯ない次第である。勿論平時の樣に物資は潤澤《じゆんたく》ではないが、饑《う》へたり、寒さが凌げない程物資が不足《ふそく》して居るわけではないのであるから、第一線將兵の勞苦をしのんで、多少不自由でも我慢《がまん》して、經濟道義を亂すようなことは斷然《だんぜん》止めたいと思ふ。殊に不當の利益を収めんが爲、物資を隱匿したり、闇取引をしたりするのは言語同断《どうだん》で許すべき行爲でない。斯る行爲に對し國家的制裁があるけれど、もつと之を强化《きやうくわ》せられ、之が絶滅を期せられたいものである。又闇《やみ》取引をしないまでも、店員等が顧客から心付《こゝろづけ》を貰らはなければ品物を供給しないと云ふ例も非常に多いと云ふことを聞いて居るので、商業道徳《だうとく》も茲まで廢頽《はいたい》して居るかと思へば洵に嘆《なげ》かはしく、大に反省を要する次第である。

官吏の綱紀肅正

軍人と云はず一般官吏《かり》と云はず、眞面目な官吏は時局の重大なることを痛感し、不眠《ふみん》不休の努力を以て長期戰態勢に備へ、國家の目的完遂《かんすゐ》に邁進して居らるるけれど、一部には瀆職事犯に連座《れんざ》する者があるのは洵に遺憾とするところで、此等の悪風は此の際是正して、綱紀《かうき》を益々肅正したいものである。

職域奉公

大東亞戰爭開始以來皇軍が赫々《かく〳〵》たる戰果を發揮《はつき》して居るのは　皇軍將兵が身を忘《わす》れ家を忘れ、唯々一途に敵を殪さねば止まないと云ふ氣慨《きがい》を以て、各自其の職域に邁進《まいしん》するからである。銃後に於ける官民亦克《よ》く協力して聖戰の完遂に努めて居らるるけれど、一部國民の中に樂《らく》をして金儲《まう》けをしようなどゝ考へて居る不心得《ふこゝろえ》の者があることは甚だ嘆かはしい次第である。之を食品に例《たと》ふれば公定價格の定められて居る食品《しよくひん》の内で、割の良いものは作るけれど、割の悪いものは作らないか、左《さ》もなくば一寸加工して高い値段で賣るため、一般需用者《じゆようしや》は非常に困つて居るのである。又都會生活に憧《あこが》れ、祖先傳來の農を嫌《きら》つて無意味に都會に集中するものが多くなつたことも、食糧の不足《ふそく》を來す原因で、國民生活を脅《おびやか》すことゝなるのであるが、此の際は割の良い方へばかり向くことを考へず、國家的見地《けんち》から各自本來の職域奉公に邁進《まいしん》すべきである。

無駄排除

物價が著しく騰貴《とうき》したに拘らず、其の割合に收入の増加しないものは、日常の生活を極度《きよくど》に切り詰めて居て、之以上消費節約の餘地《よち》がないと云ふかも知れないが、結果から見ると、まだ相當の無駄《むだ》がある樣である。之を衣服に例《たと》ふれば、現在の樣に衣料資源《げん》の十分でない場合は、衣服の手入れ、格納保全《ほぜん》に細心の注意を拂ひ、出來るだけ壽命《じゆめい》を延すことに心掛けねばならないのであるが、此等に無關心で愈々使用し得なくなつた際に狼狽《らうばい》する人が多い樣である。又學生とか勞働《らうどう》者以外は、衣服にあまり繼《つぎ》を當てゝ居る人が尠《すくな》い樣である。近頃は衣料切符《きつぷ》の關係で洋服等裏返しをして着て居る人が殖《ふ》へて來た樣であるが、まだ全般的には着物を着れるだけ着ると云ふ考へが十分でない樣である。之は一面從來の持合《もちあは》せが十分であると云ふことを物語るもので、其の點賴もしくもあるが、又一面服裝の華美《くわび》を示す證左である。殊に繪具《ゑのぐ》の標本の樣な着物を平氣で着て居るのは無關心も甚しい。更に食物《しよくもつ》に就いて云ふと、現在の樣に食物の配給が圓滑《ゑんかつ》でない場合は、廢棄量を極力減少する樣、調《てう》理上注意をしなければならないのに、各家庭の臺所から豚の飼料《しれう》として運ばれるものゝ中には、まだ食膳《しよくぜん》に供し得るものも相當含《ふく》まれて居る樣である。此の際は少い分量で榮養《えいやう》を滿足させる樣努めなければならない。其の他水道、電氣、瓦斯の使用方を始めとし、節約《せつやく》の餘地あるもの澤山ある。石炭等も生産擴充《くわくじう》方面の需用が增加して居るに拘らず、溫《あたか》い日に「スチーム」を通す等はよろしくないと思ふ。之からは生活に一層創意工夫《さういくふう》を重ね、無駄拜除に努め以て貧者《ひんじや》は少しでも生活上の苦痛を緩和《くわわ》することゝし、富者は餘裕《よゆう》を蓄積することに心掛ねばならないのであつて、時局産業等の利金で贅澤《ぜいたく》なことを爲す者あるを聞くが、此等は許《ゆる》しがたき行爲である。

經費節約

時局の進展《しんてん》に伴ひ官公署始め各方面の經費は一般に著しく增大し、國費は勿論個々の經濟も相當膨脹《ぼうちやう》して來たが、物價騰貴《とうき》に伴はず、相當窮屈で、此以上節約の餘地はないと云ふ聲を聞くが、之を仔細に檢討《けんたう》するときは尙節約の餘地のあるものがある。卽ち旅費《りよひ》の使用等も其の一例で、出かけなくとも濟む用事《ようじ》に對し出張して見たり、一度に濟む事業に二度も三度も行つたりして、經費《けいひ》ばかりでなく交通機關を混雑《こんざつ》させるのがある。又先から先まで考へて仕事をすれば端書一枚で用事が足りることに、行きあつたりばつたりでやるものだから、電報《でんぱう》を打つたり長距離電話をかけたりして無駄《むだ》な經費をかけ、且通信機關を混雜させるのである。斯る例を擧げると枚擧《まいきよ》に暇ないが、殊に自分で出す經費でない斯の樣な弊《へい》は一層多いが、此の際は大に注意を要することで、官民擧つて一錢の經費《けいひ》でも節約する樣に努めなければならない。

能率の向上

公務たると私務《しむ》たるとを問《と》はず、此の際我が國民は最も能率的に働《はたら》いて平素の數倍の力を出す樣努めなくてはならない。官公署に依つては未解決《みかいけつ》の事が山積せられ容易に決しない。殊《こと》に經濟統制に關する事項に於て其の弊《へい》や一層甚しい樣である。手不足《てぶそく》と云ふことも其の原因を爲して居るだらうが、事務の處理法上も適當《てきたう》でない點がある樣に思はれる。須く時局に即應《そくおう》する樣事務を迅速《じんそく》に處理しなくてはいけない。事柄《ことがら》に依つては會議にかけなければならない事もあるが、なるべく當事者の獨裁《どくさい》を必要とする。軍部では未解決の儘放置《はうち》して置くことはあまりない、之が亦戰に勝つ原因と思ふ。他の官公署でも少し之を倣《なら》ふたら良いと思ふ。　陳情團《ちんじやうだん》に押し掛けられて弱つて居る役所もあるが、此等も整理の方法があると思ふ。尙人が足りないと云ふがまだ働けるのに遊んで居る人も相當《さうたう》あるから、之を利用すべきで、今の場合そんな人が居てはならないのである。

又各家庭で生活必《ひ》需品《じゆひん》(主として食料品で切符制以外のもの)を購《か》ふのに諸所の店頭に列を作り、長時間立つて順番の來るのを待たなければならない場合が多いが、之れでは各家庭の生活能率《のうりつ》を著しく低下せしむるばかりでなく、家庭に依つては生活に支障《ししやう》を生ずることが原因をして居るけれど、配給機構《きかう》が適當でない結果であるから、之を整備して無益《むえき》に立たせることのない樣にしなくてはならない。

前述の樣に、此の際は大に能率《のうりつ》を擧《あ》げなければならないのに、事實は右の樣に却て能率の低下《ていか》してゐることがあるが、之れからは計畫《けいくわく》を立て、秩序正しく物事を行ひ、公事と云はず私事と云はず、大に能率を擧《あ》げたいものである。

學徒の休暇短縮

軍部以外の學校に於ける休暇《きうか》日數を軍部關係學校の休暇日數に比《くら》べると非常に多く、專門《せん》學校以上の學校になると日曜及祝祭日《しゆくさいじつ》に暑中休暇、年末年始の休暇及學期末の休暇を加算《かさん》するときは一年の三分の一以上は休暇で過《すご》すことゝなり、其の上、學校に於ては休講《きかう》も多く、修學期間の過半は遊ばせると云ふも過言《くわごん》でない。喫茶店《きつさてん》、映畫館に學生の澤山入つて居るのは時間に餘裕がありすぎることを物語るのである。軍部《ぐんぶ》の學徒は休暇が一般の學校に比《ひ》し非常に少いばかりでなく、休暇中でも問題を課《くわ》せられて居る者が多く、迂濶《うくわつ》に遊んでなど居られない様に軍部では身に浸《しみ》る徹底した教育を行ふものだから、強國《きやうこく》と戰をしても勝つのである。此の點一般の學校も見倣《みなら》はなければならない。殊に此の際學生を遊《あそ》ばしてはならないのである。此の度學校の卒業期を繰上げたことは洵に時宜《じぎ》に適したことであるが、單に卒業期にある學生ばかりでなく、一般學生の休暇《きか》日數をずつと短縮《たんしゆく》して修業年限を短縮することが時局に卽應した處置と思ふ。暑中休暇全廢論《ぜんぱいろん》もあるが結構なことで實現を望む次第である。

保健

如何に奮勵努力《ふんれいどりよく》してお國の爲に働こうと思ふても、身體が弱くては思ふ様に活動出來なくては何にもならない。であるから此の際はいろ〳〵の手段《しゆだん》方法を用ひて健康《けんかう》を增進し體力を練《ね》り、平素の數倍《すうばい》働ける様に身體を造り上げると共に、又病氣に罹《かゝ》らない様にしなければならない。運動をさえすれば必ず健康を增進《ぞうしん》するものと云へないのは、運動の選手必ずしも長命《ちやうめい》でないのを見ても判る。又丈夫さうに見える人が案外病氣に罹りちよい〳〵休務《きむ》するのがある。此の際は一層保健《ほけん》に注意し、病氣に罹らない様にしなければならない。大體の病氣は注意如何に依り豫防《よばう》し得るものである。

以上は我が國民中、態度《たいど》のよろしくない者に對し、此の際是非是正《ぜせい》して貰ひたいと思ひ所感の一端を披瀝《ひれき》したのであるが、之が實現《じつげん》に依り我が國民全部が神國の民として恥ぢざる態度を以て、益々奮勵《ふんれい》努力、盡忠報國の赤誠《せきせい》を披瀝し、皇國の大東亞建設に寄與《きよ》したいものである。之亦銃後に於ける官民が、赫々《かく〳〵》たる戰果を擧《あ》げし皇軍將兵に報ゆる道である。

戰爭と國民生活

志村義治

時局《じきよく》は遂に支那《しな》事變《じへん》から大東亞《だいとうあ》戰爭《せんさう》に發展した。この大飛躍に直面《ちよくめん》して國民は遂《つひ》に來るべきものが來たのだと感《かん》じ敵國《てきこく》の强大を恐《おそ》れる氣分は微塵《みぢん》もなかつた。それどころか寧ろ聖戰《せいせん》の目標と現實《げんじつ》とが立派に筋が通り、戰爭《せんさう》の意義《いぎ》が明瞭《めいれう》に摑み得るに至つたことを感謝《かんしや》する氣持《きもち》でこれを迎へたのである。それだけに民心《みんしん》の緊張《きんちやう》も著しいものがあつたが、開戰後一ケ月に足らざる日子の間に擧げた戰果《せんくわ》は餘りにも大きかつた。太平洋上《たいへいやうじやう》にある米《べい》・英主力艦隊《えいしゆりよくかんたい》の轟滅、海空軍基地《かいくうぐんきち》の壞滅、香港、マニラ、シンガポールの完全占領等々、軈《やが》て南方《なんぱう》における軍事行動《ぐんじかうどう》も間もなく一段落となるだらうとの見透《みとほ》しが確實《かくじつ》となつて來たのにつれて、國民《こくみん》生活《せいくわつ》に關する國民の考へ方が支《し》那事變當時のそれとは異つて甚だしく樂觀的《らくくわんてき》になつて來たことは見逃《みのが》せない事實である。即ち大衆《たいしゆう》は南洋の寶庫《はうこ》が間もなく共榮圏内《きようえいけんない》に入るのであるから、今迄の窮屈《きゆうくつ》な生活から解放《かいはう》されるのも近いことだらう。それが待ち遠《どほ》しいといつたやうな氣分《きぶん》である。この心理《しんり》には尤もな理由《りいう》はあるとしてもそこに二つの重大《ぢゆうだい》な誤謬《ごびう》を犯《をか》してゐることに氣《き》が付《つ》いてゐない。その第一は存在するといふことは直《ただ》ちに消費されることを意味しないといふことであり、第二は大東亞《だいとうあ》戰爭《せんさう》は最初から長期戰《ちやうきせん》であつて、長期に亙つて尨大《ばうだい》な軍需品《ぐんじゆひん》の生産を必要《ひつえう》とするといふことである。

ジャバ、スマトラの砂糖《さたう》、コーヒー、規那、油脂《ゆし》、スマトラ、ボルネオの石油《せきゆ》、ジャバ、マレーの護謨《ごむ》等々《とう〱》は何れも支那《しな》事變以來《いらい》、日本國民が渇望《かつばう》久《ひさ》しいものである。又錫ボーキサイト、鐵、銅、鉛等の重工業原料《ぢゆうこうげふげんれう》は戰時擴充産業《せんじくわくじゆうさんげふ》の基本資材《きほんしざい》である。これ等は我國國民生活《わがくにこくみんせいくわつ》を豐富ならしめ軍需工業《ぐんじゆこうげふ》の生産力を増強《ぞうきやう》するものであることは言ふまでもない。それだからと云つて海運力《かいうんりよく》の足りない今日では直《たゞ》ちにこれ等を輸入《ゆにふ》することは容易《ようい》でない。貨物船《くわもつせん》の建造が事前に解決《かいけつ》されなければならない。而もこれ等の物資《ぶつし》はたゞ金を拂《はら》つて買ふだけでは却《かへ》つて南方のインフレーションを誘發《いうはつ》して住民の生活《せいくわつ》を脅かすばかりである。合理的《がふりてき》な輸入をするには彼等が要求する物資《ぶつし》を生産《せいさん》してこれを交換するのでなければならない。この關係《くわんけい》は直ちに輸出品《ゆしゆつひん》の生産のために國内向商品《こくないむきしやうひん》の生産力の一部を割《さ》かねばならぬことを意味する。たゞ自然條件《しぜんでうけん》に制限されて絶對必要量以下《ぜつたいひつえうりやういか》に制限されてゐた生活《せいくわつ》の窮迫《きうはく》からは免がれ得る希望はある。このことが大東亞戰爭《だいとうあせんさう》勃發《ぼつぱつ》以來國民生活《らいこくみんせいくわつ》が大きな明るさをもつに至つた眞實《しんじつ》の姿《すがた》ではあるまいか。

○

支那事變《しなじへん》以來國民生活《らいこくみんせいくわつ》――この國民生活といふ言葉《ことば》が極めて曖昧《あいまい》な内容《ないやう》をもつものではあるが、こゝでは最も通俗《つうぞく》な意味で消費生活《せうひせいくわつ》といふ意味《いみ》に解《かい》することゝしても、それ等の不足が必需品《ひつじゆひん》の間に必ずしも均衡《きんかう》を得てゐなかつた。そればかりでなく必需品《ひつじゆひん》と選擇品、奢侈品との間にも實に奇妙な補充關係《ほじゆうくわんけい》が見受けられた。例へば絹織物《きぬおりもの》を増産して綿織物《めんおりもの》、毛織物《けおりもの》の不足をわづかにカバーしてゐるが如きである。かうした不釣合《ふつりあひ》が消費者心理《しんり》に與《あた》へる好ましからぬ影響は決して輕視《けいし》すべきでない。更に惡《わる》いことはこの不合理を強《し》いて理論《りろん》づけるために「戰時《せんじ》においては私生活《しせいくわつ》は無視される」といふが如き亂暴《らんばう》な表現《へうげん》が、而もそれが何人も疑を挾《さしはさ》むことの出來ない眞理《しんり》であり、戰時生活の信條《しんでう》でゝもあるかのやうに一部《ぶ》指導者階級《しだうしやかいきふ》の人によつて強調《きやうてう》されてゐたことである。勿論《もちろん》かうした表現《へうげん》は、平時の豐富《ほうふ》な生活は保障《ほしよう》しないことを意味《いみ》したものであつたが、餘《あま》りにも強い全稱否定的な言葉《ことば》であるがために、國民の最低生活《さいていせいくわつ》をも保證しない――生命《せいめい》さへも保證《ほしよう》されてゐないかのやうに大衆は誤解《ごかい》したのである。このことは現實《げんじつ》の生活を省《かへりみ》るとき特殊な日用品《にちようひん》においては絶對必要量《ぜつたいひつえうりやう》さへも割つてゐる事實によつて裏書《うらがき》されてゐたところから、國民の生活《せいくわつ》關心《くわんしん》は自己及《じこおよ》びその家族の生活《せいくわつ》の安定に集中《しふちゆう》され他を顧《かへりみ》る餘裕が失はれてゐた。そこへもつて來て過去《くわこ》の長い間に亙《わた》つての習慣《しふくわん》となつてゐた私生活《しせいくわつ》における自由主義《じいうしゆぎ》の意義が脱けきつてをらなかつたことが非協力的《ひけふりよくてき》な態度《たいど》をとるに至らしめ、經濟組織《けいざいそしき》が自由主義《じいうしゆぎ》の地盤の上に建《た》てられてゐたことがその利己主義《りこしゆぎ》を可能《かのう》ならしめたのであつた。然し大東亞《だいとうあ》戰爭勃發以來事情《せんさうぼつぱついらいじじやう》は著しく變つて來た。南方物資《なんぱうぶつし》が或程度輸入されることゝなれば極端《きよくたん》な不釣合《ふつりあひ》は著《いちじる》しく是正《ぜせい》されるであらう。そしてこのことは必ず實現《じつげん》される。即ち南方《なんぱう》の過剩物資《くわじやうぶつし》は今後歐米《こんごおうべい》に輸出することは出來ない。自然《しぜん》に我國へ輸出《ゆしゆつ》する以外に住民《じゆうみん》は生活《せいくわつ》の方法がなくなるのであるから、我國《わがくに》でも萬難を排してこれらの物資《ぶつし》を交易《かうえき》しなければならぬからである。かくする事によつて農業《のうげふ》、鑛業《くわうげふ》のやうな原始産業《げんしさんげふ》の生産は適地生産《てきちせいさん》によることが出來て、その結果日本の全生産力《ぜんせいさんりよく》も向上するし、その限《かぎ》りにおいて民需《みんじゆ》品《ひん》も豐富《ほうふ》になる可能性《かのうせい》がある。但しこの結論《けつろん》には現在支那事變よりも遙《はる》かに大規模《だいきぼ》な戰鬪《せんとう》が大東亞《だいとうあ》に展開《てんかい》されてゐることゝ、熾烈《しれつ》な軍備擴充《ぐんびかくじゆう》が今後《こんご》遂行《すゐかう》されねばならぬといふ二つの大きな要請《えうせい》が無視《むし》されてゐる。特にアメリカが一九四三年を目標《もくへう》として大艦隊《だいかんたい》と大空軍の建造計畫《けんざうけいくわく》を樹て、その曉《あかつき》には必ず日本に復讐すると云つてゐる事實を忘れてはならない。そしてそれと同時《どうじ》にこの戰爭《せんさう》が好むと好《この》まざるとに拘《かゝ》はらずある程度《ていど》の長期戰《ちやうきせん》となることも銘記《めいき》せねばならぬ事柄《ことがら》である。

武力《ぶりよく》に負けた米《べい》・英《えい》は苦しまぎれに我方を内部的崩壞《ないぶてきほうくわい》に導き、かくして敵國民《てきこくみん》の戰意を沮喪《そさう》せしめやうとするのである。第一次歐洲大戰《おうしうたいせん》における同盟國側《どうめいこくがは》やロシヤの戰敗は何れも、かくして起つた内部的崩壞《ないぶてきほうくわい》によるものであつた。蔣介石《しやうかいせき》や米・英並びにソ聯《れん》が謂ふところの最後《さいご》の勝利《しやうり》は、かゝる戰略《せんりやく》による戰勝を期待《きたい》してゐるのであつて、これを單なる敗惜《まけをし》しみと嘲笑することはそれこそ近代戰《せん》の特徴に對する無智《むち》を曝露《ばくろ》するものである。近代戰《きんだいせん》にあつては長期戰は武力戰《ぶりよくせん》と對等の地位《ちゐ》におかるべき重要《ぢうえう》な戰略なのである。

○

然らば内部的崩壞《ないぶてきほうくわい》——國民の戰意沮喪《せんいそさう》は如何なる形をとつて來るであらうか。その手段《しゆだん》として戰鬪自身《せんとうじしん》も有力な一つの方法《はうはふ》である。日本が緒戰《しよせん》においてアメリカ太平洋艦隊《たいへいやうかんたい》を撃滅《げきめつ》したことは明かに米國々民の士氣を沮喪《そさう》せしめる上に大きな効果《かうくわ》があつた。その外宣傳《ほかせんでん》や思想戰《しさうせん》により内部攪亂等もある。方法は多種多樣《たしゆたやう》であるが、最も普通《ふつう》には國民生活を窮迫《きゆうはく》せしむることであつて、そのためには經濟封鎖《けいざいふうさ》が有力な手段《しゆだん》となる。支那事變當時米英《べいえい》が日本に對《たい》してとつた經濟封鎖《けいざいふうさ》は正にこの目的《もくてき》に出でたものであつた。ところが今やＡＢＣＤ包圍陣《はうゐぢん》を突破する見透《みとほし》が確實《かくじつ》となつたのであるから、經濟封鎖《けいざいふうさ》の苦痛は支那事變當時《しなじへんたうじ》より著《いちじる》しく緩和《くわんわ》することが出來たといつてよい。更に海洋《かいやう》ゲリラ戰も皇軍善防好守《くわうぐんぜんぼうかうしゆ》によつて敵に乘ずる隙《すき》を與へてゐない。そればかりか今日では却《かへ》つて米英《べいえい》が逆封鎖《ぎやくふうさ》の危險に瀕《ひん》してゐるではないか。これ等の事實《じじつ》は米英の長期戰略《ちやうきせんりやく》にとつて重大な違算《ゐさん》だと云はなければならない。情勢《じやうせい》はかくの如く極めて良好《りやうかう》ではあるが、これ等を直ちに國民生活《こくみんせいくわつ》の擁護《ようご》に向けることは出來ない。今日以後《こんにちいご》の戰時經濟《せんじけいざい》は事變四ケ年後の膨大な消耗《せうかう》の上に運營《うんえい》されなければならないのであるから民需の節減《せつげん》は當然である。その上に戰線《せんせん》は擴大《くわくだい》され、而も米英を相手とする大戰爭《だいせんさう》であるが故に今後《こんご》の軍備《ぐんび》の大擴充の爲にも民需《みんじゆ》を抑制《よくせい》しなければならぬ。

軍需品生産增强《ぐんじゆひんせいさんぞうきやう》のために民需が壓縮《あつしゆく》されねばならぬことは支那事變以來《しなじへんいらい》既《すで》に國民の間に徹底《てつてい》されてゐる筈であるからこゝに改めて説明《せつめい》の要はない。政府は生活問題《せいくわつもんだい》の解決が時局處理《じきよくしより》のための條件《でうけん》であるとの立場から民需《みんじゆ》の犧牲《ぎせい》——そしてその合理化《がふりくわ》を求めて來たのであるが、その經濟的理由《けいざいてきりいう》は極めて簡單《かんたん》だ。民需も軍需《ぐんじゆ》も共に國民生産力《こくみんせいさんりよく》によつて生産《せいさん》されるものであるが故に軍需《ぐんじゆ》が膨大《ばうだい》な數量に上る戰時には極《きは》めて當然に民需が壓縮《あつしゆく》されざるを得ないのである。この民需品生産《みんじゆひんせいさん》から軍需品生産《ぐんじゆひんせいさん》へと轉換《てんくわん》する場合において特に我國の産業構成《さんげふこうせい》は歐米諸國のそれよりも更《さら》に大なる民需品の生産減退《せいさんげんたい》を誘發する關係《くわんけい》にある。

○

我國《わがくに》の産業構成は農業の比重《ひぢゆう》が最も大きく、商業《しやうげふ》に必要以上の資本《しほん》、勞力《らうりよく》が投下され、工業はこれを國際的《こくさいてき》に比較して見るとき最も劣勢《れつせい》にあつた。而もこの工業部門《こうげふぶもん》の内部にあつて最も大なる比重《ひぢゆう》を占めてゐたものは纖維工業《せんゐこうげふ》の如き輕工業《けいこうげふ》であつた。鐵鋼、機械工業等《きかいこうげふとう》、軍需品を生産《せいさん》すべき重工業は、準戰時《じゆんせんじ》々代に長足の進歩《しんぽ》を遂げたとはいへ未だその原料《げんれう》も製品も專ら歐米《おうべい》に依存《いそん》してゐたのであつた。

我國の民需生産力《みんじゆせいさんりよく》はかうした産業構成《さんげふこうせい》の下に形成《けいせい》されたものであつた。それが事變以來孤立《じへんいらいこりつ》して軍需品《ぐんじゆひん》を供給《きようきふ》するために民需品生産力を大規模に軍需品《ぐんじゆひん》のそれに轉換《てんくわん》されたのであつて、これに伴ふ摩擦《まさつ》から來る犧牲もより大なるものがあつた。換言《くわんげん》すれば平時における民需品生産力《みんじゆひんせいさんりよく》の強大なることは戰時《せんじ》における國民生活《こくみんせいくわつ》を保證《ほしよう》するものとはならないで、却《かへ》つてより大なる民需品の減産を意味《いみ》するものだといふことを戰時日本經濟《せんじにつぽんけいざい》は身を以つて經驗《けいけん》したのである。我國に對する經濟封鎖《けいざいふうさ》につき米英《べいえい》が期待したところは資源に惠まれざる我國の弱點《じやくてん》を衝《つ》くことにあつたのであるが、右の事實《じじつ》は封鎖の效果《かうくわ》を一層大《そうだい》ならしめたのである。それにも拘はらず日本經濟《にほんけいざい》は克くこの困難《こんなん》を克服《こくふく》して來た。そして今や南方《なんぱう》の資源を獲得《くわくとく》して封鎖《ふうさ》の苦痛を著《いちじる》しく輕減した。然し産業再編成《さんげふさいへんせい》は今後も續行《ぞくかう》の要がある。又緒戰《またしよせん》に大敗を喫した米國は嘗《か》つての「世界の裁判官《さいばんくわん》」を以つて自任してゐた嬌慢《きやうまん》な自負心《じふしん》をかなぐり捨てゝ、一途に打倒日本《だたうにつぽん》を目標に膨大《ばうだい》な軍備擴充計畫《ぐんびくわくじゆうけいくわく》の實現に專心《せんしん》してゐるではないか。日本もこれに對應《たいおう》して不敗《ふはい》の戰備《せんび》を整へなければならない。

○

勿論長期戰《もちろんちやうきせん》は生産力の絶對量《ぜつたいりやう》によつて決定されない。政治的な國民最低生活《こくみんさいていせいくわつ》を超へる生産力《せいさんりよく》によつて爭はれる譯であるが故に、米英《べいえい》の生産力が我國のそれより大であるからと言つて直ちに恐《おそ》れることはない。然し米の經濟力《けいざいりよく》、英のアングロサクソン特有《とくいう》の粘《ねば》り強さは特に長期戰《ちやうきせん》では充分に警戒《けいかい》する必要がある。勝ち拔《ぬ》くがためには國民は更に強力な消費規正《せうひきせい》にも協力するだけの理解をもつてゐなければならない。殊に最近《さいきん》の外電によれば米《べい》・英は武力戰《ぶりよくせん》では日本に勝つ自信《じしん》を失ひ、専ら思想戰《しさうせん》、宣傳戰によることを企んでゐるさうである。かうした戰術が乘《じよう》ずべき機會《きくわい》は國民が生活に不滿《ふまん》を抱くところに伏在《ふくざい》する。それ故政府《ゆゑせいふ》は何よりも國民《こくみん》の生活の安定《あんてい》を圖るための諸般《しよはん》の施設に遺憾《ゐかん》なきを期するであらうし、それと同時《どうじ》に國民も亦生活の合理化を圖り、物資不足《ぶつしふそく》の中にも生活の安定性《あんていせい》を、そして士氣《しき》の高揚に努《つと》むべきであらう。

(筆者は中央物價統制協力會議調査部長)

婦人勞働服具の變遷（二）

江馬　務

三

上代の婦人の勞働服《らうどうふく》のことは以上の邊《へん》で止め、次に神功《じんぐう》皇后御征韓《くわうごうごせいかん》後飛鳥《あすか》奈良《なら》朝《ちよう》の婦人勞働服と服具について一瞥を加へようと思ふ。

韓土と交通する頃になつて、我國《わがくに》の服飾は韓風《かんぷう》の刺激を受けて多少の感化《かんくわ》を蒙つたが、さまで大なる變化《へんくわ》は認められなかつた。まして婦人《ふじん》には見る可きものは、極《きは》めて少なく、たゞ上衣《うはぎ》の袖が丈を延長《えんちやう》し裄を手頸《てくび》より餘るまでに長くなり裳の襞《ひだ》などができた位《くらゐ》であつたが、一つ大きなことは婦人の頭を包むことが始《はじま》つたことである。それは後世《こうせい》の桂包の起原《きげん》である。この桂包といふのは、京都《きやうと》の桂《かつら》の方面から起《おこ》つたことでその傳說《でんせつ》には、桂《かつら》には昔《むかし》桂女《かつらめ》といふ巫女があり、それらの祖先は神功皇后《じんぐうくわうごう》御征韓の時、侍女として扈從《こじゆう》し奉《たてまつ》つたが、皇后御凱旋《くわうごうごがいせん》の御時に皇子《わうじ》御降誕あり。そこで御腹《おんはら》に卷き給ひし御帶《おんおび》をこの侍女に賜《たま》ひ、侍女は之を勿體なしとして、頭《あたま》を包んだ。これ即ち桂包《かつらつゝみ》の始めであるといふのである、この傳說《でんせつ》は私の研究《けんきう》によれば、實《じつ》は御征韓の結果、韓土《かんど》の風俗《ふうぞく》が我國に傳《つた》はり、この桂包も亦韓婦人の風俗《ふうぞく》の一で、この御征韓《ごせいかん》の結果、我國《わがくに》に入つたことを、かく神功皇后《じんぐうくわうごう》の御傳說《ごでんせつ》に移入したものであらうと思はれるのである。さてこの頭《あたま》を包むことは、如何《いか》なる事情《じじやう》によるかと考《かんが》へるに、これは我國の古代女性《こだいぢよせい》は、多く下髮《さげがみ》にして、その髮《かみ》の多く黑《くろ》く長く、くせなきを美人《びじん》の相として誇《ほこ》つたのであるが、何か作業《さげふ》をなし勞働《らうどう》をする時には、最も煩《わづら》はしいのは、この髪《かみ》であつた。それ故、古代人《こだいじん》は韓土の女性の風俗《ふうぞく》に倣ひ、この桂包を早速實行《さつそくじつかう》したのであつて今日では髪《かみ》は短く、しかも束《たば》ねてゐる關係で、桂包《かつらつゝみ》の要はないが、しかし防火《ばうくわ》などの場合《ばあひ》には、この桂包が極《きは》めて便利である。この桂包の方法を研究《けんきう》するには、室町時代末《むろまちじだいまつ》に成つた七十一番歌合の中《なか》の畫《ゑ》にもあるが、それよりも桃山時代《ももやまじだい》の實物が現に、桂《かつら》の舊家《きうけ》桂女《かつらめ》の家たりし小寺《こでら》氏に襲藏され、門外不出《もんぐわいふしゆつ》となつてゐるので、充分《じうぶん》に研究することができるのである。これによると、一丈《ちやう》の麻布《あさぬの》を鉢卷のやうにして正面《しやうめん》で蝶々《てふ〳〵》に結《むす》んでゐるのであるが、これで頭上も同時《どうじ》に包まれるやうになつてゐるので、或は比禮《ひれ》の轉化《てんくわ》かとも思はれるものである。(風俗研究《ふうぞくけんきう》、桂女と桂包の研究）この頭《あたま》を包《つゝ》むといふことが、勞働《らうどう》の時に、如何に髪《かみ》の煩《わづら》はしさを防ぎ、寒暑《かんしよ》を調節し頭部を保護《ほご》し間接《かんせつ》に活潑なる勞働《らうどう》を助長《じよちやう》せしむるかといふことは、想像《さうぞう》すれば分明することである。今日《こんにち》の防空《ばうくう》に必ず頭巾《づきん》を要することも單に火粉《くわふん》の落下を見越《みこ》したことのみではないことも、極《きは》めて明白な事實《じじつ》であつて、この桂包《かつらつゝみ》こそ婦人勞働《ふじんらうどう》の場合に冠り物の必幅《ひつよう》なるものであることの先例《せんれい》、適例《てきれい》となるのである。

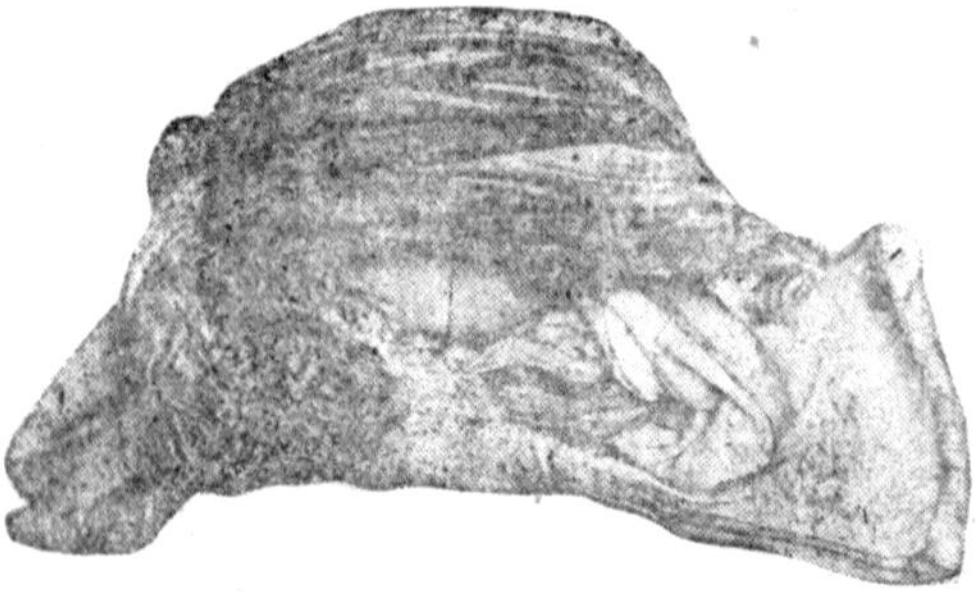

桂　包　(小寺氏藏)

又衣服に於ても袖《そで》の裄丈を延長《えんちやう》したことは、形式美《けいしきび》を增したに反し勞働《らうどう》には不便《ふべん》を來したため、上古《じやうこ》に用ひられた手繦《たすき》、釧を此の時代には必需品《ひつじゆひん》として用ひられるに至つたこの釧、手纒《たまき》といふのは腕《うで》に紐などを卷《ま》くことである。萬葉集九には

わぎもこが、釧にあらなむ、左手のわが奥の手に、卷きて往なましを

又卷四の中に

玉ならば手にも卷かむを　うつせみの　世の人なれば手
　にまきがたし

といふのがある。前者《ぜんしや》は紐《ひも》を卷いたこと、後者《こうしや》は玉を緒に貫いて腕《うで》に括《くゝ》つたのであつて、共に飛鳥奈良朝《あすかならちやう》の歌ではあるが、推して韓土風俗《かんどふうぞく》の攝取時代《せつしゆじだい》にも遡《さかのぼ》つて考へることができる。今日和服の袖が長きために勞働《ろうどう》に不適當《ふてきたう》として襷《たすき》をかけ、或は又その袖を舟底《ふなぞこ》、或は元祿《げんろく》の丈袖に改めんとする改良服《かいりやうふく》の試みは、既に一千數百年前に於て、試みられてゐたことであるから、今日この論《ろん》が今更最初《いまさらさいしよ》の如く起ることは、寧《むし》ろ不審《ふしん》といはねばならぬ位である。

婦人の裳が、勞働《ろうどう》には不便とされ、かゝる場合《はあひ》、裳を脱し、男子の如く褌《はかま》を穿き、その褌も筒《つゝ》が太いものは足結《あゆひ》をかけたことも、當然《たうぜん》と推測《すゐそく》される。萬葉集十一に

　朝戸出の、君があゆひを濡らす露原、早く起きて、出でつゝわれも、裳すそ濡らさな

とあるは、這般《しやはん》の消息を物語《ものがた》るものであつた。

四

飛鳥時代《あすかじだい》から奈良朝《ならちやう》に亘つては、前代と大差《たいさ》はあらう筈がない。官服《くわんぷく》は唐風を甚しく模倣《もはう》してゐたが、勞働《らうどう》でもする民間では、その服裝《ふくさう》の形式に大差《たいさ》がなかつたためである。

しかし此の時代には民間《みんかん》の婦人にも亦活動《くわつどう》に便利な服裝が漸次《ぜんじ》新調《しんてう》されて來たことは爭《あらそ》へない。この時代には民間《みんかん》の服にも垂頸《たれくび》の筒袖《つゝそで》で上より下まで一つゞきの衣服《いふく》や、カブリシヤツ式のものが續々《ぞくぞく》創作《さうさく》されてゐたことは正倉院御物にあるので分る。この上より下まで一續きの小袖の創作は考古學

奈良朝民間婦人上衣（模造）

者の一部には既《すで》に上代《じやうだい》からあつて、河内《かはち》石川《いしかは》山中《やまなか》發掘《はつくつ》の土偶が、これを示《しめ》してゐるといふ說を懷《いだ》いてゐる人もあるが、正倉院所藏のもの丈は足頸《あしくび》に至る程長からず、膝《ひざ》に至る位の丈であつて、これ一枚を着て帶《おび》さへすれば、袴《はかま》や裳を着くる要《えう》はないものであつて、上衣、袴《はかま》、もしくは上衣《じやうい》、裳の二種の衣を兼《か》ねたものであり、勞働《らうどう》には實に便利《べんり》なもので今日の小袖《こそで》の源流である。男子《だんし》は之を着て勞働《らうどう》してゐる圖は、正倉院の琵琶《びわ》の撥皮《ばちかは》の圖にある。又カブリシヤツ式のものは極《きは》めて丈短く腹《はら》が出ない程度になつてゐるが、これも勞働《らうどう》の場合には、胸《むね》が開かず、襟付《えりつき》も前者よりも更に窮屈さがなく、活《くわ》動《どう》に便するやうにできてゐる。

これらから推して奈良朝に於ては官服《くわんぷく》は巻形狀大く、美を增した半面《はんめん》、民間では、勞働《らうどう》に便利《べんり》なやうに、從來行はれてゐた服《ふく》を改良に改良を加へ、かくして今日の和服狀《わふくじやう》のものが生《う》れて來たもので、今日の和服《ふく》の裾《すそ》さばきがあしきを云々するのは、奈良朝《ちやう》では丈《たけ》が短《みじ》かかりしために、さ程に不自由《ふじいう》を感ぜなかつたものが、後世《こうせい》丈を延長《えんちやう》してより缺點を擧げられる材料《ざいれう》となつたものである。この時代《じだい》には婦人も亦裙《わ》(裳)を脫し、丈短《たけみぢ》い衣を着て次《つぎ》にいふ脛巾などを穿いて勞働《らうどう》したかと想像《さうざう》せられるのである。

以上の外にこの飛鳥《あすか》時代《じだい》に起つたものに脛裳《はぎも》がある。これは今いふ脚絆《きやはん》で又脛巾《またはゞき》ともいふものである。文献《ぶけん》によると、天智《てんち》天皇《てんのう》十年に朝官の服制《ふくせい》に規定《きてい》されてゐるがこれは朝官の勞働《らうどう》に用ひられた始めのもので奈良朝《ならちやう》に於ても用ひられた。然《しか》るに、これは男子のみならず、婦人《ふじん》にも旅行《りよかう》などに用ひられたこともあつたことは、平安末期《へいあんまつき》の作たる扇《せん》面寫經《めんしやきやう》の中の圖に婦人着用《ふじんちやくよう》の圖があるので、恐《おそ》らくは早く婦人の間にも行《おこな》はれ、裳《あす》を少し短《みぢか》く穿《は》いて脛裳《はぎも》をつける風が存《そん》したのであらうと思《おも》はれる。即ち裳の丈《たけ》が長くて活動に妨げとなる時は、裳を短《みぢか》く着込みて、足《し》に脛裳《はぎも》をつけるといふ簡便法《かんべんはう》が行はれたのであらう。このことは推古朝《すゐこちやう》の作たる天壽國曼荼羅《てんじゆこくまんだら》の中の圖に、男裝《だんさう》であるが、裳を短くして下にズボン式の袴が見《み》えてゐる圖《づ》がある。これで考へられることは、裳《も》即ちスカートの長い(朝鮮婦人式《ちやうせんふじんしき》)のは活動に不便《べん》であつて、古いところでも裳《もすそ》か袴《はかま》をかき上げたといふ教訓《けうくん》である。

なほ手纒《たまき》、釧、手玉などは奈良朝《ならちやう》でも佩用《はよう》したものである。

それに奈良朝《ならちやう》の民間《みんかん》（貧民《ひんみん》）には手なしのやうな肩衣があつたことは山上憶良の貧窮問答《ひんきうもんだふ》の歌にある。これも勞働《らうどう》には誠に都合《つがふ》よく出來てゐる。地質はすべて麻《あさ》の類であつたから、勞働《らうどう》にも強くて破《やぶ》れなかつたに相違はない。

五

平安朝《へいあんちやう》に入つて婦人の勞働服具《らうどうふくぐ》は如何になつたかといふ前に、當時《たうじ》の衣服について先づ物語《ものがた》つておかねばならぬ。平安朝《へいあんちやう》に入つてから、都は平安京《へいあんきやう》（京都）に遷《うつ》り、從來何事も唐風模倣《からふうもはう》であつた思潮《しちよう》は、この時代に入りて漸《やうや》く飜され、國風尊重《こくふうそんちやう》の氣運が向いて來たことに揭《か》てゝ加へて仁明《にんめい》天皇《てんのう》頃よりは殆んど唐《から》との交通《かうつう》も絶えたので、久しい因襲に囚《とら》はれてゐた、唐風はこゝに國風《こくふう》に醇化《じゆんくわ》することゝなり藤原時代の女裝《ぢよさう》として、十二單といはれる晴裝束《はれしやうぞく》や小袿《うちき》の褻《け》の裝束《しやうぞく》などが出來たが、當時《たうじ》は多數の衣服《いふく》を重ねるのが禮に適《かな》へる迷信《めいしん》であり、儀禮《ぎれい》には二十數枚を重《かさ》ねしことすらあり、又衣服《いふく》の輪郭《りんくわく》は擴大して、平素《へいそ》の姿たる小袿《うちき》でも綾唐綾や平絹《ひらぎぬ》の垂頸《たれくび》、長い角の廣袖《ひろそで》を有し、丈も身より長く曳きずり、その下に幾《いく》つも同形の衣《ころも》を重《かさ》ねて肌《はだ》には短い袴、その上には緋《ひ》の長袴《ながばかま》を穿いたのである。されば貴婦人《きふじん》といへば、平素《へいそ》に於ても、實に莊重華麗《さうちようくわれい》な姿をしてゐたもので、單に詩歌管絃《しかくわんけん》の遊樂《いうらく》にのみ、適《てき》するやうな服であり歩くすら不自由《ふじいう》なのに、況して勞働《らうどう》などは思ひもよらなかつたのである。しかし彼《か》の貴婦人《きふじん》が旅にでも出る時は勿論袴も短い切袴《きりばかま》を着し、長い衣《ころも》を皆紐《みなひも》でからげて、紅の脚絆《きやはん》を穿き、亂緒（草鞋）を穿いて、神佛《しんぶつ》參りには紅の掛帶《かけおび》を肩から掛けて行つたので、この姿《すが》は四天王寺《てんのうじ》の扇面《せんめん》寫經の中に見えてゐる。

　又彼女等《またかのぢよら》が馬に乘る時には、男子の指貫《さしぬき》といふ括袴《くゝりばかま》を穿《は》くので、これを持姿といふ。

　しかし姫君なども夏《なつ》はさう厚着を自家《じか》でするといふことはない。緋袴の上から薄い單を一枚引つ掛《か》けたやうな姿《すがた》も源氏物語繪卷に見え、又扇面寫經にも、腕をまくり上げて袴をからげ泉水《せんすゐ》に入つてゐる姿《すがた》もあつて、貴婦人《きふじん》とても、勞働には臨機應變《りんきおうへん》、いろ〳〵な姿《すがた》をしてゐる。しかし如何なる場合にも、上の衣《ころも》を脱いで半裸體となることはない。ましてや袴《はかま》を取る去ることは絶體なかつた。松崎天神緣起《まつざきてんじんえんぎ》の中に錫杖をもつて祈《いの》つてゐる半狂亂の婦人の圖があるが、これとても緋《ひ》長袴《ながばかま》だけは穿いてゐる。袴《はかま》こそは當時の婦人の生命線であつたのである。

こゝでよく誤られるのは掛帶《かけおび》のことである。掛帶《かけおび》は貴婦

平安朝上流婦人　旅装

同　手なし

同　筒袖衣と褌

人が肩《かた》にかけてゐる紅《あか》い帶で、これをよく襷《たすき》と誤解されてゐるが、これは木綿襷などの神を祭る時に、肩にかけた襷が無意義《むいぎ》に後世まで殘つたもので、勿論勞働《もちろんろうどう》には關係もなく、神佛事《しんぶつ》にも用ひられてゐることは、源氏《げんぢ》、扇面寫經春日驗記などに見ゆる通りである。

平安朝の貴婦人のことはこの位にして、民間《みんかん》では、この時代は上衣に小《こ》袖卽《すなは》ち和服を着てゐる。垂頸で、袖《そで》は丸《まる》く對丈の服で、それに婦人《ふじん》は細い帶《おび》をしてゐる。しかし中には「手なし」といつて袖《そで》なしの衣《ころも》もあり、筒袖の短いもの又丈の極めて短い衣もある。このことは扇面寫經《せんめんしやきやう》に多く見え、その他伴大納言繪卷、年中行事繪卷、信貴山緣起にも見えてゐる。されば民間《みんかん》では服として勞働は極めて可能性に出來上つて居り、中には手も肱《ひぢ》まで、丈も膝迄《ひざまで》の衣をきて活躍する婦人もあつた。和服を改良々々と叫ばれる今日この平安朝の原始和服を見れば、論議の餘地もなく、直ちに奈良平安《ならへいあん》のこの本源の形式を採用せねばならないことになるのであつて、吾々委員が協定した婦人國民服が一千年後の今日、平安朝の和服型を參酌してゐることも、考へやうではあまりにも時勢遲れであつた感がするのである。

ドイツの制服（一）

佐々龍雄

まへがき

今月から本誌に「ドイツの制服《せいふく》」といふ課題《くわだい》で執筆することになつたが、しかし率直《そつちよく》に自白するならば、私はこの拙文に於いてドイツの制服を實生活《じつせいくわつ》上《じやう》の衣服として解説《かいせつ》しようと試みなかつた。私の意圖《いと》したところはドイツの制服自體《せいふくじたい》の圖解的な敍述《じよじゆつ》でなく、ドイツに於いてこれこれの制服は如何なる歴史的《れきし》環境《くわんきやう》のもとで生れたかといふ思想史的《しさうし》意義《いぎ》に視線を向けてゐることを豫《あらかじ》め斷つて置《お》かなければならない。

だからといつて、私《わたし》は或る時代に生まれた制服《せいふく》の型、色彩、徽章《きしやう》などを全く除外《ぢよぐい》することはできなかつた。それらは矢張り必然的《ひつぜんてき》な條件によつて或る歴史的《れきしてき》なものと結《むす》びついてをり、それなくしては制服《せいふく》の歴史的な價値が全然《ぜんぜん》理解《りかい》できなくなるのである。例《たと》へばわが國の明治維新に於ける官軍《くわんぐん》の軍服から、俗稱《ぞくしやう》「だんぶくろ」的な型を除くならば、われわれはその「だんぶくろ」のみしか持ち得ない唯一《ゆゐ》の歴史的《れきしてき》な價値を理解《りかい》することができない。またイタリアに於けるフアッシスタの黒襯衣《くろシヤツ》は、それが黒襯衣でなければならぬ歴史的《れきしてき》な理由《りいう》を持つてゐるのであつて、褐色《かつしよく》や靑色の襯衣《シヤツ》であつてはならないのである。「だんぶくろ」にしろ黒襯衣《くろシヤツ》にしろ、われわれはそれらの背後《はいご》に、夫々の歴史《れきし》とその歴史によつて蓄積《ちくせき》された力とを感《かん》じる。もし制服の價値《かち》が云々されるとすれば、先づこの二つに關係《くわんけい》づけられたものでなければならないであらう。そして殆《ほと》んどの場合、制服の型、色彩、徽章などに制服の歴史《れきし》と力とが象徴《しやうちよう》されてゐるのである。

だから「ドイツの制服《せいふく》」に於いても歴史的な敍述《ちよじゆつ》を主としながら、その型、色彩《しきさい》、徽章《きしやう》なども餘すところなく取上げねばならないが、しかし私自身《わたしじしん》が、服飾《ふくしよく》の研究家ではなく、またドイツの制服《せいふく》を専門に調査《てうさ》した者でもない。その點では寧《むし》ろ私はずぶの素人《しろうと》であり門外漢《もんぐわいかん》なのであるから、もし制服《せいふく》そのものの說明が不可缺《ふかけつ》な場合は、寫眞などで文章《ぶんしやう》の不足の部分《ぶぶん》を補綴するほかはない。それに制服に關する文獻《ぶんけん》とか參考書とか云ふ纒《まと》つたものが比較的《ひかくてき》少く、謂はば未開の地を一人歩きする大膽《だいたん》な危險を冒す結果《けつくわ》となつたが、ただ私は日頃《ひごろ》から制服の意義に就いて考《かんが》へてゐたことがあり、その考への據りどころがドイツの制服《せいふく》であるといふ理由《りいう》からこの稿《かう》を起したのである。だが短《みぢか》い期間に私の視野《しや》にはいり得た材料は極めて僅少《きんせう》であるから、恐らく私の所論《しよろん》も獨斷の嫌《きら》ひがないとも限《かぎ》らない。また制服の歴史的意義《れきしてきいぎ》に就いて述べるとしても、今のところ系統的《けいとうてき》な解說《かいせつ》は期し得られなかつたから、勢ひ斷片的《だんぺんてき》なノートにならざるを得《え》なかつた。しかしもしドイツに於ける制服《せいふく》の一つ一つを丹念《たんねん》に擧げてその時代的關聯《じだいてきくわんれん》を記するならば、それは少からぬ勞力《らうりよく》を必要《ひつえう》とする仕事であつて、短時日《たんじじつ》のうちによく爲し能ふところではない。從《したが》つてこの理由《りいう》からも、アト・ランダムな文章を發表《はつぺう》することになつたが、これを契機《けいき》として今後より良き調査と研究を得たならば、その時《とき》にまた本誌を藉りてこの拙文《せつぶん》を補《おぎな》つて行きたいと考《かんが》へてゐる。

最初、いろいろな困難《こんなん》や、また前述《ぜんじゆつ》のやうな所論の獨斷を恐《おそ》れて、私は比較的安易《ひかくてきあんい》なナチスの制服《せいふく》のみに就いて書くべく豫定《よてい》してゐたが、それでは却つて制服自體《せいふくじたい》の意義を狹少《けふせう》にし不徹底《ふてつてい》にする憾《うら》みがあり、それにまたナチスの制服自體《せいふくじたい》にしても、それがドイツ的な血統《けつとう》を引いてゐる以上、歴史的《れきしてき》にはそれ以前の時代と不可分《ふかぶん》な繋りを持つてゐるので、假令《たとひ》、粗雜な觀察《くわんさつ》であつても一つの新しい試《こころ》みとして、危險を顧《かへり》みず「ドイツの制服《せいふく》」と題するに至《いた》つたのである。

1

ドイツの制服《せいふく》に就いて述べる前に、先づ制服の一般的《ぱんてき》な概念《がいねん》を定義《ていぎ》して置かねばならない。

制服《せいふく》といふのはドイツ語《ご》の Uniform、フランス語の Uniforme、英語の Uniform の譯語《やくご》であるが、その總て が共《とも》にラテン語の Uniformis から出《で》てゐるのである。

この Uniformis は Unus＝ein（獨）＝one（英）と forma＝horm（獨）＝form（英）の二つの綴《つゞ》りからできてをり、形容詞《けいようし》として「一つの型《かた》の」、また「同《おな》じ型の」を意味し、名詞《めいし》として用ひられる時、それは「同じ型の衣服《いふく》、勤勞服《きんらうふく》、官服等々、殊に兵士《へいし》の軍服《ぐんぷく》」（ハイゼ外來語辭典）を云ふ。ブロックハウス大辭典《だいじてん》によると、「或る職《しよく》業階級《かいきふ》に特有な衣服《いふく》の呼稱である。就中《なかんづく》、制服とは一八〇八年より一八四三年までプロシヤ歩兵部隊《ほへいぶたい》の將校《しやうかう》が勤務服として着用《ちやくよう》し、一八五六年までは禮服《れいふく》として着用せるフロックを云ふ」となつてをり、ウエブスターのインターナショナル・デイクショナリイでは「勤務《きんむ》や社會的《しやくわいてき》階級《かいきふ》や、また好みを同《おな》じくする人々《ひとびと》によつて着られる、特別《とくべつ》なスタイルやファッションの衣服《いふく》であつて、例へば砲兵、警官《けいくわん》、テンプル團騎士《だんきし》の如く、それによつて特異《とくい》の外觀《ぐわいくわん》を持つためである」と説明《せつめい》されてある。つまり簡單に云へば、制服《せいふく》とは同じ職業や階級《かいきふ》や團體の人々が着用する同一の衣服《いふく》を指すのである。從つて僧侶《そうりよ》の袈裟《けさ》や殿上人の衣冠束帶《いくわんそくたい》や學生の校服も皆制服《みなせいふく》である。それらは同じ職業《しよくげふ》や階級や團體《だんたい》に屬する人々によつて着用《ちやくよう》せられ、それ以外の人々から明白《めいはく》に區別され得る表示《へうじ》となつてゐる。しかし制服《せいふく》が單にそれを着用《ちやくよう》しない人々から區別するだけの目的《もくてき》しか持つてゐないとすれば、一般《ぱん》に制服と云はれ得る種類《しゆるい》のものは非常《ひじやう》に多くなるが、それだけ制服《せいふく》そのものの持つ目的を曖昧《あいまい》にしてしまふ。

例《たと》へばウエブスターの説明《せつめい》にある如く「好みを同じくする人々によつて着られる、特別《とくべつ》なスタイルやファッションの衣服《いふく》」として廣義《くわうぎ》に制服《せいふく》を考へるならば、ゲーテが「ウエルテルの悲《かな》しみ」の中《なか》で描《ゑが》いたウエルテルの青色の上衣《うはぎ》と黄色《きいろ》いチョッキをもわれわれは一つの制服と見なければならない。事實《じじつ》「ウエルテルの悲《かな》しみ」を愛讀した當時の青年子女《せいねんしぢよ》は、擧つてウエルテルの服裝《ふくさう》を眞似、後世の文學史家《ぶんがくしか》をしてウエルテル・モードの新造語《しんざうご》を發明《はつめい》せしめたほどその服裝は一世を風靡《ふうび》したのであるだが果《はた》してウエルテル・モードの衣服《いふく》をわれわれは制服と呼《よ》ぶべきであらうか。もしそれが許《ゆる》されるならば、わが國の元祿時代《げんろくじだい》に流行した元祿袖《げんろくそで》をも制服と云つて差支へないであらうし、更《さら》にわが國の婦人達《ふじんたち》に愛用せられてゐる奇怪《きくわい》な「アツパツパ」すら制服《せいふく》と云ひ得る。しかしその人の趣味《しゆみ》や好奇心《かうきしん》を他の人から區別するだけの衣服殊に流行《りうかう》のみに阿《おも》ねつた衣服が制服《せいふく》と云ひ得ないのは勿論であるが、假令《たとひ》、その衣服が或る特定《とくてい》の人々のみに限られて用《もち》ひられたとしても、われわれはそれを制服《せいふく》と見做すことができない。なぜならば制服《せいふく》は常に衣服《いふく》の上に加へられた形式的《けいしきてき》な制限でなく、制服《せいふく》を着用《ちやくよう》する人々の精神的制限《せいしんてきせいげん》をも意味《いみ》しなければならないからである。従つて制服《せいふく》はそれを用ひる人間の思想的《しさうてき》Uniformierung をも豫定《よてい》してゐなければならない。

Uniformierung は劃一《くわく》にするとか、統《とう》一する、また制服を着せるといふ意味《いみ》の動詞《どうし》 Uniformieren を名詞《めい》化《くわ》したものであるが、この Uniformierung、即《すなは》ち「劃一化《くわくくわ》すること」、「統一すること」は衣服《いふく》のみに適用《てきよう》されるのでなく、或る目的《もくてき》や理想を表象する制服の着用者《ちやくようしや》にも内的な拘束《かうそく》を與《あた》へなければならない。さうでない限《かぎ》り、制服はその他の「一般日用品《ぱんにちようひん》と何等《なんら》異《こと》るところがない」のである。ブロツクハウス大辭典《だいじてん》にも「外的には着用者《ちやくようしや》の或る階級《かいきふ》への歸屬、特に軍隊《ぐんたい》や官吏階級（郵便局《いうびんきよく》、警察署税務署等々）への歸屬《きぞく》を認別《にんべつ》せしむべき衣服《いふく》である。またそれは歸屬の感情《かんじやう》を強固にし、善い意味での階級意識《かいきふいしき》の高揚《かうやう》に寄與《きよ》すべきである。この理由《りいう》から衣服の劃一化は望ましいことである」と云つてゐる。

制服が歸屬の感情《かんじやう》を強固にし、階級意識《かいきふいしき》の高揚に寄與することは、とりも直《ただ》さず制服自體《せいふくじたい》がその着用者《ちやくようしや》の精神を一定の方向へ指導《しだう》するといふ意味《いみ》に外ならない。このやうな最も典型的《てんけいてき》な制服を、われわれは兵士《へいし》の軍服に見ることができる。そこでは個人《こじん》の自由な意志や感情《かんじやう》は抹殺され、軍隊《ぐんたい》といふ全體の意志と感情のみが支配《しはい》してゐる。だからしばしば制服《せいふく》そのものが、或る階級《かいきふ》や團體の保有《ほいう》してゐる思想を代辯《だいべん》すると同時に、またかかる制服の着用者《ちやくようしや》の個人的思想もその外觀《ぐわいくわん》によつて測定《そくてい》し得ることになる。つまり制服《せいふく》は個人を全體《ぜんたい》へ結びつける媒介《ばいかい》の役をなすものであつて、もしこの機能《きのう》を制服から奪《うば》ふならば、われわれは軍服《ぐんぷく》から嚴格な軍人精神《ぐんじんせいしん》を感じることができず、牧師《ぼくし》の黒衣《こくい》から清淨な靈魂《れいこん》を感じることができなくなる。

從つて嚴密《げんかく》な意味から云へば、全體《ぜんたい》の意志や感情《かんじやう》を表示する制服《せいふく》が或る程度まで個人の思想を拘束制限《かうそくせいげん》しなければならぬ以上、このやうな拘束や制限《せいげん》に自らを捧《さゝ》げ得る者、卽ち、或る階級《かいきふ》や團體の持つ全體的思想《ぜんたいてきしさう》に共鳴し得る者のみが制服《せいふく》の着用者たる資格《しかく》を有するのである。それ故、殺人者《さつじんしや》は牧師の黒衣《こくい》を纏《まと》ふことができず、詐欺漢は裁判官《さいばんくわん》の官被《くわんぴ》をつけることができない。假令、賣國《ばいこく》奴《ど》が軍服を着用《ちやくよう》するとしても、われわれは彼を忠勇《ちゆうゆう》な軍人と呼《よ》ぶことができぬであらう。この場合《ばあひ》の制服は、彼の單なる僞裝《ぎさう》に外ならない。制服《せいふく》が或る階級《かいきふ》や團體に歸屬する人々を、それ以外《いがい》の人々から區別する外裝上《ぐわいさうじやう》の特徵にすぎぬとすればそれで差支《さしつか》へないが、しかし前にも述べたやうに、制服《せいふく》の本質《ほんしつ》はそのやうな形式《けいしき》に基いてゐるものでなく、制服《せいふく》を着用することによつて個人《こじん》が、精神的に彼の歸屬《きぞく》する階級や團體《だんたい》を代表するといふことでなければならない。卽《すなは》ち、個が全を表《あらは》してゐなければならないのである

オイゲン公

かく考《かんが》へてくると、今までわれわれが常識《じやうしき》として持つてゐた制服《せいふく》の概念は非常《ひじやう》に狹《せば》められてくる。われわれは制服《せいふく》を上から與《あた》へられた一つの型《かた》として見てきたし、同時にその型《かた》に鑄《い》られた思想なり行動目的《かうどうもくてき》を一つの規則として考へてきた。つまり制服《せいふく》を、個を包含《はうがん》する全としてのみ考へてゐたのである。しかし反對《はんたい》に制服は、個《こ》に於いて全を示《しめ》すものでなければならぬ以上、個と全《ぜん》とは制服

を通して結《むす》び付《つ》けられてゐなければならぬことになる。判《わか》り易《やす》く云へば、制服の中に個《こ》と全《ぜん》とが含められてゐてそれが或る階級《かいきふ》や團體の標識《へうしき》になつてゐると共に個人の意志や感情《かんじやう》の統一された發表《はつぺう》ともなつてゐなければならない。だから制服《せいふく》なき個も全も考《かんが》へることができず、個と全とは制服《せいふく》によつて初めてその成立を實現《じつげん》することができるのである。

それにしても、この個《こ》と全《ぜん》との結び付きを強固《きやうこ》にし緊密にするものは果《はた》して何《なん》であらうか――

2

制服《せいふく》が個と全とを結《むす》び付けてゐることもわれわれは知つてゐるが、しかし結合《けつがふ》の力を制服《せいふく》が持つてゐるのではない。その力の眞實《しんじつ》の保有者《ほいうしや》は、制服によつて象徴《しようちよう》される、或る階級《かいきふ》や團體の思想なり行動目的《かうどうもくてき》そのものである。もし制服《せいふく》が一定の思想《しさう》や目的《もくてき》を持つてゐないならば、個と全との結合《けつがふ》は弛緩《しかん》し混亂してしまふ。反對《はんたい》により強固な思想や目的《もくてき》が、この二つの結合《けつがふ》をいよいよ堅《かた》める。だからこの場合、制服《せいふく》に於いてわれわれの取扱《とりあつか》ふ問題は、或る階級《かいきふ》や團體《だんたい》の掲げる思想や目的《もくてき》に轉化《てんか》して行く。なぜならばさういふ精神的《せいしんてき》なものが先在して初めて制服《せいふく》が生まれてくるからである。

私は「まへがき」の中《なか》で、ドイツに於ける制服《せいふく》が如何なる歴史的《れきしてき》環境《くわんきやう》のもとで生まれたかといふ思想史的《しさうしてき》意義《き》に視線《しせん》を向けてゐることを斷《ことは》つて置いたのであるが、事實、制服《せいふく》そのものの誕生《たんじやう》は殆んど偶然《ぐうぜん》な着想や思付きによるものであつて、或る團體《だんたい》が愛國主義《あいこくしゆぎ》を標榜《へうばう》するために褐色《かつしよく》の襯衣《シャツ》を着たのでなく、また或る貴《き》族《ぞく》階級《かいきふ》が長靴を穿いたのは短い木靴《きぐつ》を穿いた農民《のうみん》一揆《き》を鎭壓《ちんあつ》するためでもなかつた。だが褐色《かつしよく》にしろ黒色《くろいろ》にしろ、或る制服が生まれなければならなかつた歴史的條件《れきしてきでうけん》といふものが必ず存在《そんざい》してゐなければならない。そしてその歴史的條《れきしてきでう》件《けん》なるものが永續きするに從つて、假令、偶然に制定された制服《せいふく》であつても、それが體驗《たいけん》して來た歴史《れきし》によつて或る時代精神《じだいせいしん》と不可分な關係《くわんけい》を結ぶに至《いた》るのである。われわれが制服《せいふく》と思想との必然的《ひつぜんてき》な統合《とうがふ》を考へるのは、前にも述べたやうな制服の歴史《れきし》とそれによつて蓄積《ちくせき》された力《ちから》とのためである。

モルトケ將軍

制服《せいふく》の型《かた》、色彩、徽章《きしやう》などもその二つの要素《えうそ》によつてわれわれには或る思想《しさう》の必然的な象徴《しやうちやう》となるが、これとて最初は偶然《ぐうぜん》に生まれたものが多《おほ》いのである。例《たと》へば一九二〇年、新《あたら》しいドイツの國旗《こつき》として公《おほやけ》にされた鈎十字旗に就いて、ヒツトラーは「わが闘争《とうさう》」の中《なか》で「われわれドイツ國民社會主義者《こくみんしやくわいしゆぎしや》は、この鈎十字旗の裡にわれ等の綱領《かうれう》を明瞭に見る。即ち赤色はわれわれの運動《うんどう》の社會思想《しやくわいしさう》を現し、白色は國粹的觀念《こくすゐてきくわんねん》を、そして鈎十字はアリアン人種の勝利及び同時に創造的活動《さうざうてきくわつどう》の勝利への闘争《とうさう》の使命をそれぞれ象徴《しやうちやう》するものである」と云つてゐるが、しかしこの鈎十字旗はヒツトラー個人《こじん》の創案《さうあん》であつて、國民社會主義思想《こくみんしやくわいしゆぎしさう》が必然的に創造《さうぞう》したものではない。無論《むろん》、鈎十字はインド・ゲルマン民族《みんぞく》が太陽や生命《せいめい》の象徴《しやうちやう》として崇拜し赤白黒の三色も歴史的《れきしてき》な血統《けつとう》を引いてゐるにしろ、鈎十字旗の發明《はつめい》はヒツトラー個人《こじん》の頭腦《づなう》の中から創《つく》り出されたものである。

殊に「ドイツの色」としての赤白黒《あかしろくろ》の三色の起源《きげん》を見ても、われわれはそれが偶然《ぐうぜん》に彩色《さいしよく》され、歴史の試練《しれん》によつて初めて必然的《ひつぜんてき》な意味を持つに至つたことを見る。即ち、中世の末葉《まつえふ》までのドイツ國旗《こつき》は、金地の中に黒色の雙頭の鷲《わし》が描《ゑが》かれてあり、その頃には金色《こんじき》と黒色とがドイツの色《いろ》とされてゐた。この二色《しよく》は一八〇六年まで保持されて來たが、一八一五年以後《ねんいご》、ドイツ・ブルシエンシヤフトによつて初めて黑赤黃《くろあかき》の三色が採《と》り入れられ、その他の多くの團體《だんたい》によつてもこの三色が國民的感情《こくみんてきかんじやう》の象徴《しやうちよう》として考《かんが》へられた。ブルシエンシヤフトに就いては後章に於いて略述《りやくじゆつ》する豫定であるが、現在《げんざい》の如き黑白赤の三色が「ドイツの色」として確立《かくりつ》されるまではなはだ幾多の困難《こんなん》な時代を經《へ》なければならなかつたのである。

その他、フランス革命時代《かくめいじだい》には青白赤《あをしろあか》のトリコロールが革命黨《かくめいたう》の黨色となり、一八四八年の革命では社會民主主義黨《しやくわいみんしゆしゆぎたう》は赤色を選《えら》んだ。また色彩以外《しきさいいぐわい》にも、例へば十七世紀に於けるイギリスの王黨《わうたう》は長い捲毛《まきげ》を刈《か》らし、それに反して共和主義淸教徒派《きようわしゆぎせいけうとは》は髮《かみ》を短く刈つてゐたのである。かういふ總てが殆んど偶然《ぐうぜん》の思付きから生まれたもので、かのトリコロールを「革命の色《いろ》」と見るのは、トリコロールが體驗《たいけん》した歷史の蓄積《ちくせき》によつてである。またその故にこそ共和主義淸教派《きようわしゆぎせいけうは》を、われわれは「圓顱黨《ラウンド・ヘッド》」といふ固有名詞を以つて呼《よ》ぶことができるのである。

3

あまりに私は制服《せいふく》の定義に拘《こだは》りすぎたかも知れないが、しかしここまで云つて來なければウエルテル・モードも元祿袖《げんろくそで》も「アッパッパ」も總てが制服と見誤《みあやま》られるからである。それに制服の誕生《たんじやう》が偶然であればあるほど、制服が一般の流行的《りうかうてき》なコスチュームと區別せられるだけの所謂「歷史《れきし》の意志《いし》」を身につけねばならないことを私は力説《りきせつ》したかつたからである。

それ故、如何に嚴肅《げんしゆく》な綱領《かうりやう》を掲げて嶄新《ざんしん》な型の制服を制定《せいてい》しようとも、制服そのものが苦鬪《くとう》の歷史によつて裏打ちされてゐない限り、それは何程《なにほど》の價値《かち》を持ち得やうか。制服を歷史に結びつけ得るものは、制服の象徴《しやうちよう》する思想以外《しさういぐわい》にはないのである。だからわれわれはテンプラー騎士《きし》の制服に、エルサレムの靈墳《れいふん》を守り、聖地巡禮《じゆんれい》者を保護した宗教的熱情を感じ、ナチス親衞隊《しんゑいたい》の制服から血みどろな革命的意志を感《かん》じるのである。

制服が一定の志向《しかう》を現示《げんじ》するためには、それが歷史《れきし》によつて立證《りつしよう》せられ確認せられてゐなければならない。なぜなら歴史《れきし》に無緣《むえん》な志向《しかう》をわれわれは考へることができず、また一定《てい》の志向を持たぬ制服《せいふく》をわれわれは想像《さうぞう》することができないからである。私が制服《せい》の背後《はいご》にその歴史《れきし》と歴史によつて蓄積《ちくせき》された力とを見ようとするのは、このやうな意味《いみ》に外《ほか》ならないのである。しかしここで注意《ちゆうい》して置かねばならないことは、初《はじ》め制服《せいふく》は歴史《れきし》の中から作られるが、しかし一度《ど》生《う》まれ出た制服は自《みづか》らの力で自らの歴史《れきし》を建設《けんせつ》するといふことである。でない限《かぎ》り制服の意味は消失し、日常の衣服《いふく》と何等《なんら》擇《えら》ぶところがなくなる。そしてもし制服《せいふく》が歴史《れきし》によつて左右されるならば、それは既に制服《せいふく》としての存在價値《そんざいかち》を失つてゐるばかりでなく、趣味《しゆみ》や好奇心《かうきしん》に阿ねる流行服に轉落《てんらく》して行く。制服がその存立《そんりつ》のためには不動な意志《いし》を必要《ひつえう》とするに對し流行服は雷同性《らいどうせい》をその本質《ほんしつ》としてゐる。だから制服《せい》が制服としての生《い》き得《う》るためには戰ふ以外《いぐわい》にその道がない、もし戰《たたか》ひを忌避《きひ》するならば、歴史を建設するどころか、それ以前に制服自體《せいくじたい》が滅びなければならないのである。われわれはこのやうな事例《れい》を限り無く知つてゐる筈《はず》である。そして戰《たたか》ひを喜び迎《むか》へたものが、假令、それが悲劇《ひげき》的《てき》な戰ひであつたにしろ、所謂《いはゆる》「永遠《えいゑん》の制服《せいふく》」として生き續《つづ》けることができた。われわれはその好例《かうれい》を、ドイツの愛國學生團體《あいこくがくせいだんたい》であり、その血統《けつとう》を今日のナチス・ドイツに復活《ふくくわつ》せしめた、かのブルシエンシヤフトの中《なか》に見ることができる。

——最初《さいしよ》、ブルシエンシヤフトといふ言葉《ことば》は單《たん》なる學生團體と同意語《どういご》に用ひられてゐたのであるが、一八一五年以後、一定《てい》した思想《しさう》と行動目的《かうどうもくてき》とを持つた學生組合《がくせいくみあひ》に變つた。最初《さいしよ》のブルシエンシヤフトはドイツ解放戰爭《かいはうせんさう》（一八一二年―一八一五年）に從軍《じゆうぐん》した學生《がくせい》の一部によつて、一八一五年エーナに於いて作《つく》られたのである。當時《たうじ》ドイツに於いてはフランスのナポレオン一世《せい》に對《たい》する反抗が漸《やうや》く昂《たか》り、ドイツ獨立の機運《きうん》が萌《きざ》してゐた。だから一八一三年の自由戰爭《じいうせんさう》はドイツ國民にとつて、國家《こくか》の安危を賭《と》した一大決戰《だいけつせん》であつた譯《わけ》である。ブルシエンシヤフトの精神《せいしん》は、この自由戰爭《じいうせんさう》に高揚せられた祖國愛《そこくあい》を基調としてゐるのである。

ブルシエンシヤフトの設立者《せつりつしや》として先《ま》づわれわれはヨハン・ゴットフリード・フイヒテを擧げることができる

既に彼《かれ》は一八〇七年から八年の冬《ふゆ》にかけて、プロシヤ國《こく》とドイツの自由《じいう》の沒落《ぼつらく》を凝視《ぎやうし》しつつ、敵軍《てきぐん》によつて包圍せられた首都《しゆと》ベルリンに於いて「ドイツ國民《こくみん》に告ぐ」を講演《こうえん》し、新しいドイツの復活《ふくくわつ》を確信して思索《しさく》に耽つてゐたのである。またわれわれはフイヒテと共にブルシエンシヤフトの設立《せつりつ》に協力《けふりよく》した體操術《たいさうじゆつ》の父フリードリヒ・ヤーンを忘《わす》れてはならない。彼《かれ》はドイツ、殊《こと》にプロシヤの屈辱《くつじよく》を見るに忍びず、ドイツ國民精神《こくみんせいしん》の作興を生涯《しやうがい》の念願とし、その目的《もくてき》に最適な手段《しゆだん》として體操術《たいさうじゆつ》を考案したのである。しかし彼は著作家《ちよさくか》としても活躍《くわつやく》し、一八一三年の大戰が勃發するや青少年の間に熱烈《ねつれつ》な祖國愛《そこくあい》を鼓吹した。一三年二月、彼《かれ》はブレスラウに赴《おもむ》き、自由戰爭《じいうせんさう》に於いて最も輝《かゞや》かしい勳功《くんこう》を殘した遊擊部隊《いうげきぶたい》リユツチヨヴ軍團《ぐんだん》に加《くは》つた。

フイヒテ、ヤーンの外にゴータ出身《しゆつしん》の學生《がくせい》シヤイドラー、ラツチエブルク出身のリーマン、ノイストレリツツ出身のカール・ホルン等の勸說《くわんせつ》と、エーナの同鄕人會《ランヅマンシヤフト》、殊にゲルマン主義者《しゆぎしや》の要請《えうせい》に基いて、エーナ近郊《きんかう》のカムスドルフにある「縱旅館」に於いてブルシエンシヤフトの結成式《けつせいしき》が擧げられた。この團體《だんたい》に參加《さんか》した者は初め百十三名の學生《がくせい》で、その目的《もくてき》とするところは學生間《がくせいかん》の不和軋轢《あつれき》を除去し、粗暴《そばう》な學生々活を向上《かうじやう》せしめると同時に祖國《そこく》ドイツへの愛國心《あいこくしん》を高めることであつた。そしてブルシエンシヤフトの標語《へうご》として彼等《かれら》は、"Ehre, Freiheit, Vaterland"（名譽《めいよ》、自由、祖國《そこく》）を撰《えら》び、その象徴《シンボル》として黑赤黃の色彩《しきさい》が採用《さいよう》されたのである。これによつてブルシエンシヤフトの同志《どうし》は、常に青春《せいしゆん》の歡喜と嚴肅《げんしゆく》な生活、協同行爲《けふどうかうゐ》の意味とを感《かん》じたのである。ところがブルシエンシヤフトのこの色彩《しきさい》と、リユツチヨヴ軍團《ぐんだん》の制服《せいふく》とが結《むす》びつけられることになつたのである。

前にもリユツチヨヴ軍團《ぐんだん》に觸《ふ》れたが、この軍團は主《しゆ》として志願兵《しぐわんへい》から成り、特《とく》に非プロシヤ人によつて構成《こうせい》されてゐた。大體《だいたい》この軍團の組織者《そしきしや》はリユツチヨヴでなくペーテルスドルフ少佐《せうさ》なのであるがリユツチヨヴが常《つね》に先陣《せんぢん》に立つて戰《たゝか》つたためこの名が冠《くわん》せられたのである。兎に角、リユツチヨヴ軍團《ぐん》がドイツ自由戰爭《じいうせんさう》に於いて演じた役割《やくわり》は極めて重大《ぢゆうだい》で、その故にリユツチヨヴ制服《せいふく》なるものが世間《せけん》に喧傳《けんでん》されやうになつた。われわれはことに於いても制服《せいふく》が自らの歴史《れきし》を創造《さうざう》して行く戰ひを見ることができるが、そのリユツチヨヴ制服《せいふく》にことよせて、同軍團《どうぐんだん》の有名な詩人《しじん》テオドール・ケルネルは、自由戰爭《じいうせんさう》を歌《うた》つた「竪琴と劍」の中で「われ等、黒き復讐《ふくしう》の衣を纏《まと》ひて、失せにし心を哀む、されど人々、この紅《くれなゐ》ぞ何の徴《しるし》なると、汝等《なんぢら》に聞かん、そはフランスの血《ち》なり」（黒衣の獵兵《れうへい》の歌）と歌《うた》つてゐる如く、その制服《せいふく》は黒地の赤の縁《ふち》どりがしてあり、金色《こんじき》のボタンがつけられてあつた。即ち、リユツヨヴ制服《せいふく》の黒赤黄《くろあかきい》とブルシエンシヤフトの黒赤黄が同一《どういつ》の色調《しきてう》であつたため、その二つが愛國《あいこく》心《しん》の發現《はつげん》として結《むす》び合されたのである。

ドイツの國旗《こくき》に就いても、私は簡單《かんたん》ながら前章《ぜんしやう》に述べて置いたのであるが、ナチス・ドイツ以前《いぜん》の世界大戰《せかいたいせん》までのドイツ國旗《こくき》も、このブルシエンシヤフトの愛國運動《あいこくうんどう》を契機《けいき》として偶然《ぐうぜん》に生まれた。と云ふのは一八一六年三月三十一日、この日はドイツ軍《ぐん》がパリを占領《せんりやう》した第二週年紀念日に相當《さうたう》するのであるが、エーナの婦女子供《ふぢよこども》が、三色の旗を同地《どうち》のブルシエンシヤフトの團員《だんゐん》に與《あた》へたといふ、まことに即興的《そくきようてき》な思《おも》ひつきから生まれたのであつたからである。

ブルシエンシヤフトは最初《さいしよ》エーナのみに於いて組織《そしき》されたのであるが、そのうちこれと同似《どうじ》の團體がベルリンハレ、ハイデルベルヒ、キール等《とう》のドイツの各都市《かくとし》でも結成《けつせい》された。そして自由戰爭《じいうせんさう》によつて煽《あふ》り立てられたドイツ國民《こくみん》の期待は是が非でも實現《じつげん》せられなければならないといふことが、次第に明確《めいかく》な時代精神として勃興《ぼつこう》して來た時、ブルシエンシヤフト内にも穩《おだや》かならぬ不滿《ふまん》の空氣が漲《みなぎ》つて來たのである。既《すで》にこのことは、一八一七年十月十八日、エーナ・ブルシエンシヤフトによつて招集されたワルトブルクの祝祭《しゆくさい》に於ても明瞭《めいれう》な形となつて現《あらは》れてゐた。この祝祭《しゆくさい》にはエーナ大學の教授《けうじゆ》フリース、オーケン、ジユヴアイツア等が出席《しゆつせき》し、約《やく》五百名の學生《がくせい》が參加《さんか》したのである。大體《だいたい》、ワルトブルクの祝祭《しゆくさい》はドイツの國運《こくうん》を決したライプチヒの戰《たたか》ひを記念《きねん》するためであつて、ブルシエシヤフトの組織者《そしきしや》でもあり、またリユツヨヴ軍團《ぐんだん》の一員でもあつた神學科學生《しんがくくわがくせい》のリーマンが祝祭演説を行《おこな》つた。ところがこの「自由な學生組合《がくせいくみあひ》」から　ドイツのあらゆる高等專門學校《かうとうせんもんがくかう》に普及《ふきふ》せしむべき一般ドイツ・ブルシエンシヤフトの理想《りさう》が生《う》まれ出《だ》たのである。その原則《げんそく》に就いては、一八一八年の三月、エーナで開催《かいさい》せられた「學生組合會議《がくせいくみあひくわいぎ》」の席上《せきじやう》に於いて承認せられたこの會議《くわいぎ》には九大學の代表者《だいへうしや》が出席し、國民と祖國《そこく》とへの愛、國民精神《こくみんせいしん》の覺醒《かくせい》と保持《ほぢ》とが、このドイツ・ブルシエンシヤフトの根本思想《こんぽんしさう》として聲明《せいめい》せられた。更に同年の十月十八日、エーナに於ける「學生組合會議《がくせいくみあひくわいぎ》」では、十四大學の代表者《だいへうしや》が一般ドイツ・ブルシエンシヤフトの憲法《けんぱふ》として「高等專門學校《かうとうせんもんがくかう》に於いて學問的《がくもんてき》に教育されつゝある全ドイツ青年《せいねん》を一體に統合《とうがふ》し、ドイツ青年《せいねん》の境遇にあつてドイツ國民《こくみん》の生成《せいせい》する統一へと基礎《きそ》づけること」、及び「あらゆる學生相互間《がくせいさうごかん》の統一、自由、平等《びやうどう》、あらゆる權利《けんり》と義務の平等、祖國奉仕《そこくほうし》のため各個人《かくこじん》の精神力肉體力のキリスト教的《けうてき》ドイツ的鍛錬《たんれん》」を議決《ぎけつ》した。

かくて一八一九年の春頃《はるごろ》までには、殆《ほと》んどあらゆるドイツ高等專門學校《かうとうせんもんがくかう》にこのブルシエンシヤフトが持《も》たれるに至つたが、多數の組合員を擁《よう》するものは、その中に幾つかの小さいグループが作《つく》られてゐたので、時《とき》としてこのやうな小團體《せうだんたい》にあつては政治的《せいぢてき》な昂奮《かうふん》が一種の熱狂主義《ねつきやうしゆぎ》にまで高められることは稀《まれ》でなかつたのである。このやうな危險《きけん》を避けるために、ブルシエンシヤフトは如何なる事態《じたい》に際會《さいくわい》しようとも、以前の同志の暗殺《あんさつ》に加はることも絶對《ぜつたい》に禁止《きんし》してゐたにも拘《かゝは》らず、コツチエブーエがアカデミーの自由《じいう》に反する如き著作《ちよさく》を認容《にんよう》したといふ理由《りいう》で、一八一九年三月二十三日、エーナ・ブルシエンシヤフト所屬《しよぞく》の熱狂派《ねつきやうは》サンドによつて刺殺《しさつ》されてから、政府《せいふ》のブルシエンシヤフトに對する監察《かんさつ》の眼《め》はきびしくなり、遂ひに同年九月二十日、カールスバードの決議《けつぎ》の結果《けつくわ》ブルシエンシヤフトは彈壓《だんあつ》の悲運に遭遇《さうぐう》することとなつたのである。

ところがそれから十年後、またも各地《かくち》に以前《いぜん》のブルシエンシヤフトと同じ團體《だんたい》が多數生まれたのであるが、もはや公然《こうぜん》と組織《そしき》されることができなかつたので、今やこの團體は政治的な秘密結社《ひみつけつしや》の性格を持《も》つやうになつた。今度は如何なる禁壓《きんあつ》も威嚇《ゐかく》も効を奏《さう》せず、やがて一八二七年、一般ドイツ・ブルシエンシヤフトの新體《しんたい》がドイツ統一を目的《もくてき》として誕生《たんじやう》した。

しかしなほドイツ・ブルシエンシヤフトはその後も盛

衰の歴史を辿《たど》り、長い苦難《くなん》の道を體驗《たいけん》しなければならなかつたがそしてこのブルシエンシヤフトの中《なか》にも幾分《いくぶん》思想や行動目的《かうどうもくてき》を異にした團體《だんたい》が包含《はうがん》せられてはゐたがドイツ統一の夢《ゆめ》は決して捨《す》てられはしなかつたのである。

4

以上まことに粗笨ながら、ドイツ・ブルシエンシヤフトの歴史と思想を語つたのであるが、無論《むろん》、これによつて私は制服《せいふく》と歴史との必然《ひつぜん》的な關聯を完全に説明し得たとは思《おも》つてゐない。しかしブルシエンシヤフトが祖國統《そこくとう》一の理想に燃えて戰《たゝか》ひ、その中から生《う》まれた「ドイツの色」がやがてドイツ國旗《こくき》として掲《かゝ》げられて行く歴史《れきし》の歩みは感得《かんとく》されるであらう。ブルシエンシヤフトの戰《たゝか》ひはとりも直《なほ》さず「ドイツの色」の戰《たゝか》ひでもあつた。この「ドイツの色」が國旗となるまでに幾多《いくた》の時代的變遷《じだいてきへんせん》をわれわれは見なければならないのであるが、しかしいつの場合にあつても普遍《ふへん》な存在が特殊《とくしゆ》な存在に昇華するためには、存在《そんざい》することが一つの力《ちから》となつてゐなければならない。力のない存在《そんざい》は、その母體《ぼたい》である時代のため却《かへ》つて壓殺《あつさつ》されてしまふ。一度《ひとたび》時代《じだい》から生まれたものは　自分《じぶん》の生活《せいくわつ》のため寧ろ時代を創造して行く權力者《けんりよくしや》にならなければならないのである。

しかしこのことは制服が成長する途上、それの抱《いだ》く理想や意志《いし》を頑守《ぐわんしゆ》して、毫も歴史や時代の影響《えいきやう》を受けないと云ふのではない。例へば宗教改革時代《しうけうかいかくじだい》のドイツのコスチユームがイスパニア風の變化《へんくわ》を受けたと同《おな》じやうに制服《せいふく》も或る程度《ていど》の外部よりの力《ちから》を甘受《かんじゆ》しなければならない。殊に近代科學《きんだいくわがく》や技術の發達《はつたつ》は、日常生活《にちじやうせいくわつ》に多大の影響《えいきやう》を及ぼし、衣服《いふく》とてその例に洩《も》れることができず、例へば火器《くわき》の發明は兵士《へいし》の制服《せいふく》に著《いちじる》しい變化を與へずにはおかなかつた。火器の出現以前《しゆつげんいぜん》では、ドイツでも日本でも同じやうに甲冑《かつちう》を身につけて戰《たゝか》つた。ところが銃砲が戰爭《せんさう》に使用《しよう》され始めると、曾て刀槍《たうさう》の刃《やいば》を防いでゐた甲冑《かつちう》がその用をなさなくなり、却つて運動《うんどう》の自由《じいう》を束縛する重荷《おもに》になつてきた。更に戰術《せんじゆつ》も進歩し集團《しふだん》的な攻防法が採用《さいよう》されると、輕快《けいくわい》な服装が要求《えうきう》されるやうになつた。

われわれは寫眞《しやしん》のオイゲン公（一六六三年—一七三六、

年）とモルトケ將軍《しやうぐん》（一八〇〇年—一八九一年）の軍裝《ぐんさう》を比較《ひかく》するならば、近代《きんだい》科學《くわがく》の與へた力《ちから》が如何に大きいかを察知《さつち》することができる。またこの變化《へんくわ》は軍服《ぐんぷく》のみに限らず、公的《こうてき》な禮裝《れいさう》、正裝《せいさう》にも起こり、殊にこの著《いちじる》しい距《へだた》りを示すものはヨーロツパ文明の洗禮《せんれい》を受けた明治維新以後のものと、江戸《えど》時代《じだい》のものとを比較對照《かくたいしやう》してみれば一目瞭然《れうぜん》である。

だがそれにしても、これは表面上《へうめんじやう》の變《へん》化《くわ》に止まり、制服《せいふく》のもつ本質的《ほんしつてき》なものには少しの變化《へんくわ》があるべき筈《はず》はない。變化《へんくわ》したところは、それが改善《かいぜん》されるべきところであつたか、また使用《しよう》に困《こん》難《なん》であるといふプラクテイカルな點であつて、もしさういふ缺點《けつてん》を持たぬ制服《せいふく》か衣服であれば、もはやそれは自《じ》分《ぶん》のみの歴史《れきし》の中で退化《たいくわ》してゐるものでなくてはならない。それと同時《どうじ》にそれがわれわれの生活《せいくわつ》から甚だ遠い、極言《きよくげん》すれば無くて濟ませられる服裝《ふくさう》であることも忘《わす》れてはならない。即ち、外界《ぐわいかい》の力を受けないといふことは、

ヒトラー親衛隊員

それに抵抗《ていかう》して己《おの》を守《まも》つてゐるのでなく、寧ろ無關係《むくわんけい》な状態《じやうたい》にあることを意味《いみ》してゐるこのやうな衣服《いふく》がその存《そん》在價値《かち》を持ち得るのは、一部の舊陋《きうろう》な世界《せかい》に限られてをり、ここに取上げて論《ろん》ずべき類のものではない。

從つて眞實《しんじつ》の制服《せいふく》として語られるものは、繰返《くりかへ》し述べる如く、それが歴史《れきし》と力《ちから》とを保持し、しかし外《ぐわい》界からの力をわがものとして更に歴史《れきし》を創造《さうざう》して行く不《ふ》動な意志を所有《しよいう》してゐなければならない。（つゞく）

厚生省提唱

健民運動協賛

大東亞《だいとうあ》戰爭完遂《せんさうくわんつゐ》の一助たらしめんが爲め厚生省《かうせいしやう》では今回健民運動《こんくわいけんみんうんどう》の徹底《てつてい》を圖られ五月一日より同八日に至る八日間は特《とく》に之《これ》を強調《きやうてう》せらるることとなつたが、衣服部門《いれうぶもん》に關係して居る吾々としては衣服生活もこの際改善して國民體位《こくみんたいゐ》の向上に資し得るやう強調したいのである。

一昨十五年十一月制定せられた國民服《こくみんふく》には國民精神の昂揚《かうやう》、軍民被服《ぐんみんひふく》の近接《きんせつ》といふ重大な意義が含《ふく》まれて居るが、これに依つて國民生活《こくみんせいくわつ》を合理化せしめ經濟上《けいざいじやう》は勿論、保健上《ほけんじやう》にも大いに役立たしめたのである。即ち國民服《こくみんふく》は一般に寛裕《くわんゆう》に出來て居りその上脇開《うへわきびらき》が設けてあるので洋服のやうに窮屈《きゆうくつ》でないばかりでなく、咽喉《のど》を締めるカラーやネクタイを使用《しよう》しないから衞生上《ゑいせいじやう》から見ても非常《ひじやう》によいので、之から新しく服《ふく》を作られる方には是《ぜ》非お奬めすると共に、之を正《たゞ》しく作り正しく着用《ちやくよう》して頂きたいのである。制式《せいしき》に合致しない國民服《こくみんふく》を作つたり國民服《こくみんふく》を着てカラーやネクタイを附《つ》けて居るのは意味《いみ》を爲さないのである。

又本年二月厚生省《かうせいしやう》で定められた婦人標準服《ふじんへうじゆんふく》は從來のものに比し經濟的《けいざいてき》、活動的《くわつどうてき》であるばかりでなく胸部の壓迫《あつぱく》を輕減《けいげん》することや足部の露出《ろしゆつ》を少くすることに工夫《くふう》が凝らされ衞生的《ゑいせいてき》にもよいので、保健上《ほけんじやう》からも從來の着物《きもの》をだんだんこれに改造《かいざう》して着用せられんことをお奬《すゝ》めする。

新しき隊列

火野葦平

五

「前線と銃後《じゆうご》が」と彼は語を繼いだ、「今までのやうに、口先《くちさき》だけではなく、實際《じつさい》に一體とならんければいかん時代《じだい》になつたのです。」

叔《を》父《ぢ》の顏は紅潮していつた。

「自分は石炭の闇《やみ》で檢擧《けんきよ》された。」叔父は少しく聲をおとした、人々は誰いふとなしにうつむいた。「しかし、何《なん》らやましいところはなかつたつもりです。つもりであつたばかりではなしに、事實私は罪《つみ》を犯《を》したことはないのです。そのことは、皆《みな》さんにも、よく分つていただけると思ふのです。正直にいふと、それといふのは、同業者《どうげふしや》が私を嫉《ねた》んで、私をおとしいれたのです。日頃の私の行動《かうどう》からしても、そのことはよく分る筈《はづ》です。警察でもすぐに私に罪《つみ》のないことを諒解《れうかい》してくれて、この通り私は取調《とりしらべ》が濟むと同時に釋放されました。まあ、これは當然《たうぜん》であつた。けれども、私には丁度、白い布《きれ》に墨がついて、洗つても洗つてもその痕《あと》が殘るやうに、何とはなしにそんな痕が殘つたやうな感じがするのです。自分にやましいところがなかつたとはいへ、警察《けいさつ》にひかれて行つたといふことは、いはば自分の不《ふ》徳《とく》の致すところといはんければならんのです。そこで私も、どうしたらこの汚名《をめい》を雪《そそ》ぐことが出來るかと思案してみたのです。それには町内會の役員《やくゐん》を辭任するのが一番だと考《かんが》へたのです。どうか、さういふ譯ですから、御諒承《れうしやう》を願ひたいのです。」

聞いてゐた孝之介《かうのすけ》は、何かしら身のしまるやうな感じになつた。

叔父はガンガラ木魚《もくぎよ》と綽名《あだな》されてゐる。頭の恰好が木魚に似《に》てゐるところから、さういふ綽名を貰つてゐることは、今ここに繰返《くりかへ》していふまでもない。人は風貌《ふうばう》によつてよく綽名をつけられる。しかし、そこには風貌以外の感じの伴《ともな》ふことが多いのである。叔父もさうであつた。

石炭商《せきたんしやう》のなかでも、叔父は腕《うで》ききの方であつたために、多くの者の羨望《せんばう》と嫉視を買つてゐた。ガンガラといふのは、やかまし屋の謂であつたが、やかまし屋といふうちには潔癖《けつぺき》の感じもあつた。

その叔父が警察に拉致《らつち》されたといふ一件は、孝之介の若い頭《あたま》にも、妙な印象《いんしやう》をとどめてゐたのであるが、それが叔父のいふやうに、白布《しろぬの》につけられた黒い汚點《をてん》であつたかどうかはいひ切《き》れない。むしろ、孝之介のやうな純情《じゆんじやう》な者にとつては、たとへ一抹《まつ》の汚點であつたにしろ、何かのきつかけさへあれば、あとかたもなく消《き》え去《さ》るやうなものではなかつたらうか。

孝之介は叔父の言葉《ことば》になほも聽き入つてゐた。あたりにはほかに何の音《おと》もきこえなかつた。人々はただ意外《いぐわい》の感にうたれてゐるやうであつた。あまりに意外だつたので、いふべき言葉を知らなかつたのかも知れない。

「やがて敵《てき》の飛行機がやつてくるかも知れんのです。國内もさきほども申《まを》したやうに今は戰場《せんぢやう》となつたのです。兵隊だけが戰爭《せんさう》をする譯ではないのです。今は前線《ぜんせん》とか銃後とかいふ言葉さへも必要《ひつえう》なくなつたのです。前線と銃後とがしつかりと一つの列をつくつて前進《ぜんしん》しなければならんのです。私はまあ、町内會《ちやうないくわい》の方は自分の責任からいつて辭任さして貰《もら》ひますが、町內のためには微力《びりよく》を盡したいと思ふのです。そこで、若干、この機會《きくわい》を記念するやうな意味合ひで、ポンプを一臺寄附《きふ》さして貰ひたいと思ふのです。」

叔父のこの申出《もうしで》は意外であつた。寄《よ》つてゐた人々の間からやうやく言葉が流《なが》れた。

「まあ、そんなことをいへば、きりがなかです。」

「何もあんたが本當《ほんたう》に石炭の闇《やみ》をやつてゐたわけでもなし。從つて、さう固苦《かたくる》しく考へて町內會の方をやめる理由もござりませんがの。」

「全く困《こま》りますよ。そんなことをされれば、後《あと》が。」

「後《あと》を繼ぐことが出來まつせん。」

「さう何も……」

叔父は人々の言葉を遮《さへぎ》つて、どうしても辭任《じにん》するといつてきかなかつた。そこで、結局《けつきよく》、問題は幹事一任といふことで鳧《けり》がついた。

さつきから、すすめられたお茶《ちや》の冷《ひ》えるのも意に介せず耳を傾《かたむ》けてゐた孝之介は、叔父の人柄《ひとがら》を見なほした。

町會が終《をは》らぬうちに、孝之介は時計を叔母に渡《わた》して叔父の家を出た。

六

孝之介が成木太三《なりきたぞう》の養子になつたのはそれから間もない頃《ころ》であつた。五十を越えて、子がなく、老後《らうご》のことも思ふやうになつた叔父が、孝兵衛《かうべゑ》の子、わけても孝之介に目をつけたのは極《きわ》めて自然の成行《なりゆき》によつてである。孝之介も今はこの叔父の子となることに何らの異存《いぞん》もなかつた。

やがて、關野《せきの》の姉の仲介で孝之介と馬渡とみ子との緣談《ゑんだん》が成立《せいりつ》した。この話もとり立ててどちらからといふことなしに、いつの間にか決つたやうな形《かたち》であつた。戰爭は日一日と進展《しんてん》して街には香港《ホンコン》陷落《かんらく》のニュースが流れてゐた。

今ごろ孝吉は香港攻略《こうりやく》の軍に加はつて、香港に入城したであらうか。それとも、もつと南の方の戰場《せんぢやう》にゐるであらうか。いづれにしても、敢然《かんぜん》と立つて、米英を膺懲《ようちよう》する日の來たのを喜んでゐるに相違《さうゐ》ない。

孝吉が大陸《たいりく》からよこした手紙には、米英といふものに對する心からの憤《いきどほ》りを示すものが少くはなかつた。廣東省《かんとんしやう》の汕頭《スワトウ》が陷《お》ちたころ、彼は誰かに撮《と》つてもらつた寫眞に添へて次のやうな手紙をよこした。それはたか江に宛てたものである。

「たか江《え》どの。もうずゐぶん手紙を書《か》かなかつた。兄さんは汕頭《スワトウ》攻略の軍に加つて、仙頭、潮州《ちやう》の方へ行つて、いまは汕頭にゐる。

汕頭は支那六大港の一つといはれる。六つの港が落《を》ちて最後に殘つてゐたところだ。わが軍は先ず汕頭の對岸《たいがん》にある達濠島《たつがうたう》に敵前上陸して、角石《かくせき》を抑へ、程なく汕頭《スワトウ》の町を完全に占領《せんりやう》した。守備についていては廣東《カントン》軍獨立第九旅の一團と保安隊は堅固な防禦物《ばうぎよぶつ》に據つて、なかなか頑強な抵抗《ていかう》をした。けれども、わが軍の前には一たまりもなかつた。ところで、われわれが上陸《じやうりく》して、一ばん腹が立つたのは、英米の奴《やつ》らが、敵をかばつてゐたことがれき然《ぜん》とわかつたことだ。海岸にはたくさんの物資《ぶつし》を入れた倉庫《さうこ》が並んでをる。鐵の扉《とびら》の上には、イギリスの旗《はた》がかいてあつて、下にはイギリス權益《けんえき》と書いてある。あちこちの立派《りつぱ》な建物の屋根や入り口にも、きつとイギリスかアメリカの旗が立つてをる。向《む》ふの島には、イギリス人の家があつて、そこのあたりには、「何人といへども許可《きよか》なくしてこの島に上陸することを禁《きん》ず」といふ立札が立つてをつたさうだ。今、兄《に》さんのゐる隣《となり》の家はアメリカ人の家だが、ここにも旗《はた》がかいてあつて、「いかなる國人《こくじん》もわが權益《けんえき》を犯《をか》すべからず」と英語《えいご》と支那語《しなご》で書いてある。教會にまでもさういふ立札がれいれいしく立つてゐる。立つてゐるだけなら、べつにかまやせんのだが、そのかげに敵《てき》がゐて、イギリス人やアメリカ人の保護《ほご》をうけてをるのだ。奴《やつ》らは毛唐《けたう》にかばつてもらつて、それを笠《かさ》にきてゐるのだ。

こつちの町とイギリス人やアメリカ人の住んどる達濠島《たつがうたう》とのまん中の海にはイギリスの軍艦ががんばつて動《うご》かん。丁度《ちやうど》まん中のところにをるので、どこからでも見《み》える。日本の船はこの軍艦をよけて通る。むかふからは船の動きでも、軍隊《ぐんたい》の動きでも何でも手にとるやうに見える。きつと見えるに相違《さうゐ》ないんだ。

乗組員《のりくみゐん》は小さな舟で、自分らだけが使ふ船着場《ふなつきば》へ舟をつけては町に來て、自分らだけのところで飲《の》んだり食《く》つたりして歸る。こつちが汗だくになつて市内の警備《けいび》をしてゐるときに、奴《やつ》らはテニスをしてゐやがる。ああ、腹《はら》が立つてたまらん。

この間はイギリスの領事《りやうじ》が水兵を連れて、領事館附近の支那人の店《みせ》へ行つて、ここはイギリス人の地所《じしよ》だから立退けといつてきかん。よく調《し》べてみると、イギリス人の地所なんぞではないのに、威張りくさつて、水兵の奴が支那人を散々になぐつたので五人も怪我人《けがにん》が出た。見ちや居れんといふので、こつちではよく調《しら》べた上に、そこはこつちの占領地域《せんりやうちゐき》なのに怪《け》しからんと抗議《かうぎ》を出した。それでもなほ威張りくさるので、とうとう領事館との交通《こうつう》を遮斷《しやだん》した。さうなると閉口《へいこう》してあやまつてしまつたが、あんな奴らはこつちが下手《した》に出るとつけ上るんだ。とにかく、こんなことをやつてゐても駄目《だめ》だ。駄目の皮《は》だ。いくら蔣介石の軍隊をやつつけても華僑《くわきよう》の道をふさいでも、後にイギリスだのアメリカだのがゐてはどうもならん。さうだとも……」

この手紙を讀《よ》んだとき、たか江は何か兄の孝吉《かうきち》に叱《しか》られてでもゐるやうな感《かん》じがした。

「まあ、こんなに腹《はら》をかいて」

と呆《あき》れたほどである。その頃はまだたか江《え》には、いや、たか江にばかりではなく、多くの人々にも、イギリス、アメリカが日本の邪魔《じやま》だてをするといつても、それがどういふことになつてゐるのか、また今後《こんご》そのためにわれわれがどういふ被害《ひがい》をうけることになるのか、如實《によじつ》には感じられなかつたのである。しかし、支那事變《しなじへん》の進展《しんてん》と共に、そのことは明瞭《めいれう》にわかつて來た。もはや概念的《がいねんてき》にではなく、身をもつて感じとる時が來たのである。今ごろ、孝吉は汕頭《スワトウ》でも、香港《ホンコン》ちかくの國境でも、到る所で晴らしえなかつた鬱《うつ》憤《ぷん》を一時に晴らしてゐるに相違ない。

成木《なりき》の家の養子《やうし》にきまつて、馬渡とみ子を娶《めと》ることになつた孝之介には何かしらあわただしく、それでゐて、そのあわただしさのうちに未だ曾《かつ》て經驗《けいけん》したことのないやうな愉しさのみなぎつてゐる朝夕が訪《おとづ》れた。兄の孝吉にこのやうな、消息《せうそく》を一日も早く知らしてやりたいと孝之介はよく考へる。兄からのたよりが今までになく待たれるのである。

香港は陷《お》ちて、やがて新しい年を迎へ、いひ知れぬ感激《かんげき》のうちに　人々はマニラ陷落《かんらく》の報を耳にした。

程《ほど》なく孝之介たちの徴兵檢査《ちやうへいけんさ》が行はれたが、孝之介は長いあひだ望《のぞ》んでゐた通り甲種合格と決定《けつてい》した。

やがて、人の顔《かほ》さへ見れば、「あのですな。うちにも兵《へい》隊がですな」と微笑《びせう》まじりに言はずには居られないやうな日が成木太三の上にめぐつて來た。

（をはり）

泰《タイ》の女たち

繪と文　川島理一郎

大體の形《かたち》は西洋の女學生風《ふう》であるが、この場合もスカートに合はせ目がついてをり、帽子は日本の戰鬪《せんとう》帽の庇を除《と》つたやうなトツク形である。

昔ながらのパヌン姿《すがた》は下層階級の人達が未だにしてるが、このパヌンは泰國獨特《どくとく》で、腰に六尺計りの大幅《おほはば》の布を卷《ま》きつけ中央で半ズボンのやうにたくし上げた下穿《したばき》を云ふが、これは男も女も共通《きやうつう》である。それに泰の女達は大抵男のやうに斷髪《だんぱつ》であるが、これが又十六世紀《せいき》にビルマ軍と戰つた時足りない兵力を補《おぎな》ふために女が男姿して戰場に出た名殘《なご》りであると云ふ

バンコツクの娘達は、仲々洋裝《やうさう》が上手《じやうず》である。香港やシンガポールにも近いし、町には西洋人の出入《でいり》も激《はげ》しかつたので、上流《じやうりう》の女達は擧《こぞ》つて洋裝であるが、それが仲々にスマートで、案外莫迦《ばか》にしたものではない。この洋裝の泰婦人獨特《どくとく》なのはそのスカートに合《あ》はせ目がついてゐることで、これは昔からの服裝《ふくさう》のパヌンといふ下穿《したば》きの名殘りである。スカートの裾《すそ》の方に大抵太い横縞《よこじま》が入つてゐるのも、御國振《おくにぶ》りの現はれであるが、これがまた如何にも効果的《かうくわてき》に泰好《この》みを出してゐる。

新興國民の氣分《きぶん》は女學生の服裝《ふくさう》にもよく現はれてゐて、彼女達は揃《そろ》ひの制服を着て、颯爽《さつさう》と歩いてゐる。

(41)

聖戰日誌

三月八日　ニューギニヤ敵前上陸に成功、要衝サラモアとラエを確保し敵四機を擊墜す。

十日　聖戰下輝く陸軍記念日に當り大元帥陛下東印度作戰を御嘉尙遊ばさる。

十二日　戰捷第二次祝賀日國民の熱意新たなる日、北部スマトラに無血上陸、主力は首邑メダンに進擊す。

十三日　海軍航空部隊、英領ニューギニヤのポート・モレスビーを反復爆擊、潛伏の敵十六機を擊破す。

十四日　モレスビー港を數次に亘り連爆す。

十五日　陸鷲ビルマ敗敵を急襲し、敵重戰車二十輛、自動車六十輛、列車三十輛を大破炎上せしむ。

十六日　ニューギニヤ敵前上陸の陸の精鋭、モレスビー北方のジャングル地帶で激戰す。

十七日　ダーウィン港第四次爆擊。

十八日　海鷲ポートモレスビー、ソロモン諸島フロリダ島、ワナワナ島附近の敵要地を强襲、更に濠洲本土北端ホーン島に初の巨彈を投下す。

○比島戰線、コレヒドール要塞を攻擊更にバタアン島外廓のミンドロ島を完全に占領す

○我が軍スマトラ全要衝を確保。

十九日　東部ジャバ戡定す。

二十三日　帝國陸海軍精鋭部隊協力して南アンダマン島に奇襲上陸を敢行、同島英軍無條件降伏。

○海軍艦艇、英領ソロモン群島北端ブカ島に進攻、その陸戰隊同島を掃討す。

二十四日　我が陸戰隊ダバオ東南マテに敵前上陸、監禁中の邦人十九名を救出す。

二十五日　海軍艦艇はラングーン内港に堂々入港。

二十六日　チモール島クーパン灣航行中の我が病院船、英國機に不法爆擊さる。

二十七日　スマトラ蘭印軍我が軍に降伏す。

二十八日　ボルネオ東岸サマリンダ掃討終了す。

二十四日―三十日　海軍航空部隊、ポートダウイン連爆擬裝隱匿中の敵三機を炎上、空中戰に於て十三機を擊墜、更にモレスビー港を連日攻擊敵戰鬭機を擊墜の他飛行場高角砲陣地、兵舍等を爆破す。

二十九日　新生中國正統國民政府南京還都二周年記念日重慶擊滅瞬時も休まず大東亞戰以來大作戰實に二十七回。

三十一日　燃える杓子コレヒドール要塞、我が海鷲の連爆に主要個所徹底的に破壞さる。

○陸軍航空部隊ビルマ方面に活躍し二十一日より敵增援機を一〇三機擊墜破す。

四月四日　航空部隊、全ビルマに猛烈なる爆擊を行ひ英印軍及重慶軍を猛襲す。

五日　帝國海軍部隊、印度洋に英國最大の軍事據點コロンボを强襲す。

六日　我が航空部隊、印度本土を初空襲。マドラス州北部コカナダ港を爆擊し印度洋上敵船舶數十隻を擊沈す。

○海鷲、ビルマ西部アキャブ飛行場を爆滅す。

七日　我が爆擊機隊マドラスを猛攻。

安南服飾管見

村松嘉津

安南文化《あんなんぶんくわ》の中に審美的要素《しんびてきえうそ》を探らうとする者は、直《たゞ》ちにその貧困《ひんこん》に失望するであらう。建築様式《けんちくやうしき》にしても、刺繍《ししう》や彫刻《てうこく》や漆工のやうな工藝《こうげい》にしても、盡く支那の亞流《ありう》に過ぎない。それらは支那藝術《しなげいじゆつ》の雄大壯麗《ゆうだいさうれい》を模するに到らず多く彫蟲小技《てうちうせうぎ》に走《はし》り、いづれもせせこましく、あくどく、小さく固《かた》まつて一向に獨創的發展《どくさうてきはつてん》を示さないのである。安南人の人種的性格《じんしゆてきせいかく》の中に審美性《しんびせい》の占める場所は極《きは》めて小《ちひ》さいものとしか思はれない。

然るに眼を一度《ど》彼等《かれら》の服飾《ふくしよく》に轉ずる時、右の觀察《かんさつ》が或ひは誤《あやま》つてゐるのではないかと疑《うたが》はれる程、それ程安南《ほどあんなん》の服飾美《ふしくび》は他の文化部門《ぶんくわぶもん》と馳け離れて優れたものである。

七十年來フラス文化《ぶんか》は極めて除々《じよく》に安南智識階級《あんなんちしきかいきふ》を歐化《おうくわ》させることに成功して來たが、それは主《しゆ》として精神的方面《せいしんてきはうめん》に止まり、元來保守的《ぐわんらいほしゆてき》な安南人はその生活様式《せいくわつやうしき》に於ては尚大部分昔《なほだいぶぶんむかし》のまゝである。都會の近代青年中《きんだいせいねんちゆう》には、スマートな背廣姿《せびろすがた》で濶歩《くわつぽ》する者が多いが、中年以上の人々や大都會《だいとくわい》を離《はな》れた處では尚一般に古來《こらい》の習俗《ふうぞく》をそのまゝ、齒には鐵漿《かね》をつけ、口には檳榔子《びんらうじ》を嚙み安南傳統《あんなんでんとう》の服を着てゐる。即《すなは》ち男子に

あつては頭に黑い空頂冠形の固い鉢卷《はちまき》をかぶる。衣服《いふく》は裾長い寛濶《くわんくわつ》な白又

は黒の野袴様《のばかまやう》のズボンを着《つ》け、その上に脇《わき》から裾《すそ》まで裂け目のついた膝《ひざ》に達する長い上着《ぎ》を羽織《はを》る。五六分の竪襟《たてえり》がきつちりと咽喉《のど》で合はさり、上前《うはまへ》は引廻して脇でホツク留めになつてゐるこの上着には、夏は黒《くろ》の紗、冬は屢々淺黄色の裏《うら》のついた紋様のある黒朱子《くろしゆす》などが用《もち》ゐられる。足は今日本《いまにつぽん》で「時代履」と呼ばれてゐる様な藥研型《やげんがた》の下駄を突《つ》つかけてゐる。普斷《ふだん》ハイカラな背廣姿の青年《せいねん》達《たち》も、強い家族主義《かぞくしゆぎ》につながれて、先祖《せんぞ》の祭祀《さいし》や新年や中元《ちゆうげん》その他家族的行事《かぞくてきぎやうじ》に加はる時は、依然《いぜん》昔《むかし》ながらの安南服《あんなんふく》に還へつて家長の前に先祖の位《ゐ》牌の前に拜跪《はいき》の禮を缺かないのである。

フランス文化の影響

現在《げんざい》ハノイやサイゴンの繁華な大通りをそゞろ歩《ある》く若い婦人達《ふじんたち》の色どり派手やかな服裝《ふくさう》は、極《きは》めて最近、こゝ數年位の間に佛蘭西《ふらんす》流《りう》の新興藝術家達《しんこうげいじゆつかたち》に依つて意匠《いしやう》されたモダン服《ふく》であつて、いはゞ男子《だんし》に於ける背廣服《せびろふく》に相應し、傳統的《でんとうてき》安南《あんなん》服とは些《いさゝ》か異つてゐる。

七年前、筆者《ひつしや》が始めてその土地を訪れた時、彼女達《かのぢよたち》は凡《すべ》て黒又は白のズボンを裾長《すそなが》にはき、黒の上着《うはぎ》を羽織つてゐた。時《とき》に淡色《たんしよく》の上着を着る者《もの》があつたがそれは外出着《ぐわいしゆつぎ》に限《かぎ》られてゐた。髪は中央《ちゆうおう》からぴつたりと分けて梳《す》き下《お》ろし、細《ほそ》くよじて黒の布《ぬの》を卷きつけ、之を以て頭の周圍《しゆうゐ》にお釜《かま》敷のやうに一周させたもので、前《まへ》から見ると光輪《くわうりん》を負《お》ふたやうでもある。日本人《にっぽんじん》と同じ小麥色の顔《かほ》には脂粉《しふん》を用ゐず、鐵漿《かね》をつけた齒は「黒玉《くろだま》のやうに」燦やき、檳榔子を噛《か》む唇《くちびる》は赤茶に彩《いろど》られて巧まぬ口紅《くちべに》を成す。檳榔子《びんらうし》は安南人が古來食べ慣《な》はしたもので彼等の日常生活《にちじやうせいくわつ》冠婚祭葬《くわんこんさいさう》に不可缺のものであつた。檳榔の實《み》を小さく碎《くだ》いて石灰《せきくわい》と共にきんまかづらといふ植物《しよくぶつ》の葉に包んだもので、之を噛《か》めば口中清涼《こうちゆうせいりやう》、瘴癘《しやうれい》の氣を拂ふものと信《しん》ぜられてゐた。但《たゞ》し口の中には赤い唾《つば》が出て唇《くちびる》を色どり、脂粉《しふん》を知らない安南人の素朴美《そぼくび》を輔けるのである。斯様《かやう》に黒と白とを主調《しゆてう》とした古來《こらい》の安南服は非常に高雅《かうが》な地味な美を持つてゐる。これこそ永い年月傳へられた古い姿《すがた》で、今《いま》でも三十五六歳以上の中老婦人《ちゆうらうふじん》に於て見られる處《ところ》である。かういふ古い型《かた》の女が大人同樣《だいにんどうやう》にズボンを着《つ》けた赤ン坊をその横腰《よこごし》に馬乘《うまの》りにさせ、之を片手で横抱《よこだ》きにし大きく外股《そとまた》に下駄を引《ひ》きづつて行く姿には素《そ》にして雅なる美しさがある。

都會の女性

現在ハノイやサイゴンの都會地《とくわいち》に見る若い婦人の服を之に比《くら》べると、先づその自由《じいう》な色彩と生地《きぢ》の選擇《せんたく》に革命的な飛躍《ひやく》を見る。上着《うはぎ》には様々なニュアンスの淡色《たんしよく》や、鮮やかに染出《そめだ》された模様や刺繡文様《しうもんやう》のあるものや、ズボンには純白《じゆんぱく》の朱子や豪奢《がうしや》な金銀のラメなどが用《もち》ゐられ、そのかみ皇帝《くわうてい》の色として苟《いやしく》もされなかつた黄色《きいろ》さへ自由に取入れられ始めた。形《かたち》の方からいへばズボンは時に深《ふか》い函襞が兩脇《りやうわき》に疊まれたり、西洋パジャマに紛《まぎら》ふやうな廣さを持たせたりしてゐる。上着《うはぎ》は腰部の刳りを強くして腰の線《せん》を明白り出したり、竪襟《たてえり》を全く廢《はい》したり、又は胸の周圍にギャザをつけて豊《ゆた》かな感じを出したり、即ち西洋服《せいやうふく》の自由《じいう》なモードの變化を採用《さいよう》した譯である。たゞ手首《てくび》に至る長い袖《そで》、脇《わき》から裾への裂《さ》け目などゝいふ主要《しゆえう》な點に於て、傳統《でんとう》は守られてゐる。髪形《かみかたち》もそれにつれて自由《じいう》になり此頃の日本婦人《にっぽんふじん》に見る「うちまき」などが多くなつた。一體《たい》に病的《びやうてき》にまで痩せぎすな安南婦人の纖細《せんさい》な肢體《したい》ではこのモダン服《ふく》に包まれて如何《いか》にもたをやかに美しい線《せん》を示《しめ》してゐる。強《つよ》い陽を避けて頂點《ちやうてん》の尖《とが》がつたラタニエの葉の笠《かさ》をかぶる時、赤《あか》や紫《むらさき》の緒《を》が白い顎《あご》にかゝつた美《うつく》しさ。耳には小さな寶石《ほうせき》の耳飾《みゝかざ》り、手首には精巧《せいかう》な銀細工の腕環首にはそれにマッチした銀鎖《ぎんぐさり》、さうしてかゝとのついたスリッパ様の絹靴《きぬぐつ》で外股《そとまた》に歩く姿の優美《いうび》さは心にくいまであるまでゞである。かういふモダン婦人は勿論《もちろん》鐵漿《かね》も用ゐず檳榔子《びんらうじ》も食べずコテイやウビガンの化粧品《けしやうひん》をふんだんに使ふ。かうして黒玉《くろだま》の齒の燦《きらめ》きに代つて明眸皓齒《めいぼうこうし》が喜ばれ、美の標準《へうじゆん》が西洋化して來た譯《わけ》である。

右のやうな新舊《しんきう》の上中流《じやうちゆうりう》男女《だんぢよ》の服裝に對し澁茶色《しぶちやいろ》木綿《もめん》の服が勞働階級《らうどうかいきふ》を判然と區別《くべつ》してゐる。都鄙を問《と》はず、男女の別無く、勞働者《らうどうしや》は凡てズボンも上着も榕樹《バニヤン》の朽葉《くちば》を以て染《そ》められた澁茶色の木腰《もめん》に限られてゐる。男の上着《うはぎ》は短《みぢ》かく、腰《こし》までのものが多い。勞働《らうど》婦人《ふじん》の上着は上中流《じやうちゆうりう》婦人《ふじん》のものと些《いさゝ》か異《こと》つてゐる。ズボンを穿いた上に、胸布といふ金太郎《きんたらう》の腹がけのやうな布を

紐《ひも》で首と胴《どう》に結ぶ、この布《ぬの》だけは白い木綿《もめん》を用ゐることが多《おほ》い。その上に前の明いた、襟《えり》の無い、脇《わき》の裂《さ》けた羽織樣の上着《うはぎ》を着る。前《まへ》は明いてゐて胸布が見える樣《やう》になつてゐる。上着《うはぎ》の前の布を押《おさ》へる爲に兩脇《りやうわき》の裂目から細《ほそ》い帶を出して之を前《まへ》で結び、だらりと垂らしてゐる。この帶《おび》は大抵綠色《たいていみどりいろ》で、これが澁色一色の地味《ぢみ》な着物を飾《かざ》る唯一の色彩《しきさい》である。女を歌《うた》つた古い民謠《みんえう》が屢々この垂れた帶《おび》や胸布《むねぬの》を云々し、祭りの日に赤や桃色《もゝいろ》の胸布に裝《よそほ》ふ美人を描《ゑが》いてゐるところを見ると、安南婦人服《あんなんふじんふく》の元來の形は寧《むし》ろこの勞働服《らうどうふく》であり、前述の上中流《じやうちゆうりう》の服裝は後《のち》になつて支那服から模されたものであらうかと思《おも》はれる。脇《わき》から裾《すそ》への裂目《さけめ》、引廻して脇《わき》でホック留めにするところ、竪襟《たてえり》のついてゐるところ、明《あき》らかに支那《しな》服から移《うつ》されたものと思《おも》はれるが、それが何時の時代《じだい》に遡《さかのぼ》るかは明らかでない。濕度の强いこの國《くに》では古い衣服の保存されたものが無く、衣服《いふく》を語つた文學《ぶんがく》も無く、之を考證《かうしよう》すべき資料《しれう》は未だ見當らないのである。

安南服の傳統

しかし乍ら支那服《しなふく》を模《も》したと見られるこれらの安南服《あんなんふく》にも、明《あき》らかに安南人固有の要素《えうそ》は保存《ほぞん》されてゐるのである。それはズボンと手首《てくび》に至る長い袖《そで》と、きつちりつまつた襟《えり》とに包《つゝ》まれて決して裸膚《はだ》を現《あら》はさないことである。支那現代《しなげんだい》の婦人服が多く袖無《そでな》しか又は極めて短《みぢか》い袖で腕《うで》をまる出しにし、ズボンを穿《は》かず脇の裂目《さけめ》から膝下《ひざした》の肢端をちら〳〵のぞかせるのとは非常《ひじやう》な違《ちが》ひである。この亞熱帶《あねつたい》の酷暑《こくしよ》の中で、しかもその炎熱《えんねつ》の中に働らく勞働者《らうどうしや》すらもしつかりと身を包む風習《ふうしふ》は驚くべきものである。暑《あつ》いから、不便《ふべん》だからとて腕《うで》まくりさへしないのである。彼等は溫浴《おんよく》をせず、野天に川《かは》や沼で水浴《すゐよく》するが、その時《とき》でさへ服を着たまゝで水に入り、水中《すゐちゆう》で身體を洗《あら》つて後、ぬれた服《ふく》のまゝ家に入り、竊かに着換へるといふ風であつて、その醇俗尊ぶべきものであらう。これは今後佛印《こんごふついん》に赴いて彼等と接觸《せつしよく》する日本人が容易に肌けたがる癖《くせ》は或ひは彼等《かれら》の蔑視を招く所以《ゆえん》となるかも知《し》れぬからである。

安南文學《あんなんぶんがく》は千年に近い支那《しな》の統治を經て次第に形《かたち》を成し、最近半世紀間《さいきんはんせいきかん》にフランスの敎導《けうだう》に依つて更《さら》に高められて來たのであるが、しかも多《おほ》くの點で純粹《じゆんすゐ》に安南的《あんなんてき》なものを失ひはしなかつたのである。彼等《かれら》が新らしい外來物《ぐわいらいぶつ》を吸收《きふしう》しながら、しかも尙その傳統《でんとう》を尊重し、古習《こしふ》に執着する傾向《けいかう》はその衣服の變遷《へんせん》にも明らかであつて安南婦人《あんなんふじん》は永遠《えいゑん》にパーマネントをかけることや洋裝することを快《こゝろよ》しとしないであらう。それは數年《すうねん》以上巴里《ぱり》に留學し、佛語《ふつご》を巧《たく》みに繰る底《そこ》のインテリ婦人《ふじん》に於て然りである。その點《てん》日本婦人《にっぽんふじん》が殆んど洋服を採用《さいよう》し、パーマネントをかけ、日本のキモノを捨てつゝあることは何やら不見識《ふけんしき》で殘念な心地《こゝち》がする。しかし安南服《あんなんふく》が元來そのまゝ近代生活《きんだいせいくわつ》にも適するやうに出來《でき》てゐるのと違《ちが》ひ、日本のキモノはその美しさの故に到底活動《たうていくわつどう》的《てき》な生活には堪《た》えないからである。今や近代生活《きんだいせいくわつ》に適する底《そこ》の日本服の標準服が考案《かうあん》され、傳統廢棄《でんとうはいき》の慮になく之を利用《りよう》しく行くことが出來《でき》るのは有難いことである。

糸の生命

裁縫をする場合、先づ心得ておかねばならない事は糸の生命と言ふ事です。手に針を持つて針の穴に糸を通す事は敎へられなくても女性である以上　何人も御存じの事と思ひますが、一歩進んでその生命はと質問されましたなら知つてゐる方は少いやうです。

一枚の着物を縫ふ場合單に縫ひ上げればそれで良いと言ふ氣持で縫ひ上げましたならば永持ちしません。よく綻びると言ふ事を耳にしますが、その原因は糸の生命を知らないからです。

よく見受ける事でありますが、一尺の布を縫ふ場合に二尺も三尺もの糸を針に通して平氣で居られる事であります。然も餘り長い爲にたくり上げ〳〵つゝ難かしい手附きで運針を積けて居られる事であります。糸に對して無關心である證據です。言ふまでもなく糸は纖維の集積したものを繩狀化したのであります。つまり縒りを掛けてあるので縫ふ度に摩擦され、五十%の縒りも針に對する距離が長ければ長い程縒り戻る率が多く從つて引きが弱る事になります。

殊に色素等になりますと摩擦に依つて變色してしまひます。特に日本糸と異りカタン糸は縒りの五十%に對し糊氣を持たせ（ロール）を掛けて光澤を出し、百%の無理な縒りを掛けてありますので、一層と糸質に變化が起り　糸としての本質が失はれるので、どんなに念入りに縫ひましても綻びるのは當然です。ではどの程度の長さが適當かと言ひますと、右の手に糸卷を持ち、口元まで糸を持つて來て切り取ります。卽ち肩行きの長さに相當します。

是非この長さにてお縫ひ下さいましたならば綻びる事も無く、能率を高める事が出來ます。

松崎榮吉

社會時評

時局株の高騰

捷つた、取つたは氣が早すぎるといくら抑へつけてみても、大東亞戰爭後のしばらくは皇軍の擧げた、また擧げつゝある驚くべき大戰果に醉つた恰好で、國民の心持は確かにざわついた。浮き上つたあの頃の氣候が寒かつたせいもあつたらうが糸瓜の蔓みたいに陽のある方の南へ南へと國民の神經が、のびつ放しの氣味さへあつた。

この序景の端的な現れは株屋街に動き出した。大東亞戰爭前は一日の株の出來高〆めて廿萬株位だつたのが四十萬以上にもなつた、新東は百十圓前後をうろついてゐたのが百四十圓臺にまで乘せた。雜株も造船や海運　重工業の時局株を中心に廿圓から四十圓と大巾にあげた、流石に玄人筋は先行警戒で賣つて出たが何しろマバラの大衆買ひが旺んだつたので高値はなか〳〵崩れなかつた。この底力ある大衆買ひの主力部隊は實に中小商工業者であつたといふ。

醒めよ中小商工業者

時局の波にもまれて仕事から閉め出され、早い話が衣料切符の實施で關係業者の商賣は二割位になつたりしたし、またどうする目安もはつきりせんし、當分寢てゐる小金は抱へ込んであるし株でもやつて商賣氣の吐け口を見付けようといふ趣向だつたらしい。政府は三月十日の閣議で「中小商工業の再編成並に職業轉換促進」に關する根本方針をきめた　この方針は單に物資が少くなつたり統制が强化されたりで商賣が減つたためにのみ樹てられたのではなくて

（一）國內の物的、人的資源の總動員

（二）必要方面に於ける勞働力獲得

の二點から出發する國民再組織の大問題を解決せんとする嚴めしいものである。だから充分算盤がとれるから轉業せなくてもよいといふ生やさしいものでない。國家の嚴肅な要請による轉廢業である、といふのは「今や一人の怠惰なる人間の存在は許されず、また一物と雖も私腹を肥すための利用は許されない」といふ消極的な處理で間に合ふ時勢ではない、凡ての人、凡ての物が積極的に抱き合つて共榮圈を育成指導するために能動的な役割を果さねばならぬ切實な時である。

大きな比重

ところで中小商工業者がわが國產業構成上、占める地位は量的にみて壓倒的である（中小工業、工場數からみた地位は全體の九六・三%、職工數は全體の四三・三%、生產額卅三・五%、狹義商業の物品販賣業は商業者の六七・三%、東京市に於ける資本別の地位は資本金五萬圓未滿が全體の七二・一%、五千圓未滿が全體の卅七・九%）

德川中期からの古い歷史を持ち國家存立の一大組織體として活動してきたこれ等の再組織は事務的に解決するには餘りに大きい問題である。どうしても政治的

に取扱はれねばならぬといふわけで政府は三月廿六日、閣議の決定事項として

――これ等業者を戰時産業の負傷者を以つて遇し官民一體誠實懇切にこれが對策の萬全を期すべし――

と内閣訓示を公布、關係官吏を戒めてゐるそして政府は企業許可令と企業整備令を用意した。許可令で新規の商賣を制限し整備令で整理を斷行しようといふのだ。

再編成三羽烏

企業整備令は産業設備營團や統制會社や國民厚生金庫といふ再編成遂行の三羽烏を動員する仕組みだがこの立役者共、まだ大根役者の仕事さへしてゐない。例へば更生金庫だ、政府は轉業資金の所要額を九億九千萬圓と推定し今年の七十九議會で同金庫法を改正、資本金二千萬圓を五千萬圓に更生債券の發行限度を資本金の十倍から十五倍に引きあげたので同金庫の資金調達は八億圓となつた。

そもそもこの金庫は一昨年十二月、掛聲勇ましく誕生したが擔保を評價する中央及地方の評價委員會が出來たのがやつと昨年四月、それも金をかりる手續が面倒で、おいそれといかんし、すつかり匙民金庫にお株を奪はれた形で、今もつて見離され放しのまゝ泰然としてゐる。金庫は八億の金を擁して泰然でも、泰然でないのは當の轉廢業である。第一、四十歳以上の年輩では體がものをいはぬ、殊に居職の場合、今更鍬やハンマーを振り上げろといふのは一寸無理だ。

いはんや指輪職とか飾職蒔繪師とか十年、廿年と年期を入れての親代々から「腕」を賣りものゝ商賣になると未練は強いし、商賣を廢すことがはた目には了解できぬ程、深刻に恥しかつたりするそうで、誰でも飛び込める豆腐屋や米屋の轉業のやうに氣輕な氣持ちでは行き兼ねる向も非常に多い。

といつて喰ひ下つてゐることも許されない、まつたく應召者の氣組みで新職場に行くのである。

巨大な國民運動

この巨大にして深刻な國民運動としての職業再編成の流れは、その頃三千五百萬の人口のうち、四百萬人が商賣換へを餘儀なくされた維新當時の事情とよく似てゐる。

例の屯田兵は、えぞ地(北海道)を拓いた。有名な靜岡縣牧野原三千町歩の茶所は勝海舟と山岡鐵舟とが離陸した三河武士を、まあ〳〵となだめすかして、大刀とる手で茶を植へつけさせた當時の轉業錬成道場である。

この間士族の商法は、いろ〳〵の悲喜劇を生んだ。サムライのソバ屋は落語の種になつた。今や大東亜共榮圏建設の大事業を前にして、ソバ屋のサムライ的泣き笑ひの、こぼれ種さへあつては相成るまい。

江口榮治

(筆者は東京日日新聞生活部副部長)

×　×　×　×

濠洲とその羊毛

増田抱村

一

濠洲は國民經濟《こくみんけいざい》の上から云つて、一人立の出來ない國《くに》であるのだ。それは産業としては原始的《げんしてき》なものばかりであるからで、農業の主要産物《しゆようさんぶつ》は小麥《こむぎ》と羊《やう》毛《もう》がその代表的なもの、それが濠洲《がうしう》七百萬の人口を扶養《ふやう》してゐるといつてよい。重要輸出品《ぢゆうえうゆしゆつぴん》は、それを品種に觀ればなるほど農業國《のうげふこく》といふことが肯《うなづ》かれる。例へば國外《こくぐわい》に出す物産品《ぶつさんぴん》を見ると羊毛、小麥《むぎ》及《および》小麥粉《こむぎこ》、バター、肉類これは冷凍肉《れいとうにく》で日本にもよく來たコーンビーフの如きものは、それだ。その他果實《くわじつ》や砂糖、葡萄酒《ぶだうしゆ》、皮革《ひかく》、鑛物としては金、鉛、銅の鑛石《くわうせき》が少量である。これを金額の上より輸出品目《ゆしゆつひんもく》の地位をいへば、昭和十三年の輸出英貨幣《ゆしゆつえいくわへい》で羊毛四千二百六十萬磅《ぽんど》、金千四百九十萬磅、小麥及小麥粉《こむぎおよびこむぎこ》千三百二十萬磅、バター千二百八十萬、肉類《にくるゐ》千百七十萬、果實《くわじつ》四百八十萬、鉛《なまり》四百二十萬砂糖《さたう》四百十萬、皮革《ひかく》四百萬、葡萄酒三百七十萬磅《ぽんど》であつたから、何といつても羊毛が濠洲輸出品《がうしうゆしゆつぴん》の地位を占めてゐるわけである。すなはち濠洲《がうしう》は衣服《いふく》資材の中でも最も普遍的《ふへんてき》で且つ貴重な毛《け》織物類《おりものるゐ》の纖維原料《せんゐげんれう》を輸出してゐる國なのだ。

そんなら一體これらの重要物資《ぢゆうえうぶつし》を何れの國に最も多く輸出《ゆしゆつ》してゐるかといへば、それは植民地的獨立國《しよくみんちてきどくりつこく》の義務として、その母國《ぼこく》たる英吉利《いぎりす》のためにせつせと貢いでゐるのである昭和十三年の取引上《とりひきじやう》の數字《すうじ》で見ると、一ケ年間にこの國が輸出した金額《きんがく》は、英貨《えいくわ》で一億二千二百五十萬磅に上つてゐるが、この內譯では英吉利本國《ほんごく》に八千五百十萬磅の品物《しなもの》をつぎこんでゐる。その次が佛蘭西《ふらんす》へ九百三十萬磅、白耳義《べるぎー》へ五百五十萬磅、日本へは四百八十萬磅の品物を入れてゐる。米國《べいこく》へは三百六十萬磅に過ぎない。輸出《ゆしゆつ》の割合《わりあひ》からいふと日本と米國へは全體《ぜんたい》の四分二厘であるが、日本へは米國よりも少し多く入れてゐる。濠洲から品物《しなもの》を入れてゐる依存關係からいふと白耳義は七分三厘、佛蘭西《ふらんす》は一割五分、英吉利本國《ほんごく》は實に八割五分といふ殆んど濠洲の物産《ぶつさん》の大部分を取入れてゐる。これは羊毛《やうまう》と小麥粉、それに牛羊肉類《ぎうやうにくるゐ》であるから、英吉利のマンチエスターやランカシヤーあたりで出來るウーステツトだのスコツチのやうな立派な洋服《やうふく》の生地《きぢ》は、殆んど濠洲《がうしう》の羊毛を取入れて紡織《ばうしよく》してゐるのだ。それに英吉利人の主要食物《しゆえうしよくもつ》だるパンや肉類《にくるゐ》は、殆んど濠洲《がうしう》から船で運んでゐるのである。それがこの大戰《たいせん》争《さう》になつてから濠洲《がうしう》と英吉利との間の往復《わうふく》の船が殆んど動けない狀態《じやうたい》になつてゐるし、また日本海軍《にほんかいぐん》によつて濠洲は對外航路《たいぐわいかうろ》が絶たれて來たから、英吉利の困ることは勿論《もちろん》だが、濠洲それ自體としても經濟上《けいざいじやう》の生命が絶たれやうとしてゐるのだ。

それは、濠洲《がうしう》はその主要物産《しゆえうぶつさん》たる羊毛と小麥《こむぎ》やバター及肉類《にくるゐ》を輸出してその代金で以て國民生活必需品《こくみんせいくわつひつじゆひん》を購入して國民が文化水準《ぶんくわすゐじゆん》を維持して來てゐたのだ。それらの品物《しなもの》を多く輸出《ゆしゆつ》してゐる國から、その必要《ひつえう》とされる物品を購入して來た。濠洲は元來農業國《ぐわんらいのうげふこく》であるので、工業國《こうげふこく》としての技術《ぎじゆつ》も持たぬし、設備もない。從つてその國に入れるものは、殆んど工業製品《こうげふせいひん》ばかりであるといつてよい。即ち濠洲《がうしう》の欲するものとして輸入《ゆにふ》してゐたものは、その金額の多いものの方から先にいへば自動車部分品、ガソリン、藥品《やくひん》、綿織物《めんおりもの》、電氣機械、絹織物《きぬおりもの》、人絹布地《じんけんぬのぢ》、紙類、鐵板《てつぱん》、その他茶や煙草《たばこ》である。

そこでこれらの品物《しなもの》を何れの國から多く入れてゐるかといふに、英吉利は濠洲に多く依存《いぞん》してゐる關係上《くわんけいじやう》、濠洲における輸入國としても最高位《さいかうゐ》を占めてゐて、全輸入額《ぜんゆにふがく》のうちその六割といふのが英吉利から取入れてゐるのである。英吉利に次ぐものは米國であるが、これは自動車部分品《じどうしやぶぶんひん》や電氣機械類で全體《ぜんたい》の一割五分に當つてゐる。濠洲にとつての第三番目に當る輸入國《ゆにふこく》は近隣の蘭印《らんいん》で、これは濠洲《がうしう》に產しない石油の國として蘭印《らんいん》からガソリンを多量に輸入《ゆにふ》してゐる。これも日本《につぽん》が蘭印を取つたので、今後《こんご》蘭印《らんいん》からのガソリンの輸入が杜絶《とぜつ》したため濠洲《がうしう》では急にガソリンの切符制《きつぷせい》を布いたり、消費節約《せうひせつやく》を行つたり、木炭自動車《もくたんじどうしや》を工夫したりのさわぎをやつてゐる。米國《べいこく》から石油《せきゆ》やガソリンを入れることも不可能《ふかのう》な狀態なので、この點《てん》からいつても濠洲《がうしう》が抗日戰爭《かにちせんさう》を繼續する限り、ガソリンで間もなく參つてしまふであらう。

二

濠洲は羊毛《やうもう》の國だ。/われらは濠洲《がうしう》を如何にしても日本の勢力圏内《せいりよくけんない》に引入れておかねばならぬのは、そこは羊毛の供給地《きようきふち》であるからだ。從來《じゆうらい》の日本と濠洲との取引關係《とりひきくわんけい》を觀るに、濠洲は日本に對して昭和十四年の貿易《ぼうえき》において、對日輸出《たいにちゆしゆつ》として年に三百七十六萬磅英貨の物品《ぶつぴん》を賣つた。その大部分《だいぶぶん》は殆んど羊毛であつた、日本《につぽん》は濠洲《がうしう》から三百萬磅以上《まんぽんどいじやう》の羊毛を取入れたのである。羊毛に次ぐものとしては金屬類《きんぞくるゐ》や鑛石《くわうせき》が五十二萬磅、肉類《にくるゐ》四萬磅、小麥《こむぎ》も約四萬磅で、その他はいふに足りない位のもので、兎に角濠洲《がうしう》は日本に對して三百萬磅といふ多量《たりやう》の羊毛《やうもう》を賣つて、その代金《だいきん》で以て日本から絹《きぬ》、綿織《めんおり》及び人絹織物《じんけんおりもの》、陶器《たうき》、服飾品等の工業製品を買入《かひい》れてゐたのである。これらの物品に對して濠洲《がうしう》は年に三百二十萬磅《まんぽんど》に近い代價を支拂《しはら》つてゐたのであるが、同時に殆んどこの金額《きんがく》に近い羊毛《やうもう》をその代りに日本《につぽん》に輸出《ゆしゆつ》してゐた。

濠洲としては英本國《えいほんごく》よりも日本が近いのであるから、有無相通《うむさうつう》ずる關係から云つて經濟上《けいざいじやう》の取引が今後《こんご》ます〳〵日本との貿易依存度《ぼうえきいぞんど》に於て繁榮に向ふ趨勢《すうせい》にあつた。日本に尠《すくな》い羊毛《やうもう》や小麥が濠洲《がうしう》には有餘《ありあま》るのであるから、これを日本《につぽん》に用立《ようだ》てゝその代り濠洲では生產の出來ない絹、人絹及綿織物《じんけんおよびめんおりもの》やその他の工業製品《こうげふせいひん》を日本から買入《かひい》れる方が之を英吉利《いぎりす》や米國《べいこく》から買入れるより遙に安價《あんか》につくので、濠洲の國民經濟《こくみんけいざい》の繁榮策《はんえいさく》として今後この方針《はうしん》を採らうとまで親日《しんにち》の氣運《きうん》に向つたのが、昭和十年の春頃《はるごろ》であつた。濠洲《がうしう》のサー・ジョン・レーサムが訪日使節《はうにちしせつ》としてやつて來た時は、まさにその機運《きうん》の絶頂《ぜつちやう》にあつたのであるが、それが英吉利本國《いぎりすほんごく》に聞えて濠洲《がうしう》をして再び對日惡化《たいにちあくくわ》へと轉向を餘儀《よぎ》なくせしめた。これは濠洲《がうしう》としてその對外貿易《たいぐわいぼうえき》の六割近い取引を占めてゐる本國《ほんごく》のいふことであるから、英吉利の方針《はうしん》に從《した》はぬわけには行かなかつた。英米の對日壓迫《たいにちあつぱく》の最高政策《さいかうせいさく》の影響を受けて、日本製品《につぽんせいひん》の輸入を喰止《くひと》めるために織物輸入品《にふひん》に對する關稅障壁を設けたのが昭和十一年の五月であつた。日本《にほん》としても之に對し同年《どうねん》の末《すゑ》に報復手段《ほうふくしゆだん》として羊毛《やうもう》輸入《ゆにふ》の制限を行ひ、そのうちに日支《につし》事變の進行に從つて濠洲に對して貿易を拒否するに至つたことと周知《しゆうち》の通《とほ》りである。

そこで、かうなると濠洲は經濟的《けいざいてき》に自滅するより外ない。濠洲は右にもいつたやうに、生產過剩《せいさんくわじよう》な狀態にある羊毛と小麥を國外《こくぐわい》に出して、之と交換《かうくわん》に工業用品《こうぎようようひん》や生活必需品《せいくわつひつじゆひん》を買入れるのであるが、英本國《えいほんごく》との貿易關係のみに重點をおいた、それも英吉利《いぎりす》からの强制《きやうせい》によつたものであるが、そうした關係で東洋《とうやう》での最强國たる日本の產業經濟上の地位を無視《むし》して、米英の對日陣營に加擔《かたん》したため、今やその國土《こくど》が皇軍によつて爆擊下《ばくげきか》に曝《さら》されてゐるのである。賴《たの》みの綱《つな》とする米英の海上《かいじやう》ルートは、わが海軍の精銳《せいえい》によつて寸斷《すんだん》されつゝあるのであるから、濠洲《がうしう》の欲《ほつ》するあらゆる必要物資《ひつえうぶつし》は入つて來ないし、また過剩《くわじよう》な小麥や羊毛《やうもう》は國外に持つて行けない。わが陸軍《りくぐん》の上陸《じやうりく》を待たなくとも、海軍による海上交通路《かいじやうかうつうろ》の遮斷《しやだん》だけで、濠洲は經濟上生存《けいざいじやうせいぞん》し行けない悲運に陷《おちい》つてゐるのである。それは、白人濠洲主義を傲語して、日本人《にほんじん》を排斥し、日本製品《につぽんせいひん》の輸入を拒否《きよひ》し、その有餘る羊毛《やうもう》を日本に御用立てしなかつた天罰《てんばつ》なのだ。

三

それにしても、濠洲の羊毛《やうもう》や小麥《こむぎ》は何うなるのだ。國內蓄積として之を觀ずれば、小麥は永續的なストックにはならないし、七百萬の人口消費量以外の生產は、過剩物《くわじようぶつ》として漸次《ぜんじ》にその經濟價値を喪失《さうしつ》する。羊毛《やうもう》は濠洲人に取つて交換價値性《かうくわんかちせい》を失ふものであるからこんなものは持つて居つても何うにもならなくなる。しかも、濠洲《がうしう》の人口《じんこう》の四割は都會人口《とくわいじんこう》であつて、これが對外《たいぐわい》取引《とりひき》によつて生活を支持してゐるものであるが、國外《こくぐわい》との交易の遮斷《しやだん》によつて、その生活の支持力《しぢりよく》も自然に失ふとになるであらう。

濠洲人口《がうしうじんこう》の六割を占むる大部分《だいぶぶん》のものは農業《のうげふ》に從事《じゆうじ》してゐるもので、これらのものが羊毛《やうもう》や小麥を生產《せいさん》してゐるのであるが、取引上都會《とりひきじやうとくわい》の商業人口と依存《いぞん》してゐる。外國貿易《ぐわいこくぼうえき》に依存してゐる都會人口《とくわいじんこう》の生活《せいくわつ》が、右に述べたやうな關係《くわんけい》で恐慌《きやうくわう》に陷るとなれば、この都會人口に依存《いぞん》してゐる農業人口《のうげふじんこう》も遂にその影響《えいきやう》を受けて、經濟的に絕望《ぜつばう》の深淵《しんえん》に陥ることになる。濠洲《がうしう》は、軍事的攻略の結果《けつくわ》を豫想《よさう》しなくとも、經濟事情から云つて今や死相を刻々深めつつあるのだ。

だが、濠洲が今やそのやうな斷末魔《だんまつま》の苦しみにもがいてゐることは、濠洲の羊毛をして日本纖維工業の唯一の毛織物原料の祭壇に供するために、當然かなでらるべき犧牲の前奏曲であるのだ。濠洲の經濟は、一度は必ずや死の悲《かな》しむべき床に横たはつて、新ないぶきでよみがへるのでなければ、濠洲《がうしう》はそのありあまる羊毛を日本纖維工業の祭壇《さいだん》によろこんで貢物として捧げないからである。これはアングロサクソンの通弊《つうへい》として悟入の鋭敏性《えいびんせい》が悪いのでひつぱたかれて假死の狀態《じやうたい》に陥つて、それからよみがへるのでなければ、日本の大勢力《だいせいりよく》の前に叩頭《こうとう》せぬからだ。それにしても濠洲《がうしう》がアメリカの手に乗りカーチン首相が日本に服從する爲に米國依存といふ假死《かし》の狀態に入つて抗日戰のはかない惡夢《あくむ》をむさぼつてゐることとは、濠洲羊毛《がうしうやうまう》の日本原料化の前ぶれとして、私は心からそれを祝福《しゆくふく》するものである。

四

そういふ意味《いみ》で濠洲の羊毛《やうまう》は、主として日本人の御用に奉仕する運命にあるのであるが、然《しか》らばこの濠洲の羊毛なるものは何んな種類《しゆるゐ》のものであるかといふに、その資源たる緬羊はメリノ種がその最も代表的な優良種《いうりやうしゆ》で、これは濠洲の風土氣候が成育に適し世界首位のメリノ緬羊《めんやう》の増殖を招來《せうらい》したことによるものであらう。之と英吉利より入れた長毛種《ちやうまうしゆ》たるリンカーン種との交配によつて生《しやう》じた優良種《いうりやうしゆ》コリデール種もよく増殖《ぞうしよく》してメリノ種と並び稱《しやう》せられてゐるもるであるが、その他英國種《えいこくしゆ》たる長毛《ちやうまう》のレスターとかコツトワルドとかロムニーマーシユといふやうな種類と共に、短毛種としてこれも英吉利より入れたサウス・ダウンとかオクスフオードやハンプシヤーの如き種類《しゆるゐ》も多く飼育されてゐるが、濠洲の代表的緬羊《めんやう》としてはメリノとコリデール種であらう。

一體濠洲の緬羊《めんやう》といふものが、そこの原始的動物かといふに決してそうではなく、一七八七年に濠洲に緬羊《めんやう》がはじめて現《あら》はれたのである。それも自然に現はれたのでなく、その年すなはち一七八七年といへば、佛蘭西革命勃發の年から三年前に當り、英吉利が濠洲に刑囚植民地を設けた年の前年であつてわが國の年代《ねんだい》で云へば天明《てんめい》七年徳川《ねんとくがは》十代宗治將軍《しやうぐん》のときに當るのであるが、アーサー・フイリツプが英吉利の侵略《しんりやく》先發《せんぱつ》移民隊長《いみんたいちやう》として第一船團を率ゐて此の年に濠洲《がうしう》に乘込んだのである。そのとき船中に牛六頭と牧羊九匹を乘込ませて、濠洲《がうしう》の原野に放牧《はうぼく》したのである。濠洲の温暖《をんだん》な氣候と大平野《だいへいや》の牧草とが緬羊《めんやう》の繁殖《はんしよく》に持つて來いの好適地《かうてきち》であつたから、マルサスではないが幾何級數的に増殖《ぞうしよく》した。すなはち十年後の一七九六年には九匹《ひき》の羊《ひつじ》が千五百三十一頭となり、一七九〇年頃に一頭當りの封度量《ぽんどりやう》が三封度に過ぎなかつたものが、この時には十封度までの剪毛量《せんまうりやう》を上げることが出來た。牧羊地《ぼくやうち》としての好成績《かうせいせき》が英吉利に報告《ほうこく》されると、ナポレオンが伊太利に侵入《しんにふ》して法王領《ほふわうりやう》を荒してゐた隙《すき》に、それは一七九七年に當るが、本國より牧羊奬勵《ぼくやうしやうれい》の助成が齎《もたら》されたので、ジョン・マツカーサーが南阿《なんあ》よりイスパニヤ長毛種《ちやうまうしゆ》メリノ系の緬羊《めんやう》を多量に濠洲《がうしう》に入れた。いまの世界的最優良品種たる濠洲緬羊《がうしうめんやう》が質的にも量的にも生産的《せいさんてき》に冠絶《くわんぜつ》してゐるのはこの時のメリノ種輸入《ゆにふ》による飼育《しいく》に成功した結果《けつくわ》なのだ。濠洲《がうしう》に始めて牧羊を放してから百五十四年後の今日、一億《おく》二千二百萬頭《まんとう》に達するに至つたのである。

昭和十四年現在の統計《とうけい》によれば、世界には七億千五百萬頭の緬羊《めんやう》があるが、そのうち濠洲《がうしう》は第一位で一億一千萬、ロシア第二位《ゐ》八千四百萬、米《べい》國《こく》第三位五千二百萬頭、支那滿蒙《しなまんもう》は三千八百萬頭。濠洲羊毛《がうしうやうもう》は最近毎年《さいきんまいねん》三百五十萬から六十萬俵《まんぺう》（單《たん》位《ゐ》三百封度《ぽんど》）を產出、優良羊毛量《いうりやうやうもうりやう》は昭和十五年十一億一千六百二十六萬封《ぽん》度《ど》。それが日本《にほん》に價格《かかく》で三百十二萬磅の羊毛《やうもう》を出しただけで幕《まく》となつた。今やその開幕《かいまく》を待つばかりだ。

北九州の文化運動

劉 寒吉

工業地帶

北九州といふのは、地理學的《ちりがくてき》には九州島の北部《ほくぶ》を意味し福岡縣《ふくをかけん》、佐賀縣《さがけん》などを含む地域を示《しめ》してゐるやうである。しかし、北《きた》九州《しう》に住んでゐるわたくしたちが稱《しやう》する九州といふのはそのやうな尨大《ぼうだい》な地域《ちゐき》ではない。私たちが日常《にちじやう》に「北九州」と呼ぶのは、北部《ほくぶ》九州《しう》に位置する福岡縣《ふくをかけん》のなかでも殊《こと》に北方にあたる一劃《くわく》を指していふのである。その一劃に、門司市《もじし》、小倉市、戸畑市《とばたし》、若松市、八幡市の五つの都市と、嘉穗《かほ》、鞍手《くらて》、田川、遠賀《をんが》の四つの郡（このなかに直方市、飯塚市《いいづかし》がある）にまたがる筑豐炭田《ちくほうたんでん》がある。

五つの都市は電軌と鐵道で連絡《れんらく》し、電車に乘つても汽車をもちひても各都市《かくとし》は十分か二十分くらゐの時間で往來《わうらい》することが出來《でき》る。このやうに十萬から三十萬程度《まんていど》の人口を有する都市《とし》が密集してゐる地域《ちゐき》は全國にも稀《ま》れなところであり、このこと自體《じたい》がひとつの特色《とくしよく》をなしてゐる。しかも各々の都市はもつと仔細《しさい》に考察《かうさつ》すれば、それぞれは交通網《かうつうまう》によつて密接《みつせつ》にむすばれてゐながら、それぞれが全《まつ》く異つた内容《ないよう》と表情《へうじやう》をもつてゐることがわかる。このことははつきり言はれる。

すなはち、門司は商業港《しやうげふかう》であり、小倉は商業都市《しやうげふとし》であり戸畑は漁業港《ぎよげふかう》であり、若松は石炭港《せきたんかう》であり、八幡は工業都《こうげふと》市である。このやうに各々は獨立《どくりつ》した特徴《とくちよう》を持ちながら、しかも尙、ひとつの共通《きようつう》の觀點《くわんてん》で結ばれてゐる。それはこの北九州はひとつの巨大《きよだい》な工業地帶《こうげふちたい》であるといふことである。五つの都市《とし》は各々が別箇《べつこ》の生活を營《いとな》みながら、工業地帶であるといふことではまつたく一致《ち》してゐる。門司《もじ》の驛を發して博多《はかた》の方面に赴く旅行者《りよこうしや》がひとしく呆然《ぼうぜん》となることは、門司から八幡にいたる數里《すうり》の間、蜿蜒《えんえん》として絶え間もなくつづき並ぶ煙突《えんとつ》の林であらう。無數《むすう》の煙突から噴《ふ》きあがる黑煙《こくえん》は濛濛《もうもう》として天を焦《こが》し、鳴りとどろく工場の叫喚は轟々《がうがう》と汽車の窓《まど》にまでひびいて、はげしく旅行者《りよかうしや》の胸をうつのである。それは雄大《ゆうだい》な景觀《けんくわん》である。

私たちはこのやうな壯麗《さうれい》な生活の詩《し》のなかで生活《せいくわつ》してゐる。

新しき文化團體

大政翼贊會《たいせいよくさんくわい》が唱道したことが動機《どうき》となつて、昨年末《さくねんまつ》から今年の春《はる》にかけて全國に無數《むすう》の文化團體《ぶんくわだんたい》が擡頭《たいとう》した。地方文化の確立《かくりつ》と正しい地方文化の擁護《ようご》が眞劍《しんけん》な態度で識者《しきしや》の間に論《ろん》じられるやうになつた。最近《さいきん》のどの雜誌をひらいても地方文化《ちはうぶんくわ》の問題を採り上げた文章《ぶんしやう》が必ずひとつはある。これは翼贊會文化部《よくさんくわいぶんくわぶ》の指導の賜物《たまもの》であるが、ともすれば荒廢しさうになる地方の文化人《ぶんくわじん》の心にあかるい希望《きばう》とうつくしい花を咲《さ》かせたことは事實《じじつ》である。

現在《げんざい》、北九州には北九州文化聯盟《ぶんくわれんめい》があつて活潑《くわつぱつ》な動向を示してゐる。しかし北九州文化聯盟《ぶんくわれんめい》の結成《けつせい》以前《いぜん》にもこの地方で文化運動《ぶんくわうんどう》がなかつたわけではない。

ふるい歴史《れきし》風《ふう》な回顧《くわいこ》をしなくとも、いままでには相當に意欲的《いよくてき》な文化運動が行はれてゐた。演劇《えんげき》、美術《びじゆつ》、文學、郷土學などの運動《うんどう》は、私が知つてゐる範圍《はんゐ》だけでも、二十年ほども前《まへ》からくりかへしくりかへし起《おこ》り、消え、起りして最近《さいきん》までつづいてゐた。どの運動《うんどう》もそれぞれの時代の色彩を反映《はんえい》して強力に展開《てんかい》した。

しかしどの運動《うんどう》も完全な成果《せいくわ》を示さないうちに消えた。文化人《ぶんくわじん》と呼ばれるひと達は無數《むすう》にゐるのにも拘《かゝは》らず、各自が相遠《あひとほ》ざかつて、ばらばらになつてゐたからである。集團《しふだん》としての力のある組織《そしき》がなかつたのだ。これは殘念《ざんねん》なことであつた。

私たちはしばしばこの問題《もんだい》について話した。熱心な討議《たうぎ》が幾度《いくど》も持たれた。はじめのあひだは二三人の仲間《なかま》だけの話であつたが、この問題《もんだい》はしだいに渦《うづ》のやうに輪が大きくひろがつてゆき、あちらこちらにつたはると、こんどは反《はん》對《たい》に、あちらからもこちらからも熱烈《ねつれつ》な同志のひとびとが立ちあがつて來た。

北九州文化聯盟《きたきうしうぶんくわれんめい》をつくらうではないかといふことが眞摯《しんし》な態度《たいど》で考へられはじめた。すべての有爲《いうゐ》な文化人と文化團體を網羅《まうら》した文化團體《ぶんくわだんたい》をつくり、強い力《ちから》をもつた文化運動を展開しやうといふことになつた。

眞面目《まじめ》なひと達ばかりが、聖戰《せいせん》の思想をかたり、翼賛《よくさん》の精神をかたり、地方文化《ちはうぶんくわ》の問題をかたつた。

組織の方法

北九州の文化人《ぶんくわじん》を職能的《しよくのうてき》に編成することになつた。

都市別《としべつ》に編成《へんせい》する方がよいのではないかといふ案もあつたが、その方法《はうはふ》は都市と都市との摩擦《まさつ》を起すおそれがあることと、團體《だんたい》の力を減殺《げんさい》することになるであらうといふことと、不足《ふそく》した部面が出來て文化團體《ぶんくわだんたい》としての機構《きこう》に完全でないといふことと、質的《しつてき》に低下《ていか》するおそれがあるといふことなどの意見《いけん》のために否定された。

北九州文化聯盟は文化人自體《たい》の質的な向上《かうじやう》を意識しなければならぬが、同時《どうじ》に庶民《しよみん》のなかに身を投じて、庶民の文化的向上を企圖することが考《かん》へられた。

そのためには、ぜひとも組織は職能別に編成《へんせい》しなければならない。たとへば、俳《はい》句の指導《しどう》にでかけてゆくこともあらうし、隣組《となりぐみ》のために小さな音樂會《おんがくくわい》を催してやることもあらう。町内會《ちやうないくわい》の集會《しふくわい》の席上に紙芝居班を派遣することもあらう。講演《かうえん》にゆくこともあらう。さういふときにすぐに役に立たなければならない。いろいろの場合《ばあい》を考へ、また文《ぶん》化人自身《くわじんじしん》の質の研鑽《けんさん》といふことも慮らなければならない。

かういふことをおもふと、職能別《しよくのうべつ》の組織《そしき》といふことは、じつに重大《ぢゆうだい》な意味を生《う》んでくるのである。

美術協會

まづ、北九州美術協會《きたきうしうびじゆつけふくわい》が生れた。

これはいままでに北九州に在つた紀々會、蒼樹社《さうじゆしや》、北斗《ほくと》社《しや》、彩人社《さいじんしや》などの四つか五つの洋畫團體を統合したものである。出口文雄、濱田方一、林豐、星野順一、多田一義、石上駒吉、山本一成などの諸氏《しよし》が仲よく先頭《せんとう》に立つて六十名ばかりの會員《くわいゐん》を率ひてゐる。仲よく先頭に立つて、といふことは、いままではあまり仲《なか》がよくはなかつたといふことを意味《いみ》するのである。

このことは北《きた》九州文化聯盟《しうぶんくわれんめい》の傘下《さんか》にあるどの團體にも適用できるはなしであるが、美術團體《びじゆつだんたい》の場合を例《れい》にとれば、いままでは獨立美術系《どくりつびじゆつけい》であるとか、文展系《ぶんてんけい》であるとか、國展系であるとかいつて、制作態度《せいさくたいど》、制作意識《せいさくいしき》がはつきり分れてゐた。したがつて派閥的《はばつてき》な感情がつよく、團體《だんたい》と團體とはたがひに拮抗《きつこう》し、對立《たいりつ》してゐた。それがひとたび北九州美術協會が形成《けいせい》されると、さらりと從來《じゆうらい》の行きがかりの感情《かんじやう》を忘れてしまつて、まるで生れだちからの友人《いうじん》のやうに仲よく一緒《いつしよ》に仕事《しごと》をしはじめた。それはまるで嘘《うそ》のやうに美しい交友《かういう》となつたのである。

この例は、詩人《しじん》の場合でも、俳句《はいく》でも、舞踊《ぶよう》でもしばしば見うけられた。私は、綜合《そうがふ》された文化團體《ぶんくわだんたい》の壓力といふものを、おそろしくさへ感じたのである。

文學者會其他

つづいて、北《きた》九州文學者會《しうぶんがくしやくわい》ができた。

火野葦平、岩下俊作、小倉龍男、我孫子毅、新樹光子、大橋吉藏、木原孝雄などをはじめ二十人ばかりの團體《だんたい》である。會員《くわいゐん》の半ばは「九州文學《しうぶんがく》」の同人である。

北《きた》九州詩人協會《しうしじんけふくわい》。

東潤、黑田從郎、志摩海夫、村山太一、宮崎幽、青木綠葉など四十人ばかりである。

北《きた》九州俳句作家協會《しうはいくさくかけふくわい》。

友部赤城子、安武斗柄、松延功、小橋鷹人、末田一日、澁谷城楠、久保晴などが世話《せわ》をして現在《げんざい》六十名ばかりの會員がある。このひとたちは「俳句文學《はいくぶんがく》」といふ有力《いうりよく》な雜誌をもつてゐる。

北九州兒童文化協會《じどうぶんくわけふくわい》。

阿南哲朗、松村茂、大塚美島、羽様透など約十五名。

北九州映畫文化協會《えいぐわぶんくわけふくわい》。

古海卓二、中村泰藏、鍛冶義幸、鶴岡巧、村上明、德光康秀など五十名。

北九州佛敎文化協會《ぶつけうぶんくわけふくわい》。

德永敏雄、黑田得玄、西條道康、藤谷琢美、岩松蓮馨など二十名。

北九州歌人會《かじんくわい》。

老川潮、松井信一、辻奥茂、山中茂樹、川田和孝、池田富三、久保田瑞一など五十名。

北九州華道協會《くわだうけふくわい》。

植田瑞穗、秋吉草月、岩闇良潮、占部修軒、安部豐水、尾田光秋など五十名、
北九州音樂協會《おんがくけふくわい》。

黑田從節、大石正夢、望戸佐幸、平井淳衞、豐田達雄など七十名。

北九州舞踊家協會《ぶやうかけふくわい》。

黑田晴嵐、神崎博詩、城山晴男、白石洋、石黑三郎、候藤喜一など二十名。

北九州演劇文化協會《えんげきぶんくわけふくわい》。

北九州民俗談話會《みんぞくだんわくわい》。

河原重美、福谷薫、入江武彥、帆足元、大森勇など三十名。

松永美吉を主として十五名。

北九州新日本畫家協會《しんにつぽんぐわかけふくわい》。

藤原巧牛、柴山光台、二木素行など十名。

以上の十四團體を統合《とうがふ》して、北九州文化聯盟《ぶんくわれんめい》が結成されたのは、去年三月三十日であつた。

北九州文化聯盟の宣言

支那事變を契機《けいき》とし、澎湃《はうはい》として卷き起つた國民運動《こくみんうんどう》の波の中に、今や國民《こくみん》は一人のこらず起《た》ちあがるべきである。この國民運動《こくみんうんどう》を與へ、この國民運動を推進《すゐしん》してゆく力は、他から來るものではなくして、國民《こくみん》の心の中に湧《わ》き、沸騰《ふつとう》する愛國《あいこく》の志《こゝろざし》である。然も、この巨大な時艱《じかん》の重量に、國民をして狼狽《らうばい》せしめず、悠容《ゆうよう》としてこれを突破《とつぱ》せしめてゆくものは、傳統《でんとう》によつて國民の情操《じやうさう》のなかに植えられた確固《かくこ》たる歷史への信賴《しんらい》である。その歷史《れきし》を裏づけ、開花せしめた文化《ぶんくわ》のほこりである。歷史を推進《すゐしん》させて來た各時代の先覺者《せんかくしや》が、いづれも優《すぐ》れた文化人《ぶんくわじん》であつたことは、文化の重大さを我々《われ／＼》の胸の中に强《つよ》く刻《きざ》みつけるのである。

新しき日本文化《につぽんぶんくわ》の確立と發展《はつてん》との茫洋《ばうやう》たる大勢の一環として、我々《われ／＼》地方《ちはう》文化人《ぶんくわじん》は地方文化の擁護と建設《けんせつ》とのために起つたのである。北九州は戰時《せんじ》日本《につぽん》の心臟《しんざう》として、特殊《とくしゆ》なる傳統《でんとう》に依り、特殊なる文化を育成《いくせい》して來たものである。愛する鄕土《きやうど》、北九州の文化《ぶんくわ》のため、我々は玆に北九州文化聯盟を結成《けつせい》して、國を愛する我々の誠實《せいじつ》と責任《せきにん》とを惜みな

く傾《かたむ》けるものである。

國家總力戰へ

北《きた》九州《しう》文化《ぶんくわ》聯盟《れんめい》は五つの綱領《かうりやう》を掲げてゐる。

一、我等ハ力アル翼賛文化ノ建設ヲ目指ス。

二、我等ハ北九州ニ即セル新生活運動ヲ展開ス。

文化運動《ぶんくわうんどう》はある意味では新生活運動《しんせいくわつうんどう》であるともいふことができる。衣食住《いしよくぢゆう》の改善は特に考慮《かうりよ》されなければならない。

三、我等ハ良キ民俗生活ノ復興ヲ圖ル。

地方には地方特有《ちはうとくいう》の雅趣《がしゆ》ゆたかな民俗、習俗《しふぞく》がある。古い俚謡《りえう》の蒐集と保存《ほぞん》も必要である。今は衰亡《すゐばう》の一途をたどりつつある盆踊《ぼんをど》りの改善と復興《ふくこう》は健康な娯樂《らく》のひとつとして考へてもいい問題《もんだい》である。すでに詩人協會《しじんけふくわい》は、ふるくから傳承《でんしよう》されてゐる盆踊り唄の改訂《かいてい》に着手《ちやくしゆ》してゐる。盆踊り唄にはややもすると卑猥《ひわい》な歌詞《かし》が多いので、これの低俗《ていぞく》さを取り除いて情緒《じやうちよ》を失はない素朴《そぼく》な感情を復活《ふくくわつ》させたいといふのである。

四、我等ハ美シキ情操ヲ育ツル一切ノ運動ヲ提起ス。

戰時狀態《せんじじやうたい》がながくなると國民の感情が荒《すさ》み勝ちな傾向《けいかう》をとる。これを救《すく》ふために情操《じやうさう》を育てることを目的として、音樂の會、繪畫の展覽會などを開催《かいさい》することも必要《ひつえう》であらうし、少國民に對してもこの運動は提唱《ていしやう》されなければならない。

五、我等ハ國民ノ文化的方向ヲシテ祖國ノ運命ニ合致セシムルコトヲ期ス。

ひと口に文化運動《ぶんくわうんどう》といつても、平時《へいじ》に於ける文化運動と戰時狀態《せんじじやうたい》の下に行はれる文化運動《ぶんくわうんどう》とは自ら意義《いぎ》と方法に異にするものがある筈《はず》である。私たちはこの決戰態勢《けつせんたいせい》の下に文化運動を起《おこ》すからには、みなそれぞれのひとは固《かた》い信念《しんねん》と覺悟とを抱《いだ》いてゐることは素《もと》より當然のことである。臨《りん》戰態勢下《せんたいせいか》に於ける文化運動《ぶんくわうんどう》は國家總力戰《こくかさうりよくせん》への參加を意味する。國が亡《ほろ》びて何の文化《ぶんくわ》ぞ、といふ言葉は私たちの合言葉《あひことば》のやうになつてゐる。

文聯の事業

北九州文化聯盟《きたしうぶんくわれんめい》は結成《けつせい》してからまだわづかしか經つてゐない。そのあひだに、すこしづつ仕事《しごと》をしてきた。どの仕事も完全《くわんぜん》とはいひ難いが、ある程度《ていど》の成功《せいこう》は收めたやうである。大衆《たいしゆう》が相手であつてみれば、ずいぶんに骨《ほね》の折れる仕事《しごと》であるし、そんなにとんとん拍子《べうし》にはこぶわけのものではない。ただ聯盟員《れんめいゐん》は仕事が浮《う》はづいたものにしたくない一念で、じつくり構《かま》へることに心《こゝろ》がけてゐる。ともすれば、文化運動《ぶんくわうんどう》を華やかなものと錯覺《さくかく》しがちなひとの多い社會である。慌《あわ》てたり、あせつたりしては、なにもできるものではない。

いままでにしてきた仕事《しごと》のなかから、すこしばかり足跡《そくせき》をひろつてみる。

朝顔運動《あさがほうんどう》。

この五月にはじめた運動《うんどう》である。ある篤志家《とくしか》のはなしから思ひついて企畫《きくわく》されたのだが、統計《とうけい》によると、國民學校《こくみんがくかう》の學童の學業成績《がくげふせいせき》の調査をしたところ、劣等生《れつとうせい》ほど朝寢坊の子供《こども》が多いといふことが判明《はんめい》した。朝寢《あさね》の兒で優等生はゐないといふのである。

その結果《けつくわ》、北九州の學童に朝顔《あさがほ》を植えさせることを奬勵《しやうれい》したのである。朝顔《あさがほ》の花は朝はやく開《ひら》く。子供《こども》たちは自分で朝顔を栽培《さいばい》すると、しだいにじぶんの朝顔に愛情《あいじやう》を感じてくる。蕾《つぼみ》ができはじめると、明日《あす》は赤がひらくとか、青が咲くとかいつて、明朝《あす》への期待《きたい》のために夜は早く就寢し、翌朝《よくあさ》は待ちかねて早起《はやお》きをして朝顔《あさがほ》の鉢の許にかけつけるといふことになるのである。

この方法《はうはふ》によつて子供の朝寢を矯正《けうせい》したひとの實驗談《じつけんだん》を基礎《きそ》として全九州に運動を展開《てんかい》したのである。各市《かくし》の學務課の手を通じて全國民學校《ぜんこくみんがくかう》に宣傳書を配布《はいふ》し、同じやうに町內會《ちやうないくわい》にも働きかけ、ところによつては朝顔《あさがほ》の種を世話《せわ》したり、講師《かうし》を派遣《はけん》したりなどした。これは國民學校《こくみんがくかう》の熱心な贊成《さんせい》を得て、今年は北九州《きたきうしう》の國民學校の校庭《かうてい》はもとより、家庭《かてい》にうつくしく朝顔《あさがほ》の花が咲きほこつた。これは少國民を對象《たいしやう》として、健康《けんかう》と智育と情操《じやうさう》との向上を圖《はか》つた案である。この運動《うんどう》は每年繼續《まいねんけいぞく》して行ふことになつてゐる。

見て貰《もら》ふ會《くわい》。

「北九州文化聯盟《きたきうしうぶんくわれんめい》の仕事を見て貰《もら》ふ會《くわい》」といふ會を催した。見本市《みほんいち》のやうなものである。

これは文化聯盟《ぶんくわれんめい》が町內會や隣組《となりぐみ》に出てゆくためにはぜひ必要《ひつえう》であつた。まだ聯盟の性質《せいしつ》を理解《りかい》してゐないひとが多いために、町內會の指導者《しだうしや》を一堂に集《あつ》めて、聯盟《れんめい》の仕事ぶりを實際《じつさい》に眼と耳とから納得《なつとく》させやうと考へたのである。

公會堂を會場《くわいぢやう》にした。

兒童文化協會のひとたちは、紙芝居《かみしばゐ》をしたり、童話をしたり、人形芝居《にんぎやうしばゐ》をしたりした。子供常會《こどもじやうくわい》にはもつてこいの演出であつた。

佛教文化協會《ぶつけうぶんくわけふくわい》のひとたちは宗教講話《しうけうこうわ》をしたり、宗教歌の指導をしたりした。音樂協會《おんがくけふくわい》のひとたちは輕音樂《けいおんがく》で軍歌を演奏した。歌人會《かじんくわい》は短歌の朗詠法《らうえいはふ》の指導《しだう》をした。華道協會は、このときはじめて「文聯型《ぶんれんがた》、簡易活花《かんいいけばな》」を公開した。

「文聯型、簡易生花」といふのは、在來の裝飾的活花法《さうしよくてきいけばなはふ》を一擲《いつてき》しやうとした試《こころ》みである。いままでの活花は花器《くわき》にしても、材料《ざいれう》の草木にしても、傳統的《でんとうてき》に高級《かうきふ》なものばかりを使用した。しかし、私《わたし》たちの念願《ねんぐわん》したのは、工場《こうぢやう》から歸つてきた女工さんとか、長屋《ながや》のおかみさんとか、商店《しやうてん》の女店員さんとかに、どうにかして花《はな》を活けてもらひたいといふことであつた。戰時下《せんじか》に於て、家庭《かてい》が荒《すさ》んではならないたんぽぽでもいい、大根《だいこん》の葉つぱでもいい、青《あを》い一本の葱《ねぎ》でもいい、それらの極《きは》めて身近《みぢか》にある草や花を、これも極めて身近にある灰皿《はいざら》とか湯呑とか筆立《ふでたて》とかに活けることを工夫して貰《もら》ひたい。それを窓際《まどきは》でも、食卓《しよくたく》の上にでも置いて、一沫《まつ》のうるほひを家庭《かてい》に送りたい。かういふ考《かんが》へのもとに生れたのが「文聯型《ぶんれんがた》、簡易活花《かんいいけばな》」である。じつに、これは「見て貰《もら》ふ會」のなかの華《はな》であつた。

會《くわい》の終了《しうれう》後、受附は、さつそく、たくさんの町內會《ちやうないくわい》から講師《かうし》派遣《はけん》の申込みがあつた。その後《ご》、ひきつづいて今日まで、町內會《ちやうないくわい》にむけて、紙芝居《かみしばゐ》や講話や活花の指導《しだう》のために文聯の同人《どうにん》が出張《しゆつちやう》してゐる。

陸軍病院《りくぐんびやうゐん》の慰問や、商報《しやうほう》の集會の席上《せきじやう》や、商報青年團のためにも、どしどし、文聯《ぶんれん》はそれぞれの適當《てきたう》なひとを派遣してゐる。

文化資料展覽會《ぶんくわしれうてんらんくわい》。

主として北九州《きたきうしう》に關する文化資料を文化聯盟傘下《ぶんくわれんめいさんか》の各團體から出品《しゆつぴん》して、百貨店《くわてん》で五日間催した。

元寇紀念藝能祭《げんこうきねんげいのうさい》。

九月二日。元寇《げんこう》の役六百六十年を記念《きねん》して、多彩《たさい》なプロを編成《へんせい》して藝能祭を催《もよほ》した。會場、公會堂。

慰問《ゐもん》繪はがき募集《ぼしふ》。

出征將兵《しゆつせいしやうへい》への慰問のために、北九州の各國民學校《かくこくみんがくかう》に依賴して、學童《がくどう》から繪はがきを募集《ぼしふ》した。子供たちが自身《じしん》でクレオンや水彩《すゐさい》でさまざまの童心《どうしん》を描《えが》いた繪が七千五百枚だけ集《あつ》つた。どの一枚にも燃えるやうな愛國心《あいこくしん》が滲《にじ》んでゐた。選者《せんじや》たちはしばしば落涙を禁じ得なかつたほどに感激《かんげき》したやうである。

特選《とくせん》、一等賞、二等賞、三等賞に選別《せんべつ》し、それぞれ賞品と賞狀を學童《がくどう》に授與し、戰地《せんち》へ送る前に、北九州の各市《かくし》で入選作品だけの展覽會《てんらんくわい》を催した。目下、順回展《じゆんくわいてん》を開催中であるが、展覽會《てんらんくわい》の終了後、ただちに戰地《せんち》へ發送《はつそう》することになつてゐる。

通常婦人服《つうじやうふじんふく》のデザイン募集。

婦人の日常服が裝飾的《さうしよくてき》に墮して活動性《くわつどうせい》を失つてゐるといふ非難に對して、北九州文化聯盟《きたきうしうぶんくわれんめい》は婦人服《ふじんふく》のデザインを募集した。活動的《くわつどうてき》であること、美的《びてき》であること、耐久的《たいきうてき》であることなどの條件《でうけん》を附けて、一般及び女學校生徒《ぢよがくかうせいと》から數百點のデザインを得た。百貨店《ひやくくわてん》で優秀作品《いうしうさくひん》を仕立てて展覽會を行つた。しかし、まだまだ滿足《まんぞく》される作品《さくひん》がなく、多分に研究《けんきう》の餘地があるといふ批評《ひへう》であつた。

文化運動の前途

けふは防空演習《ばうくうえんしふ》の第一日である。

私は朝から夜まで町内の防衛團《ばうゑいだん》の詰所《つめしよ》にゐた。空襲警報《くうしふけいほう》の赤い旗《はた》がひるがへる秋の空に幾臺か敵の飛行機がとんできた。そのたびに爆彈《ばくだん》が破裂し、燒夷彈《せういだん》から火を噴いた。ひとびとはバケツを持つて濛煙《もうえん》のなかを馳驅《ちく》した。私も災害報告書《がいほうこくしよ》を認めると、それを傳令《でんれい》に渡し、ポンプ隊を指揮して咽喉《のど》をさすにがい味のする黑煙《こくえん》のなかに突入《とつにふ》した。

いまも闇黑《あんこく》の夜天に空襲《くうしふ》のサイレンがけたたましく唸《うな》つてゐる。

文化人《ぶんくわじん》はこの空襲《くうしふ》のサイレンのとどろく下で何をしなければならないかを、もつと深刻《しんこく》に考《かんが》へるべきではあるまいか。そこから文化運動《ぶんくわうんどう》の臨戰態勢《りんせんたいせい》が、更にはつきりした形をとつてあらはれてくるであらう。

燈火管制下《とうくわくわんせいか》のにぶいあかりの底《そこ》で私はさう考へる。

× × ×

戰爭と俳句

石塚友二

國家百年の生命線《せいめいせん》の確保の自覺《じかく》はいまや誰一人《たれひとり》を漏《も》らさぬ國民的總意《こくみんてきそうい》であり、もとよりそこに職能《しよくのう》に依る厚薄《かうはく》などあるべき道理《だうり》はない。おのおの皇國の前進を分擔《ぶんたん》する齒車《はぐるま》の一つ一つであり、退《しりぞ》き能はぬ一線《せん》を劃《くわく》するための堡壘に挺身《ていしん》の光榮《くわうえい》を感じつゝ、任《にん》ぜられた分野に精勵《せいれい》力《つと》めてゐる現狀《げんじやう》に於て、俳句作家《はいくさくか》も亦その彌榮《いやさか》の道に從つて最善の奉公《ほうこう》を捧《さゝ》げてゐることは怪しむに足らないのである。ただ然し、俳句作《はいくさく》家《か》が、その藝能《げいのう》を以て直接《ちよくせつ》に報國の誠を致《いた》すとしても、俳句《はいく》が俳句であるべきところの形式《けいしき》の單純簡朴《たんじゆんかんぼく》が最も近い拘束《こうそく》となつて、他の藝文《げいぶん》の諸品のごとく、作品それ自體《じたい》に依つての翼贊《よくさん》の徑はまづ尠《すくな》いといはなければならない。

尤もこのことは、俳句作家《はいくさくか》といふものが、他の藝術分野《げいじゆつぶんや》の人々と環境《くわんきやう》を異にし、作品行爲《さくひんかうゐ》に生活の資を仰《あふ》ぐことなく、殆んど悉《ことごと》くの俳句作家が公私の職業人《しよくげふじん》の故に、奉公《ほうこう》の事は擧げて總てその職能《しよくのう》より捧げ、句作《くさく》は多く修身遊心の事に屬《ぞく》するにも由《よ》つて、おのづと作品は花鳥《くわちやう》の世界を對象《たいしやう》として清澄に徹《てつ》するを冀《ねが》ふ念の拍車《はくしや》ともなつた事實はあるであらう。それは俳句作家《はいくさくか》として誤《あやま》つた道《みち》ではなく、寧ろ俳句藝術の負ふべき運命的《うんめいてき》な正しい道程《だうてい》を踏んだ謂《いひ》に他ならぬ。考《かんが》へるまでもなく日本個有《につぽんこいう》の激しい季節《きせつ》の變移を最も端的に顯現《けんげん》する日本の花鳥《くわちやう》の眞美を、熱情的に追及《つゐきう》して之を十七字に表現《へうげん》せんとする願望《ぐわんもう》は、即ち國に對《たい》する限りなき愛であり、愛情《あいじやう》の切ないまでの沸騰《ふつとう》であるのだ。即ち日本個有《につぽんこいう》の美の眞なるものを、花鳥を媒體《ばいたい》として探《さぐ》り表現せんとの冀求《ききう》が、強《つよ》まるに從つて日本のありがたい美《うつく》しさは愈々《いよいよ》複雜《ふくざつ》となりその複雜の美《び》を痛感《つうかん》するにつれて此美《このうま》し國の民《たみ》として自らあることに慟哭《どうこく》したい喜《よろこ》びを覺えるに到《いた》るのである。ゆゑに、十七字詞型《じしけい》に全詩情を託《たく》すべき俳句作家《はいくさくか》にあつては、只管《ひたすら》に花鳥を讀むるに純粋《じゆすゐ》であることが何よりも正《たゞ》しい態度《たいど》と云はれるであらう。

とは云へ、曠古《くわうこ》の大業遂行《たいげふすゐかう》の只ならざる總決意《そうけつい》の怒濤の中で、俳句行爲を修身遊心《しゆうしんゆうしん》のみに過し能はぬ環境《くわんきやう》と意欲を爛《あら》した結果、戰争《せんさう》を材詠《ざいえい》した作品が、直接《ちよくせつ》なるもの、間接《かんせつ》なるもの、共に事變進行《じへんしんかう》の歳月に從《したが》つて其數を加へて來た。應召《おうせう》して戰塵《せんぢん》に身を晒《さら》しつゝ詠出《えいしゆつ》されたものをその直接《ちよくせつ》なるものとし、銃後《じゆうご》に身を置いて聖戰《せいせん》に思ひを熱くしつゝ風詠《ふうえい》に託《たく》したものをその間接なるものとする。

こゝに一應《おう》書き止《と》めて置くが、事變始つて間もなく、戰争《せんさう》を題材《だいざい》とした銃《じゆう》後作者《ごさくしや》の「戰《せん》争俳句《はいく》」なるものが一頻り浮足《うきあし》だつた世の脚光《きやくくわう》を浴びて登場した慘《いた》ましい錯覺《さくかく》があつた。それ等は重にニュース映畫《えいぐわ》に取材《しゆざい》して戰争を客觀的に表現《へうげん》しようと試《こゝろ》みられたものであつたが、その作家《さくか》としての表現意欲《へうげんいよく》に就ては之を姑《しばら》く措くとするも、現實の自らの立脚點《りつきやくてん》を忘失し、誤《あやま》つた俳句精神の亂用《らんよう》は救ふべからざる輕薄《けいはく》な作品となつて嚴現《げんげん》し、當然の成行《なりゆき》に從つてそれ等の作品《さくひん》は葬《ほうむ》られて去つたが、先に擧げた直接間接《ちよくせつかんせつ》のどれにもこれらの「戰争俳句《せんさうはいく》」が屬さないのは勿論《もちろん》であつて、謬《あやま》り混《こん》じられてならないこと故敢て特に誌《しる》して置《お》くのである。

そして今事變《いまじへん》の必然の所産《しさん》たる、眞の戰争俳句《せんさうはいく》の、直接的なる、また間接《かんせつ》的《てき》なる作品の如何《いか》なるものであるかを二三の例《れい》に依つて示《しめ》したい。

蚊帳の闇ふ・ピストルを握りしむ　**武笠美人蕉**

蟲鳴くか我衣を火もて干す夜は　同

雷火立つ地平のはても攻めつくせ　**小島昌勝**

立哨やいなづま夜々に向きかはり　同

胸射貫かれ夏山にひと生きむとす　**片山桃史**

夕燒の黃金《きん》のきびしき慰靈祭　同

郭公や朝風落つる露營の燈　**竹島白蓉子**

孰《いづ》れも第一戰に出《しゆつ》動して砲火を浴びつゝ、滿身《まんしん》の熱血《ねつけつ》を十七文字に昇華詩化したものであり、戰野《せんや》想望《さうばう》の虛構《きよこう》に發する浮薄《ふは》などはこのどこにも見出《みい》されないであらう。あるものは隙《すき》なき眞實よりの發聲《はつせい》であり而して男兒事《だんじこと》に望んでの悠鷹《いうやう》たる詩心の跳躍《ちやうやく》あるのみである。次に間接的《かんせつてき》なるもの、

栗賣りの子はいくさびと栗を買ふ　**及川貞**

戰況ニュースきく膝觸る・夜寒かな　同

某海軍飛行中尉戰地より歸り訪れしかば
ひとの子のいくさ勝ちし子爐に迎へ　同

これは銃後《じゆうご》のつゝましく凛《りん》たる一主婦の深い心構《こゝろがまへ》になる詩日記《しにつき》である。俳句本來の本質《ほんしつ》に惑《まど》はず、四圍の愴忙《さうばう》に溺《おぼ》れず、おのが屬《ぞく》する直向《ひたむ》きな世界に身を沈《しづ》めて、さうして健全《けんぜん》な俳句心を育《いく》んでゐるのである。

要するに、俳《はい》句作家《さくか》の精神は不易《ふい》なるものに向《むか》つて一途《づ》であらねばならぬ彼自身《かれじしん》の處置に眞率《しんそつ》であることに由つて句精神《くせいしん》に忠實になる以外に俳句《はいく》作家《さくか》の道はないであらう。前線銃後《ぜんせんじゆうご》を問はず、自身が藝術家《げいじゆつか》である自覺《じかく》を持す上に於てそれは絶對課題《ぜつたいくわだい》でなければならないのである。

中亞細亞人の服

繪と文　西　喜代子

モスコーに居りました頃、よく街で中亞細亞人が我々に似た顏色にハラト(上衣)を着流して歩いて居るのを見かけました。銘仙に近い生地に鮮かな東洋の模様が織り出されて居て夏は單衣の涼しげな、冬は綿入れのあたたかさうなその衣裝は、外國人の眼にも異様とは映らず、むしろ風雅の感さへ抱かせて居る様でした。

或機會にその實物を見ました所が驚いた事にはその仕立が着物とよく似て居て細く長い袖こそ西洋風ですが衿、衽、まち、前後の身頃からなつてゐる事を發見し、深く興味をひかれました。

久し振りに日本の冬を迎へますと、すき間風になれない身には、相當寒さが應へましたが、ふとスキーズボンとスウェーターの上に羽織るのにチャンチャンコと羽織と西洋のガウンを兼ねた、

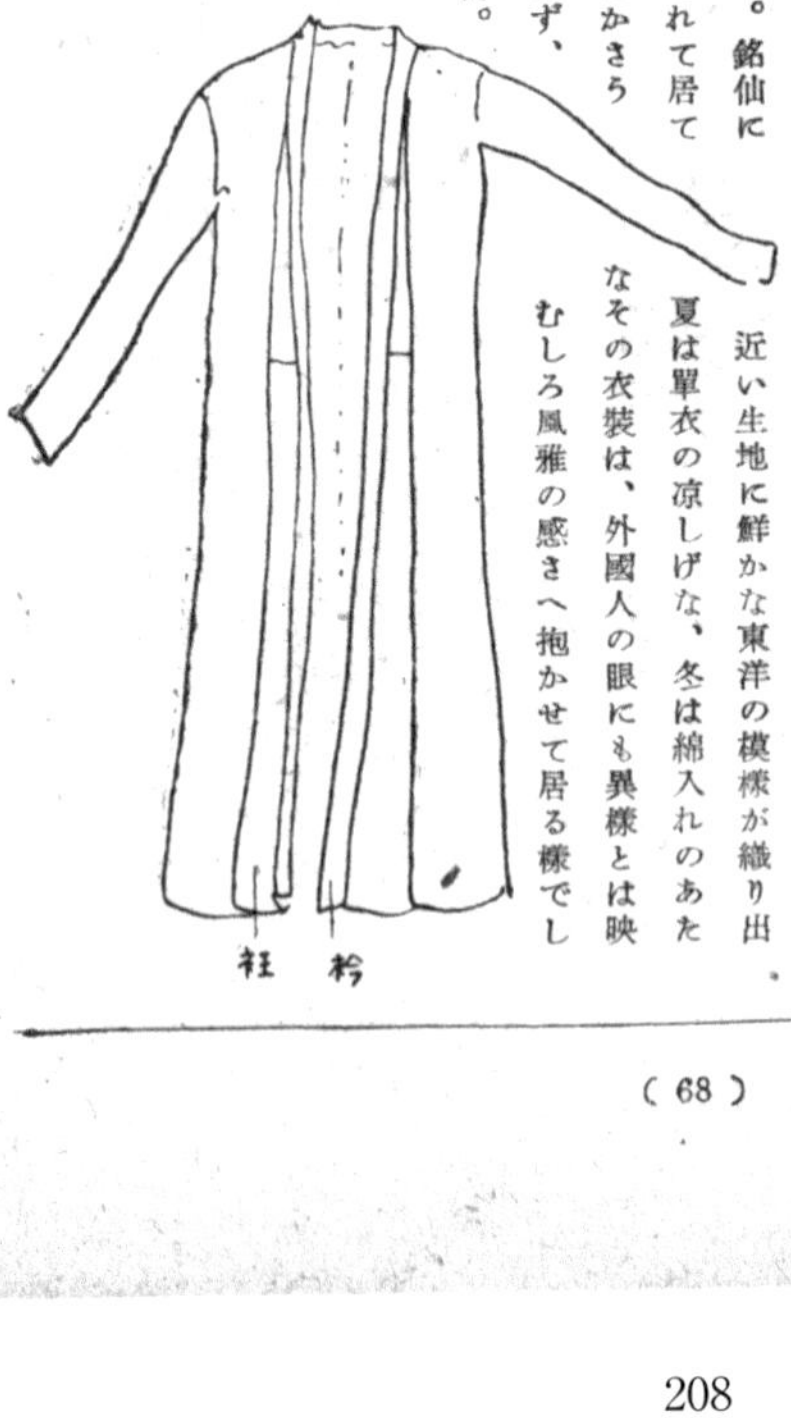

あのあたたかくて便利さうでしかも美しい中亞細亞の上衣を思ひ出した次第です。

袖はやはり着物の筒袖みたいにした方が動きがとれるし布も痛まないでよいと思ひます。古い羽織等でハッキリした可愛い模様のを直して綿を入れ共布のヒモかベルトで時に應じて締める様にすれば結構な防寒用部屋着となるのではないかしらと考へました。モンペの上に羽織れば不意の來客の場合も見苦しくなく、まだこの上工夫改良すればその他にも色々と使ひ道がありさうに思へますので、たゞ參考迄にお目にかけます。

ノモンハンの記

中川芳男

七月二十九日

昨日は朝から、住宅を擴張したり何かして、一日もの足り無い程閑なそして、穩かな日だつた。昨日、天氣が回復すると同時に、又日中は物凄い暑さに逆戻りだ。

今朝は又、朝食を喰つて居ると、「お早う」と敵機の奴、爆彈を持つてやつて來た。然し、今日は敵機の奴、何に遠慮したのか、段列の斜右三粁程向ふの稜線へ二三十發、例の通り盲爆をすると其のまゝ、方向轉換をして行つてしまつた。

午後一時頃になると、技術部の將校が二人、先日故障した片桐分隊の火砲を見に來られたので、私は段列の右臺上の車輛置場へ持つて來て有る砲車の所へ案內して、片桐軍曹から聞いた通り說明をした。寫眞機を持つて居られる方の少佐殿が、故障の箇所を種　の角度から撮影された。も一人の少佐殿が私に

「兎に角、早速將軍廟の修理班へ出すんだね」と言はれた。

「はい、どうも御苦勞樣でした。段列へ御出になつて一服して下さい」と、二人の將校を案內して、段列小隊長の壕の方へ步き出した二三步行きかけると、昨日段列の隣の凹地へ陣地構築をした工兵の隊から、ダッダッダッと高射機關銃の音が起つた。「敵機」と、對空監視哨が叫んだのと同時に、突然、本當に突然だ、何時の間に來たのか、忽然と現はれた樣に、敵機が一機、私達の頭上目掛けて空中から直ぐ目の前迄、舞下りて來た。

バリバリバリバリーン。地上掃射の機銃の音、ぴつぴつぴつと夕立が土をはね返すやうに土煙を上げて、銃彈が地面に突入する。

「あつ」と、本能的に其の場に伏したが、「壕」どころか、握りこぶし程の俺護物も無い眞平な臺上の草地だ。然も私はシヤツ一枚で、鐵兜も被つて居ない。「しまつた」と思つたが、仕方が無い。ぐうーん、又來た、もう駄目だ。突風の樣に敵機の羽風。ぐうーんと、特有の疳高いプロペラの爆音が、土煙と一緒になつて、伏して居る私達の背中へ打付ける。一機が上昇すると又一機が下げ梶で、蔽被する樣にのし掛つて來る。ぐうーん、バリバリバリーン。今度は直ぐ左手へぴつぴつぴつと、銃彈の突差さる土煙が一直線に。あつ畜生一機が突風を叩き付けて舞上ると、又一機がバリバリバリーンぴつぴつぴつ、私はもうすつかり觀念してしまつた。それにしても幾ら連日の激戰にすつかり戰場馴がしてしまつたとは云へ、鐵兜も被らず、上衣も着ず とは、我乍ら不覺だつたなと思つて居るとそれ切り來ない。「おや」と思つて起上つて見ると、「あつ」敵機の奴、もう飛んでも無い方へ飛去つて行く。

十米許り離れた處へ、立上つた將校の方へ、駈け寄つて、聲を掛けた。「異狀有りませんでしたか」「うん、大丈夫、大丈夫」と答へ乍ら、もう一人の少佐殿に「貴官寫眞機異狀無いか」と聞かれた。「うん、何とも無い」と速寫ケースの蓋をしながら、「うーん、敵機の奴、驚かしやがつたな」と言はれた。

三人共、胸について居る土をぱつぱつと拂落し乍ら、今迄夢中になつて大地へしがみ付いて居た事を思ひ出して、顔を見合せると、わつはつはつと大聲で笑ひ合つた。

三時、命令が出たので、直ちに支度をして、將軍廟の修理班へ出發した。私以下運轉手小川上等兵達、分隊の兵五名で有る。

牽引車に、故障した砲を付けて、がら〳〵と炎天下六十粁の道のりは相當にこたへる。燒け切つてしまふエンヂンを時々、十分間位づつ小休止して冷し乍ら、夕暮近くやつとの思ひで到着した。係の將校の方に連絡を取つて報告して、修理班へ砲を引渡してしまふとやうやくほつと安心した。やつと責任を果したと思ふと、一度に空腹と疲勞が身にこたへる。それに今夜は、何處かへ宿めてもらはなければならぬ。兵站部の將校に譯を話して頼むと、

「あゝさうか、それは御苦勞だつたな、それでは其の前の大きい方の幕舍に炊事班の者が居るから、其處へ宿めて貰ふ樣に話して呉れ」幕舍へ行つて見ると、班の人達は皆兵隊上りの軍屬の人許りである。私達の話を聞くと、

「あさうですか、それは大變でしたね、さあ〳〵皆御這入りなさい、第一線は大變でせう、今直ぐ食事の支度をして上げますから、裸になつて前に井戸が有りますから顔を洗つて體でも拭いて御出なさい」と言つて呉れた。これでほつとすると同時に、何だか全で違つた世界へ來てしまつた樣な氣がしてならなかつた。透き通つた水、冷い水、そして一寸も臭く無い水、夢に迄見た其の水を、今目の前に見た。

そして、夢中になつて呑んだ。美味しい。息をもつがずに、がぶ〳〵呑んだ。實に美味しい。こんな美味い水を貴い水を頭からざあーつざあーつとかぶつて、顔を洗ひ、體を拭き乍ら、何だかずい分勿體無い事をして居る樣な氣がしてなら無い。腹の底から生れ變つた樣な氣持になつて、幕舍へ歸つて見ると、ちやんと、飯の支度が出來て居る。然も臺の上には佃煮だの、らつきようだの、鹽鮭、そ

れに牛鑵と野菜と煮てあるのが、丼に川になつて居る。私達は、不思議な夢でも見て居る様な氣がして、其の前へ坐り兼ねて居る。

「さあ〳〵皆お腹が空いたでせう、澤山喰べて下さいよ」と言ひ乍ら、此の幕舍長らしい人が「未だ好く、冷えて居ないかな」と、ビールを三本持つて來て呉れた時には、全く皆ぼんやりしてしまふ程、驚いた。

「一體俺達は、夢を見て居るんじや無いかな」と、酒好きの小川上等兵が、ビールの泡を珍しさうに眺め乍ら、溜息をついた。

私は、幕舍の人達に心から御禮を言つて、此の心盡しの御馳走を充分に頂戴した。思ひ掛け無く、久しぶりで呑むビールが、此處の人達の親切に、云ひ現す事の出來ない感謝の氣持と共に、身にしみる。

皆夢中になつて、腹一杯詰込んだ。あゝ、美味かつた。美味かつた。と、肩で息をして居る。「さあ皆、疲れて居るでせうから、これでも喰べて、まあゆつくりやすみなさい」と、みかんの罐詰と、羊羹を出して呉れた。

軍服を脱いで、毛布にくるまつて寢られるなんて、夢だ、夢だ。こんな莫迦な、都合のよいことが、あらうか。あゝ、然しやつぱり現實。此處は、兵站部で有る。あゝ有難い、〳〵。將軍廟へ來た事が、こんなに迄思ひ掛け無い幸運だつたのか。

第一線から來たと言ふ丈で、初めて遭ふ私達を、こんなに迄親切に歡待して呉れる幕舍の人達に、御禮はとても口では言ひ盡せ無いが、其のかはり、明日又第一線へ歸つたら、今迄よりももつと〳〵働かう。

毛布へくるまるより速く、ぐつすりと眠つてしまつた。何時間か寢た。「もし〳〵一寸、〳〵」肩をどく揺られて目を覺すと、おや、幕舍内は騷然して居る。何だ、と思つて首を持上げかけると、ずずずーんずしんずしんと地響き「あつ、爆擊だ」然し、ひゆーしゆつと爆彈の風を切る音、ずしんずしんと少くとも一粁半は離れて居るらしい音だ。

敵機の數は可成多いと見えて、ごう〳〵と轟が大きいし、爆彈の數も、何時もよりずつと多いらしい。今度は、少し右へ廻つたらしい。しゆつ、しゆつ、しゆつ、ずずーん、ずしん、ずしん、敵機の奴、夜半にこんな處迄無駄彈撒散らしに來るとは、又御苦勞な事だな。あつ又、落しやがつた。今度はずつと離れて居る。ひゆー、しゆー、しゆる〳〵もすかに聞へる。ずずずーん、ずしん、ずしん、あつ今度は又ずい分澤山落したなと思ひ乍ら、又うと〳〵し始めると「さあ起きなさい〳〵」誰かが揺起す。「えー大丈夫ですよ、もう」と、それでも首を上げて見ると、服を着て、軍裝迄して居る。

「おや、どうしたんですか」と起上ると、

「爆擊ですよ〳〵」

「あゝそれなら、もう大丈夫ですよ、先刻から、音を聞いて居ましたが、一番近かつた奴でも、一粁以上離れて居た様だし、今の音は少くも二粁は有るし、爆彈も落し切つたらしいから」と又毛布の中へ逆戻りしながら「敵機の奴も精勤ですね、はつはつはつ」と何氣無しに笑ふと、

「えーつ、驚いたね。貴方方、爆彈が恐く無いんですか、いや我

々だつて恐くは無いがね、でも寢ちあ居られ無いね、矢張第一線に居ると違ふね」と言ひ乍ら軍服を脱ぎ始めた。

「寢て居て、彈の方向や數迄分るんですかね」とか、「どうも余りあわてたんで、一寸恥かしいな」

「尤も第一線に居れば、爆彈なんて每日だらうし、馴れてしまふとそう一々驚いても居られないだらうし」などと、口々に爆彈の話や何かでがや〳〵として居るのを、夢現に聞き乍ら、ぐつすりと眠つてしまつた。

七月三十日

あゝ、好く眠つた。起上らうとすると體中が痛くて、中々起上れ無い。久し振で毛布の中でのび〳〵と寢た爲、疲れが一度に出て、體中の捩子が一度に緩んだらしい。皆ぼんやりして居る。今日も又暑いが、上天氣で有る。幕舍の人達は、もう忙がしさうに働いて居る。

「前線はどうして居るだらう」と思ふにつけても、顏を洗つて朝御飯を喰べるなんて、何だか戰場に來て居るのを忘れてしまふ樣な氣持だ。

食事が濟んだ時、幕舍の人から云はれた。

「貴方達、今の中に、シャツとズボン下でも洗つたらどうですか直ぐ乾きますよ」そうだなあ、それに初めて氣が付いて見ると、シャツの汚れがプーンと何とも言へ無く臭い。そうだ、もう一ケ月も汗をかいても雨に濡ても、寢るにも起きるにも、軍服を着た切りだ土と埃と脂と垢でべと〳〵だ。それを人に言はれて、初めて氣が付くのだから、戰爭はずい分、兵隊を無神經にしてしまふものと見える。

石鹼を貰て、井戸の側で皆裸になつて、洗濯を始める。皆互に氣が付いて見ると、體中に斜の縞がはつきり付いて居る。

昨日の夕方、久しぶりで體を拭くのにタオルでごし〳〵こすつたので、眞黒につて居た體が、タオルの跡だけ垢が落ちて、白くなつた。それで縞になつたらしい。「やあ縞馬だ〳〵」と、互に指差合つて笑ひ乍ら、洗濯物より石鹼を塗り付けて、體をごし〳〵洗つた。あゝ、さつぱりした。幕舍の廻りに、洗濯物を干して居ると

「さあ、洗濯が出來たら、此處に便箋と封筒が有りますから、御家へでも手紙を出し度い人は御書きなさい」

あゝ、何から何迄有難い事で有る。心の中に、口では云ひ盡せ無い感謝をし乍ら、大急ぎで戰場へ來て初めての便りを書いた。

「さあ、此の中へ入れて置きなさい、此の次の集配の時に出しといて上げますから」と、出して呉れた箱の中へ、「では御願致します」書狀をそれに差入れた。外へ出て見ると、今干した許りの洗濯物がもう乾いてゐる。

成程日差しも暑いわけである。取込んで見ると濃い糊でも付けた樣に、ぱり〳〵して居る。一ケ月分の垢と脂が水に解けて、それが落切れ無いで、糊の代用になつたらしい。

それをごし〳〵もみほぐして着て見ると、もの忘れした樣に、ぽーつとする程さつぱりして居る。無口者の町田一等兵が、「何たか病氣の後の樣な氣持ですね」と言つたので、皆思はずわつはつはつと笑つた。が、病上りの樣な氣持とは、蓋し實感である。

「さあ、そろ〳〵歸りませう、段列へ」

「少し早いが」と、出して呉れた晝飯を喰べて、歸り支度をして居ると「さあ、少しづつですが、途中で小休止の時にお上んなさい」キヤラメルや羊羹やサイダー等、澤山のお土産物を風呂敷へ包んで呉れた。

「さう〳〵水を持つていらつしやい」一升壜へ、冷い水を入れたものを二本呉れた。私達は、もう何と言つて好いか、感謝の言葉が出なかつた。

何とか言へば、涙が出そうで、うつかり口もきけ無い氣持だ。

「さあ、それでは元氣で行つて下さい、御苦勞様ですが、しつかり頼みますよ」と皆が、見送つて呉れた。

「どうも、有難う御座いました」云ひ盡せ無い感謝が胸一杯になつて、これだけ云ふのが、やつとの思ひだ。兵站部、修理班、と過ぎて、兵站末を出はづれたる頃、又暑さが身に泌みるほど、じり〳〵と照り付ける。灼熱の太陽と、がんがんと無限軌道の響きと共に、足下からエンヂンが燒上つて來る。

「暑い」來る時には、こんなに迄こたへなかつたのに。さあ、少し休まふ。車を止めて下りると、「水だ」何て言つたつて、水が有るんだ。有難い。貴い水だ。皆また將軍廟の人達へ感謝しつつ水を呑んだ。「美味い」「これさへ有れば大丈夫だ。水筒にも一杯だし」と何氣無く水筒の栓を取ると、ぷーんと匂ふ。「おやつ」とよく見ると、「あつ、酒だ」何時の間にか、皆の水筒へ酒迄詰めて置いて呉れたのだ。小川上等兵は、牽引車の無限軌道の上へ乘り、將軍廟の方へ脱帽して、最敬禮をして居る。

「おい町田、君の水筒もか」「えゝ、そうです」「うん、君は甘黨だつたな、よし、キヤラメルも羊羹も俺の分丈皆君にやるぞ、水筒と交換しやうじや無いか」小川上等兵が、町田一等兵に掛合つて居る。

「えゝ結構ですね。願つたり、叶つたりですよ」

甘黨の町田は、喜んでにこ〳〵して居る。五味一等兵も「水筒」の棄權を申出た。

「そうか、それじあ俺の分をやらう」私は、羊羹とキヤラメルの方を棄權した。原嶋一等兵も甘黨組に參加した。「よしそれじあ酒の方は中川上等兵殿と俺と二人たぞ」小川上等兵が念を押した。「其のかはり、羊羹とキヤラメルは、自分達の權利ですね」と言ひ乍ら、町田は早速キヤラメルをしやぶつて、嬉しさうににこ〳〵して居る。「サイダーはどうするんですか」五味が質問した。「うんサイダーはまあ、當分取つて置くんだな。段列へ歸つたら、砂に埋めて置けば好いさ」私は提議した。「贊成々々」衆議一決して、牽引車は動き出した。午後の日差は、愈々暑い。二時間程走ると、機關がまた燒けたので、水呑みながら小休止をした。

「一つ如何ですか」酒の方にも、少しは未練のあるらしい原島一等兵が、キヤラメルを私と小川に二粒づつ呉れた。それを見て、五味も羊羹を五分位に切つて、一切づつ呉れた。町田だけは知らん顔をして、キヤラメルをしやぶつて居る。

私と小川は、顔を見合せて「うん、まあいゝや」と、それを貰つて喰べた。

「水が半分しか無い、餘り甘い物を食ふなよ」

小川上等兵が注意した。

「サイダーを一本だけ呑みませんか、皆で一本だけ」

五味は先刻から、サイダー許り氣にして居る。

「駄目だ、それは段列へ歸つてからの事だ。さあ出發々々」と私は小川上等兵をうながして、牽引車へ乘り込んだ。

五時頃やつとの思ひで、向ふに段列のある稜線のかすかに見える湖の邊に着いて、小休止をして居ると、「あつ敵機た」原島が叫んで指さした方を見ると、「うわー、來た、來た」百機も居るだらうかずつと、彼方の上空に蠅が飛んで居る様に眞黒に見える。

「うわー、ずい分、物凄く來やがつたな」感心して見て居ると、其の儘向ふへ飛去つてしまつた。「おやつ、一機だけが此處へ向つて飛んで來る」勿論、彼の編隊のとは別者で有らうが、おそろしく高度だ。七八千粁も有らうか。私は昨日、段列の車輛置場で喰つた地上掃射の事を思出し乍ら、見守つて居た。

何かばつと撒いた。あゝ、又例の逆宣傳のビラだ。「あつ、宣傳ビラだ、ロスケの奴、何の賣出をやるだべかな」町田が、故郷の町で、只一度だけあつたと云ふ飛行機で撒いた賣出の宣傳ビラを思ひ出して、子供の様にはしやいで居る。

眞澄の大空に陽を受けて、きらり〳〵と光り乍ら、流れて行く様が美しい。

「あゝあのビラ、一束になつて、此處へ落ちて來ないかな。丁度鼻紙が無くなつて困つて居る所たのに。あんなに高くちあ、皆手前達の陣地の方へ行つちまふじあないか。敵機の奴、馬鹿野郎たなあ」と、小川上等兵がまぶしさうに手をかざして、ビラの流れを見守り乍ら、呆れた樣に、文句を言つて居る。一體、ロスケの奴等、あんな宣傳ビラが日本の軍隊に對して、たとひ少しでも效果を齎すとでも思つて居るのかしら。兵隊、故國の賣出を思ひ出させ、鼻紙の代用に欲しがられるだけに過ぎないビラだ。苦心慘憺して撒いて居るんだから、小川上等兵じあ無いが、全く敵機の奴等、大馬鹿野郎に違ひ無い。

六時半頃、段列へ着いた。段列小隊長に復命した。「只今歸りました、途中異狀有りません」

そして修理に要する日時等を報告した。

「あゝどうも、遠い所を御苦勞だつたな、暑かつたらう、まあ壕へ歸つてゆつくり休んで呉れ、御苦勞〳〵」自分達の壕へ歸つた。

「あゝ御苦勞〳〵」と、口々に云ひ乍ら、寢轉がつて、のび〳〵と手足を伸ばす。小川上等兵が裝具を外し乍ら、水筒に頰づりして、にやりとした。矢張り、自分達の壕へ歸つて、かうして居ると全く自分の家へ歸つた樣な氣安さを覺えるから妙だ。「住めば都」とは實際好く言つたものだ。夜の點呼も終つた。晩酌の酒にほろりとして、將軍廟の大饗宴の思ひ出を皆で語り合ひ乍ら、うつら〳〵として居ると、段列の右上道路上へいきなり、敵の重砲彈が飛んで來た

ダダダアーン、バリン、ガアーン、ダーン、ヒユルヒユルシユーと、彈道の嵐にバリツと彈體の裂ける無氣味な音に續いて、天地も裂けよと許り、轟然と炸裂する榴彈、ダダダアン、ガアーン。かなり震動して、壕内の砂がざざーざざーとずり落ちる。段列は、射角に入つて居るし、連續的に炸裂する彈着が、驚く程の正確さで我々の身邊に迫つて來る。

「各分隊共、皆起床」小隊長の怒鳴る聲が爆音を貫いて聞える。「起きて其の儘壕内に待機だ」ダアーン、ガスーン、ピユルーンしばらくすると、爆音が右後方へ遠退いた。「各分隊共異狀無いか」歩哨が叫んだ。「異狀無し、〳〵」答へ乍ら、遠ざかつて行く砲彈の響を快いものに聞き乍ら、何時の間にか眠つてしまつた。

七月三十一日

今日は又、莫迦に閑では有るが、物凄く暑い日だ。どうも、臭く無い水が欲しい。將軍廟の水は美味しかつたな。どうかして、臭く無い水がないもので有らうか。

實際、あの野戰病院の裏手の湖から汲んで來る水と來たひにあ、見た處丁度、ビールの樣に黃色くてどろ〳〵して居るし、喉の渇きに堪へ兼ねて、一口がぶりとやらうものなら、喉がひり〳〵として胸がむか〳〵とする妙な生臭さで、いやもう何とも言ふに言へ無い氣持の惡さ。

「畜生、もう水なんか呑むものか」と、其の時はそう言つても、日中の此の暑さ、直ちに忘れて、又鼻をつまんで「がぶり」とやつては、うわーぺつぺつとやつてしまふ。

「あゝ、臭く無い水を一口でも」と段列の全員が水の夢を見て居るのも、決して無理では無い。こんな時、素晴しいニユースが段列へ傳つた。

「臭くない水が有るんだ」「何、透き徹つた水が」「何處だ」「えつ、本當か」「いや本當だとも。場所か、それはホルステン河の水だ。好い水だぞ。何本當だとも、現に放列で呑んで來たんだ」

からなれば、一刻の猶豫も出來無い。段列小隊長の處へ許可を得る爲め、小隊長の壕へ來て見ると、彈藥箱應用の机に向つて何か書類に眼を通して居た段列小隊長は、私達の申出を聞くと、暫く考へて居たが、

「うん、彼處には、軍橋が掛けられて有るが、敵は此の軍橋を落さうとして、重砲の集中射撃や、空爆を盛んにやつて來るさうだが行くんなら、餘程氣を付けて行かなけりやまあ好いだらう、行つて來い。防毒面と鐵兜は、必ず持つて行けよ、そして行く者は、此處に名前を書いて行け」

小隊長の許しが出た。私達一行五名と、ドラム罐五本を積んだ貨車を林上等兵が運轉して出掛けた。防毒面を背負つて、鐵兜の顎紐をしつかり結び直した車上の私達を見上げ乍ら、皆で「おい、しつかり頼むぞ」「氣を付けて行けよ」等と、口々に叫んで、見送つて居る。

「何だ、水を取りに行くんだか、敵陣突入の決死隊だか、分ら無い樣な騷ぎだな、わつはつはつ」私達は、笑ひ乍ら出發した。

何時も、行きつけの放列への道を三叉路で分れて、初めての右端の道を取つて行く、右手の叢の小高い所に元赤軍の擬裝觀測所の跡が有る。丸太棒で作つた砲隊鏡や、測遠機等が、哀れにも滑稽な格好で、午後の日ざしに暑さうに光つて居る。此處等あたりは一面の草原である。放列の方から、ドドンドドン、と雷鳴の樣に砲擊の轟きが聞へるだけで拍子拔けがする程、靜かな草原の道を、車はグングン全速力で飛ぶ。しばらく行くと、急激な坂上に出た。

車を止めて見下すと、ずつと深い谷の樣になつて居る。左の方に軍橋の掛けられて有る川が見える。「あつ、ホルステン河だ」

此處からは、敵陣の各高地が黑々と無氣味に連らなつて居るのが一目に見える。

ジグザクの急坂路を靜かに下りて、工兵の步哨が立つて居る橋の側へ來た。「御苦勞樣」と聲を掛けて、「水を取りに來んだが」と言ふと、「あゝ、それなら、橋を渡つて向ふの道を少し行くと、給水車が有りますから」と、現役兵らしい其の步哨は元氣な聲で敎へて吳れた。其處此處に彈跡があばたの樣にぽつ〳〵して居る。給水車の所には、軍屬の人が五六名給水して居た。部隊名を云つて、「ドラム罐五本ですが」と水の貴さが身に泌み込んで居る私達は、何だか大それた事をのぞんで居る樣な氣がして恐る〳〵申出た。「あゝさうですか。それじあ此のホースの口を」と、車上の砲手に渡して吳れた　何だか、ほつとした氣持だつた。

給水車の機關がゴンゴンゴンと鳴り出した。私はホースの口からとう〳〵とドラム罐に流れ込む水の輝きを、首を長くして待ち兼ねて居るで有らう段列の戰友達の歡聲を聽く樣な氣持で、見とれて居た。

（栗田次郎畫）

衣服資源

爭奪戰物語（四）

高村　敦

英諜報機關特許狀を得る

ポンヂシエリー王城《わうじやう》の大廣間《おほひろま》の正面一段高《だんだか》い床には、プラータラ王《わう》の寢棺《ねくわん》が金色の數々の祭具《さいぐ》で飾られてゐた。祭壇《さいだん》の奥の穹壁《アルコーヴ》には來光如來のやうな佛像《ぶつざう》が安置《あんち》され、四柱の上に笠木《かさぎ》を冠し、その兩端突出《りやうたんとつしゆつ》せる部分の末端《まつたん》に左右《さいう》相對《あひたい》して印度敎に特殊な鳩《はと》に似た靈鳥《れいちやう》が立ち、それが佛像《ぶつざう》の衣裳光背臺座《いしやうくわうはいだいざ》等《とう》に施した纓絡金色の華《はな》やかな裝飾《さうしよく》をして雄婉な感を引立《ひきた》たせてゐる。この佛像《ぶつざう》に對して、向拜の臺座《だいざ》の上に王の寢棺《ねくわん》が安置されてゐるのだ。

王妃《わうひ》はその向拜の横座《わうざ》に名香を燻じながら、黑い羅衣《らい》に包《つゝ》まれて踞蹲してゐる。

英吉利の公使《ごうし》と自稱してゐる諜報《ちやうほう》機關《きくわん》ジョン・ゼムランが數人の從臣《じゆうしん》達を引具《ひきぐ》して、大廣間《おほひろ》の左手に傲然《ごうぜん》と控《ひか》へてゐた。祭壇《さいだん》の左手の大机の上《うへ》には、いましゼムランから捧《さゝ》げられた英吉利王宮よりの慰吊品《ゐちやうひん》といふのが數々並《かずかずなら》べられてゐる。それは色《しき》彩入《さいいり》の美しい硝子《ガラス》製《せい》の水入、精巧《せいこう》な小形刄物、金絲を施した天鵞絨《びろうど》や繻子、その他木彫《きぼり》小函《こばこ》だのブロンズ製の細工《さいく》を施した蠟燭立《らふそくたて》、これは敎會や僧院用《そうゐんよう》の燭臺《しよくだい》であつて、第十三世紀頃に製作《せいさく》されたローマネスクの特色ある文様の彫刻《ちやうこく》なるもの、その他銅の打出しに象眼《ざうがん》を施し、毛彫《けぼり》をなし、金メツキを配したり、寶玉《ほうぎよく》の鏤《ちりば》めたり、また白《しろ》、靑、黄、綠《みどり》等の色彩のあでやかな繪畫的唐草模樣《くわいぐわてきからくさもやう》で飾りたてた三折龕の寄進《きしん》の如きは、王《わう》者《じや》の崩御《ほうぎよ》を弔ふ供物として特に絢爛《けんらん》たるものであつた。英吉利大帝國《いぎりすだいていこく》からの供物《ぐぶつ》として、文化《ぶんくわ》の低いポンヂシエリー土侯國の役人共《やくにんども》の驚異《きやうい》と讃嘆の眼を奪《うば》ふに足《た》るものであつたので、そこに英吉利《いぎりす》の偉壓《ゐあつ》があたりの空氣を震撼《かん》してゐた。

ジョン・ゼムランは、これらの供物で印度人《いんどじん》の好意と感謝《かんしや》の心を充分惹《ひ》いたから、王城《わうじやう》の役人共に尊大な態度《たいど》で威嚴《ゐげん》を保ちながら、のしかゝるやうにいつた。

「佛蘭西《ふらんす》のものどもは實に怪《け》しからぬ奴《やつ》らだ。彼等は何處の港《みなと》でも亂暴《らんばう》を働いて仕末《しまつ》におへぬものどもです。これは、彼等《かれら》の本國《ほんごく》がいま英吉利の勢力《せいりよく》の下《あと》にあつて、いはゞ亡《ほろ》びかけてゐるので、國《くに》に歸つても將來《しやうらい》の見込《みこみ》がない。それで船で本國《ほんごく》から逃れて來て掠奪《りやくだつ》だの、人殺《ひとごろし》を働いてゐるのです。それで、あのやうなものどもをお國《くに》に寄せつけておくことは不爲《ふため》ですから、彼等《かれら》を追ひ拂《はら》はねばなりません。彼等《かれら》を寄せつけなければ、王樣《わうさま》もこのやうな不幸《ふかう》な目に會はずに濟んだことゝわたくし同情《どうじやう》に耐《た》えません。あなたがたは、なぜ佛蘭西《ふらんす》のものを追ひ拂《はら》はなかつたのですか」。「それは、私共《わたしども》は佛蘭西《らんす》の水夫共を港《みなと》から追ひ拂《はら》ふために、いろ／＼と苦心《くしん》をしたのです。王樣《わうさま》は第一に彼等《かれら》を好みませんでした。何《なん》とかして佛蘭西《ふらんす》の船を港《みなと》から追ひ出そうと苦心《くしん》をしてゐたのでしたが、彼等《かれら》はいつのまにか町に秘密《ひみつ》の取引をする商館《しやうくわ》をつくり、そこに武裝《ぶさう》の人夫共《にんぷども》をおいてゐたので、私共《わたしども》は役目《やくめ》を以てその商館《しやうくわん》に行つても番人《ばんにん》がゐて何うしても内部《ないぶ》に通《とほ》してくれませんでした。きのふから町の中での彼等《かれら》の亂暴《らんばう》を働いてゐたことも貴官《きくわん》も御承知《ごしようち》のことゝ思ふ。わが王樣《わうさま》は之を目撃《もくげき》してお怒りになつたのです。そして御自分《ごじぶん》でその本據を臨檢《りんけん》なさらうとして此の御不幸《ふかう》になりました。私達《わたした》は、これに對して寄々《よりより》協議《けふぎ》して、如何《いか》なる所置を採《と》つたらよいかを決《き》めようと思《おも》ひます。だが、實は私達《わたしたち》の軍隊の力では、佛蘭西《ふらんす》のあの沖《おき》にゐる軍艦《ぐんかん》を撃退《げきたい》することはなか／＼困難なのです。佛蘭西《ふらんす》のものを此の港《みなと》から逐放《ちくはう》しようと思ひますが、それにはあの軍艦《ぐんかん》をこの港《みなと》に入れさせないようとするに限るのですが、その方法《はうはふ》によい考が浮《うか》ばないので私共《わたしども》は苦心《くしん》してゐるのです」

役人共は、ほんとうの腹《はら》をこのやうに告白《こくはく》した。

ゼムランは、それを冷《ひや》やかに聞《き》いてニヤリとほくそ笑《ゑ》んだ。

「あなた方は、そのことで苦心なさつてゐるのですか。それならよい考《かんがへ》があります。あなた方は、佛蘭西《ふらんす》の軍艦《ぐんかん》をたゞ寄せつけなければ、あの國《くに》のもの共《ども》がこゝに來ないと思《おも》つてゐなさる。だが、それは誤《あやま》つた考です。われくしが假《か》りにあなた方の地位《ちゐ》に居て、この國の政治《せいぢ》を司《つかさど》るものとしても、あの軍艦《ぐんかん》をこの港から驅逐《くちく》することは、なか／＼容易《ようい》なことではありません。それは、お國にあの軍艦より以上の大きい武備《ぶび》の優《すぐ》れた般を澤山《たくさん》持つてゐるのでなければあの船《ふね》を撃退《げきたい》することは出來ません。けれども、それはあなたのお國《くに》では出來《でき》ません。だが、そこによい考《かんが》へがあるのです。お氣つきませんか」

役人共《やくにんども》は、それを聞《き》いてゐたが、たゞ首《くび》をかしげるばかりだつた。それを見《み》て取《と》つたゼムランは、こゝぞとばかり乗り出した。

「それでは、あなた方《がた》は、私《わたし》のいふことを聞かねばなりません。佛蘭西人がなぜ此の港《みなと》に來るかといふに、お國の物産《ぶつさん》を本國《ほんごく》に持つて行き度いからです。他の國《くに》の物産《ぶつさん》を自分《じぶん》の國に持つて行く。それは貿易《ぼうえき》の方法以外《はうはふいぐわい》に正しい途はないのです。それを佛蘭西人《ふらんすじん》は、正しい途《みち》によらずに、他國の物産《ぶつさん》を持去らうとして亂暴《らんばう》を働《はたら》くのです。それでお國の物産《ぶつさん》を持去《もちさ》らせないやうにすることが必要《ひつえう》です。それには、お國の物産《ぶつさん》を正しい取引《とりひき》をする國に一手《て》に引受《ひきう》けさせるに限ります。そこに行くとわが英吉利《いぎりす》は、實に正《たゞ》しい取引《とりひき》をすることで有名です。私《わたし》の國はお國に充分《じゆうぶ》の利益《りえき》を取らせて、お國の物産《ぶつさん》を買入れます。その代り此の取引《とりひき》はわが英吉利にだけやらせるのです。他の國《くに》には、この取引の權利《けんり》を與へぬことです。この特權《とくけん》をわが國に與《あた》へて下さるなら、英吉利の力《ちから》で亂暴《らんばう》ものゝ佛蘭西人《ふらんすじん》をこの國から追《お》ひ拂《はら》ひます。わが英吉利は、佛蘭西《ふらんす》以上《いじやう》に強い武装商船《ぶさうしやうせん》を澤山持つてゐるのです。佛蘭西《ふらんす》の軍艦《ぐんかん》を撃沈《げきちん》するにわけがない。

あなた方《がた》は、お國の力《ちから》で佛蘭西の軍艦《ぐんかん》を追ひ拂《はら》はうとすることが御無理があります。それをわが英吉利にやらせて下さい。邪惡《じやあく》のものを征伐《せいばつ》するには正義《せいぎ》のもの丶力を借《か》りることです。わが國《くに》としてお國を望《のぞ》むものは他に何《なに》もありません。たゞ正《たゞ》しい取引《とりひき》をしたいのです。これは英吉利を利するばかりであく、お國《くに》の方が更に大《おほ》きい利益を收《をさ》めることが出來ます。我《われ》はお國の物產《ぶつさん》を一手に引受《ひきう》けて買入れると共《とも》に、英吉利の物產《ぶつさん》をお國にのみ持つて來ます。御覽《ごらん》なさい英吉利の物產《ぶつさん》が世界中で一番精巧《せいこう》を極《きよ》めて美《うつく》しい。それは玆に並べて捧《さゝ》げてあるものは、その一部分《ぶぶん》です。この他にまだいろんな面白いものが澤山《たくさん》あるのです。あなたのお國《くに》でわが國からこのやうな精《せい》巧《こう》な有益な品物《しなもの》を買取《かひと》つてそれを印度の內地《ないち》に賣つて御覽《ごらん》なさい。それはどんなに有利《いうり》な取引《とりひき》になるかわかりません。あなた方は私《わたし》に、お國との取引《とりひき》の獨占權《どくせんけん》を與《あた》へて下さい。そうすれば英吉利の力で佛《ふ》蘭西《らんす》の船《ふね》を擊沈して見せます。佛蘭西はもう此の國《くに》に來ることが出《で》來《き》なくなります。王樣《わうさま》のこの悲《かな》しみは大きい。あなた方は、王樣《わうさま》の瞑福《めいふく》を弔《とむら》ふ上からも、私《わた》にその特《とく》權《けん》を與へなければなりません」

ポンヂシエリー土侯國の役人共《やくにんども》はゼムランの熱心《ねつしん》な說得《せつとく》に一も二もなく屈從《くつじゆう》してしまつた。この國の害《さい》相《しやう》、それは役人共の首席《しゆせき》を占めてゐたもの、先刻《せんこく》よりゼムランと應答《おうたふ》してゐた役人《やくにん》の首座《しゆざ》にあつて、通譯から一々報告《ほうこく》を受けてゐたが、ゼムランには追て回答《くわいたう》を後刻に齎《もたら》すとて歸館させてから、役人共《やくにんども》の大會議《だいくわいぎ》に移つた。中には英吉利に取引《とりひき》の特占權《とくせんけん》を認《みと》むるに於ては、第二の佛蘭西《ふらんす》の轍《てつ》を踏むこととなきやを懸念《けねん》するものもあつたが、古代支那《こだいしな》の北國高等政《ほくこくかうとうせい》策《さく》たる遠交近攻《ゑんかうきんこう》の方策《はうさく》を如何にも新智識として引例《いんれい》し、それが此の場の國難たる佛蘭西《ふらんす》禍《くわ》を擊退《げきたい》するための術數《じゆつすう》たることを主張《しゆちやう》するもの丶說が勝を制《せい》して、ゼムランに此國《このくに》貿易上《はうえきじやう》の獨占免許狀《どくせんめんきよじやう》を交附するの特使《とくし》の一行が、それより數刻《すうこく》の後に城門《じやうもん》から繰出《くりだ》された。ゼムランの商館《しやうくわん》は、それから急《きふ》に活氣《くわつき》づいた。まもなく輕便《けいべん》な帆船がポンヂシエリーの港《みなと》から出て、或方面《あるはうめん》に向つて航行《かうかう》した。

―(未完)―

國民服隨想

福本喜繁

去《さ》る三月十六日、この日は、滿洲《まんしう》建國十周年の恩義《おんぎ》を謝するために、來朝した滿洲國謝恩特派《とくは》大使《たいし》張景惠氏一行の、晴《は》れの入京の日であつた。

感激の第一歩を帝都《ていと》に印した、謝恩使節團《しせつだん》一行の姿は、滿洲國協和會《きようわかい》服に、その胸間には、黃色の飾り紐に、赤、黑、白、青の四色の縫のある滿洲國旗を型《かた》どつた儀禮章を付けた、簡素ながらも、キリツとした所の、大東亞共榮圈北邊の護りに任ずる人に相應《ふさは》しい、雄々しくも勁《つよ》いものであつた。

この一行を、我が東條首相《しゆしやう》以下各閣僚は、東京驛頭に出迎えたのであつた。盟邦《めいはう》二つの國の總理の手は、驛頭に於て、力強く結はれた。それは、大東亞戰爭を勝ち抜く共榮の歡《よろこ》び、勝利の誓《ちかひ》であつた。日滿一德一心、其のまゝの姿の象徵《しやうちやう》であつた。當日のこの光榮の寫眞を見て、些《いさゝ》か物足らなく感ぜられるものは、我が國の、出迎えの閣僚その他の朝野《てうや》の諸名士の服裝ではなからうか。

首相、海相等の軍服姿《ぐんぷくすがた》は別として、大官《だいくわん》諸氏の服裝は、黑いシルクハツトにモーニング或はフロツクコートであつた。

私は、未だ嘗《かつ》て近衞《このゑ》首相の國民服姿を知らない。ヒツトラーやムツソリーニの夫々《それぞれ》の制服姿は、私達には深い印象である。トーキー映畫に現《あら》はれた汪精衞氏の姿も、新生國民政府の制《せい》服であらう、バンドを堅く緊めたキリツトしたものであつた。

× ×

四大節の拜《はい》賀式《しき》などの式典には、私達の勤めてゐる學校では、二三日前に

『――講堂に於て、左記次第《しだい》により拜賀式を擧行《きよかう》す。午前九時迄に參列相成度――』

と、いふやうな、邦文《はうぶん》タイプライターの通知がくるのが慣例《くわんれい》である。

その通知書には、服裝のことに就い

ては、次のやうに書いてある。

『服裝は禮服着用勳章記章佩用《はいよう》の事。但しフロックコート又はモーニングコート紋服儀禮章附國民服着用するも妨《さまた》げなし。』

國民服云々《うんぬん》といふ追記が、何時頃から現れるやうになつたのか、私にはハツキリとした記憶《きおく》はないが、最近のことであることは確《たし》かである。

併し、私の學校などの現狀《げんじやう》では、式典に、儀禮章《ぎれいしやう》を附けた國民服着用で、參列する教職員の數は、未だ曉天《げうてん》の星の數よりも稀《まれ》である。それは、恰も前記の通知書に、フロックコートが筆頭にあつて、國民服が紋服《もんぷく》の次の末席に小さく追記されてゐるのに過ぎないのに、相應《ふさは》しいものであるかも知れない、とも思はれる。可笑《おか》しな聯想ではあるが、私は、私達サラリーマン階級のモーニングやフロックコートは、ナフタリンや樟腦《しやうなう》の香の聯想につながるものである。

式日の日などに、出校《しゆつかう》の途中、乘る市內電車や又はバスの中は、よくモーニングやフロックコートの禮服姿の氾《はん》濫《らん》であるが、車內には、平素の空氣とは少し異《ちが》つて、ナフタリンや樟腦等の防蟲劑を聯想《れんさう》させるやうな香芬の漂つてゐることは屢々經驗する處である。

一年の內で、時稀《ときたま》に着用するために、行李《かうり》や簞笥の底深く藏《しま》つてある『禮服』が久方振りに取出されるためであらう。

× ×

我が國に於て、國民服が勅令《ちよくれい》によつて、昨年制定《せいてい》されると、殆んど時を同じうして、大東亞戰爭の勃發《ぼつぱつ》したことは、極めて意義深いものである。

國民服、それは新らしい日本服である。大東亞戰爭の勝利の首途《かどで》に於て、『極東』なる文字は既に抹殺《まつさつ》されて『大東亞』と變りシンガポールなる名稱も葬り去られて、新らしく『昭南島《せうなんたう》』が生れた。

新らしいものは、續々として生《うま》れつつある。大東亞共榮圈の建設は、我が國の衣服史上《いふくしじやう》にも新らしい時代を劃すべきものであらう。

本年一月から實施《じつし》された、衣料切符制度の確立は、我が國の近頃の政治の成功の一つである。背廣服基準《きじゆん》一着の點數六三點、國民服基準一着の點數四二點。

デパートの飾窓《かざりまど》の中の衣料切符點數の見本の前に立つて、明日の『衣料生活』の設計に餘念《よねん》の無い人々をよく見受ける。

最近、ある地方では、この衣料切符制は、更に衣料自肅運動に迄進展《しんてん》せんとしてゐる。一定期間中に全點數を、如何に有敗《いっかつ》に使用す可きかといふやうな建前《たてまへ》の、消極的の設計ではなく、積極的に切符の二割返納《へんのう》運動を展開せんとしてゐるのである。

戰時下の生活に協力《けふりよく》する消費階級の、逞しくも賴母《たのも》しい自肅運動ではないか。

背廣《せびろ》基準一着の點數と、國民服基準一着の點數との開《ひら》きは、全點數の正に二割に當るのである。

× ×

大東亞の天地《てんち》から、アングロサクソンの勢力が驅逐されてゐる秋《とき》、その服裝文化の殘影《ざんえい》のみが、何時迄その影を留めることであらうか。式日の日の服裝に關する通知書が書き換《か》へられ、ナフタリンや樟腦臭のモーニングやフロックコートが、その姿《す》を消すのは何時であらうか。天長節の式典《しきてん》には、日本服《にほんふく》を着用して參列する日はいつであらうか。國民は一人も殘らず、日本服を着用して參列する日はいつであらうか。

本年は、盟邦《めいはう》滿洲國から、建國十周年の謝恩使節團一行を迎えたのである。

やがて、明けゆく大東亞の黎明《れいめい》と共に、來《く》る年も來る年も、陸續《りくぞく》として、大東亞共榮圈《け》の盟邦諸國からは、謝恩使節團を迎えることであらう。これら諸民族の代表である使節團を迎えるに當つて、大東亞の盟主大和《やまと》民族は、如何なる服裝《ふくそう》を着用して、迎えんとするのであらうか。（筆者は理博、仙臺高工教授）

婦人標準服の行手

岩本許子

一ケ年以上の檢討《けんとう》を經て、婦人標《ふじんへう》準服試作《ゆんぷくしさく》として厚生省《かうせいしやう》より生れ出てゐた服裝の嬰《えい》兒は去る十九日(十二月)いよ〳〵日本《にほん》婦人標準服《ふじんへうじゆんぷく》と命名され今後の成長《せいちやう》を待つ事になつた。

この嬰兒の母體《ぼたい》の役を務《つと》めた一人として、誠《まこと》に無事に産《うま》れ出た事を衷《ちう》心《しん》より喜ぶと同《どう》時に、何卒健かに成長して立派《りつぱ》な人間になり、大東亞《だいとうあ》を指導し、更に西洋諸國《せいやうしよこく》にも其の人格を讃《たた》へられる人になれかしと只管《ひたすら》な母の願《ねがひ》を持つものであります。

勿論《もちろん》この成育には多くの苦難《くなん》の伴ふであらうことは當然《たうぜん》の事でありますが、子の爲には水火《すゐくわ》も辭せぬ日本《につぽん》の母の心にて今後《こんご》も育ての任《にん》に當る事を悦《よろこ》びとすると同時に、諸賢各位《しよけんかくゐ》にも何卒同情《なにとぞどうじやう》を持つて御協力《ごけふりよく》頂《いただ》き度く希望《きぼう》するものであります。

抑もこの標準服《へうじゆんぷく》に就いては本誌二月號に齋藤先生《さいとうせんせい》に依つて委《くは》しく充分に解き示《しめ》されてありますからそれを御覽になり原因經過《げんいんけいくわ》を明確に御理解《ごりかい》願《ねが》ひ度いと思《おも》ひます。

既に決定《けつてい》された以上問題《いじやうもんだい》は今後に重要性《ぢうえうせい》があるので此後の實行研究《じつかうけんきう》が最も大切《たいせつ》となるのであります。

決定された型《かた》は次の六樣式《やうしき》

甲型二部式　一號　二號

　　一部式　一號　二號

乙型二部式

活動服

であります。そして以上の樣式《やうしき》をどう組合《くみあは》せてもよい事になつてゐます

甲型は所謂洋服型《いはゆるやうふくがた》を標準服製作理《へうじゆんふくせいさくり》念要項《ねんえうこう》に合ふ樣に考察《かうさつ》して來たもの乙型は和服《わふく》から回轉《くわいてん》して來たものであります。

勿論之は其骨子《そのこつし》であつて國語《こくご》で云へば文典《ぶんてん》の樣なものでありますから文章《ぶんしやう》はこの文典にはずれない樣にど

んなにでも上手《じやうず》に綴《つゞ》れるのと同じ事であります。

この意味を間違《まちが》へない様に願ひ度い、六様式を自由に應用《おうよう》出來るので其範圍《そのはんゐ》は相當に廣いのでありますから、裁縫知識のある人は意匠《いしやう》的に、技術《ぎじゆつ》的に、意の赴く所隨意に工夫《くふう》したらよいのであります。又このまゝの型《かた》に作つてもよいのであります。

こゝで現在《げんざい》の洋服を一應檢討《けんたう》して見たいと思ひます。

洋服は近き過去明治維新《いしん》以來《いらい》外國《ぐわいこく》(主に英米)文化輸入《ゆにふ》の一部門として盛に輸入され眞似《まね》られて來たのであります。

明治《めいぢ》初年《しよねん》頃通商條約《つうしやうでうやく》改正《かいせい》の要求を故《こ》伊藤博文《いとうひろぶみ》公が英米大使に交渉《かうせふ》された折、大使《たいし》曰《いは》く「日本人は我々がお茶に、晩餐《ばんさん》に、招待しても婦人《ふじん》は一人も出席《しゆつせき》しない、交際すら對等《たいとう》に出來ないものが同等《どうとう》の條約《でうやく》が結べるか」といふ答《こたへ》であつた、そこで先づ上流《じやうりう》から交際《かうさい》が出來る様《やう》にしなければだめだ、服装等《ふくさうなど》も成るべく同じにしなければと、當時の　皇后陛下《くわうごうへいか》　昭憲《せうけん》皇太后陛下《くわうたいごうへいか》に、先づ宮中《きゆうちゆう》から洋服をお召し頂く様範を垂れ給《たま》ふ様にと奏上《そうじやう》された所、御許可《ごきよか》あらせられ、率先して宮中《きゆうちゆう》から召さるゝ様《やう》になり、大宮婦人、其他《そのた》上流婦人《じやうりうふじん》間《かん》にも大いに洋服熱が勃興して彼の鹿鳴館《ろくめいくわん》時代《じだい》を生じたのであつた、其後明治後年《そのごめいぢこうねん》には一時下火となつてゐたが、再び大正末年《たいしやうまつねん》あの大震災に刺戟され婦人の活動盛《くわつどうさかん》となるに至り、活動に便利である點が一般民衆の生活に取入れられる様になり、家庭《かてい》で仕立てる事が普及《ふきふ》され、洋裁學校《やうさいがくかう》なるものが勃興《ぼつこう》し初《はじ》めたのであります。

この頃《ころ》まではヤンキー、ジョンブル趣味《しゆみ》であつたが、日本人の優秀性《いうしうせい》は一部インテリ層《そう》をして、これら淺薄《せんぱく》な皮相趣味《ひさうしゆみ》では滿足出來なくなり昭和初年頃よりパリーの洗練《せんれん》された趣味を眞似る様になり、以來このパリー流と米國流《べいこくりう》の二流が流行《りうかう》して來たのであります。

ともあれ今日迄進歩《こんにちまでしんぽ》と云ふか西洋婦人服の中心地《ちうしんち》、パリーの眞中《まんなか》を日本製の洋服《やうふく》で濶歩《くわつぽ》しても何等卑下《なんらひげ》することなく、むしろ日本でもこんなのが出來るぞと威張《ゐば》つて歩ける様《やう》になつたのは、昭和十一二年頃からの事でありまして僅《わづか》五六年間《ねんかん》の進歩《しんぽ》であります。

一例として、私《わたくし》が昭和三年に歐洲《おうしう》に渡航《とかう》した頃には、日本製《にっぽんせい》の洋服は(米國流)如何に心臓《しんざう》を強《つよ》くしても恥しくて着て外出《ぐわいしゅつ》出來なく、パリーに到着と同時に洋服屋《やうふくや》に飛び込み外出《ぐわいしゅつ》用《よう》一揃《そろ》へを調へたものであります。

之は私一人の體驗《たいけん》でなく總《すべ》て當時の歐洲《おうしう》渡航者《とかうしゃ》は殆ど全部《ぜんぶ》同樣《どうやう》であります。

所が再《ふたた》び昭和十二年に渡航《とかう》した時には、パリーでは一枚《まい》も作らず全部《ぜんぶ》日本製《にっぽんせい》で大威《おほゐ》張《ばり》で通したものであります。ドイツ、英國等《えいこくとう》でも勿論大威張であります、かく初めは外國《ぐわいこく》から眞似《まね》たものが僅か五六年の間《あひだ》に追付き既に現在《げんざい》では何等《なにら》習《なら》ふ所はない迄になつてゐる狀態《じやうたい》であります。

これ以上眞似《いじやうまね》て行けば、日本《にっぽん》の特質を失ひ、傳統《でんとう》の日本文化《にっぽんぶんくわ》はほろびる、誠《まこと》に危い斷崖《だんがい》に立つて居つた事を痛感《つうかん》するのであります。

私はこの洋裁《やうさい》普及《ふきふ》に携《たづさは》る初から、決して外國《ぐわいこく》の模倣《もはう》のみではいけない國土、國體《こくたい》、國民性《こくみんせい》の全く異りたる我が國は、外國《ぐわいこく》の服裝を直譯的《ちょくやくてき》模倣《もはう》でなく日本的《にっぽんてき》に燒直《やきなほ》して、而も自分自身の服裝《ふくさう》として作る事を主張《しゅちゃう》して來たのでありましたが、扨《さ》て然《しか》らば外型的《ぐわいけいてき》に云つてどんな型態《けいたい》がそれであるかといふ、はつきりした構想《こうさう》は定《さだ》まつて居らず、一人考《かんが》へて居たのであります。

折柄《をりから》厚生省《かうせいしゃう》で此度の研究《けんきう》となり喜んで其任《そのにん》に當つた次第であります。

以上の樣に洋裝界《やうさうかい》でも既に行詰《ゆきつま》りであつた事は、國家的《こくかてき》に見ても思想的に、經濟的《けいざいてき》に、文化的《ぶんくわてき》に、各方面に於て危險狀態《きけんじやうたい》にあつた事と同樣《どうやう》と考《かんが》へます。

か丶る時に日支事變《にっしじへん》となり、引續き大東亞戰爭《だいとうあせんさう》となつて大東亞建設の日本獨特《にっぽんどくとく》の姿を發揚《はつやう》する今日となり各方面《かくはうめん》皇國 中心に立直らんとしつ丶あります。

つく〴〵日本歷史《にっぽんれきし》を繙《ひもと》いて見て感ずる事は、いつの時代《じだい》でもそうである。例へば中古支那文化《ちゅうこしなぶんくわ》(儒教)が日本に渡來《とらい》した時《とき》でもほとんどそれに禍《わざはひ》されるまで行き進《すす》んでは、はつと立直《たてなほ》り、此度はそれを日本的《にっぽんてき》な本當のものとして確立《かくりつ》して來る。

而して其爲に大きな苦難を體驗《たいけん》して日本的人格《にっぽんてきじんかく》を練磨《れんま》して來る。

印度《いんど》文化《ぶんくわ》が渡來《とらい》した時でもそうである。印度《いんど》から渡來した佛教も本當に大乘佛教《だいじやうぶけう》として完成《くわんせい》したのは日本に於てであります。西洋輸入《せいやうゆにふ》のキリスト教も聞く所《ところ》に依れば日本に於て立派《りつぱ》なキリスト教となつたと云ふ事であります。明治維新以來西洋諸國《めいぢゐしんいらいせいやうしよこく》の文化《ぶんくわ》をあらゆる方面《はうめん》に亘り輸入が過ぎて依存《いそん》となり、思想的にも自由主義利己主義となりこれに禍《わざはひ》されて危く日本本來《につぽんほんらい》の姿を見失《みうしな》ふとした危期に、はつと立直《たてなほ》り、立上《たちあが》り今日の建設《けんせつ》に邁進《まいしん》しつゝあるのであります。

而して二千六百餘年連綿《よねんれんめん》と續く無比の國體と國民性を持つ國を世界に示《しめ》しつゝある今日《こんにち》であります。

かく世界無比《せかいむひ》の私共大年民族《やまとみんぞく》の國民の、其の身體《しんたい》を包む被服《ひふく》が我々民族の思想、國體性格と相容《あひい》れない西洋の衣服と同じ型態であつてよいか又體格的《またたいかくてき》に見ても　西洋人《せいやうじん》と東洋人は骨格、肌色《はだいろ》、大きさ、感じ等を比較しても界《こと》つてゐる事は周知《しゆうち》の事で其長短《このちやうたん》の議論は人類學にまかせて、たゞ外觀《ぐわいくわん》から云つても同じであつてよいか、と云ふ事を現在の洋服關係者《しや》に問《と》ひたい。

いつ迄無批判《までむひはん》に淺薄《せんぱく》な氣持で輸入のフワツシヨンブツクに戀々《れんれん》と囓り付いてゐるかと云ひたくなります。

日本の和服《わふく》の型が世界中《せかいちゆう》どこの國にも無い全《また》く異なつた型をしてゐる事は周知《し》の所《ところ》であります。

朝鮮服でも支那服《しなふく》でも同じ東洋の國でありながら西洋のそれの様に大體筒袖にスカート式であるのに日本丈が袖長く大きな帶を背負《せお》ひ全く異なつた美《うつく》しさを持つてゐる。其の善惡の議論は別として、世界中比類《せかいちゆうひるゐ》の無い國柄《がら》が比類の無い型の服裝を持つてゐると云ふ事にはたと氣付きうべなるかなと無量の感が致《いた》します。

然し時代《だい》は移る、現在又將來東亞の盟主《めいしゆ》たる日本の服裝《ふくさう》として日本的性格の下に活動的《くわつどうてき》で國策に副《そ》ひ、而も日本女性美を表現する型態が必要な事は申す迄もない事で、この場合に合致《がつち》するものとして此度の婦人標準服が決定されたのであります。

これは勿論骨子であつて生れたばかりの嬰兒でこの成長《せいちやう》は此後の研究に待つべきは前に述べた通りであります。

あの示された型《かた》を見れば解《わ》ると思ひますが(甲型)洋服《やうふく》の活動的《くわつどうてき》である便利《べんり》さを取入れ一見《いつけん》洋服の様で異つた味を持つてゐます。　其の主要點《しゆえうてん》（衣服としての主眼點《しゆがんてん》）は衿元《えりもと》でこの點が日本《につぽん》傳統《でんとう》を尊重し尙永遠《なほえいゑん》に傳へたい所であります。今迄の洋服《やうふく》を見馴れた眼で何《なん》の考へもなく理由《りいう》なき感情《かんじやう》で見る事を止めて、よく親切《しんせつ》に檢討《けんとう》して下されば現下の國情《こくじやう》では此に歸結《きけつ》するより仕方ないのである事を確信《かくしん》するものであります。

以上の様《やう》に、衣服《いふく》といふものは國家國民性の表現《へうげん》で、世界各國《せかいかくこく》の服装を研究《けんきう》すれば自ら明らかな様《やう》に今は敵國《てきこく》たる英國、米國、樞軸國《すうぢくこく》たるドイツでも、又服装文化《またふくさうぶんくわ》に於ては一段上位的立場《じやうゐてきたちば》たる事を認《みと》められてゐる佛國《ふつこく》でも、各々其の國民性《こくみんせい》を實によく表現《へうげん》して居ります。（一々こゝに述べる事を略《りやく》す）然るにそれを内的《ないてき》にまで研究《けんきう》もせずに淺薄《せんぱく》に外觀だけを眞似《まね》て、ただ其の型《かた》を作る技法《ぎはふ》のみを考《かんが》へ、敎《をし》へる事を以て足れりと得《とく》々として居る人を悲《かな》しいかな多く見《み》受けます。これは洋服關係《やうふくくわんけい》者及《およ》び指導者自らも大いに考《かんが》へたい。ただ無思慮《むしりよ》な若い娘《むすめ》さん方に迎合《げいがふ》して自己の利益をのみ思はず日本の婦人《ふじん》服装文化建設《さうぶんくわけんせつ》の爲《ため》に大いに反省《はんせい》を促《うなが》したいと考へるものであります。

明治天皇御製

よきをとり、あしきをすてゝ外國に
　おとらぬ國となすよしもがな

御聖慮《ごせいりよ》の程を畏《かしこ》み務めたいものであります。

中衣物語（二）

波野不二彦

　肌着だけの生活があつた。この場合の肌着は立派な上着の役目もなすのであつて、見方を變えたら、一枚の着物を着た生活と言ふのである。日本も西の方へ行くと、夏は相當に暑い、特に南九州の一地方などは濕度が高く——作物にとつては日本有數の豊沃な地方となつてゐるが、人々にとつては暑いのである。こゝでは、換氣の良好を以て誇る日本着物、浴衣ですら、暑苦しく感ぜられ、私の少年時代は、老ひも若きも盛夏になると、一様に長い白肌着一枚の生活をした、公式の時以外は、これで一寸した外出はもちろん　訪問すらもした。田舎の事であるから、贅澤な風潮はないが、田舎は田舎なりに、やかましい禮儀が保たれてゐるものである。白い清潔な筒袖の膝きりの肌着は、右前に紐でしばり、内部にポケットをつくり、がま口などを入れる。とても輕快で、もちろん涼しく、私は盛夏の候になつてこれを着るのが樂しみにすらなつてゐた。私は祖父がお城勤めの時代に着た帷子の肌着・着に及び、そのパリパリした感觸と、ピンとした形式美と淡色の地色を内心誇りに思ひ、仲間の連中の純綿の間を肩で風切つた事を想ひ出す。

　思はず私事に渉つたが、中衣の事を書きながら、私は日本襟の形式から、その根源に横はる日本民族の生活感情を語りたかつたからである。そして、中衣は下着にして下着に非ず　外來のワイシャツとは根本的に異つてゐる事を强調したいのである。

　もちろん、國民服中衣と一田舎風俗に過ぎない肌着とを比較する氣は毛頭ないが、私自身の衣服生活が、その後　知らず知らずに歐化され固いモーニングのカラーをかじかんだ手でボタン留めした曾つてのお正月の連續などで、今、國民服中衣三年間の着用生活が、圖らずも少年の日を想ひ出さしてくれた事を率直に述べたまでゞある。

　記紀其の他の記錄から見て、垂領の一種である日本襟が、悠久三千年の歷史と共に變らなかつた事實を、現今の人は、兎もすれば過少視し勝ちである。

　日本襟を和服の襟の形式とのみ考へず、日本民族と日本の風土との關聯の上に、嚴たる生命を持つ衣服形式として、日本襟の犯し難きを思はずに居られない。

　吾々がよく聞く言葉に　「國民服は洋服なり」、若しくは　國民服は洋服の一種なり」と言ふことがある。この事につれて持ち出される事は、洋服（主として背廣系統）は日本化した衣服であるから日本の衣服の一種であると言ふ議論である。國民服が洋服であつたらもちろんカラー、ネクタイ、ワイシャツも必要となる。洋服の化け物であつても、それらはやはり必要である。次に洋服（背廣）がいくら現代日本人の活動活に適し、身についたと言つても、それは日本服とはいへない。もちろん、短かい歴史しか持つてゐない現代様式としての和服に固執するものではないが、背廣はやはり洋服である。衣服生活に歐米式を取入れる事の是非は別とし、取入れられた背廣は、どう變化しても生れ變る事は出來ない筈である。

さて、いくら頑迷な洋服論者でも、中衣に關しては、背廣の變形であるとの論理は立たないと見え、これのみは特別扱ひしてゐるのも面白い。

それだけに中衣は認識不足の儘に放置される傾があるのである。今や、中衣はその本來の使命と効用を發揮す可き時である。

中衣の原型は鎌倉時代の直垂から來てゐると説明されてゐるが、これは分りやすく言つたので　それをもつと突きつめて行くと、鎌倉時代より更に遡らなければならない。

しかし、鎌倉時代の直垂は、中衣と性格に於て酷似してゐる點が多い。直垂は武士階級の常服であり、「いざ鎌倉」の時はこの上に古びたりと雖祖先傳來の甲冑を一着に及ぶのである。執權北條泰時は館の鰭板が壞れても、修繕を許さず「築地つき廻すとても運擱くば泰時たすかること候まじ、さなくとも運ありて召しつかはれなば、何の恐れか候ふべき」と言つた位、質實を尙び、衣服も簡素を事としたので、上下これにならつた。國民服上衣は軍服の豫備であり、いはゞ甲冑であり、中衣は直垂に相當する。

重甲をまとつた昔と、輕裝をする現時との相違は、甲冑に對する觀念をいさゝか混亂させてゐる樣であるが精神は一である。

今は「いざ鎌倉」の時である、吾等は日常生活に於て軍人と同じ心構え、同じ服裝を以て御奉公しつゝある。然らば、中衣は公的使命を帶びてゐながら、吾等の私生活の分野――嚴格な意味に於て私生活はないが――に於て、新らしい効用を發揮するのである。

如上の通り、中衣は上着の觀念であつて下着の効用をしてゐる、と見るのが至當なのであつて、ワイシャツと根本的に異なるのも亦この點である。その縫製、その地質に於て　單なる下着としての觀念から脫却してゐるのである。

だから、國民服を着て中衣を着ないのは、百里の道五十里を行くに過ぎないのであつて、國民服は中衣と上衣と袴と三つあつて初めて完全なるものとなる。この事は既に分り切つた事であり乍ら、あまり實行されないのは、何が原因であらうか。

國民服の下にワイシャツを着た場合の感じは、背廣と餘り變りがない。これでは國民服を着た氣持になれないのである。しかも、かなり着心地は惡い。まづ、固いカラーの苦しみから脫れられない、ネクタイはほんの申譯に顏をのぞかせて上衣の下にくるまつてゐる。

挾搾衣の如きチョッキから開放されただけでもよいが、脊廣の殘滓を背負つて、國民服へ半歩踏み込んでゐる姿は、過渡期として止むを得ないとも言へるが、どつちつかずの煮えきらない態度であらう。かゝる鵺的存在からは少しも發展性が見られない。

ちよつと考へて見ると、上衣を着ただけでよいようであるが　かりに暑い日に上衣を脫いで仕事をする場合には、どうであらうか。

だらしない姿を現はす外はない。しはくちやで、袖がブカブカのワイシャツ一枚の姿は、見馴れたからではあるが、よく見るとおかしいものである。

世界動向

英の對印政策と英帝國の崩壞

イギリス人の貪慾と强奪の習性は、エリザベス女王時代からの東洋侵略の歴史にそのページを飾つてゐる。否。東洋にまだ魔手を差延ぶるに至らなかつた以前からも、到る處にその名譽ある足蹟を殘してゐるのだ。ふるいはなしはやめにしても、エリザベス時代あたりの物語を少し述べて現下の世界情勢の動向に觸れることも面白からう。

イギリスの東印度會社の發展史は、その慘忍な英人の習性史に過ぎないが、この會社をロンドンの商人達が設立した動機は、イギリス貴族のならずもの等が、强盗强奪を働いて莫大な金銀財寶を而も船ごと奪ひ取つて港に歸つて來たのを目のあたり見せつけられて、それをよだれを流して美しいなと思つたことによるものだ。一五九九年にイギリスの貴族や金持階級でも不良の惡漢どもが、二百噸あまりの軍船を仕立てゝドーバア海峽から南下して、ポルトガルの東洋から歸つて來た商船隊を襲撃した。火砲で一隻の船を燒拂つてから他の船に向つて海賊として襲つたのだ。この船は千六百噸といふ當時としては世界一の大船であつたが、これをまんまと分捕つてポルトガル人が苦心慘憺東洋から持歸つた絹織物だの象牙だの、香料、寶石、香味料等山ほどの財寶を滿載してダートマス港に入つて來た。彼等はこれで一躍百萬長者となることが出來た。さあ之をまのあたり見せつけられたロンドンの商人共は、靜に凝つとしてゐることが出來ず、遂にその翌年の一六〇〇年にエリザベス女王から許可を得て東印度會社を組織して、東洋侵略の野望をその商行爲を通じてやらうとした。印度は彼等の手にかゝつて、とうとう搾はれてしまつたのだが、この會社の創設まだ日の淺い當時の經營方法を見ると、そこにはいかにも英人特有の貪慾性が事務取扱の上にも現はれて面白い。こういふことは、そのうちに書いてみようと思つてゐるが、たとへば、彼等はどんなことがあつても、會社の損失になるやうなことを事務上取扱はないといふのが、その經營上の主義にしてゐた。一六三六年の春だと思つてゐるが、白鳥號といふこの會社の船が南洋にやつて來て、今のわが軍占領下にあるセレベス島のマカツサル港で禮砲を發射した。

その禮砲で事件を惹起したのであるが、これは空砲でなく實彈をこめて而も陸に向つて射つたものだからたまらない。とう〳〵土人は一人彈に當つて死んでしまつた。この土地は既に和蘭の領有になつてゐたものだから、和蘭王から英國王に五百法の損害賠償を要求した。そこで英王は會社に之を支拂ふべしと命じたのだが、會社はこの事件に責任を負はない。この事件は發砲によつて生じたものであるが、發砲の責任者は船長であるといふのだ。然るにこの時はその船長は死歿してゐたので、會社は慘酷にもその船長のリード未亡人に對して五百法の金を支拂へと要求したものだ。自ら大會社と誇つてゐた英東印度會社でも、自分が損になることはこんなことでも支拂を拒絶して、かよわい女に而も直接の責任者でない女を見つけ出して、之に責任を負はせようとした。いかにも英人の慘慘酷にして貪慾な習性が、こんな小さな事件にもよく現はれてゐるではないか。

萬事こうしたやり方で、印度はイギリスに奪はれたのだ。印度の悲哀は、印度人こそ最もよく知つてゐる筈だ。その印度人は、またもや老猾な英國使者の手に引かゝつたのだ印度を欺く英の提案は、印度の自治領を認めるが、それは戰後のことだ。今は獨立を認めない。先づ何よりも印度人は英人と協力して日本と抗戰せよ。この抗戰で英帝國が戰に勝つた後に印度の自治領新聯邦を許すといふのだ。斯く方法として會議派首領ネールに印度國防相の椅子を與へんとした。印度人の一部は、これにまんまとついて來た。ガンヂーの一派は、反戰主義を表面にかざして反對したけれど。印度の興敗は、この瀬戸際に於て決るのだ。だが、イギリスは、その老猾な術策と慘忍な壓迫を印度に加へて印度人を抗日戰線の血祭に供することに成功しても、それは一部の無智な印度人の犠牲に於て可能なだけで、而も一時的な英帝國の安易な夢でしかあり得ない。印度三億五千萬の大衆は、結局日獨兩ボース氏等の警告について來るであらう。かくして結局イギリスは印度を全面的に失ふことによつて、その大英帝國の構成を崩壊せしむるであらう。

米國は何うなる

米國民は從來あらゆる事について自國は世界一だとの誇を持つてゐた。この自負心を利用して米國政府は、その國民を騙つて軍需生産の最大限の昂揚に努めてゐるのだ。彼等は現に「米國はデトロイトの軍需生産力で日獨に勝つて見せる」と輿論の喚起に努めてゐる位だ。デトロイト西部郊外のウイローランでは今年末までに九萬人の勞働者を收容し、四發コンソリデーテット爆撃機一日一臺生産の勘定だといふ。ハドソン會社の高射砲、ナッシュ會社の發動機、クライスラー會社の戰車フォード會社の機關銃、ゼネラルモータースの大砲等々生産力を發揮して世界最大量の武器を作り、之で以て日本と獨逸を徹底的に擊滅せんとするのが米國の腹だ。

しかし、戰爭は武器ばかりでは勝てない。武器は道具で之を使用する指揮者と兵隊の優秀性に戰勝の鍵が握られてゐるのだ。軍人と國民の精神の問題だ。軍需工場勞働者の怠業振を痛嘆するル大統領と敗走ぶりを誇る米軍人の自慢、捕虜になつたことの名譽吹聽砂糖、ゴムの不足によつて戰爭に嫌氣さし始めた米婦人、惡性インフレに今から騷ぎ出す米財界人、農産物の値上のみに熱中する米農業者等等、アメリカ人は遂にヤンキーの素質有するが故に戰爭する柄の國民ではないのだ。この國民は、戰爭による生活難(惡性インフレの助長によつて)に耐えられなくなつて內部分裂を生じ、戰爭參加の理由が國民には理解出來なくなつて遂には反戰思想に追ひこまれん。それ迄は追擊だ。

大日本淑髪聯盟制定

「婦人標準髪型」

立石隆英

昨年末、厚生省生活局が戰時下の婦人國民服ともいふべき「婦人標準服」の選定發表を行つたことは皆樣も御存じのことでせうが、この「婦人標準服」にふさはしい髪型、即ち婦人の「標準髪型」を制定しようと大日本淑髪聯盟ではかねてから運動を起してゐましたが、この程漸く決定して發表されました。

◇

この選定された「標準髪型」は、最初全國の大日本淑髪聯盟會員から（一）若向き型（二）中年向き型（三）勤勞向き型、の三種類を募集しました。そして多數應募作品の中から審査員の手で選定されたものです。――審査員は――厚生省生活局事務官、美馬郁夫氏、同生活局、佐竹武美氏、大政翼賛會文化部、小場瀬卓三氏、畫家の伊東深水氏、舞臺美術家の吉田謙吉氏、同山本武夫氏、齋藤和雄氏、等で、聯盟側からは、委員長の千葉益子氏、資生堂美容部長、小幡惠津子氏、レート美容部總務、伊藤佳子氏、メーゾンの佐藤まち子氏、片岡マヤ氏、それに美容界の長老、小口みち子氏、遠藤ハツ子氏、早見君子氏、等によつて行はれました。

◇

この當選した「標準髪型」は何れも決戰下婦人の生活に即應した活動の便、保健、健全美等の諸點を考慮して選定されたもので、日本の風俗の正しさを示さうとするものであります。

◇

當選「標準髪型」の特徴と結び方

（一）若向き型

藤原期の武家娘の髪型を想ひ起させるやうな、純日本古典型からヒントを得てゐます。保ちもよく、亂れ髪を防ぐことも出來るやうにきりりと結んだ點は、戰時型を充分表現してゐますし、然かも若向きとしての優美さも充分出てゐます。

（**結び方**）――前髪は各自の好みにとつて内側へロールします、次に殘りの髪は三等分して、中央部はそのまゝ下にときおろし、左右の髪は下部で交叉します。この三つを後で結び合ひ、各々の髪尻は内側でも外側でも好みにロールします。結び目にはリボン、細紐で蝶結びにします。これは在來の内巻きを三等分して結んでも同じ結果になります。

（二）中年向き型

明治黎明期の夜會巻のおもかげもあり、大東亜建設の黎明期の髪型として眞にふさはしい日本的性格が現はれてゐます。今度の標準和服型には、しつくり新

(上) 若向型

(中) 若向勤勞型

(下) 中年向型

らしい調和を作つてゆくでせう。たばのとり方の變化によつて長顏にも圓顏にも似せることが出來ます。一見結び難くさうに見えますが實に簡單でピンも三本で足ります。

(**結ひ方** —— 前の髪はお額に合してロールのやうなものを作ります、—但し簡單でないと後髪と不調和になります、—殘りの髪は、縦に後の方へ二等分して下から上へかき上げます。そして上の方で左右の髪を重ねるのですが、このとき下になつた方の髪尻は上の髪の下へかくし、上になつた方の髪尻は一つねじつて小さなリングを作ります。

〔三〕勤勞向き型

見るからに明朗性のある淑髪として、勤勞向きには最も要を得たものであります。標準服の洋裝型に結ぶとしたら誠にさつぱりした感じの中に健全明朗な線が充分伺はれます。

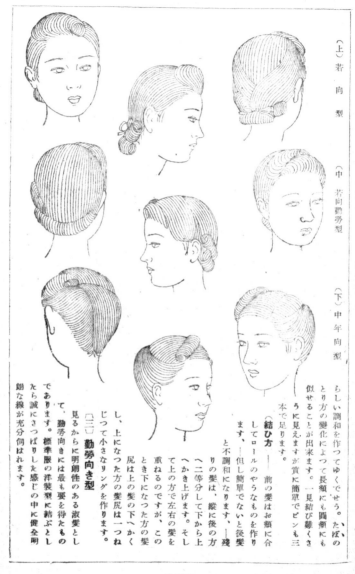

（結ひ方）――前髪は各自のくせをみて、髪をその反對側に起して自然のウエーブをつけます。髪尻はロールします。次に後髪は眞直ぐにときおろしてロールします。前横の髪は左右何れか好みの方を片方だけとつて上へかき上げて圖のやうに小ロールします。これは手拭ひ冠りや、帽子を冠たときでも大變便利で、同時に若さも充分出てゐます。

◇

（註）――とにかく新らしく發足せんとするものは、何事によらず取り付き難いものです。例へば男子國民服でも亦女子國民服でもさうでありましたが、この髪型も亦いろ〳〵と難點にぶつかることでせう。生え際がどうの、毛にくせがあるの、長顏だから、圓顏だから、等々いろ〳〵考へられるでせうが、何れにしても大東亞建設といふ有史以來の重大時局に在る現代、各自が自覺の裡に一致協力して進まなければなりません。殊にこの髪型はさういふ點からも考慮して「標準型」と名付けられたもので、この型を標準に各自がお顏に似合つた髪を考へ出されるやう左右前後ともに融通性を持たせてあります。他人の結はない自分一人の奇抜な髪型などは遠い昔の平和時代の夢です。この標準髪型が婦人標準服と共に大東亞婦人の間に實現をみるのも結局は業者とお客の自覺による他に道なきものと信じられます。（筆者は東京日日新聞文化部員）

衣料相談

△被服の害蟲について

（問）そろ〳〵大切な毛織物につく害蟲が活動をはじめるころになりました。着物につく虫とその驅除法を敎へて頂いて資源愛護の一助ともいたしたいと存じます。

（答）家庭では四月から五月にかけては防蟲を一つの行事と考へて心を會せてこれが除去につとめねばなりません。我國では一年中に害蟲から被る衣類の被害は、一千萬圓を下るまいと云はれてゐるほどですから、この非常時下、資源擁護の上からも看過できないことです。

着物につく害蟲

着物につく虫には衣魚《しみ》、ちびまるかつを蟲、ひめかつを蟲などです。中でも代表的なのは衣魚です。

衣魚は細く小さい銀色をして敏捷にはいまはる蟲で、衣類の害蟲としては誰でもご存じですが、毛織物だけは害しません。糊を好み、手入れの屆かぬ濕めつぽい容器のうす暗い隅に身をひそめて絹、木綿、麻などのほか、本や表具類の糊のついたものにたかります。

ちびまろかつを蟲　これは羽毛製品を蝕害し、好んでセルやメリンスに孔をあけますから御用心下さい。四月下旬から七月頃までに成蟲となり、產卵してまもなく幼蟲となつて非常な害を與へます、成蟲は小豆の半分ほどの小さいもので、丸い茶鼠色の甲蟲です。背に三段位淡黃褐色の班點があります。

ひめかつを蟲　大體ちびまるかつを蟲に似たものですが、形が少し大きくて細長く、昆毛織物が好きで毛皮類につきます。

衣蛾　小衣蛾、もうせん蛾　などは何れも毛織物の害蟲です。毛布や絨氈など毛深いものにもうせん蛾がつき易いものです。衣蛾は六・七粍の大きさで、薄灰色をしてゐて、二個の濃い班點がありま す。小衣蛾も同じ大きさで、羽は黃褐色毛せん蛾は稍々大きくて八・九粍で、羽は紫黑色をしてゐます。幼蟲は桃の蟲のやうに乳白色の裸蟲ですが、丈夫な口をもつてゐて、食べた毛屑を自分の口から吐いた糸で巢を作り、その中に身をひそめて、毛物をかみ切ります。蝕害するのは、この幼蟲時代で、最も著るしいのは暖かくなつた五月・六月の頃です。

害蟲驅除法

これらの害蟲の侵蝕にすきを與へぬ第一方策は、手まめに手入れを怠らぬことです。蟲は汚れた着物ほど好んで食べますから常に衣類も容器も清潔にしておきます。時々棒で叩き、ブラシをかけて、塵埃をおとすとともに、害蟲や卵もおとし、更にアイロンかけを行ふことは非常に效果があります。

御家庭ではこれらの蟲の好きなマーガレットや除蟲菊栽培して、成蟲を集め、蛾の類も澄火に誘ひ寄せて捕殺するなど積極的に家族で協力して絕滅すれば、被服の害蟲は半減されるでせう。

△古パラソルの更生

（問）まだ骨が丈夫で使へる古いパラ

ソルがありますが、日射しがまぶしくなりましたので、洗濯と染替ができますならば、お知らせ下さい。

（答）傘は最近のものは、代用骨や木製ですが、古いものほど骨が堅牢ですから、布地と張更へるとか染替、洗濯程度で二度の役目の出來るものもあります。

まづ傘をつぼめて、傘布を骨からはづし、石けん液に浸して、平らな板の上にあげ、一コマづゝ刷毛洗ひをします。折山など特に汚れてゐるところは、ヘラで靜かに垢をしごき出すやうにして洗ひます。

染色、地が絹物でせうから、酸性染料の好みの色を選び、茶碗にとかしておきます。容器は洗面器がもよく、布が充分ひたる位の微溫湯に染料を入れて、よくかきまぜて布をつけます。初めは手がつけられる位の濕度から、徐々に加熱して途中染液中に色が殘つてゐれば醋酸又は食酢を加へて、布の染着をよくし 色が薄ければ染料を加へます。かうして加熱をつゞけながら、適當の色になるまで繰返して行ひます。その度に布は一たん引揚げて、よく攪拌してから、再び入れることです。最高溫度は八〇―九〇度までそして沸騰のちよつと前に止めること。

染上つたら布を一たん引揚げ そのまゝ冷ましてから、色が出なくなるまで水洗ひし、乾かしたら元通りに張ります。

布地が詰るやうなことがあれば、傘を開いて水五合に、ゼラチン一枚とかした液を刷毛塗りして、湯のしをします。また二枚合せのものなら、張る前に湯のしで詰つたのを直して、溫かみのあるうちに手でとゝのへます。かうして元通り骨にとぢつけ、最後にごくうすいのりの液を刷毛引して乾します、晴雨兼用傘などの一寸した手入れで清潔になり、傘の保存の上からも時々洗つた方がよろしい。

△冬ものの始末

（問）春の衣更へとともに、脱ぎ捨てた冬外套や冬の着物、重い夜具や毛布、帽子など、今度迎へる冬までの最も賢明な保存法を――

（答）埃の多い四月の空氣を吸つた外套なども、うつかりそのまゝにしておくことなく少し早目に處理してしまいませう洋服類といふと手入れをむづかしく考へる方がありますが、男ものは色の出る心配もさう大してありません。仕上げのアイロンかけは型がないと、素人ではちよつとむづかしいので、次の方法で汚れだけとつておき、着るときになつて、專問家にプレスだけしてもらふのも一方法です。

タラヒ半分位の微溫湯に盃半分のアンモニアをたらした湯で、ブラシ洗ひをします。勿論これに移るまでには、ブラシでよく塵を拂ひます、又このアンモニア液を手拭なり布にしたし、洗濯物をこれでおさへて汚れを落します。裾、袖口など汚れのひどいところは、丹念に行ひます。ブラシ洗ひは襟巻、靴下、シャツ、この他毛のものは、何でもこの方法でよく落ちます。冬のものは大部分毛ですから、まづ蟲とカビの用心をして、梅雨に入らぬうちに、出來るだけ早く手入れをし、始末をつけておきたいものです。

毛布 陽に乾して織目の中に入つてゐる埃をよく打ら出し、ブラシをかけて、新聞に包み、一枚一枚の間にも新聞紙をはさんで、防蟲劑も入れ折り疊んでしまひます。

夜具　汚れてゐる襟をはづして洗ひ、全體をよく陽に干して、洗濯した襟をつけ、大風呂敷に包み、間に防蟲劑を入れて、濕氣ぬところに藏います。

帽子　冬中被り通したフエルト帽も、やはり埃をとつておかないと、色が變つて今度取出したときは、めつきり時代がついてしまいます。最初ブラシでとれるだけ埃を拂ひ、海綿にベンジンをふくませて拭いてゆきます。乾いた布でふきとり、そのまゝ形を整へて乾かします。裏革は汚れをふきとり、すつかり乾いてしまつてから　目の細かい紙ヤスリで、全體を輕くこすつておくと、すつかり新しくなります。藏ふときは、うすい紙に包んで、防蟲劑を充分入れた箱に入れ、紙箱ならば目張りをしておけば安全です。

冬の着物　袷からセルや單衣にかはつてゆくので、冬物は今月中に藏はねばなりません。すべて衣服を保存するには、ブラシをかけ、埃、土砂などを拂ひ落し汚點をよくしらべて、適宜にこれを拔き風通しの場所に吊して、充分乾燥してから疊み保存します。長期間保存するものは、あまり細かく折りたゝまないやうにすることです。紋服類には白い半紙をあて、折疊みの間に紙を入れると、折重なりがひどくなりません。絹物は藏い方が惡いと、藏つておくうちに、黴が生えるといふ不幸な結果を來します。一度黴を生やすと、とり去るのに面倒ですし、また地質をいため變色します。從つて容器に濕氣の入らないやうなものを用ひ、澁紙で內側を張り白布に包んで入れます。

（問）　國民服が便利なのでいつも着てゐますが、家庭で洗濯はできませうか。

（答）　國防色は堅牢な色ですから、大抵色のおちる心配はありません。簡單に家で洗ふ場合は、普通標準量として、水一リツトルに對して石けん五グラムの割で、洗濯液をつくり、これにしたしておいてから、手で輕く摑み洗ひをし、平らな板の上にひろげて刷毛洗ひをします。汚れがおちたならば、よく濯ぎ出し、水を振り切つて、タオル又は古浴衣で包んで、手早く水氣を吸ひとらせます。形を整へてから洋服かけにかけて乾し、アイロンで仕上げをします。國防色は日光に直接あてゝも大丈夫です。洗濯後補强の意味でスフの補强劑につけるとよいでせう。また單に糊づけしたゞけでも、ほゞ同樣の效果を擧げることが出來ます。糊付によつて、形も整へ、毛ばだちを防ぎ汚れをすべらせて　ついた汚れも洗へば糊と共にとり去れるので、地質を損めるおそれがありません。糊付はかやうに重寶なことですから、スフの國民服にも糊付をお忘れなく。

△春のカーテン

（問）　點數に入らぬカーテンを今のうち作つて、春の明るい空氣を部屋まで活かすやうにしたいと思ひます。色の選び方、作り方など御敎示下さい。

（答）　布地はあくまで輕快なものを選ぶことです。交織絹、レース、ジョーゼット風のものなど、萠え出る靑葉の潑剌たる色に調和して、部屋を明るい感じにします。

色調もうす緑、藤色、レモン、グレイなど、大體に淡いものがよいでせう。日光の直射する部屋には、堅牢な色彩を選ぶことも大切です。物の蔭になるやうな部屋には、ピンク、レモンなどで、明るい感じの色をお使ひになることです。柄は大柄の縞物、チエツク、散點模樣など大膽な柄がよいでせう。無地ものならば簡單なアプリケを裾にあしらふのも趣味的です。

洗濯した古いレースカーテンを利用して、これを何等分かし、他の布を間に入れて、一枚のカーテンを二枚に作ることもできます。つまり布と布との間にレースを挾み、細かいミシンで縫合せるのです。これは縱のレースの場合ですが、横にレースを入れてもよく、斜に使用しても作り方は同じです。

（問）これからはワイシヤツも汗とほこりで汚なくなりますが、度々洗つても損まない洗濯法をお敎へ下さい。

（答）ワイシヤツの洗濯は、これから行はれますが、洗濯をすれば大抵例外なしに寸が詰つてくるものです。一番成績のよいのは何といつてもポプリンです。富士絹ならば縱八%、横三%餘分に見積つて作ればよいのです。洗濯屋に出すとワイシヤツは五十回位で切れますが、家で洗ふと百五十回洗つても破れるやうなことはありません、洗濯の仕方一つで、耐久力も違ひます。

洗濯法　夏に向ふに從つて、汗を多く含みますからたつぷりの水で充分下洗いをすることが大切です。その中で壓し洗ひ又はつかみ洗ひをします。これで水で落ちる汚れを落すと共に殘りの汚れも離れ易くするのです。次に石けん液を作り、水洗いしたワイシヤツを漬けます。そして再び壓し洗いか摑み洗いをします。かうすれば決して破れたり、生地が損んだりしません。袖口や首筋は汚れもひどいだけに、叩き洗いか、ヘラ洗いをします、平らな板の上にのせ、輕く石けんを塗り、ブラシの背でトン〳〵と叩くか、ヘラで幾度もしごくやうにします。

仕上げ　壓し搾りをして、薄い生麩糊を全體につけ、更にもう一度胸、袖口、衿に濃目の糊をたつぷり含ませ、平な板の上でおしつけて、布に糊をしみこませるやうにし、衿や袖口の心布を吊らぬやうに引ぱつて、ぱた〳〵と二三度叩いてから乾します。

△喪服の正しい着方

（問）時局柄、喪服を着る機會が割に多いのですが　これから暑くなればどんな風にすればよいでせうか。

（答）婦人の正しい喪服と云へば、冬は黑羽二重、夏なら平絽の黑で、紋は染抜きの五つ、長襦袢、半襟、帶揚、帶〆は白、草履は黑を用いるのが正式です。然し近頃は帶揚げも帶〆も黑を用ひ、從來は白の下着を重ねましたが　これも近頃は着なくてよくなりました。

近親者は別ですが、無理に喪服を着なければならないことはなく特にけば〳〵しい派手な服裝でない限り　和洋服とも普通の訪問着程度でよく、小紋や縞物で嚴肅な姿を出せばよいと思います。

讀者の頁

國民學校女兒にもんぺい袴の利用

北海道　吉江洸穗

次代の祖國日本を背負つて立たなければならない小國民を、健全に、有爲なる皇國民に錬成することは　教育國策の大局的立場に立つとき、その重要性は喋々するまでゝもあるまい。殊に大東亞戰爭が緒戰以來赫々たる戰勝の中に進軍し、皇國民の活躍する地域が益々廣範圍に亙り、それが爲に日本人の必要は、皇軍の戰勝地域の廣まる毎に要求されて來ることは當然な話である。

それが爲には、現在の國民學校兒童の健康、體位向上の實を上げるやうに、急速にその設備完成に力瘤を入れなければならぬことも言を要しないところであらう。國家政策の一つである。〝産めよ、殖やせよ！〟のスローガンも必要なことではあるが、それにも增して小國民體位向上に力瘤を入れることが必要である。體位向上の方法としては、衞生的な問題もあるであらう。又體育的な問題もあるではあらうが、それに關聯してゐる服裝の問題に頭を入れ、教育の實際問題として考慮して見る必要があるのではあるまいか。

私は國民學校教育に携はる者の一人として常々痛感してゐる事の一つとして、教育者は比較的に衞生、服裝の方面に目を向けない嫌ひがあることである。卽ち、教授・學習の方面には獻身的な努力研究するのではあるが、繁忙の故もあるであらうが、どうしても服裝の方面になると閑却視され勝ちなのである。

私も過去に於ては、男の爲もあつたであらうが、殆ど兒童の服裝問題には上すべりであつたのである。卽ち、過去に於ては、比較的美的な服裝、それまで行かなくとも都市的な服裝並みの服裝といふ一般的な標準概念の服裝で終始してゐたのである。小學校時代から、よく一週間に一回服裝檢査といふのがあるが、それは、服裝そのものゝ價値を調査するのではなくて、縫目のほぐれ、きれ穴、よごれ等々の極めて消極的な服裝檢査であつたのである。眞の實用的な服裝といふ事に何と研究と關心のなかつたことよ。それが爲に私の教育記錄には悲しい一頁があるのである。

それは、御承知のやうに、我が北海道札幌の冬期の寒冷の度は甚だしいものがある。私は元氣に委せて、兒童に〝がまんせよ！〟と硬教育・精神教育にのみ力を容れて、發達過程にある兒童の養護といふ方面に手拔かりが多々あつたのである。その中の一つとしては服裝の問題である。當時兒童の中には運動袴、もんぺい袴等を使用してゐた者も二・三ゐたのであつたが、不幸にして私は、それの效能的知識の乏しかつた爲に、その使用を奬勵しなかつたのである。むしろ、〝意氣地なし！〟といつた考へでゐたので、私の態度にも、かうした表れがあつたと思ふ。それかあらぬかは知らぬが、兒童の中には折角使用してゐた袴を中止した者さへあつたのである。

教へ子が結婚適齡期となり、お目出度い日も近づいた間際になつて、Kといふ教へ子が、腹痛のため入院の身となつたのである。

病名は〝腹膜病〟で、醫師の言としては「子供の時に冷し過ぎたのが原因である」と言はれ、思はず冷汗三斗の思ひであつた。然もそれで全治すればよかつたのだが、遂に人生の春を見ずに不歸の客となり、私の教育記錄に悲しい一頁を綴らせてしまつたわけである。

　この、外一命には別狀はなかつたのだが、私をしてより强く反省せしむる機會が非常に多かつたのである。それから私は遲ればせながらも、冬期兒童に〃もんぺい袴〃の使用を大いに奬勵したのであつた。最初は富裕な家庭や、インテリ階級等の中には餘り喜ばれなかつたのだが、私は斷固として使用を學級經營の一つに入れたのである。現今のやうに物資不足となつた時局下に於ては、どんな型の、どんな色のものを使用しようが笑ふものがないであらうが、數年前としては、實に大きな教育問題であつたのである。

　殊に、男教員の中で、女子兒童を擔任してる方には、特別反省し、服裝に對する知識を持つて、小國民の體位向上に格段なる配慮を拂つて欲しいものと思ふ。私とて勿論、服裝に關する豐富なる知識の持ち合はない。だが、發達過程にある小國民の身體を健康に成長するやうに努力を、凡ゆる角度から照應して研究し、設備させ、工夫してゐるのである。

　最近、國民學校教育の最大方法として、よく〃錬成〃・〃修錬〃といふ方法の解釋を一方的に解して、極端なる鍛錬主義をとつてゐる方もあるやうであるが、之は非常に危險なる方法手段である。勿論精神教育も倍舊以上に必要なことではあるが、兒童の身體的發達過程を無視した精神教育は、害あつて益ないのである。見榮とか、體裁とか等の非國民的な考へを一擲して、眞に實用的・教育的な服裝問題を、學校經營に組入れるべきであると思ふ。モンペイ袴の効果は、子供が大人になつた時すぐに表れるからである。

似非國民服

大阪・金子庸造

國民服の普及ば厚生省其他當局の奬勵と貴會の御活動により、大東亞戰以來めつきり街上に多くなつた。ところがこゝに言ひたい事は國民服ならざる雜多のカーキ服が何等の統制なく着用されてゐる事である。團服・職工服の多くは乙號國民服の眞似をしてゐる事が多く、背廣形の團服もかなり多い。生地の善惡は資源の關係で止むを得ないと思ふが、ポケツトや襟の形が違つたり、そのまた縫製のダラシなさ、汚れた戰鬪帽に下駄履と言つた青少年の姿は面白くない。また、昔あつた背廣形の團服も色だけ便乘したつもりか、喰ひ足りないと考へるのは私だけではないであらう。國民服が多くなればなるほど、似非國民服も多くなり服裝界は新たなる混亂に陷る恐れありと考へる。

　さし當つては、御協會あたりで大いに指導宣傳していたゞくとしても、根本的には、當局の政策に依り　各種團服及類似服は全部國民服を以て統一作製する樣されたい。これが困難なら國民服より甚しく懸隔のない型式にされたいと思ふ。

　私は古い背廣服形團服を持つてゐたが、これを乙號國民服に改造着用してゐるが、少しも不都合ではない。國民服協會でもかゝる改造を大いに指導奬勵していたゞきたいものである。ついでゝあるが、若い會社員工員達の派手な背廣服は全く非時局的である。同じ背廣服でも今少し質實剛健なものでなければならない。私は曾つてフイリツピンに遊んだが、彼地の男子風俗は桃色のワイシヤツ、ネクタイ、ふとん縞の如き柄の背廣が風をなしてゐた、輕薄なアメリカニズムもこゝに至つて極はまれりと思つたものであつた。果然、大東亞民族の指導者日本の手はこゝに延び誤れる米國文化を叩きのめしつゝあるが、國内に於ても、輕薄風俗は一日と雖も放置しておいてはいけない。貴協會の奮起希んでやまぬ次第である

財團法人 大日本國民服協會

役員名簿

（昭和十七年二月現在）

相談役 厚生省生活局長 川村秀文
同 陸軍省經理局長 栗橋保正
同 陸軍被服本廠長 西原貫
同 陸軍製絨廠長 古川武次
同 商工省纖維局長 梶原茂嘉
同 農林省蠶糸局長 石井英之助
同 貿易局長官 石黒武重
同 熊谷憲一
同 日本蠶糸統制會社副社長 吉田清二
同 日本原麻株式會社々長 鹿野澄
同 産業組合中央金庫理事 井川忠雄
同 陸軍主計中將 森武夫
理事長 陸軍主計中將 石川半三郎
常務理事 陸軍主計大佐 石原通
理事 厚生省生活課長 中島賢藏
同 陸軍省經理局衣糧課長 吉良五市
同 衆議院議員 龜井貫一郎
同 被服協會理事 三德德次郎
同 農林省蠶糸局絲政課長 佐野憲次
同 宮内事務官 中田虎一
同 厚生省囑託 齋藤佳三
同 熊本縣總務部長 武島一義
同 東京日日新聞地方部長 瀨口正央

監事 株式會社第三銀行常務監査役 富永靜雄
評議員 厚生事務官生活局生活課 美馬郁夫
同 滿洲海拉爾安井部隊本部 高木六郎
同 南支派遣藤井部隊本部 下川又男
同 陸軍省經理局高級課員 森口德治
同 陸軍省經理局衣糧課員 有田實
同 陸軍被服本廠技師 小川安朗
同 陸軍技師 小泉竹藏
同 日本化學機械製造工業組合專務理事 八木靜一郎
同 商工技師 岸武八
同 商工省纖維局絹毛課長 霜島潛
同 商工省物價局總務課長 吉田悌次郎
同 商工省總務局附 溜淵正利
同 商工省纖維局綾業課長 和田太郎
同 商工事務官 今井善衞
同 農林技師 田口敏夫
同 内務事務官 丹羽喬四郎
同 東京日日新聞社編輯副主幹 西野入愛一
同 大阪每日新聞社副主幹 世川憲次郎
參與 益田友之助
同 新田義次
既成服中央製造配給統制株式會社社長 中谷虎司

本會の事業

國民服の普及奬勵

勅令の御趣旨を奉戴し、正しき國民服を正しく普及する爲各般の事業を行つてゐる。

國民服用資材の調査研究

豫備服としての條件に適合す可き既製未製の資材の調査並研究を行つてゐる

一般服裝文化の適正指導

國民服を中心とし、服裝の品種外型着用法などの適正指導を行ひ、服裝文化の向上を圖つてゐる。

雜誌並會報發行

雜誌「國民服」は月刊にして服裝を中心とし、新しい生活建設を目指し、清新堅實なる一般國民を目標としてゐる。會報は年三回發行にして、本協會々員及關係官廳、團體、學校等へ寄贈し、本協會の動靜周知を目的としてゐる。

技術指導所の運營

國民服縫製技術の最高水準を確保し、永久的指導に當り、不正規なる國民服の出現を防止する任務を持つてゐる。當所には隨時講習を行ひ、縫製技術者のみならず、一般家庭婦人をも對象としてゐる。

後記

人にも道がある如く、服裝にも道がある。いはゆる大道の行はるゝや天下にはびかるものであつてはならない。

これからの服裝道はこれまで度々繰返した樣に、個人主義からは決して生れない。若し生れるとすれば、それは外道であり、邪道である。アングロサクレン服裝道は、人を機械と見る唯物的世界觀に、金權征服主義を加へた覇道であつた。

吾人が國民服運動に依つて實現せんとする服裝道は、日本精神を以て、內から盛り上るところのもので、服裝に支配されず、服裝を支配せざる獨自の日本的服裝道であつて、單に服裝に依つて强制された生活を營んで足れりとするものではない。

服裝政策を行ふ場合には、如上の裏付けが必要と思はれるが、その國々に依つて異なる所はあるにしろ、大道は動くものであつてはならない。

かゝる意味から、ドイツの制服政策を斷片的でなく、今一應掘り下げて見たいと思ふ。

本號から始まるドイツ制服史論は、本邦に數少ない資料を基としたもので、吾々はこれに依り、ドイツ服裝道の眞の姿を知り、日本服裝道の好き參考となしたいのである。

×

科學、特に生活に關聯する科學は機械主義であつてはならない事は前言したが、ともすれば形而下科學の萬能が叫ばれようとする際、識者がこの事を問題にする傾向が見え、喜ばしいと思ふ。

器用な考案や、小手先の改良のみに科學を見出すような考へでは、眞の科學性は發展のありようがない

機械化の本家英國が驚いた程の機甲兵團を以て怒濤の進擊を續けたマレー戰線の皇軍は、機械を動かす精神に於て、眞に鬼神を泣かしむるものがあつたのだ。

時速百キロの自動車を二百キロで走らせる事はいはゆる科學的に見て不可能だが、二百キロで走つたと同じ效果を上げる事は出來る。機械も亦生き物であるとはよく言はれる事であるが、機械が一人でに生きるわけはない。精神がこもれば初めて無生物に息が通ふのである。それには機械のあらゆる點に精通する事はもちろん、科學と精神との高揚は、努力と鍛錬から生れる外はない。（眞）

「國民服」每月一回十五日發行 第二卷第五號

㊅定價一冊四十錢（郵稅一錢五厘）

「國民服」はなる可く豫約して下さい。御希望の方は書店へ御申込下さい。定期御購讀の方は左記の前金を添へて本協會へ御申込下さい。

半年分（六冊）	金二圓四十錢（郵稅とも）
一年分（十二冊）	金四圓八十錢（郵稅とも）

●御註文は總て前金で願ひます。

●御送金は振替が便利です。

廣告料は本協會編輯部廣告係へ御照會下さい。

昭和十七年四月廿五日印刷納本
昭和十七年五月十五日發行

發行人 石原通
東京市芝區櫻川町一 編輯人 井澤眞太郎
印刷人 淺野剛
東京市芝區櫻川町一 印刷所 株式會社 金羊社

（禁無斷轉載）

東京市芝區西久保廣町十八
發行所 財團法人 大日本國民服協會
電話芝（43）四五〇五番
振替口座東京一四〇、六七五番

文協會員番號第二一六〇四三號

配給元 東京市神田區淡路町二ノ九 日本出版配給株式會社

財團法人
大日本國民服協會

會報

會報

財團法人

大日本國民訓練會

大東亞戰爭と本會の使命

本會理事長
陸軍主計中將　石川半三郎

今や御稜威の下、皇軍は破竹の勢を以て、大東亞全域から侵略者米、英、蘭等を驅逐しつゝある。大東亞共榮圏の確立は正に曠古の大案であり、國民は皇軍に感謝しつゝ各職域奉公の誠を盡す可きである。

「衣」の部面より高度國防國家體制の建設へ翼賛する爲、本會は設立以來努力を傾けて來たつもりであるが、大東亞戰爭勃發するや愈々使命の重大性を痛感するに至つた。國民服を勅令を以て制定された由來も、今次戰爭が總力戰である事は國民の知る所であるが、服裝問題も當然此の見地より檢討されねばならぬ。國民服の普及奬勵に努むる事は勿論であるが、今日以後本會の果す可き使命の二、三に就き述べる事とする。

先づ材料、型より見たる國民服の保持と向上である。國民服を眞に國防目的に添はせむが爲には、あらゆる方面からの力をこれに集中させなければならぬ。關係官廳並に業者に於ても十分この點には注意せられるであらうが、それらを統一したものとして、且つは民間の要望を上通するものとして、本會の果す可き任務がある。況んや不斷の研究調査に依り、國民服に關する合理的改善及向上等を試みるものは本會を措いてないと思ふ。

次には精神部面よりする敎化の使命で、肇國の精神に基き、密接不可分の關係にある國民服と日本精神とを、個人生活の行動上に表現せしめ、大東亞戰爭完遂への礎石たらしめんとするのである。俗に馬子にも衣裳と云ふが、その半面精神の修養は難しく、外型を整へるは容易である。國民服を着用して人格の向上せざるは、佛つくつて魂の無き場合と同じである。本會は公益法人たる立場に於て、國民服精神の鼓吹に努めんとするものである。これを實生活に及ぼせば、生活刷新の徹底と云ふ事になるが、本會は本來の使命たる衣服の部面よりこれを推進しなければならぬ。

第三の使命としては、衣服に關する綜合的研究指導がある。衣服は單に型や材質等からのみ研究されるばかりでなく、廣く政治經濟的見地からも研究さる可きである。大東亞戰爭と共に、南方諸地域に對する文化指導の聲が起つてゐるが、衣服の部面よりも多くの問題がある。本會は獨自の立場から、各方面の智識を集め、同問題研究に從事するつもりである。單に南方地域への研究のみならず、恒久的な衣服の綜合研究は本會の一大使命である。

以上列擧した如く、本會の當面する使命は多岐であるが、幸ひにして本會の趣旨は、時局下適切なるものと認められ、各方面の御助力を得てゐる事は感謝に堪へない。尙一層の御協力を願ふ次第である。

本協會の活動に就いて

陸軍主計大佐
常務理事　石原通

國民服の技術指導所

國民服が去る昭和十五年十一月一日勅令を以て制定せらるゝや、之が制定の眼目たる 一、軍民被服の近接 二、國民精神の昂揚 三、國民被服の合理化を一般に普及する爲、本協會では先づ被服裁縫に經驗ある者を集め講習會を開催國民服精神並に技術に關する認識を注入した。既に實施した回數は十二回、受講人員は千餘人で其の大部分は洋服裁縫業者であつたが、何れも國民服に對する認識を深むると共に技術も概ね修得し國民服普及上利するところ大であつた。以上の外大阪、熊本、鹿兒島及福島の各地で、上京し得ない者の爲に地方講習を行ひ、皇國精神の作興及服裝文化の向上啓發を行つたが、是亦國民服普及上に相當資するところあつた。然し理論より實際の指導を十分に受けたいと云ふ要望が盛になつて來たので、昨年末牛込市ケ谷臺町に本會の分室を設け、主として技術方面の指導を行ふことゝした。開設日尚淺いので未だ多くの受講人員に達しないが、中には既に本會の講習所を卒業し再訓練を受けたものもあり、何れも從來の講習に比し、技術を十分に會得し立派な國民服製作業者となつた者もある。又全國百貨店組合主催の國民服展覽會を後援し、且同展覽會に本會直接製作品を出品し、或は國民服の正しき着裝法を示せる「リーフレット、ポスター」を頒布し、尚卒業期前の學生に國民服に關する小冊子を配布し普及を圖つた。之が爲國民服需用者の數は逐次增加し、昨年十一月一日國民服制定一週年記念の際、既に其の數百萬を突破したが、大東亞戰爭開始せらるゝや着用者激增の狀態である。然し現在多くの人が着てゐるものや、店頭に飾つてある既製服中には、使用地質及製作法が適當でない爲、誠に見窄らしく、國民服の眞價を疑はれるばかりでなく、民間豫備軍服たるの機能も十分に發揮することが出來ないものが多いので、先づ地質を强化すべく陸軍製絨廠に研究を依頼し、從來のものに比し、地質もしつかりし、厚みも出來　冬服地としても差支へなく、又値段も割合に安いものを考案して規格の制定と需用に應じ得る樣生產の增加を當局に申請し、又陸軍當局からも之を要望して貰ひ、之が實現の速かならんことを一日千秋の思ひで待つて居る次第である。又絹の國內消費と衣料切符の使用を有効ならしむる爲、屑絹で丈夫で値段も比較的安く出來る擬毛絹國民服地を研究し當局に之をも規格品として採用方を要望しあるも、纖維製品配給機構の統制强化に伴ひ、之が實現尙遠き憾がある。大東亞戰爭の進展に伴ひ、近き將來に於ては棉花及羊毛を以て、大東亞圈內の需用を充し得る時期に必ず到達するものと信ずるも、今直ちに之を期待することが出來ず、尙數年はスフや國內資源たる絹で行かねばならないので、絕へず旣設官公私立研究所と連絡を保持して、種々の研究をし或は又南太平洋方面に派遣せらるゝ資源の利用に付調査研究を進めて居るのである。其の他被服を中心とした生活の刷新と云ふことも、本會が生れた重大要素であるから、各方面と連絡をとつて之が研究に沒頭して居る次第である。

　國民服の眞價を發揮せしむるには、前述の樣に、先づ地質をしつかりしたものにしなければならないが、次で之を正しく製作し正しく着用すると云ふことが甚だ必要だ。之が爲初頭に述べた樣に、講習を行ひ廣く研究指導を爲しつゝあるが、之だけでは正しい國民服の普及と云ふことには不十分で、どうしても製作品を需用者に渡す前に、正しく製作せられて居るかどうかを檢査しなければならない。今迄此の檢査は全國洋服商組合聯合會でやつて居たが、國民服の製作に就て講習を受けたことのない人が之の檢査に從事したり又地質の使用其の他に就て遺憾の點が尠くない。どうしても國民服の制定に始めから關係し、國民服に就て根本的に研究し之が健全なる普及發達を使命とする本會が此の檢査に干與するを適當と認め、當局に意見を具申して居るが、陸軍當局からも之が實現方を要望して貰つて居る次第である。

婦人標準服の決定

　次は婦人服の問題であるが、健全なる服裝文化と國民生活上に浸透せしむると云ふことも本會の使命であるので、厚生省の婦人標準服制定に全力を擧げて協力することとし先づ第一着手として昨年七月婦人標準服の試作を被服協會と共同して公募したところ、內外地は勿論海外よりも應募あり、總數六百四十八點の多きに達した。依つて被服協會と共に昨年十月十三日より四日間に亙り下審査を行ひ、十月二十一日午前九時半神田一ツ橋如水會館に三十餘名の審査員集合、公正なる審査の結果、甲賞五名、乙賞十名、佳作三十名の入選決定せられたが、此等作品は厚生省の婦人標準服研究會に參考資料として提出した。同研究に於ては右入選作品を參考資料として研究に研究を重ね、本年一月十九日成案を得るに至つたのである。厚生省では、二月三日各方面の代表者を同省會議室に集め、之に付廣く意見を聽取した上、同月十九日の各省次官會議で決定した。同標準服が決定するまでには、本會より數名の役員終始出席し審査に參與したばかりでなく、之を一般國民に浸透せしむるは本會の使命であるから、爾後厚生省の指示の下に之が普及發達に任ずる心算である。

前述の樣に國民服の普及發達を圖るため講習會を開催したり、規準品を展示したり、尙印刷物を配布し特に本會の事業を一般に周知せしむる爲又會報を發行して居たが、尙之を廣く普及させるには月刊雜誌を發行し、被服を中心とした生活文化に必要なる事項を掲載し一般の參考に資するを得策と考へ、雜誌「國民服」の發行を計畫、昨年十月創刊號を發行、爾後毎月號を追ひ刊行して居るが、昨年十二月號は婦人標準服の試作公募の結果を發表した爲、刊行日尙淺きに拘らず賣行部數一萬を突破するに至つた。僅の人員で毎月發行することとは相當繁忙を感ずるが、本會の使命達成上貢獻するところ尠くないので、爾後之を繼續することは勿論内容の改善に努めて居る。

「國民服講義」の編纂

一昨年十一月國民服制定せらるゝや、被服協會では之が大體の觀念を一般に普及せしむる爲、「國民服の手引」を發行せられたが、本會の會員其他から尙國民服の眞髓を知らしめよと云ふ要望があつたので本會では本年一月更に國民服講義を編纂し、國民服制定の意義を闡明した。又本會の講習を受けたると否とを問はず、國民服を正しく且平易に作製せんとする者の爲に、甲及乙號衣袴、中衣並外套の縫製解説付型紙を調製、希望者に頒布して居るが、本紙を使用するときは國民服の作製容易なる爲、注文者が絶へない狀態である。又正しき國民服の普及手段として、本會に於て作製せる國民服を見本品として全國各地に頒布し、尙纖維製品配給機構改正前は、國民服生地として適格と認めたるもの（主として新與纖維）を紹介斡旋して來たのであつた。

以上は本會設立以來、主として國民服制定以後實施せし業務の概要であつて、本會の使命に就て鑑みるとき、至らざるところ多く慚愧に堪へない次第であるが、今後關係當局の指導鞭撻に依つて、一層奮勵努力以て使命の達成に邁進する覺悟である。

國民服運動の現狀と將來

本會幹事　井澤眞太郎

こゝに所謂國民服運動とは、勅令の御趣旨を奉戴し、精神並物的兩面より國民服を推進する一切の動きを云ふ。かゝる名稱（運動と云ふ如き）を吾々は敢えて發案したのではないが、今日に至つては、これで通る所は通る樣になつて來た。外部から見れば、本會が中心となつて推進した各部面の動きが、綜合されると、一口に國民服運動と云はれるのは、極めて合理的な事とも云へる。

そのなかには、啓蒙、指導、教化等の各要素を持ちつゝ、それが互ひに密接な聯關を保つて進んで來た。

さて、國民服そのものは、一個の服裝である。これが普及は高度國防國家の要請であるが、自由主義的立場から見れば、「かく定まつたならば着て見よう、それでよいではないか」と簡單に片付けられる恐れがある。

かゝる粗笨な概念からは、何等の成果をも生ずる事は出來ないのである。そもそも、國民服が胎動し初めたのは、昭和十二年十二月であつた。あたかも支那事變勃發直後でまだまだ不擴大主義が盛んに唱へられた時である、それから勅令發布の昭和十五年十一月までに時代は幾變轉した。それら各時代に於ける狀勢を、現在回顧して見ると、何人と雖も感無きを得ないであらう。

國民服はかゝる時代を通過して今日に至つた。國民服運動の現狀を說く爲にしばらく來し方を顧みて見よう。

昭和十三年春、國民精神總動員中央聯盟が、時局生活刷新の一翼として「服裝に關する委員會」を設けた頃は少數を除き、七十數名を數へる委員連の中でも、國民服の原型はおろか、理念すら確かでない方が少なくなかつた。況んや、一般國民の間では、「國民に一定の制服を着せるなどとは狂氣の沙汰だ」と言ふのが一大通念をなしてゐた。今からは思へば、これこそ狂氣の沙汰とも言へるが、今では誰でも口にする所の高度國防國家の理念すら明確でなく、辛うじて國民精神の總動員を以つて、總力戰の概念を得てゐたとも言へよう。

國民服に對する反對を擧げれば枚擧にいとまないが、特に吾人が承服し兼ねたのは、個人主義的な趣味性から反對する人々であつた。それらの人達に向つて、服裝と國家との結びつきを說くだけでも容易ではなかつた。自由主義を外型に表現したものが當時の一般服裝であり、服裝は個人の趣味を基調とする、それ以外の何物でもない、それどころか、いはゆる高度の趣味性を發揮するのが、教養ある人士の爲す所であるとしてゐた。

趣味の問題は、必ずしも全面的に否定する事は出來ないが、これのみに頼る事を知つて、國家あるを知らざる人々が群をなしてゐた。また、なかには、服裝如き些末の事より、遙かに重大なる問題があるとて、國民服の提唱を輕視する聲もあつた。

尤もらしき反對としては、物資節約の折柄、かくの如き新種の服裝を制定するは物資の浪費を招くといふ所論であつた。これが相當の經濟學者から發せられてゐたから驚くの外はない。勿論、これに對しては、服それ自身が合理的であるなら、何時如何なる時に制定しても結局は國家のお役に立つ事であり。その新調に當つては、現在最も必要なる部面から着用する事になれば物資の浪費にならぬ點を強調して置いた。

さて、被服協會が主體となり、陸軍省（衣料課）の國防的見地よりする强力なる支持と、厚生省（生活課）の國民生活刷新部面よりの熱烈なる援助とは、こゝに官民の力を結集し、いはゆる舊四型式が生じた。

これについても贊否兩論交々至り、吾人は如何にも物好きに、かゝる奇異なる服裝を推進するかの如く言はれた事もあつた。自由主義的服裝から見れば、ネクタイ、ワイシヤツまで一蹴した國民服は、全く奇異なる服裝に見えたかも知れない。かくの如き狀態にて勅令の制定となり、本會の創立となつた。

こゝに、國民服は全く新らたな公的使命を有し、その普及に就ても愼重を期せざる可からざる狀態となつた。

言ふまでもなく、國民服は豫備の軍服としての國防的大使命と、國民生活上は禮服ともなり、生活刷新を促進せんとする國民厚生の目的とを有する。この兩者は國民服運動にあつては、盾の兩面をなすものであつて、この一つが缺けても、完全な國民服運動とは言へない。

また、國民服運動は精神を重視してゐる點に於て、從來の服裝普及運動と全く異つてゐる。

國民服は我が國上古より傳つた傳統を、巧みに近代の要求に合致せしめつゝ生かしてゐる。その中心は襟の形である。其處に日本精神の具現化が明確に分るのである。

國民服運動の性格は以上の三點が中心となつてゐるが、これから派生する問題は一にして止らない。例へば國民服が代表とするところの生活刷新の意識を、生活全面に及ぼす事は極めて普遍妥當性ある所の事實である。

度々新聞の投書欄等に散見した、「國民服の醉ばらひ」

「國民服の紳士」等善惡兩面の社會的斷面はこの間の消息を物語つて餘りあると思ふ。かくの如く、社會一般に、國民服は新しき生活と共に生れたものであるとの認識は、今や確固不動のものとなつた曾つて、新體制の聲かまびすしい時、議會に於て國民服があたかも新體制の表徴の如くに着用された事は、注目す可き事實であつた。

その當時に於ては、國民服は物珍らしく、或ひはこれを一種特別の衣服なりと色眼鏡を以て見る者すらあつた。

これは國民服を誤解するも甚しきものがあつたが、かゝる例は、滿洲國に於ける協和會服の歴史にもあつた事である。逆に、國民服よりもモーニングを高等と心得る人も出て來た。同じ通常禮裝の待遇を受けながらモーニングに執着し、國民服を輕んずる風潮は、自由主義といふよりも因習の拔き難きを現してゐると思ふ。

國民服運動は現在のところ、狹い範圍の和、洋服の裁縫業者及資材生產者等に對する指導に追はれ、着用者（消費者）たる一般國民に對する呼びかけは甚だ稀薄であつた。これは何としても殘念であり、今後、吾人が擔當す可き國民服運動は、廣く一般國民に對する啓蒙と指導でなければならない。參考までに、現在に於ける國民服の普及狀態は資材の割には良好で、一般國民の間に相當浸潤してしまつた。大東亞戰後、注目す可き現象は、これまで、國民服に對して最も冷淡であつた知識階級 文化人が進んで着用する樣になつた事實である。文化人必ずしも自由主義者ではないが、インテリ特有ともいふべき精神的自主性は、容易に無批判に他物を取入れないものである。それが國民服を着用する氣持になつた事は、特筆するに足ると思はれる。

なかでも、代表的な例は、今次大戰に軍報道班員として召集された文士達が、殆んど國民服に國民帽姿で家を出てゐる事である。支那事變の際にも從軍作家は多數あつたが一人として國民服を着た者は居なかつた。

吾人はこれを決して、吾人の功績などゝは思はない。總べては時の力であると思つてゐる。勿論、國民服に就て推進する者は必要であるが、時代と逆行するのでは、何事も出來なかつたのであらう。

さて、國民服運動の將來は、今日、卒然と豫測出來ない諸點もあるが、精神運動としての要素と、總力戰體制に於ける國防的使命とは言ふまでもなく、今後も益々强調されなければならない。

更に重要なる事は國民服の型式の確保並に資材の向上、價格の合理化等國民に對して、最も良質なる國民服を廉價に供給する方法を發見推進する事である。

勅令に依る國民服は世界最初の試みである。これが正しき指導普及を圖り、併せて、生起す可き諸面に對し、適正强力なる指導を與らる事は、大東亞戰下、吾人の全力を盡す可き職域奉公の道であると信ずるものである。

會　報

★國民服技術指導所の開設

本協會では新たに技術を主としたる指導所を開設する事になり昭和十六年十一月二十日を以て右の開所を見るに至つた。同所は本協會の分室として、職員を常駐せしめ縫製實地指導、型紙の作成、其他技術に關する研究を行つてゐる。

因に國民服技術指導所の所在地は東京市牛込區市ケ谷台町一四である。

★本協會機關雜誌「國民服」の創刊

本協會は設立の使命に鑑み、國民服運動の一般周知と「衣」生活の刷新を目的とし昭和十六年九月廿五日付月刊雜誌「國民服」を創刊した。本誌は從來ありふれたる服裝雜誌の域を超え高度國防國家建設の線に沿ふ可き指導的生活刷新雜誌として「衣」の問題を中心に編輯されてゐる。A5判（菊判）本文百二十頁、定價一部四十錢である

會　議

◇**五月二十日**（火）定例理事會（午後三時開會）（於協會會議室）議事・前年度決裁其ノ他　出席者・石川理事長、石原常務理事、吉良理事、齋藤理事、中田理事、倉田、井澤兩幹事（散會午後六時）

◇**五月二十七日**（火）定例理事會（午後二時三十分開會散會午後五時）於協會會議室　出席者・石原常務理事、三德理事、井澤、倉田、福田幹事　議事・講習所事務整理

◇**五月二十八日**（水）會計監査（午後三時ヨリ同五時三十分）出席者・富永監事、石原常務理事、三德理事

◇**五月三十日**（金）會計監査（午前九時ヨリ午後二時半）出席者・富永監事、石原常務理事、三德理事

◇**六月二十八日**（土）

一、理事會（於協會會議室）開會・午後一時　議事・十五年度決算、十六年度豫算ニ關スル事項、其ノ他議理錄通り　出席者・石川理事長、石原常務理事三德理事　吉良理事、富永監事、青木厚省生活課長、植田評議員、倉田、井澤渡部　福田幹事　散會・午後五時

二、評議員會　於丸ノ内會館）開會・午後六時半　議事・議事錄通り　出席者・石原常務理事、三德理事　吉良理事、青木生活課長、植田評議員　八木評議員、森口評議員、倉田、井澤、渡部、福田幹事、松尾主事、近藤主事補　散會・午後八時三十分

◇**七月二十一日**（月）臨時理事會（於協會會議室）出席者・石原常務理事、龜井理事、三德理事　齋藤理事　青木理事、植田評議員　倉田、井澤兩幹事

◇**八月二十一日**（木）臨時理事會（於協會會議室）議事・雜誌の題號、地質の件其の他　出席者・石原常務理事、三德理事齋藤理事　井澤、倉田幹事（午後四時半――午後九時）

◇**十一月二十七日**（木）臨時理事會（於協會會議室）出席者・石川理事長、石原常務理事、龜井理事、吉良理事、齋藤理事、青木理事、井澤幹事（午後四時半――午後八時四十分）

◇**三月三十一日**（火）臨時理事會（於東日會館會議室）議事（十七年度事業並豫算ニ關スル事項）出席者・石川理事長、石原常務理事、吉良理事、三德理事、齋藤理事、中田理事　倉田、井澤幹事

國民服中衣の代用に 新案特許日之出印 副襟と附袖

○甲號用二枚重副襟（絹交織）(公)一圓・九〇
○甲、乙號兼用副襟（〃）(公)一・一六
○附　袖（〃）(公)一・〇九
右の他本絹製品其の他各種あり

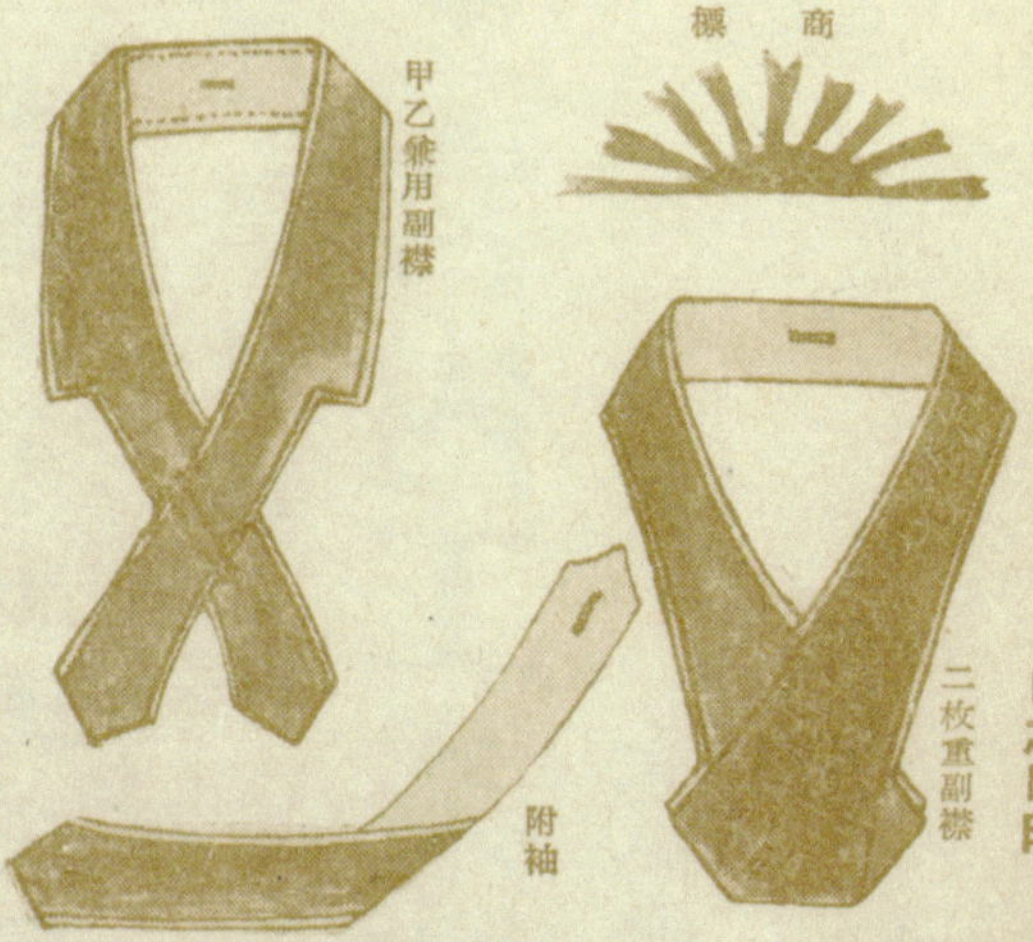

販賣店
全國百貨店
〃洋品店
〃洋服店
〃洋服附屬品店 にて
日之出國民襟と御指名お買求願ます
（御取引に付ては御一報次第詳報致します）

注意

一、類似品あり必ず日之出國民衿と御指名下さい。

一、本品は數種の特許權を有するに付弊所の許諾なく生地又は型式の多少變更に依り模造販賣頒布をなす時は法律の定むる處に依り刑事上、民事上の制裁を受くべし。

製造元
東京被服工業所
東京市城東區龜戸町五丁目四十一番地
電話墨田(74)〇〇九四番
振替東京一四九六四九番

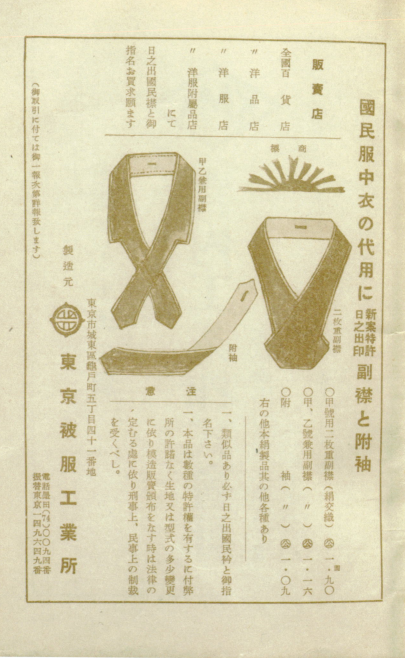

昭和十六年十一月十五日第三種郵便物認可
昭和十七年四月二十五日印刷納本（毎月一回十五日發行）
昭和十七年五月十五日發行

停
定價金四十錢

『国民服』第二巻第六号　六月号

昭和十七年六月十五日発行　財団法人大日本国民服協会

新生活雜誌
國民服
特輯・住生活の再建
六月號
昭和十六年十一月十五日第三種郵便物認可
昭和十七年五月二十五日印刷納本（毎月一回十五日發行）
昭和十七年六月十五日發行
成田文庫

正規國民服
中衣
制定
儀禮章
國民帽
國民服配給株式會社
東京市日本橋區橋町三番地二
電話浪花(67)五一二五、五一二六

勅令　（昭和十五年十一月二日）

朕國民服令ヲ裁可シ茲ニ之ヲ公布セシム

御名　御璽

昭和十五年十一月一日

内閣總理大臣公爵　近衛　文麿
厚生大臣　金光　庸夫
拓務大臣　秋田　清

勅令第七百二十五號

國民服令

第一條　大日本帝國男子ノ國民服（以下國民服ト稱ス）ノ制式ハ別表第一ニ依ル

第二條　國民服ハ從來背廣服其ノ他ノ平常服ヲ著用シタル場合ニ著用スルヲ例トス

第三條　國民服禮装ハ國民服ヲ著用シ國民服儀禮章ヲ佩ブルモノトス

國民服儀禮章ノ制式ハ別表第二ニ依ル

第四條　國民服禮装ハ從來燕尾服フロックコート、モーニングコート其ノ他之ニ相當スル禮服ヲ著用シタル場合ニ著用スルヲ例トス

第五條　國民服禮装ニハ佩用ニ關スル規程ニ從ヒ勲章、記章及褒章ヲ佩用スルコトヲ得

第六條　本令ノ制式ニ依ラザル服又ハ徽章若ハ飾章ハ其ノ名稱中ニ國民服又ハ國民服儀禮章ノ文字ヲ用フルコトヲ得ズ

附　則

本令ハ公布ノ日ヨリ之ヲ施行ス

（別表第一）

國民服制式表

甲號

上衣	地質		茶褐絨又ハ茶褐布
	製式	襟	立折襟式開襟（小開キ）トス
		前面	袵形ヲ附シ釦五箇ヲ一行ニ附ス
		袖	筒袖型トシ脇開及端袖ヲ附シ釦各一箇ニテ開閉シ得ル如クス
		帶	帶形ヲ附ス
		裾	左右兩裾ヲ開ク
		物入	胸部物入ハ左右各一箇トシ袵線ニ沿ヒ縦型ト爲シ釦各一箇ヲ附ス 腰部物入ハ左右各一箇トシ横型襞附ト爲シ蓋及釦各一箇ヲ附ス但シ釦ハ附セザルコトヲ得
中衣	地質		適宜
	製式	襟	日本襟トス上襟及附襟ヲ用フルコトヲ得但シ禮装ノ場合ニ於テハ附襟ヲ用フルモノトス
		前面	上衣ニ同ジ
		袖	上衣ニ同ジ附袖ヲ用フルコトヲ得
		帶	分離式トシ前面ニ二箇ノ釦ヲ以テ留ム
		裾	上衣ニ同ジ
		物入	上衣ニ同ジ但シ腰部物入ハ附セザルコトヲ得

袴	地質		茶褐絨又ハ茶褐布
	製式	裾	釦ヲ以テ緊收開閉スル如ク爲スコトヲ得
		物入	左右ニ各一箇ヲ附ス
帽	地質		適宜但シ禮裝ノ場合ニ於テハ茶褐絨又ハ茶褐布
	製式		適宜但シ禮裝ノ場合ニ於テハ鳥帽子型トシ折返及前庇ヲ附スルモノトス
外套	地質		適宜但シ禮裝ノ場合ニ於テハ茶褐絨又ハ茶褐布
	製式		適宜但シ禮裝ノ場合ニ於テハ左ニ依ルモノトス 襟　開襟式立折襟（小開キ）トス 前面　釦三箇ヲ一行ニ附シ比翼仕立トス 袖　筒袖型トシ端袖ヲ附シ釦一箇ヲ附ス 裾　後開ヲ附シ釦二箇ヲ附シ比翼仕立トス 物入　腰部左右ニ各一箇ヲ附シ釦一箇ヲ附ス
手套			適宜但シ禮裝ノ場合ニ於テハ白色トス
靴			適宜但シ禮裝ノ場合ニ於テハ黑革短靴トシ雨雪又ハ乘馬ノトキハ黑革長靴ヲ用フルコトヲ得
乙號			
上衣	地質		茶褐絨又ハ茶褐布
	製式	襟	立折襟トス但シ開襟式立折襟（小開キ）ト爲スコトヲ得
		前面	釦五箇ヲ一行ニ附ス
		袖	筒袖型トシ脇開ヲ附シ釦一箇ニテ開閉シ得ル如クス端袖ヲ附スルコトヲ得
		裾	左右兩裾ヲ開ク
		物入	胸部物入ハ左右各一箇トシ横型ト爲シ蓋及釦各一箇ヲ附ス　腰部物入ハ左右各一箇トシ横型ト爲シ蓋ヲ附ス
中衣	地質		適宜
	製式	襟	日本襟トス附襟ヲ用フルコトヲ得但シ禮裝ノ場合ニ於テハ附襟ヲ用フルモノトス
		前面	釦四箇ヲ一行ニ附ス
		袖	筒袖型トス附袖ヲ用フルコトヲ得
		物入	胸部物入ハ左一箇トシ腰部物入ハ左右各一箇トス但シ腰部物入ハ附セザルコトヲ得
		其ノ他	背帶、背縫箚襞又ハ下脇襞ヲ附スルコトヲ得
袴			甲號ニ同ジ
帽			甲號ニ同ジ但シ禮裝ノ場合ニ於テハ製式ハ陸軍略帽型ニ依ルコトヲ得
外套			甲號ニ同ジ
手套			甲號ニ同ジ
靴			甲號ニ同ジ

備考

一　上衣、中衣、袴、帽（陸軍略帽型ヲ除ク）及外套ノ製式ノ形狀ハ圖ノ如シ

二　甲號禮裝ノ場合及開襟式立折襟（小開キ）ノ上衣ヲ用フル乙號禮裝ノ場合ニ於テハ立折襟ト爲スモノトス

三　甲號禮裝ノ場合及開襟式立折襟（小開キ）ノ上衣ヲ用フル乙號禮裝ノ場合竝ニ開襟（小開キ）ノ場合ニ於テハ中衣ヲ著用スルモノトス但シ暑熱ノ時期又ハ地方ニ在リテ上衣ニ副襟（副襟ニハ附襟ヲ附スルコトヲ得但シ禮裝ノ場合ニ於テハ附襟ヲ附スルモノトス）及附袖ヲ附シタルトキハ中衣ヲ著用セザルコトヲ得

四　禮裝ノ場合ニ於テハ附襟及附袖ハ白色トス

五　禮裝ノ場合ヲ除クノ外暑熱ノ時期又ハ地方ニ在リテハ中衣ヲ以テ上衣ニ代ヘ（此ノ場合ニ於テ中衣ハ半袖ト爲シ、襟開ヲ大ト爲シ及帶ヲ附セザルコトヲ得）又ハ袴ハ半袴ト爲スコトヲ得

六　禮裝ノ場合ニ於テハ茶褐絨又ハ茶褐布ノ長マントヲ以テ制式ニ依ル外套ニ代フルコトヲ得

七　外套ハ用ヒザルコトヲ得禮裝ノ場合ヲ除クノ外帽、手套及靴ハ用ヒザルコトヲ得

八　乙號立折襟上依ノ物入ハ當分ノ内外物入ト爲スコトヲ得

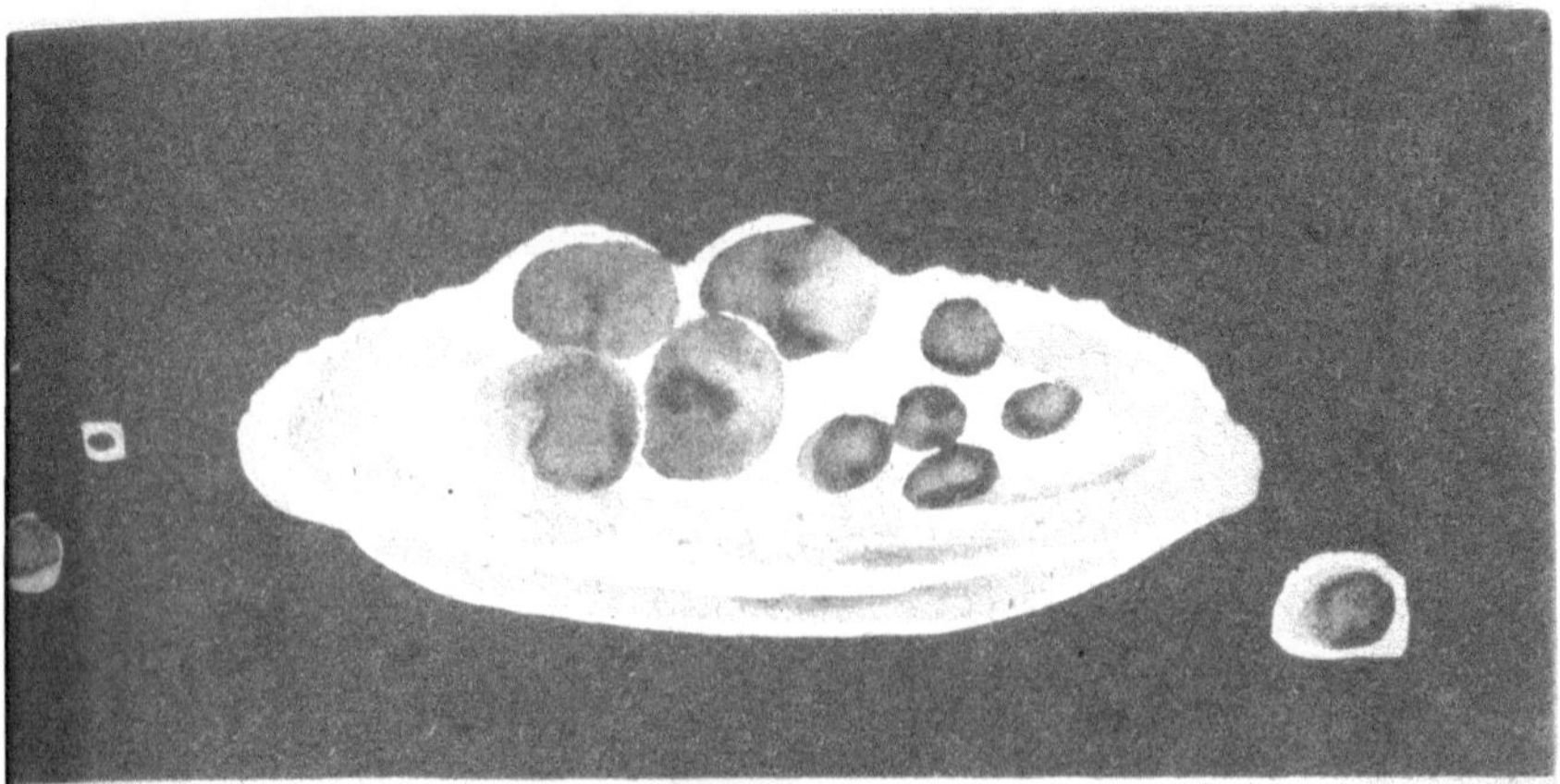

國民服・六月號目次

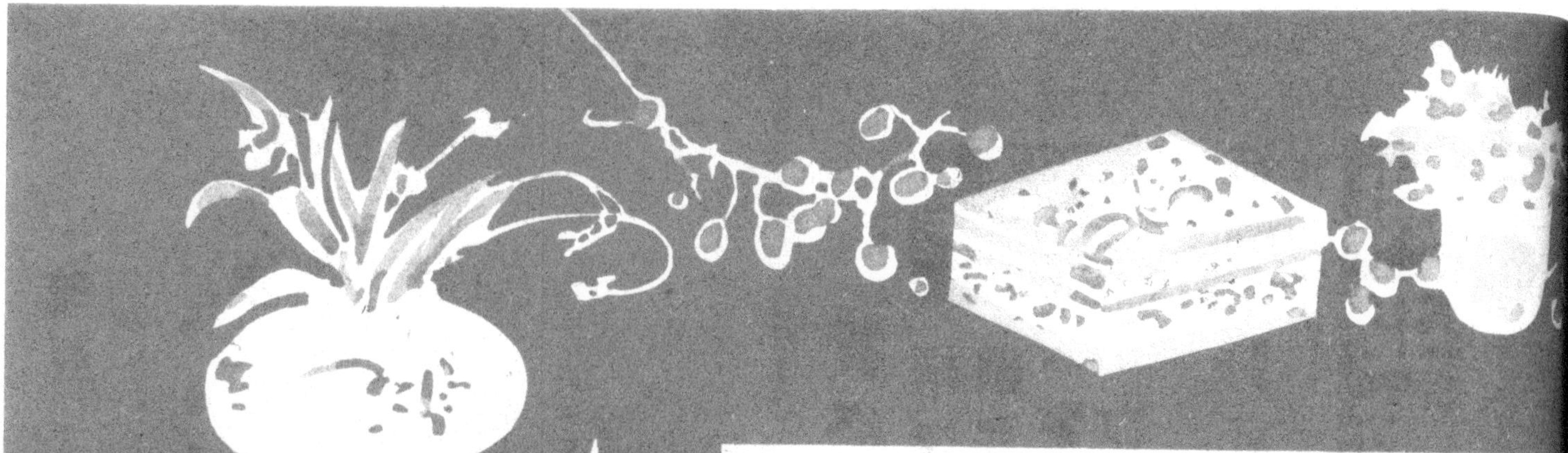
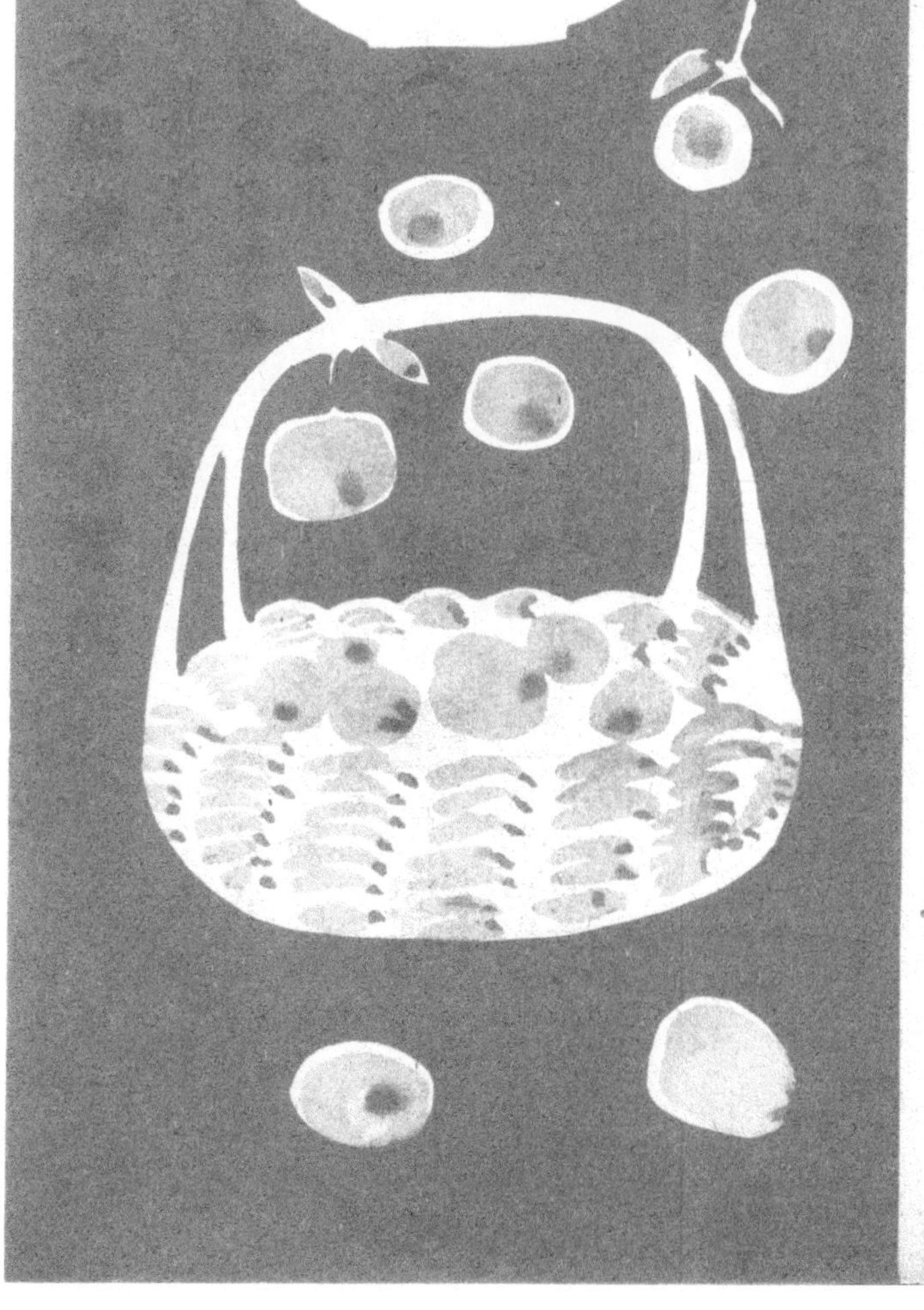

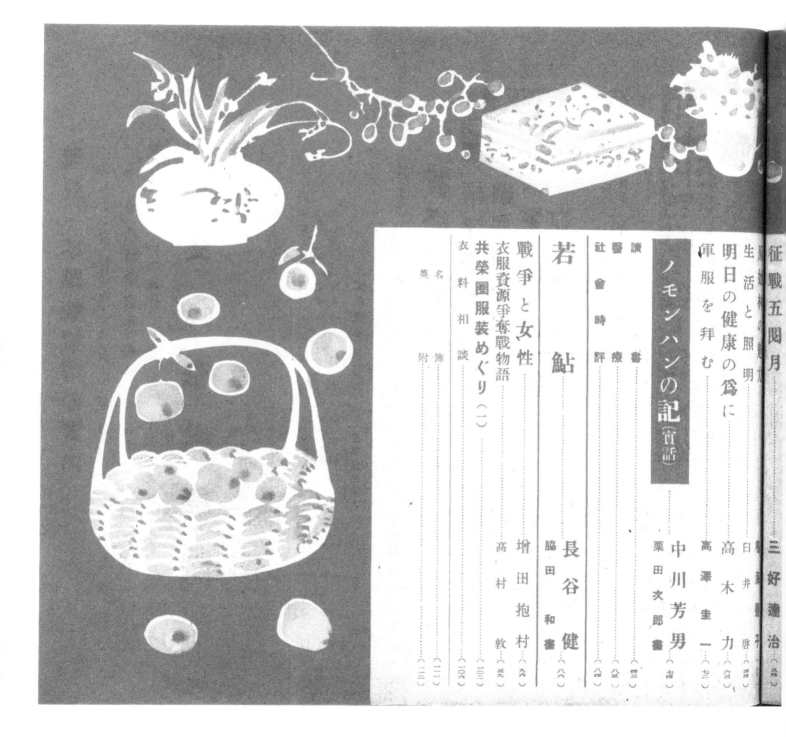

國民用具の新方向
家具・什器
歐米文化の移入により多くのものが亡び去つたが
こうした傳統的なものの中には私達の心に訴へる
日本的な健康て逞ましい美しさが生きてゐる。

普通に使はれてゐる茶器から模様をとり去つて見ると案外な美しさをもつてゐる事に氣がつく。

今迄の横に廣い下駄箱を縦にした意圖に注目すべき點がある。厄介な傘立の位置も解決出來てゐる。

自由に組みかへられる茶ダンス、スツキリしたラヂオキヤビネツト、丸卓は小さい面積で多勢が使へる。

台所は主婦の働く場所として最も機能的に考へられなければならない。殊に狭い場所に於ける家具の配置は難かしい問題であらう。

主婦室から奥座敷を見る。洋服ダンスと和ダンスが何の不調和もなく並んでゐる。鏡台はネリ板を使はぬ堅牢で簡素なもの。

洋服タンスが必需品かどうかといふ問題は過ぎた。整理家具として少くとも都會地に於ては欠くべからざるものとして生活に入りこんでゐる。これは簡素で頑丈で整理機能に主眼を置いてゐる。

食器棚　堅牢な外観と優れた機能をもつ食器棚。これの内部分割は内容物から決定されてゐる。

引出しの一つ一つが獨立してゐるこの形式は、疑問もあらうが考へ方によつては面白い。つまみは堅木ひきもの。

應接用椅子

疊摺をもつた日本座敷へ持込める椅子、單位材で三角構造に組まれてゐるので安價で丈夫である。

照明スタンド

照明といふのは體裁ではない。然し今迄に如何に多くの外觀本位のものがあつたか。使ひよいものは外觀も自然美しくなるものである。

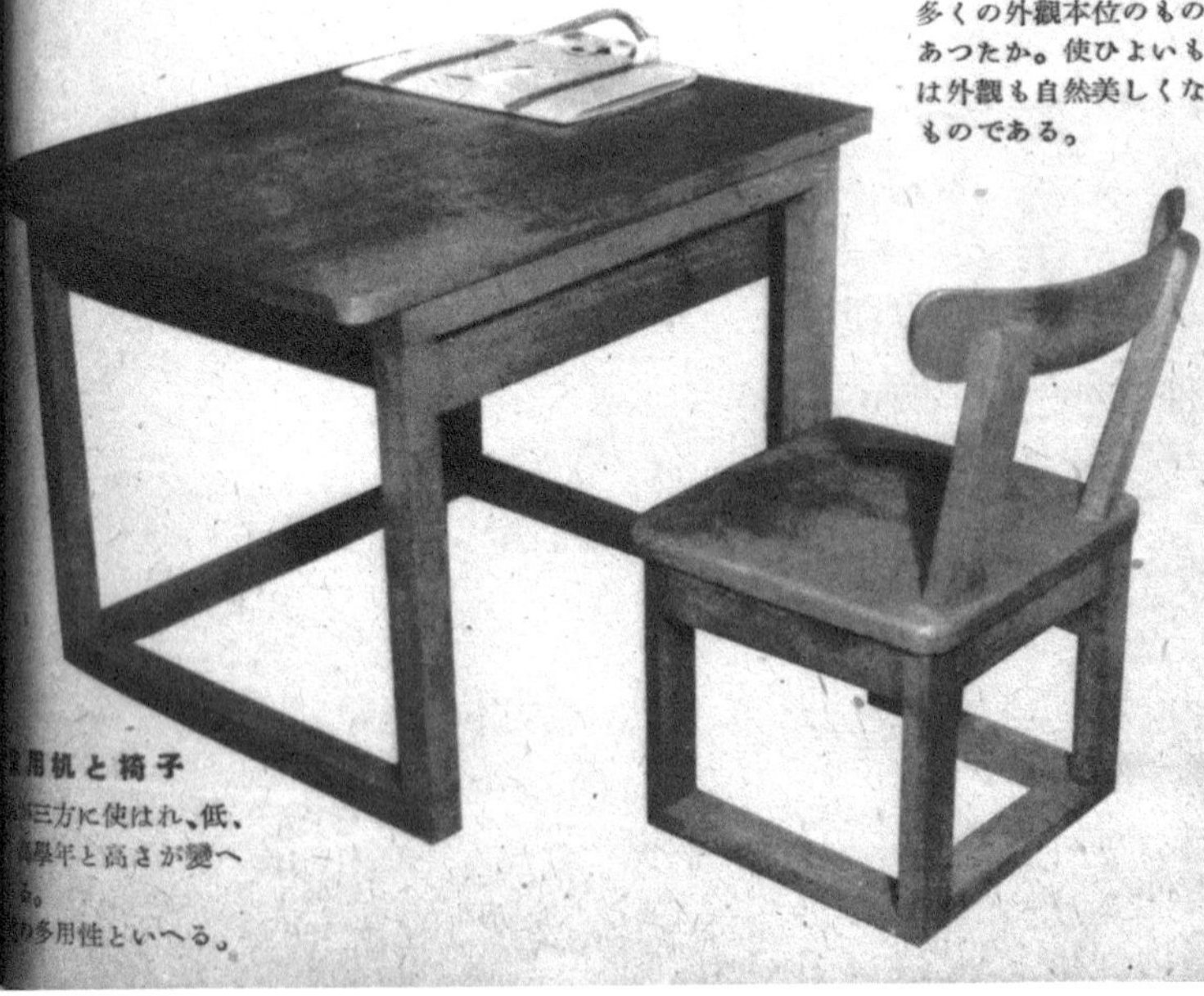

用机と椅子

三方に使はれ、低、
學年と高さが變へ
る。
の多用性といへる。

琉球の椀

狂はぬ輕い材で造られた椀の形も又、新しい傳統を生むかに思はれる。

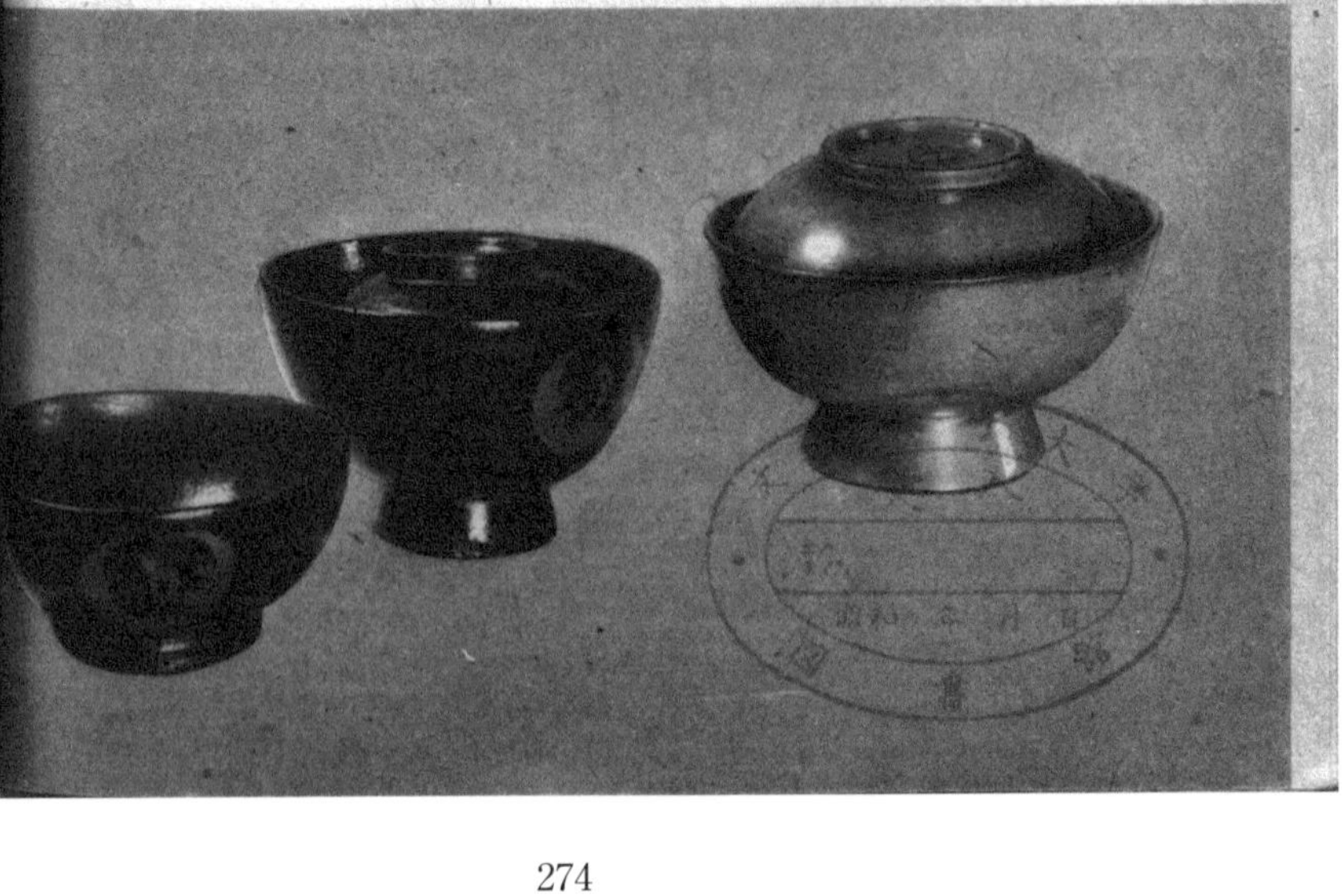

國民服

第二巻第六號

大貫松畫

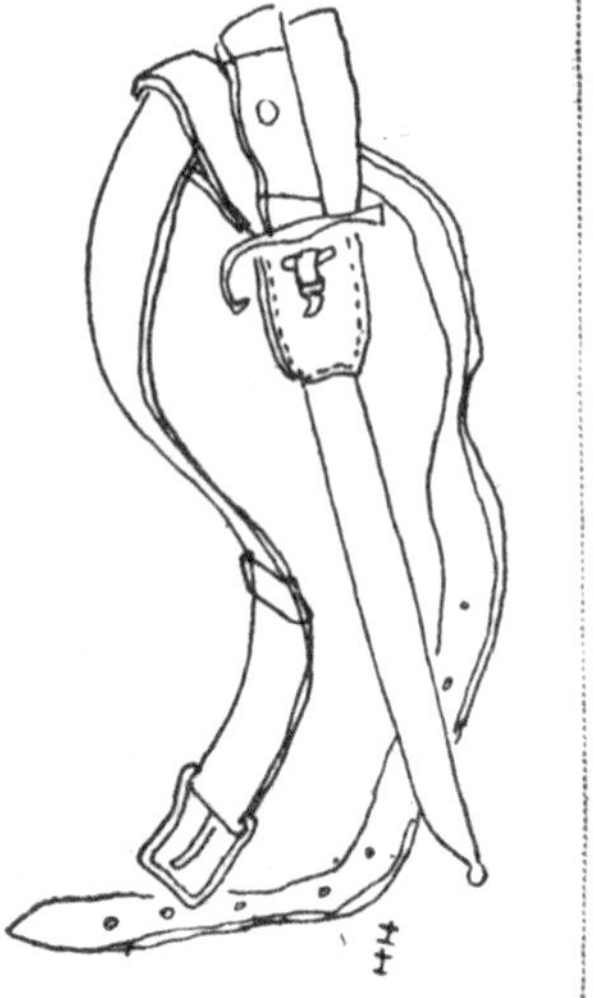

風俗私見

森口多里

ネクタイ追放

國民服《こくみんふく》の特徴《とくちやう》はあの中衣にあるのだと私《わたし》は考へてゐる。それは日本的《につぽんてき》な襟といふ點《てん》にもよるが、それよりも頸を壓迫《あつぱく》しないといふ點《てん》によつてゞある。

實は私は餘程《よほど》以前《いぜん》から、ワイシャツの襟《えり》がなんとかならないものかと考《かんが》へてゐた。それといふのは、遠足《えんそく》のとき、雜嚢《ざつのう》を肩《かた》から下げて歩いてゐると、その下げ革《かは》の胸及び脊に對《たい》する壓力《あつりよく》が同時にワイシャツのカラーに及んで咽喉を壓《おさ》へて不愉快《ふゆくわい》であるから、なんとかならないものかと考《かんが》へたのである。背嚢《はいのう》やリユツクサツクの場合《ばあひ》は倘更であらう。

私は、背嚢《はいのう》の下げ革《かは》を加減して歩きながら、兵隊《へいたい》さんのことを思うた。重《おも》い背嚢を背負《せお》ふて強行軍《きやうかうぐん》をしなければならぬ兵隊《へいたい》さん達は、さぞかしあの詰襟《つめえり》を苦にすることだらうが、なんとか改良《かいりやう》の餘《よ》地がないものかしら、などと私はひそかに考《かんが》へたのである。しかるに其後《そのご》、軍服の襟は堅《かた》く立つてゐるのを改《あらた》めて、合はせ目が斜線《しやせん》を描くものになつた、これなれば背嚢《はいのう》の咽喉への壓迫《あつぱく》は餘程緩和《くわんわ》されて、兵隊《へいたい》さんは樂になつたであらう。

しかし、この改良《かいりやう》の眞の目的を、私《わたし》は知らない。若し咽喉の壓迫《あつぱく》を緩和《くわんわ》するためであるならば、思《おも》ひ切つて輸入型式の詰襟《つめえり》の觀念を一掃《さう》して、國民服《こくみんふく》の中衣のやうな和服式《わふくしき》の合はせ襟《えり》にした方がよいと思ふ。勿論《もちろん》、形の上から云へば、從來《じゆうらい》の詰襟《つめえり》の方がきちんと整《ととの》つた感じを與へるが、それは今まで見慣《みな》れてゐるといふせいもあるのである。

合はせ襟は活動《くわつどう》に最も適《てき》したものである。しかるに、中衣附きの國民服《こくみんふく》を着てゐる人を見るのに、大抵《たいてい》は靜的な場合に着てゐて、動的《どうてき》に働く場合《ばあひ》に着てゐるのを、殆《ほと》んど見かけない。ましてや上衣《じやうい》なしの中衣《ちゆうい》だけになつて働《はたら》いてゐる人などは絶對《ぜつたい》に無い。これでは國民服《こくみんふく》は活動服ではなく儀禮服《ぎれいふく》の性質を多分に持つやうに傾《かたむ》くであらう。

これと反對《はんたい》に、何々團《なになにだん》といふやうな世のために大いに動的に働《はたら》く人々の制服《せいふく》が、ワイシャツにネクタイといふ姿《すがた》であるのは、矛盾《むじゆん》してゐる。新しい制服《せいふく》が何故ワイシャツやネクタイに執着《しふちやく》しなければならないのか、と訊《き》いてみたいくらゐである。國民服《こくみんふく》の上衣《じやうい》の下にワイシャツを着てネクタイをしめてゐるのも、何《なに》か矛盾《むじゆん》したものを感《かん》じさせる。

一般的《ぱんてき》に、なんとかしてネクタイから解放《かいはう》されなければならない、といふのが私《わたし》の前々からの持論《ぢろん》である。夏になるとノーネクタイと呼《よ》ばれる姿が流行《りうかう》するが、あれはネクタイを着《つ》けるべきところにネクタイを略《りやく》したのであつて面白《おもしろ》くない。初めからネクタイを必要《ひつえう》としない下衣を考案《かうあん》しなければならないのである。

私の作つたワイシャツ

私は國民服《こくみんふく》を持つてゐない。現《げん》に持つてゐる背廣《せびろ》で澤山だからである。このやうな者《もの》にとつては、上衣《じやうい》やチョツキはそのまゝとして、その下《した》に着るワイシャツが問題《もんだい》である。ワイシャツは一種の消耗品《せうもうひん》で、古背廣《ふるせびろ》で間に合はせてゐる時《とき》でもワイシャツは作《つく》らなければならない。おまけにそれにはネクタイが附屬《ふぞく》する。

そこで私《わたし》はネクタイの要《い》らないワイシャツ、そして上衣をぬいでそのまゝ活動《くわつどう》するに適《てき》するやうなワイシャツを作《つく》つてみた。普通《ふつう》のワイシャツのやうに中央《ちゆうわう》に裂け目があると、どうしてもネクタイをつけてそこを隱《かく》さなければをかしいので、裂《さ》け目を肩《かた》と胸の左寄《ひだりよ》りとにつけた襟は低《ひく》くして、前を三角形に開いた。全體《ぜんたい》の恰好《かくかう》でどうもロシアのルパシカに似たものになつて、未だ工夫《くふう》の餘地は澤山《たくさん》あるが、これを着慣れると、普通《ふつう》のワイシャツを着るのが億劫《おくくう》になる。毎朝出勤《まいあさしゆつきん》の人などは、これでどんなに毎朝《まいあさ》の仕度が樂《らく》になるかと思ふ。

上衣をとつて働くときには殊に似合《にあ》はしい。手頸《てくび》はそのために女學生《ぢよがくせい》の水兵服《すゐへいふく》のやうにボタンでとめる式にした。袖の長さを調節《てうせつ》するためにも、活動的《くわつどうてき》にするためにも、上衣《うはぎ》の下に着るものは、是非《ぜひ》このやうにする必要《ひつえう》があると思ふ。

私《わたし》はこのワイシャツ——實《じつ》はワイシャツとは呼びたくないが——を私は廢物《はいぶつ》の紺の木綿《もめん》で作つた。布團《ふとん》ギレで作《つく》つてもよいであらう。しかるに悲《かな》しいことに、世間《せけん》には習慣《しふくわん》といふものがあり、私がこれを着てゐると、世間《せけん》の人々は異樣《いやう》のものを見るやうな目をするので、氣《き》の弱《よは》い私はそれに負けてしまつて、特殊《とくしゆ》の場合《ばあひ》のほかは着て出ないやうになつた。自信《じしん》がないと非難《ひなん》されても仕方がない。

しかし、若《も》しこのワイシャツが世の一般《ぱん》の公認《こうにん》するところとなつて、誰《だれ》でも平氣で着て歩《ある》けるやうになつたとすれば、世のお勤め人の毎朝がどんなに樂《らく》になるかしれない。いざ空襲といふやうな時でも、頸《くび》の下にネクタイをピラ〳〵させて働《はたら》くよりも、いくらよいかしれない。

殊に、單《たん》に世の慣はしに盲目的《もうもくてき》に從つてゐるばかりに指の垢《あか》でピカ〳〵したネクタイをしめたり、遠《とほ》い田舍《ゐなか》から上京するのに「洋服《やうふく》」を着るといふので慣《な》れぬ手《て》つきでネクタイをしめたりする人達《ひとたち》のことを考《かんが》へると、一日も早く日本國民《にほんこくみん》をネクタイなるものから解放《かいはう》してやる必要を感ずるのである。

しかるに何ぞや、新《あたら》しい制服《せいふく》を定《さだ》めるといふのに、わざ〳〵この西歐的遺物《せいわうてきゐぶつ》なるネクタイを採用し、鏡《かゞみ》の前に顏《かほ》をつき出して慣《な》れぬ手つきでネクタイをしめるをかしさを繰返《くりかへ》させるとは！

女學生の水兵服

これと關聯《くわんれん》して頭に泛《うか》ぶものは、女子中等學校《ぢよしちゆうとうがくかう》の制服である。この女學生《ぢよがくせい》の水兵服は關東大震災後《くわんとうだいしんさいご》に普及したもので、こゝにも震災後《しんさいご》の社會風俗《しやくわいふうぞく》の變化《へんくわ》の一つを見ることが出來るが、この水兵服《すゐへいふく》の採用は女學生服《ぢよがくせいふく》として最も成功《せいこう》したものであつたと、私は思《おも》つてゐる。この事を或女子《あるぢよし》教育家《きやういくか》に話したところ、女學生《ぢよがくせい》にまで水兵服を着せてゐるのを見てアメリカあたりではわが國《くに》を非常《ひじやう》な軍國主義の國柄《くにがら》のやうに考《かんが》へるので、あれはいけない、といふ意見《いけん》であつた。

これは勿論支那事變《もちろんしなじへん》が始まつたばかりの時代の話《はなし》で、今ではお笑草《わらひぐさ》に過ぎないが、しかしその頃《ころ》に於けるわが國の一部の恐米心理《きやうべいしんり》の一端を想像《さうぞう》させるものがある。この心理を忽《たちま》ち吹き飛ばしたのが眞珠灣《しんじゆわん》の戰果《せんくわ》であつた。

さて、この女學生《ぢよがくせい》の水兵服は、種々《しゆじゆ》の點で優《すぐ》れてゐるので、男性の洋服改善《やうふくかいぜん》に就てなんのかんのと迷《まよ》つてゐるよりも、いつそのこと女學生《ぢよがくせい》の水兵服《すゐへいふく》をモデルにしたらどうか、といふ意見《いけん》を私は或席上《あるせきじやう》で述べたことがある。勿論、下部《かぶ》はスカートでなく、ズボンにするのである。この意見《いけん》に對して、まさか女學生《ぢよがくせい》の服《ふく》を着るわけにもいかないしね、といふ聲《こゑ》が起つて、私の意見《いけん》は一笑に附されてしまつた。これは國民服制定以前《こくみんふくせいていいぜん》の話である。

しかし考《かんが》へてみると、女學生《ぢよがくせい》の水兵服《すゐへいふく》なるものは、もと〳〵軍人の水兵服《すゐへいふく》をモデルにしたもので、本源《ほんげん》は堂々たる男性《だんせい》の服裝《ふくさう》である。さうしてみれば、これを男子《だんし》の學生生徒《がくせいせいと》の校服に應用《おうよう》してもをかしいわけはなく、電車《でんしや》の運轉手《うんてんしゆ》の制服《せいふく》に取り入れてもよいわけである。

女學生の制服《せいふく》が日本的《につぽんてき》に襟を開いて、いかにも寛濶《くわんくつ》であるのに、男子の學生《がくせい》や運轉手《うんてんしゆ》が堅苦しい詰襟《つめえり》に頸を巻かれてゐる理窟《りくつ》はない。しかも、その詰襟《つめえり》が時としてホックをはづして不行儀《ふぎやうぎ》に開かれてゐるに至《いた》つては、何のための詰襟《つめえり》ぞや、と言《い》ひたいくらゐである。

襟を先づ開け

わが國の氣候風土《きこうふうど》にとつても、また傳統的《でんとうてき》な生活氣分にとつても、詰襟《つめえり》は廢止《はいし》した方がよいと思ふ。さうかと云つて、某中學校のやうに、背廣を眞似た校服にして、ワイシヤツとネクタイを着けさせたのでは、何の役《やく》にも立たない。襟《えり》を先づ開《あ》け、と云ひたい。

襟を開いたのでは冬寒《ふゆさむ》くはないかと反問《はんもん》されるかもしれないが、北國の女學生でさへも水兵服を冬の最中に着てゐるくらゐであるから、男子にとつては何《なん》でもない筈である。北洋《ほくやう》の艦上に氷雪《ひやうせつ》を冒して勤務してゐる水兵さん達の事を想《おも》へば、尚更《なほさら》である。しかも日本人の和服に於ては夏冬共《なつふゆとも》に頸は解放《かいはう》されてゐるのである。

新しく制定《せいてい》された文部省式の女學生服は、水兵服を一層簡素《そうかんそ》にしたやうな形式《けいしき》で、従つて、美感《びかん》の點では水兵服に及ばないが、時局的な特質を發揮《はつき》してゐるのであらう。そしてこの新女學生服の襟は、考《かんが》へやうによつては男子の背廣に接近したものと見られてもよいであらう。

しかし、こゝでは勿論ワイシヤツとネクタイとは追放《ついはう》されてゐる。これに對して男子の背廣がいつまでもワイシヤツとネクタイとに縛りつけられて動きがとれないでゐるといふのは、腑甲斐無《ふがひな》い話である。大東亞の解放と建設とを高調する國士的結成を以て任ずる××黨とか△△會とか稱する團體までが、その制服がワイシヤツとネクタイとからすら解放《かいはう》されてゐないのを見ると、私《わたし》などはその矛盾《むじゆん》が感ぜられて、をかしい位《くらゐ》である。

既に文部省式の新女學生服は、水兵服の襟の美しさを犠牲にして一歩背廣に近づいた、しからば背廣《せびろ》の方でもこの際英斷を以て新女學生服に接近して、その開襟《かいきん》の特質を取り入れ早くワイシヤツとネクタイとから解放されるやうに、今こそ考案《かうあん》を凝《こ》らすべきであらう。

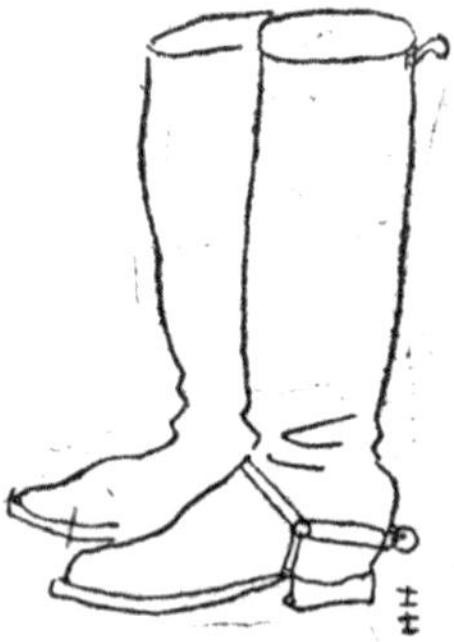

カット・　高澤圭一

★特輯★

住生活の再建

國民住宅

市浦　建

國民服が決まり、國民食が考へられるとその次には國民住宅と云ふ順序になるのは、よく生活を分けて衣・食・住と云ふ事《こと》からも極めて自然《しぜん》な事である。國民服の制定《せいてい》の意義も國民一般に標準《へうじゆん》となる服裝を示して、物質的ばかりでなく精神《せいしん》的の效果をねらつたものと考へられるが、國民住宅と云つた場合《はあひ》も全く同じ意義を考へられるのである。在來衣食住と云ふ樣な生活の要素《えうそ》は皆各人の好《この》みで夫々異るのだと云ふ樣《やう》な見方が行はれて居た。實際何人かが集《あつま》つても十人十色で夫々服裝が違ふ。同じ和服でも柄が違ふ、儀式《ぎしき》の時でも制服でない限《かぎ》り細部には人によつて自由《じゆう》に選擇出來る部分《ぶぶん》が必ずあつた。食でもそうだ。住に至《いた》つては夫々家庭《かてい》の事情で又過去の住《す》み方の習慣《しふくわん》で又好みで同じ家と云ふものは無《な》いと云ふ風《ふう》に考へられた。又事實《じじつ》そうに違ひない。併《しか》しこれは又見方《みかた》によつてはこの三要素《えうそ》の衣食住も實は非常《ひじやう》に多くの共通點《きようつうてん》を持つて居るものだとも云へるのである。何故《なぜ》ならある防婦の服裝　ある儀式《ぎしき》の服裝と云つた樣なものはある「型《かた》」があるもので、繪《ゑ》に描《ゑが》かれた場合でも劇等で演ぜられる場合でも誰《だれ》が見ても夫らしく思へる服裝と云ふものが存在《そんざい》する事は又何人も否定《ひてい》出來ないであらう。之と同じ事が食《しよく》についても云《い》へるし　又住についても云へるのも當然《たうぜん》である。即ち京都の町屋《まちや》の型《かた》、東京の素人家《や》の型、現代《げんだい》の郊外住宅の型《かた》と云つた樣なものは確《たし》かに存在《そんざい》して居るのである。

何故《なぜ》こう云ふ型が自ら生《うま》れるか、それは衣食住何《いづ》れの場合も同じ理由《りゆう》に基くと考《かん》へられる。現在唱《げんざいとな》へてる樣な理屈や又宣傳を伴はないのにこう云ふ國民共通の型が生れる事はその方が何かにつけ都合《つがふ》がよいからと云ふ社會性《しやくわいせい》に一番主な原因《げんいん》があるのであらう　尤もこう云ふ型は時と所《ところ》によつて變化し又發展するので、結局《けつきよく》傳統、習慣、自然の條件（氣候風土等）や、經濟《けいざい》、政治その他文化的《ぶんくわてき》條件が決定するものであらう。つまり云ひ換《か》へて見れば吾々《われわれ》の云ふ所の國民服とか、國民食とか又國民住宅と云ふものはこの型を人爲《じんい》的に指導的に決《き》めたものに他《ほか》ならないのである。これはこう云ふ衣《い》、食《しよく》、住何れも物質的の文化要素《ぶんくわえうそ》が單《たん》なる物質面に止らず精神的《せいしんてき》の要素を多分に含んで居る點から、戰時下《せんじか》の物質的制約《せいやく》の下に於てこの制約を克服して夫を精神作興に轉《てん》ぜしめやうと云ふのが目的《もくてき》であらう。又云ひ換《か》へれば國民生活《せいくわつ》の衣、食　住各般に互《わた》りその最低限度《さいていげんど》を明かにしその線を確保して現在の困難《こんなん》を耐へ忍ぶと共に在來《ざいらい》自由に放任《はうにん》されて居たこの部面を科學的《くわがくてき》　精神的に指導《しだう》して將來の發展《はつてん》に具へやうと云ふのでもあらう。

さて實際《じつさい》にこの最低限度を明《あきら》かにすると云ふ事は現時《げんじ》の時局の認識《にんしき》の程度や、又物質的の制約の情勢《じやうせい》によつて仲々決める事は困難《こんなん》を極める。在來自然の裡に作り出された「型」なり程度《ていど》なりは相當《さうたう》はつきり突《つ》きとめる事は出來ても人爲的に環境《くわんきやう》條件を決めて「型」を作り出す事は一人の人間《にんげん》にとつても困難であるしまして之を大勢《おほぜい》の人間で相談して決《き》めるとなると倘難しさが增し又こうして決《き》まつたものが必ずしもよい結果《けつくわ》とはならない。つまりこう云ふ生活の重大な要素をなして居るものである事を充分認識《にんしき》して居る人許りで相談《さうだん》するならよいが、とかくこう云ふ方面に携《たづさは》つて居る人は眼界が狹く、又役人や指導者は生活の一部門での誰でも口を出せる事であるので素人考へが先に出て正しい判斷《はんだん》を誤《あや》まる事が多い。だから本當の型に熟しきるまでは國民の慣《な》れも必要であるが又一面に常に檢討《けんたう》して磨きあげて行く餘裕《よゆう》や發展性が與へられる事が必要《ひつえう》である。

國民住宅と云つた様なものは未《ま》だ日本では正式《せいしき》には決まつて居ない。それに國民服と少し違《ちが》ふ所は國民の正裝《せいさう》として上は大臣《だいじん》から下は勞務者まで同じものを國民服と制定《せいてい》出來るが國民住宅は必ずしもそうは行かぬ。尤もスウエーデン等では特に貧富の差が少い故《せい》もあるが大臣の住宅も小サラリーマンの住宅も殆《ほとん》ど差がないとの事であるが、日本ではまだそう云ふわけには行かぬ

ドイツの勞務者住宅

將來は次第にそういふ方向へ行くではあらうが、やはり住居費《ぢうきよひ》は收入に對してある比率を持つて居るのが自然《しぜん》と考へられて居る。國民服《こくみんふく》は衣服のごく一部分《ぶぶん》であるのに對し住居費そのものは住居一戸に要する費用である點が趣が違《ちが》ふ。この點から許りでなく又家族《かぞく》の多寡によつてもその規模《きぼ》が違ふべきでこの方《はう》が收入に對する差異《さゐ》よりむしろ理屈《りくつ》に合つて居るから、將來は大臣でも金持《かねもち》でも家族が少なければ小供の多い勞務者《らうむしや》より小さい家に住む様になるかも知れない。又地方的《ちはうてき》に氣候、風土《ふうど》に對《たい》して住居としての差

異も考へねばならぬ。又同じ都會《とくわい》の中でも都心部《としんぶ》と郊外《こうぐわい》では敷地に對する割合が變つて來るから型《かた》も變つて來る。

ドイツの勞務者住宅

又自分で家を持《も》つ場合と、貸家《かしや》に住む場合でも異《こと》つて來る。まあ大體國民服の樣に簡問《かんたん》に一律に行かない事は以上で大體御判《わか》りの事と思ふ。

然《しか》し同じ收入《しうにう》に對し同じ家族《かぞく》で土地も場所柄も同じで而《し》かも夫が貸家であるか持家であるかゞ決まれば大體《だいたい》家の規模なり型式《けいしき》なりに「型」が出來る事はずつと前にも述《の》べた樣に昔からそう云ふ型が存在して居る事が何よりの證明《しやうめい》になる 所が現在の日本で人爲的にそう云《い》ふ住宅の型を作《つく》るにはどうしたらよいか、之が卽ち現在厚生省《げんざいこうせいしやう》なり住宅營團なりで頭を悩まして居る問題《もんだい》なのである。何故かと云ふと以上で御判りの樣に國民服の場合とは大分《だいぶ》問題が難《むづ》かしくその上衣服の樣に數年《すうねん》で更へられると云ふものでなく少くも二、三十年は同《おな》じものが使はれると云ふ大きな違《ちが》ひもあるからである。

然し何と云つても現在 否《いな》相當將來の永きに亙つて吾々の生活は最低《さいてい》まで切下《きりさ》げられる事を考へねばならぬ。と云つても衣 食、住どれを取《と》つてもその最低は判《は》つきりした段階《だんかい》がないから科學的研究《けんきう》に立脚して適當な達觀によつて決めなければならない。これから住の方面でその事を具體的《ぐたいてき》に述べて見よう。

一體《いつたい》住の方ではその最低限度《げんど》はどの

位まで考へられるか。人間は原始《げんし》時代には野に伏し、山に寢《ね》たかも知れぬが少くとも現代人にはそんな眞似《まね》は出來ない。又一面家に住ひつけて何千年か經つて居る人間の生活を一應この時局に處して切下げるとは云ふものゝ、一面又この際大いにその肉體的《にくたいてき》な力に頼らねばならない點《てん》があるのも忘《わす》れてはならない。即《すなは》ち生産力の擴充、兵力の増强、何れも强健《きやうけん》な體力に負《お》ふ所大である。かう云ふ保健《ほけん》への住居の及ぼす影響は直接《ちよく》には勿論《もちろん》間接にも出産率罹病率《りびやうりつ》の數字の上に大きいものがある即ちいくら切下げると云つても國民《こくみん》の保健に影響《えいきやう》があつてはならぬ事から自ら限度が考へられる　その限度《げんど》はと云ふとそれは住宅が生活の上で特《とく》に肉體的に持つ效用機能《きのう》を知らねばならない。

吾々が何等《なんら》かの天災地變の時家を失《うしな》つた時求める最少限度の住居《じゆうきよ》は何か夫はまづ「寢《ね》る場所さへあれば」と云《い》ふ事になる最も原始的《げんしてき》な生活をする登山でもキャンプは寢るだけの場所《ばしよ》である。即ち寢ると云ふ事は住居を持つ最も本質的《ほんしつてき》な機能である事が判《わか》る。この事から人間に兎《と》に角《かく》寢る場所を與へる事が必要《ひつよう》であり、そのための住居であり、その廣さも寢るためのものと云ふ事から目安《めやす》が立つ事が判《わか》るであらう。そして又人間は家を使《つか》ふのに寢る時が最も廣い場所

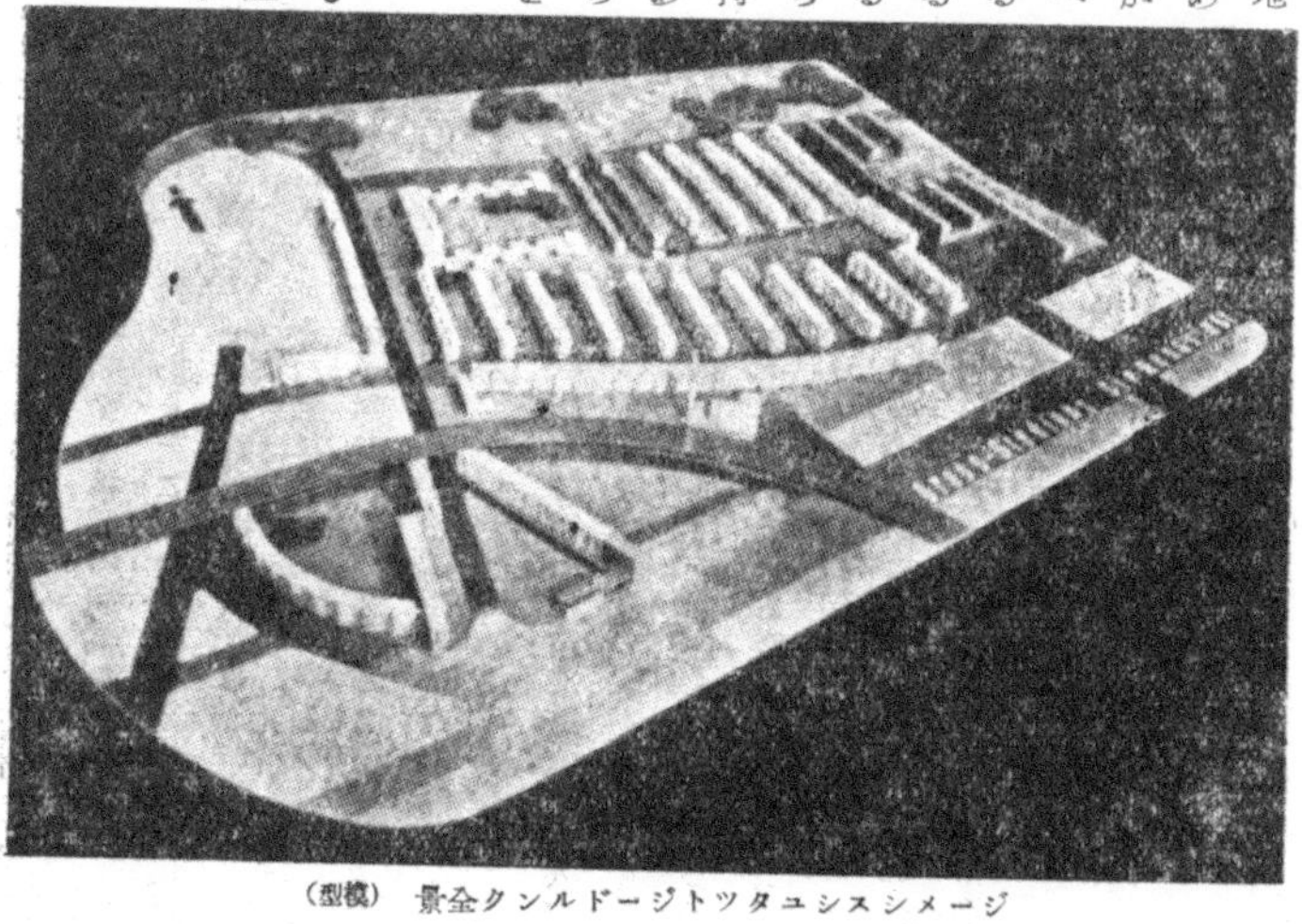

ジーメシスシユタツトジードルンク全景（模型）

が要るのであるから住居の規模《きぼ》の最少限はこの就寢《しゅうしん》から押《おさ》へる事が出來る。勿論樂に寢る場所だけでは家にならぬ玄關も必要だし、又通路《つうろ》としての廊下や椽側、又物を入れる押入《おしいれ》も必要である。食物を調理《ちょうり》する臺所《だいどころ》も無ければならぬ。用便のための便所も要《い》るし、又出來れば風呂《ふろ》も欲しい。併し夫などは止むを得なければ我慢《がまん》するとして大體日本の建築《けんちく》だと疊の面積《めんせき》と他のこう云ふ附帶部分の面積とが同じ位《くらゐ》になる。と云ふのは十五坪《つ》の家には十五疊の疊敷の部分がとれると云ふ事《こと》である。ところで一體人間が寢《ね》るのにどの位の面積が要るかと云ふと、團體《だんたい》で宿屋に泊る様な場合は別《べつ》として大體人間一人が蒲團を敷《し》いて寢るのに正味一疊位だらうと云ふ事が常識《じょうしき》的に考へられるであらうがそれだけでは實際全く足の踏場

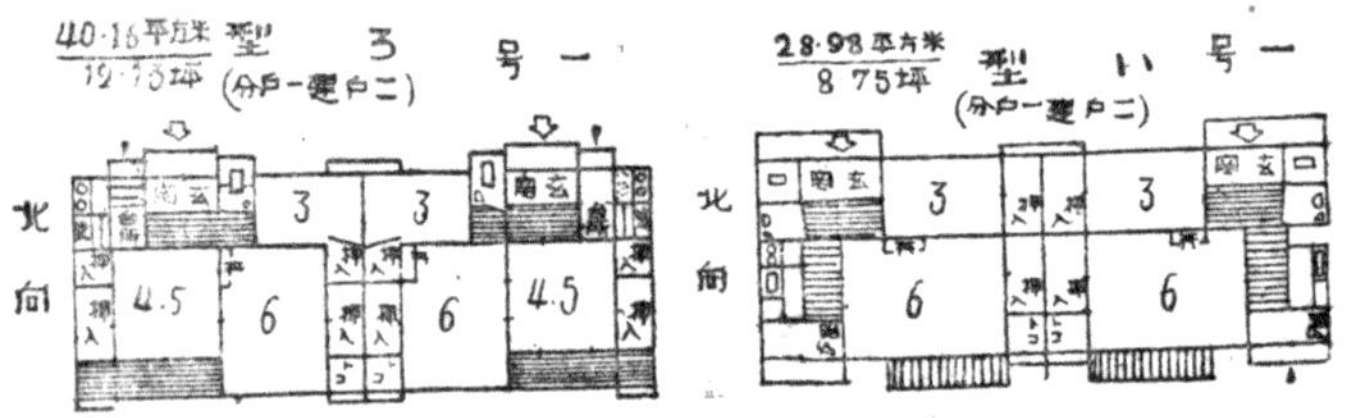

もないし又室の容《よう》積《せき》から云つても空氣が悪くなり非衞《えい》生的《せいてき》である。事實そんな事では夜《よる》になると蒲《ふ》團《とん》にかくれて家中どこにも疊が見えなくなつて了《しま》ふと云ふ様な狀態《じょうたい》でこれでは最低限度を通り越して居る。それに箪笥《んす》や机《つくえ》等の家具の置場《おきば》もないわけであり、こんなものや室《へや》の中の通路も一通りはなければならない。この場所を計算《けいさん》に入れると一人當り平均《へいきん》二疊餘が必要である。又全部《ぜんぶ》の室どこにも人が寢て居ると云ふ事はこの際《さい》止むを得ないと云へばそれまでであるが、現實の小住宅で一體《たい》どんな風《ふう》に日本人が住んで居るかを調べて見ると、一人當り二疊餘りの家族《かぞく》が住んで居る場合でも必ず茶の間は誰《たれ》も寢ないで夜でも空けて居る。少し窮屈《きゅうくつ》でも他の室につめて寢て茶《ちゃ》の間《ま》を空《あ》けて居るのは何故かと云ふとこれも全く止むを得ない生活《せいかつ》の秩序《ちつじょ》の上からの必要《ひつよう》からである。勞務者の生活では面積《めんせき》ばかりではない家族の生活《せいかつ》の時間も切《きり》詰められて居る。どうしても茶の間に人が寢たので

は具合が悪《わる》い、又生活《またせいくわつ》も落つかないのでこう云ふ住み方をするのである。又茶の間の面積《めんせき》と云ふのは一人當り半疊《はんでふ》そこ〳〵でいゝのである。つまり全體で一人當り三疊與へられゝば庶民《しよみん》の住生活の最低限度《さいていげんど》が一應確保《おうかくほ》されると云ふ勘定になる。例へば五人家族《にんかぞく》のための住居の面積の最低《さいてい》は十五疊全體の面《めん》積で十五坪と云ふ事になる。

國民住宅《こくみんじゆうたく》の規模は大體以上《たいいじやう》の様な見當になるがこれだけでは「型《かた》」にならない。他に室《しつ》の割り方、間取《どり》、それから材料や構造等《こうぞうとう》が綜合的《そうがふてき》に考へ合されてその土地、場所での「型」が出來上る事になる。他の點まで詳《くは》しく述《の》べる餘裕がないが、大體《だいたい》前の面積《めんせき》の事から推していたゞき又どんなものが考へられるかは前掲《ぜんけい》の平面圖《へいめんづ》の一例によつて知つていたゞく事にする。

建築《けんちく》の方では衣《い》・食《しよく》に於けるよりも現在特にこの「型」の制定が國民の生活の上に大きな效果《かうくわ》を持つて居るのである。それはよい「型」の制定《せいてい》が保健《ほけん》に影響《えいきやう》する許りではなく、はつきりした型の普及が他の衣・食よりも遲《おく》れて居る大量生産《たいりやうせいさん》の點で大きい利益を生む事である。つまり大量生産によつて安價に良質《りやうしつ》のものが與へられ庶民《しよみん》をして可及的に人數に相應《さうおう》した廣《ひろ》さの家に住み得る様にもなるからである。そして又よい型《かた》の普及は良い住居《ぢゆうきよ》より生み出される生活文化《せいくわつぶんくわ》の向上ともなつて現れるであらう。

最後《さいご》に一言つけ加へて置きたい事は國民服《こくみんふく》も現在は戰時下《せんじか》でもあるし色々な事情《じじやう》でたつた二種類《しゆるゐ》しかないが將來だん〳〵この緊迫《きんぱく》した事情が去つてもほんとの國民服として發達《はつたつ》して行く爲には健全《けんぜん》な意味での型を保持《ほぢ》し又ほんとの文化的《ぶんくわてき》の要素として各人の獨創《どくさう》を生かす餘地《よち》が與《あた》へられるべきだと思ふ。國民住宅もその點現在考へられて居るものと將來《しやうらい》あるべきものとの間には同じ様な事が考へられなければならないと云ふ事である。

（筆者は住宅營團技師）

生活用具の文化性

高村豊周

あらゆる資材《しざい》と勞力《らうりよく》とは悉く戰爭目的完遂に益々傾注《けいちゆう》される。われわれは此の現實《げんじつ》を現實として認識《にんしき》せねばならぬ。最後の、極《きは》めて僅少《きんせう》の、申譯だけの資材が民需《みんじゆ》用として銃後の生活《せいくわつ》の爲に流用《りうよう》されるべく殘される。金ではなく、物である。資材《しざい》は貴い。生活用具《せいくわつようぐ》の問題《もんだい》が一日も放つて置けない理由の説明《せつめい》はそれだけで十分である。

消費《せうひ》規正《きせい》が强化《きやうくわ》された今日でも、百貨店を歩いて見て如何《いか》に生活《せいくわつ》に不用な商品《しやうひん》が多いかに私は驚《おどろ》く。多いなどといふよりも寧ろ氾濫《はんらん》し充滿《じゆうまん》してゐるのに驚く。資本主義《しほんしゆぎ》時代《じだい》、自由經濟時代の消費《せうひ》を思ひ出すと誠に慄然《りつぜん》たらざるを得ない。オリンピツク大會を東京で開催《かいさい》する事に決定《けつてい》した時、ドイツからクリンゲベルグといふ若い事務官《じむくわん》が顧問として來朝《らいてう》した。私も當時、藝術競技の部門に關係《くわんけい》してゐたが、一日クリンゲベルグ氏と某《ばう》百貨《くわ》店《てん》を見物した時彼は食器《しよくき》の部の皿《さら》、鉢、碗類《わんるゐ》の大群を發見して思はず驚嘆《きやうたん》の聲を擧げた。日本人は食事《しよくじ》をするのにこんなに變化《へんくわ》ある食器が必要《ひつえう》なのですか？ これが彼の腹《はら》の底から抱いた疑問《ぎもん》だつた。

彼を驚かした不可思議《ふかしぎ》な遊戯的《ゆうぎてき》な皿や鉢の夥しい大群は今日では流石《さすが》に激減した。しかし、そこにはまだ無駄が殘つてゐる。勇敢《ゆうかん》に訣別《けつべつ》しきれない、戰爭下《せんじか》生活《せいくわつ》に全く無用なお道樂的《だうらくてき》な惡趣味の殘滓がまだまだ相當《さうたう》根強《ねづよ》くこびりついてゐるのを見逃《みの》してはならない。しかも、生活上《せいくわつじやう》の要求に滿足《まんぞく》を與へるに足るものの出現《しゆつげん》が案外《あんぐわい》遲々として涉《はかど》らない事をも同時に指摘《してき》して置かなければならない。生活用具《せいくわつようぐ》に關する考察の要は愈々急《いよいよきふ》である。

一

最少の資材《しざい》を以て最大の効果《かうくわ》を期する爲には規格《きかく》の統一が必要《ひつえう》である。寸法の規格《きかく》を制定して、それ以外《いぐわい》の自分勝手の好みに依るハンパなものの存在《そんざい》を認めぬやうにする事である。また、最少の勞力《らうりよく》を以て最大の能率《のうりつ》を擧げる爲には中商工業《ちゆうしやうこうげふ》の整備《せいび》統合《とうがふ》が必要である。これは必然的《ひつぜんてき》に工藝の國土計畫《こくどけいくわく》とも重要《ちゆうえう》な關聯《くわんれん》を生じて來る。また、生活用具《せいくわつようぐ》の普遍を全うする爲めには物價の抑制《よくせい》が必要である。七・七禁令や九・一八停止令《ていしれい》がその目的《もくてき》を以て公布された事は玆《ここ》に改めて言《い》ふまでもないであらう。

商工當局《しやうこうたうきよく》はさうした見方に規準《きじゆん》を置いて生活用具《せいくわつようぐ》の規正を考へた。その具體化《ぐたいくわ》の第一歩は昨年秋に高島屋《たかしまや》で開催された國民生活用品展覽會《こくみんせいくわつようひんてんらんくわい》だつたこれは商工省《しやうこうしやう》主催《しゆさい》といふ看板《かんばん》が物を言つて非常《ひじやう》な人氣を呼んだ。國民生活《こくみんせいくわつ》用品《ようひん》に關する問題は此の展覽會《てんらんくわい》を契機として人の注目《ちゆうもく》する所となつた。

今から考《かん》へると、此の展覽會《てんらんくわい》は卒直に言ふと決《けつ》して成功《せいこう》したものではなかつた。最初《さいしよ》の試みとして尊敬《そんけい》に値するものではあつたが、それだけに尚更遺憾の點《てん》の多かつたのが口惜《くや》しかつた。その第一は、「國民生活用具《こくみんせいくわつようぐ》」に對する認識《にんしき》の足りなかつた事である。「國民生活用具」に對《たい》する當時者《たうじしや》の認識の視野が狹《せま》かつた爲に指導對象《しだうたいしやう》たる業者の蒙《まう》を啓《ひら》く事が非常に困難《こんなん》だつた。從つて出品には一知半解《いつちはんかい》のものがかなり多かつた。

この展覽會《てんらんくわい》で國民生活用具《こくみんせいくわつようぐ》の規準となるべき條項《でうかう》をいろいろ列記《れつき》してあつたが、要約《えうやく》すれば、資材の適用《てきよう》と機能の合理化と構造《こうざう》の堅牢と公定價格《こうていかかく》に準據する事等《ことど》に盡《つ》きるやうであつた。

しかし、これだけでは國民生活用具《こくみんせいくわつようぐ》に一番肝心《かんじん》なものが拔けてゐるのである。

二

あの展覽會《てんらんくわい》に陳列された生活用具《せいくわつようぐ》を見た文化人《ぶんくわじん》の意見を各方面《かくはうめん》から綜合してみると、成程《なるほど》生活用具《せいくわつようぐ》としての理屈はあれで一應《おう》わかるが、何だか自分《じぶん》では使ふ氣になれないといふのである。使《つか》ふ氣になれないといふのが、新規《しんき》の仕事に對《たい》する漫然《まんぜん》とした反動的《はんどうてき》感情《かんじやう》に基くものでなく、國民《こくみん》の心的生活《しんてきせいくわつ》の根帶に何か抵觸《ていしよく》するものあるが爲だとすると、問題《もんだい》は頗る重要性《ぢゆうえうせい》を帶びて來ると言はなければならぬ。産業工藝《さんぎようこうげい》の人々が所謂《いはゆる》一品製作《ぴんせいさく》の工藝美術品《こうげいびじゆつひん》に向つて投げかける言葉《ことば》は、殆ど版《はん》で刷《す》つたやうに、あれは有閑的《いうかんてき》な仕事だ、床《とこ》の間の装飾《さうしよく》だ、生活とは遊離《ゆうり》してゐるものだといふ事である。しかしながら、工藝美術品《こうげいびじゆつひん》が生活と遊離《ゆうり》してゐるのは兎に角として、生活用品《せいくわつようひん》が生活から遊離してゐるとしたら、寧ろこの方が致命的な缺陷《けつかん》と言ふべきであらう。

生活用具《せいくわつようぐ》の場合、資材の適正使用《てきせいしよう》や機能の合理化《がふりくわ》や構造の堅牢《けんらう》といふやうな條件《でうけん》は、どんな國《くに》に於ても共通《きようつう》な基礎的要素であつて、これなくしては生活用具は成り立たない。日本《につぽん》に限《かぎ》らずアメリカでもドイツでも、生活用具《せいくわつようぐ》とは凡てさうしたものである。言ひかへれば、さうした基礎的要素《きそてきえうそ》だけで濟んでゐる生活用具《せいくわつようぐ》ならば、それは人間の生活用具《せいくわつようぐ》たり得るけれども必ずしも國民の生活用具《せいくわつようぐ》たり得るとは言《い》へない。

「國民《こくみん》」といふ言葉《ことば》を冠して生活用具を考へるならば、單《たん》なる機能主義的《きのうしゆぎてき》な生活用具《せいくわつようぐ》へはつきりした國民的《こくみんてき》な性格を附與しなければならぬ。さうなつた曉に始めて「國民生活用具《こくみんせいくわつようぐ》」なる名稱が妥當《だたう》であり、その用《よう》具がわれ等の生活に本當《ほんたう》に喰ひ込んで來るのである。抜けてゐた、忘《わす》れてゐた、しかも一番肝心な仕事《しごと》が此處に登場《とうぢやう》する。國民生活用具が眞に文化的《ぶんくわてき》性格《せいかく》を帶びるのは、機能《きのう》的な研究《けんきう》の中にこの一肝心《かんじん》な「仕事」が無理なく溶《と》け込《こ》んでからの話である。

三

戦時下の日常生活《にちじやうせいくわつ》にあつて誰《たれ》しも氣がつくのは一億一心《いつしん》とか職域奉公《しよくゐきほうこう》とかいふ標語《へうご》が僞る程あるにも拘はらず、人心が不親切《ふしんせつ》になり、何《なに》をするにも喧嘩面《けんくわづら》になり、町は不潔《ふけつ》になり、不潔が平氣《へいき》になるといふ、日本人の性格《せいかく》から考へると凡そ反對《はんたい》な現象に皆《みな》がもはや麻《ま》痺しかかつてゐるといふ事である。これは生活用具《せいくわつようぐ》とか用品《ようひん》とかいふ問題《もんだい》とは別のやうに取扱《とりあつか》はれ易いが、私はさうは思《おも》ひたくない。例《たと》へばス・フといふものが衣料品《いれうひん》として物質的《ぶつしつてき》に、また經濟的《けいざいてき》に非常に不健康《けんかう》なものであるといふ事實は、單に庶民生活《しみんせいくわつ》の經濟生活を惱《なや》ましたに止《とど》まらず、日常の生活感情をどの位《くらゐ》荒《すさ》びさせたかを考慮《かうりよ》の中に加《くは》へなければならぬ。物を大切《たいせつ》にする、愛するといふ感情《かんじやう》は秩序《ちつじよ》、規律整頓などの生活律《せいくわつりつ》と不可分の關係《くわんけい》を持つものである。即《すなは》ち、物は物の物ばかりでなく、心の物でなければならぬ。生活用品《せいくわつようひん》は物的生活に對《たい》してばかりでなく心的生活《しんてきせいくわつ》へ、即ち物心一如《ぶつしんいちによ》の生活に對して適正《てきせい》でなければ、やがて生活《せいくわつ》自身《じしん》を荒廢《くわうはい》せしめる素因となるものである事を考《かんが》へなければならぬ。科學性《くわがくせい》と倫理性《りんりせい》との一元化の必要《ひつえう》は、生活用品をして生活自身《せいくわつじしん》のものたらしめる爲には緊急《きんきふ》にして唯一の問題《もんだい》である。この問題の解決《かいけつ》と同時に國民性《こくみんせい》に對する考慮《かうりよ》が更に加《くは》へられなければならぬ。かくして國《こく》民生活用具《せいくわつようぐ》は本當《ほんたう》に生活を土臺《どだい》とした、根の生えた生活《せいくわつ》用具たり得るであらう。

四

國民性は傳統精神《でんとうせいしん》の中に見出《みいだ》される生活《せいくわつ》用具——即ち工藝《こうげい》に於ては材料《ざいれう》の扱ひ方や構造《こうぞう》や加飾《かしよく》の方法《はうはふ》などに一貫して流れる傳統精神を見出す事が出來る。工藝《こうげい》の美とは簡單《かんたん》に言へば、正しい傳統精神《でんとうせいしん》の様式化《やうしきくわ》に外ならない。これを無視して生活《せいくわつ》用具を生活に結《むす》びつける事は不可能《ふかのう》である。

江戸《えど》末期《まつき》までの生活用具《せいくわつようぐ》を見ると、以上述べた科學性《くわがくせい》と倫理性《りんりせい》、機能的と精神的《せいしんてき》といふ二つの面《めん》がぴつたりと一元化《げんくわ》してゐた事がよくわかる。生活用具はそれぞれの規格《きかく》を守《まも》つてゐるが、その規格は生活の計算《けいさん》から割り出されたものであつて、決してテーブルの上からではない。從《したが》つてそこにははつきりとした傳統精神《でんとうせいしん》の様式化《やうしきくわ》がある。完全な機能主義的《きのうしゆぎてき》な製品が完全《くわんぜん》な日本的性格を持つてゐるのである

明治以後《めいぢいご》の急激《きふげき》な外來文化の移入《いにふ》は生活の秩序《ちつじよ》を破壊《はくわい》した。舊弊《きうへい》なものは凡《すべ》ていけない事になつた。理想的《りさうてき》だつた國民生活用品《こくみんせいくわつようひん》が、生活様式の變遷《へんせん》に伴つて弊履《へいり》の如くに捨てられた。傳統《でんとう》は紙屑《かみくづ》のやうにもみくちやにされた。

幸ひな事に、大東亞戰爭《だいとうあせんさう》は國《こく》民の歪曲した精神と弛緩《ちかん》した感情《かんじやう》とを一ぺんに叩き直した。人々は眼の覺《さ》めたやうな顔をして古典《こてん》を見た。工藝《こうげい》でもさうであつた。そこへ、資材《しざい》と勞力の問題《もんだい》から生活用品《せいくわつようひん》の規格統《きかくとう》一が一つの行政として取り上げられて來たのである。現在《げんざい》は物資の面《めん》から見た行政《ぎやうせい》として既に實施《じつし》されてゐるのであるが、これは以上《いじやう》述《の》べて來た通り、文化行政《ぶんくわぎやうせい》として極めて重大《ぢゆうだい》な意義を持《も》つものであり、その面を輕視《けいし》する事はやがて國策上《こくさくじやう》の國民精神《こくみんせいしん》運動《どう》と矛盾を來す結果《けつくわ》となるであらう。産業工藝《さんげふこうげい》の仕事は單《たん》に資材や經濟《けいざい》の面にのみ關聯《くわんれん》すると考へるのは非常な間違《まちが》ひで、産業工藝《さんげふこうげい》こそ庶民生活に對する教化《けうくわ》運動の唯一の媒體《ばいたい》でなければならぬと考《かんが》へるべきである。

以上は國民生活用具《こくみんせいくわつようぐ》の問題を如何《いか》に取扱《とりあつか》ふべきかに就ての私見《しけん》である。この具《ぐ》體的な方法に就てはまた述べる機會があると思《おも》ふが、とにかく日本《につぽん》の古典——即ち各時代《かくじだい》の生活用具《せいくわつようぐ》の調査を第一に必要《ひつえう》とする。この種の調査《てうさ》は我國ではまだ手をつけてゐない。何故今日までかうした重要《ぢゆうえう》な仕事が問題《もんだい》とされなかつたか、不思議《ふしぎ》な手《て》ぬかりである。この調査《てうさ》と整理《せいり》が行はれなければ生活用品《せいくわつようひん》の國民的性格《こくみんてきせいかく》に關する研究は極《きは》めて不十分である事を免《まぬが》れない。今日市場に販賣《はんばい》されてゐる生活用品《せいくわつようひん》を目標としてそれを改善《かいぜん》しようとしても、それは極めて安易《あんい》な鼻元思案《はなもとしあん》であつて第《だい》一改善指導《かいぜんしだう》しようとする當事者《たうじしや》の腹に前に述《の》べただけの用意《ようい》がなければ結局何にもならぬ事になる。

要するにこの問題《もんだい》の前途は中々《なかなか》遠《とほ》い

それだけに關係當事者《くわんけいたうじしや》の一心協力《しんけふりよく》を切に翹望《げうばう》して置きたい。

（筆者は工藝家、美校教授）

環境・定住・祖國

——獨逸の生活指導の一面にふれて

勝見勝

私《わたし》がいつでも歸《かへ》つて寢る自分《じぶん》の居間は、例《たと》へばたまに出かけて行つて訪ねる友達の書齋《しよさい》より、私にとつては遙《はる》かに親《した》しい。毎日出勤《まいにちしゆつきん》して仕事をする役所の自分の部屋《へや》は、時々《ときどき》立寄《たちよ》るどこかの食堂《しよくだう》の室内と較《くら》べると、まるで違つた感《かん》じを與へる。また私が長年住《ながねんす》んでゐる東京《とうきやう》の土地は、時《とき》たま出かけるよその土地と異《ちが》つて、一種《しゆ》の落ついた感《かん》じ、安心《あんしん》を私に與《あた》へる。恐《おそ》らくまた、私《わたし》が遠い外國《ぐわいこく》に長い旅行《りよかう》を試みたとすれば、自分《じぶん》の生れ育《そだ》つた日本の土地がどんなに自分《じぶん》といふものと固く結《むす》びついてゐるかを、非常《ひじやう》に強く明瞭《めいれう》に摑むことが出來《でき》るであらう。

換言《くわんげん》すると、私はこれ等の場所《ばしよ》に日々の生活《せいくわつ》を通して慣れ親《した》しみ、私の空間意識《かんいしき》の中で、それ等《ら》は私の一部となつてゐるのであり、逆《ぎやく》にまた、私《わたし》といふものが、それ等の場所《ばしよ》の一部《ぶ》、それ等に屬《ぞく》するものとなつてゐる。この隱《いん》微《び》の關係《くわんけい》を、現代の心理學《しんりがく》は未だ解明してはゐないけれど、兎《と》に角《かく》私《わたし》どもの生活《せいくわつ》感情《かんじやう》や空間意識《くうかんいしき》が、一定の場所や土地と結《むす》びついて、私《わたし》どもの生活《せいくわつ》に大きな意義《いぎ》と役割《やくわり》を持つことは疑へない。さうして、家庭《てい》・職場・鄉土《きやうど》・祖國等の問題《もんだい》は、この事實《じじつ》に基づく互ひに密接な關係《くわんけい》ある一聯の課題《くわだい》として考へることが、何《なに》よりも大切《たいせつ》であらうと思《おも》はれる。

×　　　　×

かつて東歌の防人達《さきもりたち》は

　大君のみ言畏み、石《いそ》に觸り、うの原渡る　父母を置きて

と歌ひ、

　家風は日に〳〵吹けど、我妹子が家言《こと》　持ちて來る人もなし

と嘆《なげ》きながら、又

　今日よりは　かへり見なくて　大君の醜の御楯と　出で立つ、我は

と、雄々《をを》しくも決意《けつい》する。ここには既に強《つよ》い家庭・鄉土等《きやうどなど》への愛着《あいちやく》と、そ

れ故にこそ遠《とほ》く西國《さいこく》の邊土へ、勇《いさ》んで門出《かどで》しようとする魂《たましひ》の、隱微なる消息が物語《ものがたり》られてゐるのであつて、眞《しん》に愛惜《あいせき》する鄕土・祖國《そこく》があればこそ、またそれを護《まも》らんとする强い決意《けつい》は湧くのである。

ある意味《いみ》では、現在《げんざい》ほどわが國民に祖國の觀念《くわんねん》と愛とが要請《えうせい》せられ、鼓吹せられた時代《じだい》も稀れであると云つてよいかも知れない。しかも、稍《やや》もすると多くの愛國運動《あいこくうんどう》が、徒らに空疎《くうそ》な祖國の文字を弄《ろう》するに止《とど》まり、外見上の華《はな》やかな宣傳《せんでん》に終る傾《かたむ》きがありはしまいかと思はれるのである。眞《しん》に物に即《そく》し地についた精神運動《せいしんうんどう》でないと、文化《ぶんか》は常に宙空《ちゆうくう》に浮び漂《ただよ》ふ煙霧《えんむ》のやうなものとなり、上の方《はう》で空轉りばかり續《つゞ》けることとなる。

私《わたし》どもの日々の生活《せいくわつ》をとりまくあらゆる事物《じぶつ》――私どもの生活環境《せいくわつくわんきやう》こそ最も確實《かくじつ》な精神の溫床《おんどこ》であり、根源的《こんげんてき》な文化の地盤《ぢばん》である。それ等の事物《じぶつ》は私どもの空間意識《くうかんいしき》の中に、一種《いつしゆ》言ひ難い仕方で存在《そんざい》し、複雜《ふくざつ》な感情《かんじやう》の複合體として、いつでも蝸牛《かたつむり》の殼《から》のやうに私どもについて廻る。例へば目《め》をつぶつてゐても、或は暗闇《くらやみ》の中ででも、私どもは住み慣《な》れた部屋ならば、そこに机《つくえ》があり、ここに柱《はしら》があるといふことを理解《りかい》してゐる。少《すくな》くともその部屋《へや》の構造が、自分《じぶん》にはよく分《わか》つてゐるといふ感情《かんじやう》があり、それが私どもに安心《あんしん》と愛着とを與《あた》へる。恐《おそ》らくこの種の事實は多くの高等動物《かうとうどうぶつ》には、程度の相違《さうゐ》こそあれ共通《きようつう》して認めうる現象《げんしやう》と思はれ、ある種の鳥《とり》の歸巢性《きすうせい》や、ある種の動物の歸家能力《きかのうりよく》も、この點から解明《かいめい》されるもののやうである。しかし今《いま》それ等《ら》には深《ふか》くふれてゐる譯《わけ》に行かないが、人間も生物《せいぶつ》である限り、その根底《こんてい》において同樣の法則《はふそく》に支配《しはい》されるものであることは否定《ひてい》出來《でき》ないであらう。

處でこの事實《じじつ》を最も端的《たんてき》に摑《つか》んで、力强い國民運動《こくみんうんどう》を展開《てんかい》してゐるのが獨逸であり、その勞務者《らうむしや》の定住地運動である。さうして、その最初の出發點《しゆつぱつてん》は前世界大戰《ぜんせかいたいせん》において戰つた勇士達《ゆうしたち》の深い體驗《たいけん》に基づくものであつて、彼《かれ》らにとつて、祖國《そこく》と鄕土と家庭《かてい》とはすべて同義語《どうぎご》であつた。祖國《そこく》を守るといふことは直《ただ》ちに家庭を守《まも》るといふことであり、具體的《ぐたいてき》に家庭《かてい》を思ふといふことはすなはち祖國《そこく》を思《おも》ふことであつた。

獨逸の定住運動《ていぢゆううんどう》は、一貫した國土計畫《こくどけいくわく》に基づき、あらゆる國民《こくみん》の階層《かいそう》に、祖國の土地《とち》と直接《ちよくせつ》のつながりを持たせようとする。祖國《そこく》の一定の土地《とち》が自分のものであり、自分《じぶん》がその土地《とち》の一部であるといふ自覺《じかく》を促《うなが》さうとする。さうして、ここから根強《ねづよ》い祖國愛《そこくあい》の芽生えることを期待《きたい》するのである。

従《したが》つてその政策《せいさく》は常に具體的《ぐたいてき》であり即物的《そくぶつてき》である。國土《こくど》とその上に築かれる生活環境《せいくわつくわんきやう》——衣・食・住のすべてと直ちに結《むす》びついてゐる。その實例《じつれい》を擧げることは容易《ようい》であるが、住宅政策《ぢゆうたくせいさく》については從來《じゆうらい》も屢々紹介《しばしばせうかい》されてゐるし、本誌《ほんし》にも別の方が筆《ふで》をとられるといふことであるから、私《わたし》はこの住宅政《ぢゆうたくせい》策《さく》と結びついた工藝政策《こうげいせいさく》の一つの場合を紹介《せうかい》するに止めたいと思《おも》ふ。

獨逸《どいつ》には結婚奬勵法《けつこんしやうれいはふ》による結婚資金貸與制度が行《おこな》はれてゐるが、その運用《うんよう》に當つて、巧《たく》みに工藝政策《こうげいせいさく》を活かしてゐるのである。元來《ぐわんらい》この結《けつ》婚奬勵法《こんしやうれいはふ》なるものは、一九三三年の第《だい》一次失業減《しつげふげん》少法《せうはふ》の一項をなしたもので、最初《さいしよ》の目的は婦人勞務者《ふじんらうむしや》を勞働戰線《らうどうせんせん》より退かしめ、家庭《かてい》にかへすことによつて、男子《だんし》の失業勞務者《しつげふらうむしや》を復活《ふくくわつ》せしめんとするにあつたのであるが、第《だい》一次施行令以後《しかうれいいご》次第《しだい》に人口政策的意圖《じんこうせいさくてきいと》を加味して、家族生活の奬勵《しやうれい》と保護といふ點に積極性《せききよくせい》を示《しめ》して來《き》てゐる。

すなはち、新《あら》たに結婚《けつこん》せんとする獨逸國民は申請《しんせい》に基《もと》づき一、〇〇〇マルク以下の結婚資金《けつこんしきん》の貸與《たいよ》を受けることが出來、資金《しきん》は生活必需品購買券《せいくわつひつじゆひんこうばいけん》の形式を以つて交附《かうふ》される。これを以《もつ》て市町村廳の指定《してい》する販賣所《はんばいじよ》に赴けば、家具什器その他一切《いつさい》の生活用品《せいくわつようひん》を入手することが出來《でき》るのであるが、この際《さい》に獨逸婦人指導部《どいつふじんしだうぶ》は、獨逸勞働戰線住宅局及び獨逸婦人會研究所《どいつふじんくわいけんきうじよ》との協力《けふりよく》によつて、（獨逸家具《どいつかぐ》による家庭設定《かていせつてい》）といふモットーを掲げ、強力《きやうりよく》な指導性《しだうせい》を發揮《はつき》するのである。先づ獨逸婦人會研《どいつふじんくわいけん》究所《きうじよ》は國策に基づく優良《いうりやう》家庭用品《ていようひん》を研究審査して推薦《すゐせん》する。その認定品《にんていひん》には「日輪標《にちりんへう》」といふマークが與《あた》へられ、「獨逸家政雜誌《どいつかせいざつし》」誌上に公告《こうこく》される。又、獨逸勞働戰線住宅局《どいつらうどうせんせんぢゆうたくきよく》は、獨逸標準規格に合格《がふかく》した「獨逸標準家具《どいつへうじゆんかぐ》」に「品質標《ひんしつへう》」を與へ、これを保護奬勵《ほごしやうれい》する。さうして、獨逸婦人指導部《どいつふじんしだうぶ》が、これ等のものを普及徹底《ふきふてつてい》せしめてゆく、といふ仕組《しくみ》になつてゐるのである。

獨逸婦人指導部《どいつふじんしだうぶ》から結婚貸付金使用者の參考《さんかう》に資する爲、「獨逸家具《どいつかぐ》による家庭設計《かていせつけい》」と題する小冊子が刊行《かんかう》されてゐるが、それによると、一、〇〇〇マルク及《およ》び七〇〇マルクの二つの場合《ばあひ》の結婚貸付金《けつこんかしつけきん》の、品種別《ひんしゆべつ》による使用例を一覽表《いちらんへう》として掲《かゝ》げてゐる。

Aは 總額 約 700 マルク

Bは 總額 約 1000 マルク

家具			A RM	B RM
（寢室）				
寢臺	2	各40RM	80.00	80.00
寢臺附屬小卓	2		36.00	42.00
戸棚	1	觀音開キ衣入レ付キ	120.00	135.00
簞笥	1		—	62.00
椅子	1		—	7.50
腰掛	2～1		9.00	4.50
服簞笥	1		3.50	3.50
鏡	1		7.50	7.50
		計	256.00	342.00
（居間兼厨房）				
卓子	1		25.00	30.00
椅子	2～4	各6又ハ7.50RM	12.00	30.00
食器戸棚			100.00	170.00
鍋類棚又ハ鍋類臺			8.00	26.00
クッション付長椅子			75.00	75.00
		計	220.00	331.00
寢具				
特許寢蒲團	2	各13RM	26.00	26.00
シーツ	2	各2.50RM	5.00	5.00
楔型かひもの	2		60.00	60.00
掛蒲團又ハ被蒲團	2		30.00	60.00
枕	2		24.00	32.00
		計	145.00	183.00

食器及食具			A RM	B RM
食器	6客		14.50	21.00
珈琲茶碗	6客		6.40	10.60
食具	6	各1.50～2.50RM	9.00	15.00
大型匙	6	各0.80～1.50RM	4.80	9.00
小型匙	6	各0.30～0.50RM	1.80	3.00
コップ	6	各0.1[illegible]～0.[illegible]0RM	0.90	3.00
硝子皿	6	各0.25～0.40RM	1.50	2.40
		計	38.90	64.00
料理用具				
料理鍋	3	各2～2.50RM	6.00	7.50
テンピ	1		2.25	2.25
フライパン	1		2.50	3.00
藥罐	1		1.50	1.75
柄杓	1		0.50	0.60
泡立器	1		0.50	0.50
計量盃	1		0.75	0.75
野菜漬シ	1		1.00	1.25
スープ濾シ	1		0.50	0.50
茶濾シ	1		0.25	0.30
珈琲挽	1		3.25	5.00
擦シ	1		0.40	0.50
馬鈴薯擦シ	1		—	0.50
藥味入レ	1		0.35	0.35
料理庖丁	2		0.60	0.60
サラダ用食具	1		0.80	1.00
パン切リ庖丁	1		2.80	2.80
磁器大皿	1		1.80	2.00
爼板	1		1.00	1.50
木匙及ビ摺子木			1.20	1.30
レモン絞リ	1		0.10	0.10
罐切リ	1		0.50	0.50
栓拔キ	1		0.50	0.60
		計	29.05	35.15

洗濯掃除用具			A RM	B RM
金盥ト附屬品			3.20	3.60
含嗽コップ	2		0.20	0.20
洗濯釜	1		3.65	3.65
洗濯盥	1		3.75	3.75
洗濯物籠	1		2.25	2.25
物干縄及ビ洗濯挾ミ			3.00	3.00
洗濯板	1		1.25	1.25
熨斗板	1		3.20	4.20
アイロン	1		2.50	5.00
床ダワシ	1		1.50	1.50
箒	1		1.80	3.20
手箒	1		1.25	1.45
衣服ブラシ	1		0.85	2.00
靴刷毛			0.80	1.50
塵埃叩キ	1		1.00	1.00
塵取	1		1.00	1.20
雜巾	6	各0.30	1.80	1.80
洗濯ブラシ	1		0.50	0.60
手桶	1		1.00	1.25
石炭シャベル	1		0.40	0.40
塵箱	1		3.00	4.00
		計	37.90	46.80
雜				
寢室用窓掛ケ		附屬品共	15.00	18.00
茶ノ間用窓掛ケ		附屬品共	10.00	15.00
照明器具				
ブラケット			3.00	3.00
ペンダント			6.00	8.00
直付燈			5.00	6.00
寢臺マット			5.00	7.50
		計	44.00	57.50
總計			670.85	1059.45

右の表によつて、大體《だいたい》獨逸《どいつ》においてはどのやうな配分《はいぶん》を行つてゐるかを知ることが出來、大いに興味ある資料と思はれる。ただ一寸《ちよつと》疑問に堪へないのは、あの科學的常識《くわがくてきじやうしき》が徹底普及してゐる獨逸で、例へば寒暖計、體温器、時計、計量器《けいりやうき》の類がこの表に現はれて來ないといふことである。尤も、それ等は家庭必需品《かていひつじゆひん》の他に考へられてゐるのかも知れないし、或は一、〇〇〇マルク程度の費用では、とてもそこ迄は手が廻らないのかも知れない。この點については、最近の獨逸事情に詳しい識者の御教示を仰ぎたいと思つてゐる次第である。

それは兎に角として、國民に與へる住環境の影響をこのやうに深く理解し、巧みに生活指導の中に活かしてゆく獨逸當局の手際には、大いにわれわれの關心《くわんしん》をそゝるものがある。さうして、わが國の現状《げんじやう》をかへり見る時、一面では即物性を考慮しない抽象的な精神運動が氾濫《はんらん》するかと思ふと、他方では、ただ物資《ぶつし》の見地《けんち》だけをしか顧慮しない政策《せいさく》が行はれてゐる。この兩者を眞に綜合した、より高い一元的な力の要望される所以《ゆゑん》である。

國民家具の話

金子徳次郎

○

住居に國民住宅《こくみんぢゆうたく》が、衣類《いるゐ》に國民服が出來たのと同樣に家具にも國民型が決められつゝあります。

何故《なぜ》これが決定されるに至つたかと申しますと、矢張り支那事變に端を發した今次大戰に依る低物價政策がその主因と云へます。物價《ぶつか》が騰れば國民生活を不安にするばかりでなく、國防産業に與へる影響は非常に大きいものがありますので、出來るだけ材料も、手間も廉くして、國民に安く物をやりたいと云ふ政府の趣旨が、九・一八、七・七等の法令を生み出したのです。が總てが不足になれば、物價が昂騰するのは當然なので、これを防ぐには、材料、手間、製品を規格化して、總てから無駄を省くより他、手が無い……かうして公定價格と云ふものが決められて、これ以外の特殊なものは作れない様《やう》になつて來たのです。

然し、この(公)も、老大な過去《くわこ》の生産物を整理《せいり》しただけで、いはば數千のものが數百に減《へ》つたと云ふだけの効用《かうよう》で、その細かい規格《きかく》も甚だ不合理《ふがふり》な點もあり、業者《げふしや》が不正《ふせい》をしようとすれば、いくらでも出來《でき》るものであつたのです。これが結果《けつくわ》としては、製品《せいひん》の質の低下で、他の緊急國防産業《きんきふこくばうさんげふ》に材料、人手をとられた家具工業界《かぐこうげふかい》に於ても、當然《たうぜん》、かうした状態《じやうたい》に陥らざるを得なかつたのです。

○

こゝで、この頃の一般市場《ばんしじやう》に出てゐた家具の状態《じやうたい》を一瞥《べつ》しますと、從來《じゆらい》の洋風家具《やうふうかぐ》とか、和風家具《わふうかぐ》とかは、妙に様式的で、機能《きのう》、型態《けいたい》には少しも考慮が拂はれてゐなかつたものの、よい材料を使ひ、手間《てま》をかけただけに、ともかくも人を惹《ひ》く何かを持《も》つてゐたのですが、これの材料《ざいれう》をおとし、手を抜き寸法《すんぱふ》を出來るだけ縮《ちぢ》めてしまふと、全く使《つか》ふに耐えないものになつてしまひかけにくい椅子《いす》、直《す》ぐこわれるタンスは勿論靴が入れられない下駄箱、本が入らない本箱《ほんばこ》、その癖、購買力《かうばいりよく》を唆る様に、表面《へうめん》だけは一應の體裁《ていさい》を整へてゐると云ふ様《やう》なものさへ現《あら》はれるに至つたのです。かうした粗悪《そあく》な家具《かぐ》が、浮動購買力《ふどうかうばいりよく》に乗つて、家庭《かてい》に、公共生活に入りこむ事は、國民《こくみん》の精神を蝕《むしば》み生活文化《せいくわつぶんくわ》の根底を揺《ゆ》り動《うご》かすのは明らかな事であつたのです。

○

これでは餘《あま》りにひどい、何《なん》とかしなくてはと云ふ聲《こゑ》が諸方面《しはうめん》に起り、商工省でも昨年十一月生活用品展《せいくわつようひんてん》を開催して生活用品《せいくわつようひん》の合理化に積極的《せつきよくてき》に乗出したのです。この展覽會《てんらんくわい》は(公)の規格《きかく》を一層嚴密《そうげんみつ》に、しかも具體化《ぐたいくわ》した條件の下に全國製造業者《ぜんこくせいざうげふしや》に應募せしめたもので其後、家具業者間《かぐげふしやかん》で自發的《じはつてき》に、この時の結果《けつくわ》をもとにして(公)に準據《じゆんきよ》した椅子の一級品《きふひん》とはこんなものだ、タンスの二級品《きふひん》とはかういふものだと云ふ、規格品を作《つく》り、展示會《てんじくわい》を開《ひら》いたのですがこれも、材料《ざいれう》、工作、仕上《しあげ》等に關する業者間《げふしやかん》の申し合せとなつたに過《す》ぎず、椅子本來《いすほんらい》の使命たる掛け心地《ごこち》のよさ、又タンスの收納容具《しうなふようぐ》としての機能等《きのうとう》については、少しも觸《ふ》れる所《ところ》がなかつたのです。

こゝで政府《せいふ》に於ても、業者《げふしや》のみを對象とした一方的《いつぱうてき》な物の進《すゝ》め方では到底「國民家具《こくみんかぐ》」と名付《なづ》けられるものは出來ないと、こゝに中央物價協力會議《ちゆうわうぶつかけふりよくくわいぎ》と云ふ一つの相談部門《さうだんぶもん》を設け、商工省の物價《ぶつし》、物資保管、研究機關《けんきうきくわん》として住宅營團、工業指導所《こうげふしだうじよ》、需用者側《じゆえうしやがは》の有識者、これに製造《せいざう》、販賣業者《はんばいげふしや》を加へ、各品種につき各方面《かくはうめん》から多面的《ためんてき》に檢討、考究《かうきう》し、どの方面《はうめん》から見ても、最も現在の標準型《へうじゆんがた》と思はれるものを生み出して行かう、と云ふ方策《はうさく》が樹《た》てられたのです。

○

こゝで、傳統事業《でんとうじげふ》の本源たる友邦《いうはう》ドイツの家具政策《かぐせいさく》はどうなつてゐるかと申しますと、こゝでは勞働美化運動《らうどうびくわうんどう》から發して作業室《さげふしつ》の設備、家具の規準化《じゆんくわ》が企圖《きと》され　これがナチの標榜《へうばう》してゐる純ドイツ文化《ぶんくわ》の再建　傳統手工藝技術《でんとうしゆこうげいぎじゆつ》の活用、國産材《こくさんざい》の利用と結《むす》びつき、相當永い期間《きかん》を經て現在の標準家具《へうじゆんかぐ》が造られるに至つたのです。

この條件《でうけん》としては次の樣《やう》なものがあげられてゐます。

一、趣味的偏好《しゆみてきへんかう》がない

二、流行樣式《りうかうやうしき》にとらはれない完成品である

三、誰にも使《つか》ひよい

四、大量生産可能《たいりやうせいさんかのう》で安價、堅牢《けんらう》である

この他可なり詳《くは》しい條件《でうけん》が附帶されてゐ、その上、製造業者《せいざうげふしや》は嚴重な監督《かんとく》を受けて、不正《ふせい》が出來ない樣《やう》になつてをり、これを滿足《まんぞく》させたものがはじめて推薦《すゐせん》のマークが貼られ一般《ぱん》に廣くすゝめられるものとなるのです。又結婚獎《またけつこんしやう》勵資金《れいしきん》（七〇〇―一〇〇〇マルク）で購入出來《こうにふでき》る家具の詳しい目錄《もくろく》が作られてをり、ナチスドイツの家具《かぐ》に對《たい》する關心は深く、政策《せいさく》は巧妙を極《きは》めてをります。

○

再び我國《わがくに》に戻つて、全ての統制《とうせい》の範をドイツにとつてゐる我國《わがくに》の現狀《げんじやう》からすれば、家具《かぐ》もやはりこれに準《じゆん》ずれば早道《はやみち》であるのに、どうして、前記《ぜんき》の樣な廻り道《みち》とも思《おも》はれるたど〳〵しい歩みをしてゐるかと申しますと、こゝに我國獨自《わがくにどくじ》の困難な事情《じじやう》が横はつてゐるのです。即《すなは》ち、ドイツに於ては出來《で》たものゝ形式《けいしき》の上の變化《へんくわ》はあつても、生活樣式そのものゝ變化《へんくわ》はなく、この爲基準條件《きじゆんでうけん》の下に作《つく》られたものは一應、標準型《へうじゆんがた》として完成《くわんせい》されるのですが、我國に於ては明治以來《めいぢいらい》、生活樣式《せいくわつやうしき》の大變革が起り、これまでの傳統《でんとう》の内に見出《みいだ》し得なかつた、椅子式《いすしき》の所謂洋風生活《いはゆるやうふうせいくわつ》が、急激《きふげき》に舊い生活樣式内《せいくわつやうしきない》に持ちこまれ、これを作るものも、これを用ふるものも、この樣式《やうしき》のよつて來《き》たる所を知らず、單《たん》にその外形を追究《つゐきう》し、お互ひに混亂《こんらん》しつゝ現在《げんざい》に至つてゐるのでこれを新《あた》らしい傳統《でんとう》として育てるには根本《こんぽん》から考へ直《なほ》さねばならないのです一例を椅子《いす》にとれば、椅子の人體《じんたい》に對する基本條件《きほんでうけん》はドイツのものでも日本のものでも、僅《わづ》かの寸法《すんぱふ》の差だけなのですから唯《たゞ》かけよい椅子《いす》、使ひよい椅子と云ふなら、座《ざ》の幅《はゞ》、奥行《おくゆき》高さ等は何《ど》の位《くらゐ》、背《せ》の曲面《きよくめん》はどれだけ、とすれば、確《たし》かにそれだけのものは出來《でき》ます。然《しか》しこれが、そのまゝ日本《にっぽん》の生活内に持ちこまれた場《は》合《ひ》はどうか、と云ふ疑問が起《おこ》つて來ます、公共《こうきょう》生活《せいくわつ》とか椅子を局部的《きょくぶてき》に使用する場合《ばあひ》には問題はないでせうが、この椅子《いす》が座式《ざしき》の生活《せいくわつ》の内にとけこんで來る場合《ばあひ》が考へられないでせうか。かうした時、座つてゐる人と、腰掛《こしか》けてゐる人との高《たか》さに非常《ひじやう》な差が出來、一つの生活體《せいくわつたい》としての雰圍氣《ふんゐき》が醸成《じやうせい》されない、これは、椅子は個人《こじん》が腰掛けるだけの機能《きのう》の爲に存在《そんざい》するのではなく、家庭《かてい》を構成する生活具《せいくわつぐ》としての機能的存在《きのうてきそんざい》が要求されると考《かんが》へれば、もつとお互《たが》ひの視線が結《むす》び合ひ、精神《せいしん》が交流出來《かうりうでき》る低い寸法のものも必要《ひつえう》ではないでせうか、かうした考へは家族制度《かぞくせいど》を根幹《こんかん》とする我國の精神文化《せいしんぶんくわ》に直接の結《むす》びつきがありこの生活樣式《せいくわつやうしき》を將來如何なる形《かたち》で具現して行くかは非常《ひじやう》に重大な問題《もんだい》であると思ひます。

現在國民服《げんざいこくみんふく》は座式の家《か》座生活の爲の考慮《かうりよ》は全く拂はれて居らず、國民住居《こくみんぢゆうきよ》は全《すべ》て座式の設計《せつけい》となつてゐると云ふ矛盾《むじゆん》も見られるのですが、この解決《かいけつ》は理論よりもむしろ倫理性《りんりせい》に遡《うつた》へるものがあると思はれます。かうした事は昔ならいゝ加減《かげん》に濟ましても大過《たいくわ》なかつたかも知れませんが、この好機《かうき》を捉《とら》へ損《そこ》なつたら再び考へられる時代《じだい》はいつ來るか判《わか》らないのですから徹底的《てつていてき》に考究、決定《けつてい》する必要《ひつえう》があると思ひます。

これに加へての標準型決定《へうじゆんがたけつてい》の困難は資材の點で、金具《かなぐ》の全面的《ぜんめんてき》使用禁止《きんし》、木材統制《もくざいとうせい》による桐材《きりざい》、その他日本的性格をもつ針葉樹材の禁止等《など》は、家具の日本的性格《にほんてきせいかく》の表現、半永久的《はんえいきうてき》な堅牢性に致命的《ちめいてき》な影響《えいきやう》を與へてをり、戰爭下にあつては致《いた》し方ないとは云ふものゝ生活用具《せいくわつようぐ》こそ他の文化材《ぶんくわざい》に比して一層國民生活に必要《ひつえう》なものと信《しん》ずる我々には、この制限《せいげん》の緩和《くわんわ》は望ましいのですが、少い材料を無理算段《むりさんだん》して誤魔化《ごまくわ》すよりも、むしろ新《あた》らしく與《あた》へられた材料を合理的《がふりてき》に使ふ方が、より日本的《にっぽんてき》であるのは勿論《もちろん》で、かうした時《とき》こそ、與へられた制限内《せいげんない》で最《もつと》もうまく生きて行く事に秀《ひい》でてゐる日本人の才能《さいのう》を生かすべきでせう。これも、代用《だいよう》と云ふ意味ばかりでなく、研究機關《けんきうきくわん》に於て研究されつゝありますが、まだ〳〵深《ふか》い探《たん》究《きう》が必要《ひつえう》でせう。

○

需用者側《じゆえうしやがは》でもこの生活具《せいくわつぐ》の問題は深く考へられる必要《ひつえう》があります。昔《むかし》の人……と云つても明治頃《めいぢごろ》までの事《こと》ですが……は嫁入道具《よめいりだうぐ》は必ず母娘揃《おやこそろ》つて選ぶので、この鑑定力《かんていりよく》が昔の家具の水準《すゐじゆん》を維持《ゐぢ》してゐたと云つてもよい位《くらゐ》なものですが、近頃《ちかごろ》の人達にはこの能力《のうりよく》が全く失《うしな》はれてしまつてゐて、選《えら》ぶ場合、ごく表面的《へうめんてき》な粗雜な觀方《みかた》しかしないので、これが家具商《かぐしやう》の附け目ともなり、よいものより儲《まう》かるものを……と故意《こい》に製品《せいひん》の質《しつ》をおとして來た……つまり需用者側《じゆようしやがは》の生活用具《せいくわつようぐ》に對する無智、無關心さが製造者側《せいざうしやがは》の商業主義《しやうげふしゆぎ》を助長させた……とも云へませう。この能力を取戻すにはよい生活用具《せいくわつようぐ》に接《せつ》するのが一番で、この爲《ため》には、さうした品物《しなもの》を蒐める生活用品博物館《せいくわつようひんはくぶつくわん》の如きものも必要《ひつえう》となつて來ませう。

○

最後に、現在前述《げんざいぜんじゆつ》の方法により進《すゝ》められつゝあつたタンスと厨房家具の標準型が決定《けつてい》されやうとしてゐますので、この經過《けいくわ》について記《しる》して見ませう。タンスに於ては先づ、中央物價協力會議《ちゆうわうぶつかけふりよくくわいぎ》を開《ひら》いて各方面の意見を交換致《かうくわんいた》し、タンスが百圓以上《ゑんいじやう》と云ふのは高價過《かうかす》ぎると云ふ需要者《じゆえうしや》、四方桐《はうぎり》でなければ桐タンスとしての効果《かうくわ》はないのだから、もつと高價《かうか》でもよいからよいものを作《つく》つた方《はう》がよいと云ふ業者《げふしや》、今迄のタンスの寸法《すんぱふ》は柱の心こが基準《きじゆん》となつてゐる日本住宅《につぽんぢゆうたく》の寸法《すんぽふ》に合はないと云ふ建築關係者等々……の意見《いけん》に基《もとづ》いて、工藝指導所に於て具體的《ぐたいてき》な設計《せつけい》を作り、再び會議《くわいぎ》にかけ檢討《けんとう》した後、試作《しさく》し、三度會議により標準品《へうじゆんひん》として決定《けつてい》する事になつてゐます。又かうして決定されたものは商品化《しやうひんくわ》される場合《ばあひ》、他のものよりいくらか利潤《りじゆん》をよくし 業者《げふしや》も喜んで作り、賣れる様《やう》な方法《はうはふ》も考へられてゐます。

又臺所家具《またたいどころかぐ》は住宅營團《ぢゆうたくえいだん》が三十萬戸建てる勞務者住宅《らうむしやぢゆうたく》に設計《せつけい》されるもので、この住宅は現在《げんざい》の標準住宅《へうじゆんぢゆうたく》とも云へるのですから、これに入る設備《せつび》も又標準《へうじゆん》家具《かぐ》と云へるでせう。これもタンスと同様な過程《くわてい》を踏《ふ》まうとしてゐますが、この厨房家具は他の家具《かぐ》と違《ちが》つて使用條件が難《なん》かしいので工藝《こうげい》指導所《しだうしよ》に於て、この基準寸法《きじゆんすんぱふ》を種々の方法で測定《そくてい》して決定致《けつていいた》しました。

その他の家具《かぐ》も順次國民型《じゆんじこくみんがた》が制定されて行《ゆ》きますが、かうして決《き》められて行く標準家具《へうじゆんかぐ》は、最小限の生活《せいくわつ》に於て最大《さいだい》の文化《ぶんくわ》を保持して行くと云ふ、日本の文化政策《ぶんくわせいさく》の中心となると思《おも》はれますし、やがて我國の文化が大東亞に滲透する時の文化《ぶんくわ》の尖兵《せんぺい》となる事と信《しん》じます。

生活と都市計畫

櫻井一衛

現代都市《げんだいとし》の生活は、人間《にんげん》といふものに良い影響のみを與《あた》へてゐるわけではない。この生活《せいくわつ》は樣々の良いものを人間に與《あた》へてはくれたけれども、惡《わる》い影響をも段々《だん〴〵》と增大《ぞうだい》させて來た。現代《げんだい》の文明《ぶんめい》といふものは、人間《にんげん》そのものゝためを考へずに、人間《にんげん》の利便《り》のみを考へて發達《はつたつ》して來たのだといふ思想《さう》〔註1〕も、或る意味では正《たゞ》しいであらう。實際生理學の立場《たちば》からのみ考《かんが》へても、陽光からも遠《とほ》ざかり、肉體的勞働《にくたいてきらうどう》は少くなり、空氣《くうき》のよごれてゐる所《ところ》で、一日の大部分《だいぶぶん》を働いてゐる都市《とし》の人々の健康については、誰《たれ》でも不安の念をもつて眺《なが》めずにはゐられまい。紫外線《しがいせん》、イオン等の新らしい研究《けんきう》が發達し、生理學が全機的〔註2〕に人間《にんげん》を把むことが出來る樣《やう》になつて、人間の生きてゆくのに適當《てきたう》な環境《くわんきやう》といふものを、相當正しく明瞭《めいれう》に描ける樣になつても、現實は却《かへ》つてその逆を歩《あゆ》んでゐる。試みに東京市隅田川の上流に立つて兩岸《りやうがん》の工場街を見、黑煙と惡臭ある排氣を吸ふならば、「惡い環境《くわんきやう》の中で人間《にんげん》は如何ほどまで生きられるか」といふ大きな實驗《じつけん》を人間《にん》はやつてゐるのではないかとまで疑《うたが》はねばなるまい。

斯かる事態に建築家《けんちくか》は如何に對すべきであらうか。日本《につぽん》の在來の建築といふものを、如何に技術的《ぎじゆつてき》におし進めても、これらの問題《もんだい》を少くとも根本的に解決《かいけつ》する樣にすゝむことは出來ないのである。勿論人は空氣の問題でも、あくまで人工的《じんこうてき》に解決《かいけつ》すべく進むことが出來ると思《おも》ふかも知れない。酸素《さんそ》と炭酸瓦斯との適當《てきたう》な分壓を持つた清淨な空氣、それはイオン發生器《はつせいき》でイオンを供給《きようきふ》する等々といふ様《やう》にすゝめてゆけば、それも不可能《ふかのう》とは言へないかも知れない。併《しか》し人間の科學《くわがく》とその應用は少くとも現在《げんざい》のところ人工的《じんこうてき》に環境《くわんきやう》を完全に作《つく》るほど發達《はつたつ》してはゐないので、尙將來未知《なほしやうらいみち》の要素《えうそ》が見出されるであらうし、且つ又《また》自然《しぜん》を眞似るのには吾々は莫大《ばくだい》な費用を要《えう》するであらう。現在はつきり分つてゐることは、自然に近づく様な條件《でうけん》の下で生活《せいくわつ》することが、最《もつと》も健康《けんかう》に良いのだといふことであらう。この思想《しさう》をしつかりした根柢《こんてい》のある知識《ちしき》にまで昂《たか》め、人工的《じんこうてき》なものの限界《げんかい》をはつきりさせたことに、却《かへ》つて現代の科學《くわがく》の功績《こうせき》があるかも知れない。

セノアの住宅

勿論人間《もちろんにんげん》をも含めて生物は適應《てきおう》といふことを知つてゐる。この都市《とし》といふ環境《くわんきやう》に人間は或る程度《ていど》まで慣れるであらう。併《しか》しそれには限度《げんど》がある。必要な限度を越《こ》えれば、そこでは適應《てきおう》といふ力は消滅《せうめつ》するに違《ちが》ひない。そして人間《にんげん》といふ種の衰退が生ずるであらう今重要《いまぢゆうえう》なことは現代都市《げんだいとし》の生活は、人間をすでにこの限度《げんど》にまで追《お》ひつめ、部分的《ぶぶんてき》には屢々この限度を越えてゐるのではないかといふ點《てん》である。國民體《こくみんたい》位の低下といふ現象《げんしやう》も亦この視角《しかく》からも眺《なが》められねばならない。

斯ういふ事態《じたい》の解決《かいけつ》に、あらゆる分野のエキスパートが、夫々の分野で助け合ふことが必要《ひつえう》であるけれども、建築家《けんちくか》は主《しゆ》として新らしい都市計畫《としけいくわく》といふ面からこの解決《かいけつ》に努力《どりよく》すべきであらう。現在《げんざい》の日本の多くの建物《たてもの》は建築技術者の手から離《はな》れて建築《けんちく》されてゐる。少數の建物が建築技術者《けんちくぎじゆつしや》の手で營《いとな》まれてゐるけれども、今日《こんにち》では眞に健康的《けんかうてき》な建物《たてもの》は、建物の環境《くわんきやう》を改善することなしには、すでに建築《けんちく》せられ得《え》ないであらう。例《たと》へば作業場、事務所《じむしよ》にしても、技術者《ぎじゆつしや》は今日の樣な條件《でうけん》の下で健康的《けんかうてき》な建物を作《つく》り得るであらうか。又今日の樣な惡い住居《ぢゆうきよ》の下で遠いところから、混雜《こんざつ》してゐる道路、交通機關《かうつうきくわん》によつて通勤《つうきん》しつゝある勞働者《らうどうしや》に、精密な作業《さぎやう》、高い能率《のうりつ》を期待《きたい》し得るであらうか。而《しか》も日本で現在最《げんざいもつと》もこれが必要であるに拘らず。

今日の建築家《けんちくか》の中心的《ちゆうしんてき》な課題の一つは、たとへば單《たん》に集合住宅《しふがふぢゆうたく》といふ樣なものでなく、それをも含《ふく》んだ新《あたら》しい都市計畫《としけいくわく》こそそれでなくてはならない自然に近《ちか》づくと言つても吾々《われわれ》は都市を解體《かいたい》することは出來《でき》ない。さうでなく健康的《けんかうてき》な都市の建設《けんせつ》こそ、吾々の目標でなければならない。今日にあつては多くの建築家的《けんちくかてき》な課題が、都市計畫《としけいくわく》のうちに集約《しふやく》され　その解決《かいけつ》を迫られてゐるとも言へる。だから吾々《われわれ》は個々《ここ》の建築《けんちく》のみを考《かんが》へるのが、建築家《けんちくか》の主なる任務《にんむ》だと思ふことを止め、都市計畫《としけいくわく》にその中心課題《ちゆうしんかだい》を見、そこから出發《しゆつぱつ》して集合的《しふがふてき》な住宅、作業場《さぎやうぢやう》、事務所等を考へねばならない。

このことはもしも建築家《けんちくか》といふ概念《がいねん》を狹《せま》くとるならば、吾々《われわれ》はスペシアリストになつてはならないとも言へる。「スペシアリズムは結局《けつきよく》コムヴエンシヨンであつて理想《りさう》ではない。吾々《われわれ》はよくそれを忘《わす》れる」〔註3〕あらゆる學術《がくじゆつ》に於て今日《こんにち》はスペシアリズムの弊《へい》が見らるゝ樣《やう》に思《おも》はれる。

吾々は今日《こんにち》都市計畫《としけいくわく》といふことを考へに入れずに、建築家《けんちくか》として自己《じこ》をすゝめてゆくことが出來るだらうか。もしもこのまゝでゐるならば日本が今日必要《ひつえう》としてゐる事態《じたい》の解決に吾々《われわれ》が無力であるといふことになるであらう。

建築物法《けんちくぶつはふ》は新たに空地地區《くうちちく》の規定を設け、人口《じんこう》の密度の最高《さいかう》を規定してゐる。計畫路線《けいくわくろせん》は都市の上に縦横《じゆうわう》にひかれてゐる。併《しか》し現在では既成《きせい》の都市にあとから法令《はふれい》をもつて追《お》ひかけてゆくだけでは不十分《ふじふぶん》であらう。少《すくな》くとも地方全體《はうぜんたい》をとり上げ、工業立地、農業立地の問題《もんだい》を考究《かうきう》しつゝ、散在都市《さんざいとし》の計畫を建てるべきであらう。既に現在《げんざい》理研コンツエルンなどが地方《ちはう》に工場を建て、地方の勞働力《らうどう》を地方の都市に吸收しつゝある以上〔註4〕、この問題はすでに現實的《げんじつてき》な問題《もんだい》になつてゐる。一つの都市を無制限《むせいげん》に無規律に延ばし、擴大することは、たとへば住宅と作業場との距離《きより》の問題、都市の空氣の問題などによつて、夫々《それぞれ》の限界《げんかい》にまで押しつめられてゐる。東京市の現在はすでにその限界《げんかい》にまで來てゐるのではなからうか。交通手段と工業立地との兩側面から　地方全體に於ける都市相互及び都市と農村との關聯を計畫的に描き出し　地方的な散在都市のプランをたて然るのちに散在都市そのものの詳細なるプランにすゝむ必要《ひつえう》がある。「計畫路線」を散在都市の未だ都市形態をな

キーフェツクのジードルンク　（二階建連續住宅）

してゐない場所に於て現實化することが大切である。現在の樣に既成市街の家屋を取毀して路線を現實化することが、計畫路線の本態であつてはならない。これは理想だといふ人があるかも知れないが、計畫路線の場合にも明かな樣に、正しく理想的なものこそ最も現實的なものだといふパラドツクスを人は學ばねばならないであらう。寺

田寅彦博士は「伯林《べるりん》の郊外《かうぐわい》で未だ家のちつとも建たない原野《げんや》に、道路だけが立派に磨《みが》いた土瀝青張りに出來上《できあが》つて美術的《びじゆつてき》なランプ柱が行列してゐるのを少し馬鹿《ばか》らしいやうにも感じたのであつたが」〔註5〕、後で大東京《だいとうきやう》が無設計《むせつけい》に横に擴がつて美しい武藏野《むさしの》を何處迄も蠶食して行くのを見て、やつぱりあゝしなければと思つて居られる。

この散在的《さんざいてき》な都市の計畫《けいくわく》で一つの重要な點は、新《あ》らしい土地に於て働《はたら》く場所と住居《じゆうきよ》との問題《もんだい》を新らしく比較的に容易《ようい》にたてられるといふ點《てん》であらう。散在都市《さんざいとし》の新らしい計畫《けいくわく》に必要な一つの前提《ぜんてい》は、地價の規制《きせい》といふ點《てん》であらう。都市の地價《ちか》の急騰《きふとう》が、計畫並《けいくわくならび》に産業自體の發展《はつてん》を大變阻害《たいへんそがい》してゐることは言《い》ふまでもないであらう。新《あた》らしい散在都市《さんざいとし》で地價の規制《きせい》といふ前提の上で、住民《じゆうみん》に適當《てきたう》なる住居を供給《きようきふ》するといふことを考へねばならない。從來の様な住宅《じゆうたく》を個々の建主《たてぬし》一企業家《きげふか》の手にまかしておくことは、都市の美觀《びくわん》の上からも、防空上《ばうくうじやう》の見地からも、物資利《ぶつしり》用《よう》の見地からも、住民《じゆうみん》の健康《けんかう》といふ見地からも望ましいことではあるまい。一つの案は計畫上《けいくわくじやう》で現在の様に地域《ちいき》を先づ指定《してい》し、且つ住宅地域《じゆうたくちいき》に、いくつかの集合住宅並《しふがふじゆうたくならび》に個々の住宅の集合的プランを指定《してい》してしまひ、建主《たてぬし》は貸住宅を建てる場合《ばあひ》には、そのプランに從つて家《いへ》を建てることが必要《ひつえう》だといふ風にきめてしまふのである。屋根《やね》、壁《かべ》の色彩の指定《してい》を、防空上《ばうくうじやう》、都市美觀上指定すべきであらう。こゝには統《とう》一せる美といふ新《あた》らしい謂はゞ航空的美《かうくうてきび》が見らるべきであらう。建主《たてぬし》は地價《ちか》、建築費、家賃《やちん》とのバランスを考《かんが》へて、この仕事《しごと》にとりかゝるであらうと思《おも》ふ。與へるプランが現實的《げんじつてき》なものである限《かぎ》り建築費《けんちくひ》は大きくはならず、却《かへ》つて地價が規制せられて居り、且つ設計費《せつけいひ》が不要となり、或る程度《ていど》まで材料《ざいれう》の規格化〔註6〕が行《おこな》はれるから、企業的《きげふてき》に有利となると思《おも》はれる。集合住宅《しふがふじゆうたく》の場合には、共同出資《きようどうしゆつし》の會社を設立《せつりつ》する様勸奬するのが適當《てきたう》であらう。なほこの點《てん》については、現下《げんか》の時局の要請《えうせい》から住宅營團が成立《せいりつ》して、ある面《めん》ではこの方向をとつてゐる。

斯《か》うしたいくつかの基本的《きほんてき》プランの現實化《げんじつくわ》に於て、建築家《けんちくか》ははじめて國民のための住宅《じゆうたく》に自己の才能《さいのう》をふるへる様になり、最近《さいきん》著《いちじる》しく進んだ建築衞《けんちくゑい》生學《せいがく》などの助《たす》けをかりて、たとへば日照と壁面《へきめん》の形態の關係《くわんけい》などにすゝむことが出來《でき》るであらう。建築學《けんちくがく》は新らしい様々な問題《もんだい》に當面し、大きな刺戟《しげき》を與へられ、急速《きふそく》な進歩《しんぽ》をとげるであらう。本當《ほんたう》に日本の建築を全面的《ぜんめんてき》に考究してはじめて日本《にっぽん》の建築學《けんちくがく》が完全に發達し、日本的《にっぽんてき》な特殊《とくしゅ》なものを通じて、世界的《せかいてき》なもの、普遍的《ふへんてき》なものに、吾々が貢献《こうけん》し得《う》るであらう。

計畫上《けいくわくじやう》では、集合住宅《しふがふじゆうたく》と個々の住宅の何れを基本型《きほんがた》として撰《えら》ぶべきか、或は兩者《りやうしや》を何れの割合に配置《はいち》するかといふ問題《もんだい》が生ずる。個々の住宅《じゆうたく》には個々の庭が附隨《ふずゐ》する。從つてこれを主眼《しゆがん》とすれば、空地《くうち》が小さく分散《ぶんさん》する。日本の在來《ざいらい》の生活態度《せいくわつたいど》からすれば、個々の住宅とそれに附隨《ふずゐ》する庭を度外視《どぐわいし》することは許されない。これは築山《つきやま》、泉水をもつ日本《にっぽん》の庭と結《むす》びついて居り、從つて芭蕉的《ばせうてき》な在來の日本的な美觀《びくわん》と關聯《くわんれん》した生活の態度《たいど》である。吾々はこれらの態度《たいど》のうちに深い靜觀的《せいくわんてき》な美があることを忘《わす》れるわけにはゆかない。併し都市の生《せい》活《くわつ》がすでに必須《ひっす》なものとなり、且つそれに對《たい》應《おう》して共同生活《きょうどうせいくわつ》が必要とされる以上《いじやう》は、土《と》地經濟《ちけいざい》の上からも、又それに關聯《くわんれん》してたとへば防空上《ばうくうじやう》の見地から見た空地《くうち》、大きな道路の必要《ひつえう》といふ點からも、徒《いたづ》らに在來の美的觀賞《びてきくわんしやう》の生活態度《せいくわつたいど》に止まつてゐるわけにはゆくまいと思《おも》はれる。而《し》して新らしい生活《せいくわつ》に對應《たいおう》した新らしい美的感情《びてきかんじやう》、新

ドランシイ勞務者住宅區（北側より望む）

らしい道德《だうとく》、感情を發達《はつたつ》せしめ、樂しい共同生活《きようどうせいくわつ》を行へる樣に自分《じぶん》たちを訓練し、共同施設《きようどうしせつ》を巧に利用《りよう》すべきであらう。將來《しやうらい》の都市計畫《としけいくわく》に於ては集合住宅に主眼《しゆがん》をおいてプランをたてるべきであらう。都心《としん》に近く集合住宅《しふがふじゆうたく》を配置しその外郭《ぐわいくわく》に獨立住宅を配置《はいち》する。理由は若《わか》い人々は新らしい生活《せいくわつ》を容易に創《つく》り得るが、收入《しうにふ》の點から、又通勤時間の點《てん》からも都心《としん》に近くする必要《ひつえう》があるから、又都市《またとし》に近く共同施設《きようどうしせつ》を多くし、まとまつた空地《くうち》を保有《ほいう》することは望《のぞ》ましいことであるから、保守的《ほしゆてき》な生活を好《この》む人々は、通勤時間《つうきんじかん》にも餘裕があり（所謂重役時間《いはゆるぢゆうやくじかん》）、且つ收入《しうにふ》の點からも遠《とほ》くてもいゝであらう故《ゆゑ》に、都市外郭に獨立住宅《どくりつじゆうたく》を配置《はいち》する。

個々の人々の冥想的《めいさうてき》な觀賞に適《てき》してゐた日本式な庭園《ていゑん》を、吾々は今新《いまあた》らしい都市計畫《としけいくわく》に、そのまゝ踏襲《たふしふ》することは出來ないと思《おも》はれる。併《しか》し飽《あ》くまでも忘《わす》れてはならないのは、新《あた》らしい機能をもつた新らしい庭園《ていゑん》に、又都市計《またとしけい》畫全體《くわくぜんたい》に在來の庭園《ていゑん》のもつてゐた日本的な美を正《ただ》しく生かすことが必要《ひつえう》だといふことであらう。これについては近いうちに詳論《しやうろん》したいと考へてゐる。

〔註1〕「蓄音機に限らずあらゆる文明の利器は人間の便利を目的として作られたものらしい。併し便利と幸福とは必ずしも同義ではない。私は將來いつかは文明の利器が便利よりは寧ろ人類の精神的幸福を第一の目的として發明され改良される時機が到着する事を望み且つ信ずる」寺田寅彦全集・文學篇・第二卷、一八七頁

同様の思想はたとへば邦譯されてゐるカレル（Alexis Carrel）の「人間」――この未知なるもの――に見られる。

〔註2〕全機的なる概念については、橋田邦彦著「生理學」（岩波全書）を見られたい。建築衛生に關心を持たるゝ人は基本的な正しい知識を與へる書としてこの書をおすゝめしたい。科學的叙述といふ點では〔註1〕のカレルの書よりも優れてゐる。

〔註3〕寺田寅彦全集・文學篇・第二卷、五四九頁

〔註4〕「……太田町を中心とする一帶は（群馬）縣によつて一大工業地帶の創設を計畫され……これら工場用地として潰れる耕地は實に九七〇餘町歩、工場を繞つて小住宅が物凄い勢ひで建ちかつ塞がつてゆく」東京朝日新聞、昭和十四年七月二十五日

〔註5〕全集・第二卷 九九頁。

〔註6〕市浦健氏の優れた意圖「建築生産の合理化」（建築雜誌第五一輯第六三三號・一四九〇頁以下 昭和十二年）日本に於ては、本文で述べた現實的な基礎の上にはじめて現實化されるであらう。

征戰五閱月

三好達治

征戰五閱月
すでに大東亞圈內一萬海里のうち
賊塞ことごとく陷ち
賊勢ことごとく降る
紅毛羶羯の徒が上下三百歳
譎詐噓僞搾取誅求到らざるところなかりしもの
ここにやむ
ああ喜ばしきかな
十億の蒼生今日より
ここに天意のもとに生くべし
人倫はじめて立ち

文化はじめて興らんとす

咄　天日をあざむき蔑さんとするの輩
なほいづこにありて我らが聖域を窺窬せんと欲するや
我ら百歳も永く彼らと戰ひ
百度も彼らを殲滅して而してなほやまざるべし
我らが劍刄はとこしへに堅く
我らが砲身はとこしへに彼らの上に照準さる

そは彼らの非望を斷ち
そは彼らの不倫を碎き
彼らの一切を抹殺し粉碎しつくして而してなほ我らの意志は
正義をとりてとこしへに屈する時なかるべし
一度び歷史の上に去りて　再び歸り來るものなし
されば咄
去れ　彼ら地下の闇黑も
去れ　彼らの墓石を負ひて
彼ら白日の世界を去れ！

原始林の魅力

鳴海碧子

いま私の机《つくえ》の上に、六冊の本がのつてゐる。オサ・ジョンソンの「私は冒険《ぼうけん》と結婚《けつこん》した」サマセット・モームの「月と六ペンス」イヤハートの「最後《さいご》の飛行《ひかう》」ラチモアの「新疆紀行」シュヴィツエルの「水と原生林」アグネス・キースの「ボルネオ」

これらの著者《ちよしや》のうち大部分が女性で、女の眼からみた眠れる神秘《しんぴ》の國々、或は未開《みかい》のジャングルの魅力を私たちに喚《よ》び醒《さ》ましてくれる。人間の本性の中には、文化《ぶんくわ》が進むにつれて、一面、かうした原始に美を感じ憧《あこが》れを抱く——さうしたものが根強く内在するのであらう。それぱかりではない。女の視野《しや》も擴大《かくだい》し女の行動範圍も大きくなつたことを泌みじみ思ふ。女も狹《せま》い家の中にこせ／＼してばかりはゐられないといつた氣持になる。

日本《につぽん》も南へ窓《まど》が明いた。大きな窓が開かれた。希望《きばう》の光がまぶしくこの窓から流れ込んでくる。人々は、男も女もみんな南《みなみ》をみつめてゐる。

アグネス・キース夫人の「ボルネオ」は面白《おもしろ》く讀んだ。これは紀行《きかう》から見たボルネオではない。英帝國の前哨地《ぜんせうち》としての北ボルネオの官吏・難しく云ふと「林務官兼農業監督官」といふ長い肩書《かたがき》をもつた英國官吏の妻《つま》であり、五年間の未開の蠻地での生活體驗《たいけん》を綴《つづ》つたものである。探險家とか旅行者の見たボルネオでなくて、彼女《かのぢよ》は自分自身土着《どちやく》の住民の心になり切つてゐる。故國《ここく》に歸るときにも「私は故郷へ歸るのではなく、故郷《こきやう》を去るのです」と云つてゐるのを見てもその氣持《きもち》がよく解る。この點はあとではつきり分ると思ふが、私は世界の七つの海を制覇《せいは》したアングロサクソンの根強《ねづよ》さが、こゝにあつたのではないかと思ふ。未開の蠻地の大自然《だいしぜん》とそこに生活する原始民族への大きな愛情《あいじやう》がどの頁にも溢れてゐる。

持つて行く物

これからは南洋《なんやう》も私たちの生活圏内にはいつた。電報《でんぽう》一つで、いつ發たねばならない日がくるかも知れない。トランクには何を入れて行くか何を着てゆくか、それがまづ第一の問題《もんだい》になる。キース夫人からその體《たい》驗《けん》を訊くことにしよう。

○　友人たちは海水着《かいすいぎ》と半ズボンを持つてゆけとすゝめて呉れた。けれど首都《しゆと》のサンダカンのやうな所は保守的で、とてもそんな恰好では外を歩けない。

○　熱帶《ねつたい》では絹の下着類は、汗で腐《ふ》蝕《しよく》するから持つてゆかぬ方がいゝと敎へてくれた人もある。しかしそんなことはないとあとで判《わか》つた。

○　別の人は、絹の靴下《くつした》を澤山持つてゆくやうに忠告《ちうこく》してくれた。それで風呂桶《ふろをけ》一杯ほど絹の靴下を買集めて出發する前に、わざ〳〵冷水《れいすい》の風呂桶に一晩つけておいた。しかし、こちらでは長靴下《ながくつした》は一足もはかず、今でもそのまゝ持つてゐる。

○　ある人がメリヤス製ジヤケツや毛糸《けいと》で編んだものなどは賣拂《うりはら》つてしまつた方がいゝと云つたが、しかし雨季には今でも持つて來てよかつたと思ふ。ボルネオの山地《さんち》を旅行したときなどは、五枚の毛布に、ありたけの着物《きもの》を着て寢ても、まだ寒《さむ》いほどでした。

○　私の母が電氣行火《でんきあんくわ》をすゝめてくれた。熱帶《ねつたい》に行火の必要もあるまいと思つたけれど、持つてきて大變助かつた。坐骨神經痛《ざこつしんけいつう》やリウマチスの人が多くて、知人の間をくまなく渉り歩いてゐる。

○　服装《ふくさう》は蠻地《ばんち》にゆくのだから獵服などが一番よいと思つたが、むしろ必要なのは澤山の正餐用《せいさんよう》のドレスである。

○　植民地《しよくみんち》はどこでもさうだが、形式を重んじ、背廣《せびろ》でよい所にデイナー・コートを着るし、タキシードでよいところを燕尾服《えんびふく》を着るといつた具合で開襟《かいきん》シャツでノー・タイの紳士などがやつてくると物笑《ものわら》ひの種《たね》にされる。（註。アングロサクソンの形式張つた尊大さが見える樣である）

こゝの人達《ひとたち》も上衣を着たり、ネクタイを締めたり、燕尾服を着たり、會食服をきる。さういふ形式《けいしき》を内心では嫌つてゐても、それをきちんと守つてゆく。サロン一つでゐる住民と同じでは支配者《しはいしゃ》としての優越が保てない、さういふ心理の反映《はんえい》であらうか。

婦人《ふじん》にとつては季節《きせつ》のスタイルなどゝいふことは此處では意味がない。スマートな婦人《ふじん》たちが何を着てゐるか、雜誌《ざつし》で知る頃にはその御婦人たちはもうそれを着てゐない。服はともかく、帽子となると、とても人間には被《かぶ》れさうもないものだが、新しい帽子のスタイルが出ると、自分たちの古い帽子が急《きふ》に古《ふる》くさく見えだしてくる。ボルネオの棚《たな》には澤山《たくさん》のハイカラな帽子が納まつたまゝ故鄕へ註文《ちうもん》して取寄せたものだが、冠らないで終つてしまふ。（註。自由主義時代の流行は流行製造業者の金儲以外の何物でもない）

强烈な自然

こゝで夫人《ふじん》の住んでゐる官舍とかそこから眺めたボルネオの密林《みつりん》の狀景を一瞥しよう。

こゝは丘の中腹《ちうふく》で、眼下に海と港が見え、支那街の屋根がまつ赤に照り映えてゐる。海岸《かいがん》を彩る椰子の樹々が、精密畫《せいみつぐわ》のやうにくつきりと見える。玄關には王族《わうぞく》の着た目もあざやかなサロンがかゝつてゐて、吹矢とか銅鑼《どら》や壺《つぼ》などが置いてある。

庭先の植物は、匂ひも色彩もすべて强烈で、多彩鮮麗《たさいせんれい》な花々は豐饒な生命力を象徵してゐる。火のやうな花瓣をした「森《もり》の焔《ほのほ》」や口紅をさしたやうなアフリカ種のチューリップ赤素馨樹、チエンパヤ（金厚木）、ケナンガ（香料《かうれう》の一種の）樹々、それから櫻色のブーガンヴイリアの花、スンダル・マラム（夕顔《ゆふがほ》）のほのかな香など、それが靑空《あをぞら》を背景《はいけい》に咲いて、開け放つた窓から强い香氣を吹込んでくる。氣もゆるみ心も和んでうつとりとした氣分《きぶん》である。

裏庭《うらには》には竹籔があり、燃えるやうなカンナの花園《はなぞの》、その先が密林《みつりん》に消えてゐる。その道の兩脇《りやうわき》にジヤングルからくる動物《どうぶつ》に魚や肉や飯《めし》をやるための缺けた色んな形をした鉢が並んでゐる。一日中それらの鉢《はち》はいつもそこにある。これらの鉢は花園《はなぞの》の端から、ジヤングルの奧まで知れ渡つてゐて、いろんな動物《どうぶつ》が氣まゝに集つてくる。腹が一杯になると、その邊《へん》に居ついて　もう歸つて行かないものが出來て、それらは庭《には》の倉庫《さうこ》の中に、家族《かぞく》の一員のやうな顏をして住みついてゐる。

　この家の家族は、主人夫妻《しゆじんふさい》のほかに、支那人の婀媽が二人、アルサツプといふジヤングルから來た原住民《げんぢゆうみん》の子供、ジヤバ人の庭師、三匹から一打のシヤム猫《ねこ》、犬、手長猿《てながざる》、オラウツタン、それから前に云つたやうに來たい時に來て勝手《かつて》に行つてしまふジヤングルの動物達《どうぶつたち》。

　手長猿たちはカンナの花畑に近く二本の木のまはりに建てた金網《かなあみ》の小屋に住んでゐる。その頭上の枝に栗鼠がすみ、檻《をり》の中に出たりはいつたり、走《はし》り廻つてパパイヤや胡瓜《きうり》を盜んで食べる。これらの動物はアルサツプの遊《あそ》び友達《ともだち》になつてゐる。むし暑い午後みんな裸體《はだか》になつて晝寢をしてゐる間も、彼は動物と花園《はなぞの》を走り廻る。子供は物蔭《ものかげ》にかくれて犬に近づき、犬は猫に近寄り、かと思ふと手長猿《てながざる》に忍び寄つて、つひにキヤツ〱と大騷ぎになる。彼等の喜びは太陽《たいやう》の光にも萎れることはない。皆素晴《すば》しく躍動《やくどう》してゐる。强烈な生命力は、晝寢を必要としない。こんな時が一番幸福感《かうふくかん》に浸《ひた》れる時である

密林の花嫁

　アルサツプはボルネオの奧地《おくち》から來てゐる家僕《かぼく》である。皿洗ひをしたり、鳥の羽にはたきをかけたり、そんな家事は好まず、いつもぶら〱し煙草《たばこ》を吹かして怠けてゐる。しかし一端ジヤングルや奧地へ獵《れふ》にでも連れだすと、その本性を發揮し、實に有用な若者《わかもの》に變る。密林《みつりん》では「旦那樣の家僕」でなくて先導者《せんだうしや》であり未知の部落との親善《しんぜん》使節であり、通譯官も勤めた。主人と同じカーキ服を着て主人の廢物《はいぶつ》になつたヘルメツト帽を被り、ライフル銃を持たしてもらつて、それが山の奧地の原住民《げんぢゆうみん》たちの前で得意《とく》なのであつた。

この若者が花嫁《はなよめ》を貰つた。

空の新月《しんげつ》が徐々に滿つるのは、稔りの象徴で、結婚によい時期である。若者は花嫁の父に、古代《こだい》の甕《かめ》を四つ眞鍮の銅鑼を三つ、吹矢の筒、人の首七つ、貝のついた首環《くびわ》、それに水牛《すいぎう》を届けた。これが花嫁を貰ふ代償である。甕を尊重するのは、獨特《どくとく》の酒を作るためで、凡《およ》そ二三百年前祖先から代々《だい〴〵》傳《つた》へて來たものである。銅鑼は昔ジヤワあたりから來たもので、家寶の一つにされてゐる。吹矢は昔からの武器、それから貝殼《かひがら》は裝身具として非常に魅力《みりよく》をもつてゐて、昔貨幣《かへい》として彼等の間に使用されたもの。首が力と勇氣《ゆうき》の象徴であることは云ふまでもない。

結婚式《けつこんしき》の日は祝ひの酒甕《さかがめ》に酒がつがれ、鷄を料理し、魚や肉類を土から掘り出し、小さい竹製《たけせい》の器に入れて並べる。新郎から贈られた貝の首環を首にかけて、夫婦結合《ふうふけつがふ》のしるしである最後の式に臨む。それは同じ皿から二人が米飯《べいはん》を食べて、又一つの甕から一緒に酒をのむのである。

花嫁の年はまだ幼《をさな》い。然し、黄金色に熟したマンゴーのやうに、天然《てんねん》の強い匂《にほ》ひを放ち、密林《みつりん》の樹木の上を飛ぶ胸《むね》のふくらんだ鳩のやうな野生味がある。

花嫁の衣裳《いしやう》はたゞ腰に卷いた、脛を覆ふ長さのサロン一つだけである彼女はこの白人《はくじん》の屋敷へ來ても胸をかくさない。マレーの短い花模樣《はなもやう》のブラウス（ケバヤ）を買つてやると豐かな胸《むね》の上にぴつたり着込んで、あぶなつかしさうにブローチ一つで止めてゐたが、丸いはち切れさうな胸が、その下に自由《じゆう》を求《もと》めてもがいてゐるやうであつた。彼女はこの窮屈な着物《きもの》に對していつも反《はん》感を抱いてゐて、機《き》會さへあると脱ぎ捨てゝしまふ。文化的《くわてき》にするために、いろんな衣裳をつけやうとするのだが、向ふから見ると、これは何と不思議なことに違ひない。汗《あせ》を流《なが》し、日に四回も五回もワイシヤツを變へ乍らネクタイをしめ、燕尾服《えんびふく》を着る、それが文化であるなら文化の意義を疑はなくてはならない。

白人のタブー

植民地《しよくみんち》で文化人と云はれる人達に

は、服装《ふくさう》ばかりでなくて、生活を束縛するタブーがあるらしい。どこの國でもさうだが、植民地は一見自由《けんじゆう》の天地のやうに見えて、その實、保守的になりがちである。それは一つには、かうした本國《ほんごく》から離《はな》れた前哨基地は、婦人《ふじん》の數が少いから、目立ち易く、また種々のゴシップの種をまき易い。夫たちは先輩《せんぱい》の細君《さいくん》たちのさうした失策《しつさく》を自分の妻にさせないと苦勞《くらう》する。そこに幾つかのタブーが生れるのであらう。北ボルネオにおける白人《はくじん》婦人が結婚《けつこん》してきて、まづ言ひ渡される禁制事項《きんせいじかう》を擧げてみると、

半ズボンで競技《きやうぎ》をしてはいけない
若い士官と親密《しんみつ》になるなかれ。
午前中にブリッヂをするな。
朝のうちに男の訪問客《はうもんきやく》を受けてはいけない。
芝居や音樂《おんがく》の觀衆《くわんしう》と親しくなるな
人をその名で呼んではいけない。
よく相手を知つてからでないと招《せう》待《たい》を受けるな。

すべて、これらは噂《うはさ》の種《たね》を作るもとで云はゞ危險な所に點された赤ランプのやうなものである。

ジャングルに還る

支那人の二人の婀媽は忠實《ちうじつ》によく働く。ジャングルの若者《わかもの》や娘に比べると、馴染み易くて生活にも溶け込んでくるのが早い。洗濯《せんたく》もやり、アイロンもかけ、食器も洗ひ、よく立ち働く。それで「眞珠《しんじゆ》で買へない寶」など愛稱《あいせう》で呼ばれるほどである。しかし彼女《かのぢよ》たちは自分《じぶん》の部屋をガラクタ物の置場にしてしまふ。ピンク色の花模様のついた古筵《ふるむしろ》とか、飾りのついた古い化粧臺《けしやうだい》、壞れた鏡、空になつた壷《つぼ》、犬の嚙み破つたサロン、色の褪せた更紗《らしや》のカーテン——主人たちが捨てたものを拾つてきて、自分の部屋に貯へておく。男の料理人などは、何人きても誤魔化《ごまか》したり、食物を盗んだり、暇をとるときは、臺所用品《だいところようひん》で、肉切ナイフやエナメルの壺《つぼ》とか、きつと失くなつてゐる。

それに比べるとジャングルの連中は、怠け者であつても、さういふ點は潔癖《けつぺき》であるが、またそれだけ溶け込んでくることもしない。花嫁を貰つた密林《みつりん》のアルサップも原始の森に還つてしまふ。花嫁《はなよめ》もこの密林では

サロン一つで、胸をしめつける束縛《そくばく》もなく、その本性のまゝに生きることが出來るであらう。

　オサ・ジョンソンがボルネオへ來てジャングルの獸たちを澤山《たくさん》集めてアメリカへ歸る時に、動物の世話係りに、黑人《こくじん》の青年が傭はれて行つた話がある。船がシンガポールらかコロンボにより、ケープタウンに着いた頃《ころ》、動物も人間《にんげん》も寒さにふるへ上つた。で、早速《さつそく》上陸して洋服を買つて貰つた。シャツ、ズボン、袖のある上衣《うはぎ》、帽子、ネクタイ、靴《くつ》。これで文明人《ぶんめいじん》らしくシャツの前を合せ、首にネクタイを卷きつけ、全部で約二十ポンドの金であつた。この男が三ケ月ばかり紐育を見物《けんぶつ》さして貰つて歸つてきたが、何の愛着《あいちやく》もないやうに、出來合の服も帽子も靴も脱ぎ捨てゝ裸足《はだし》になり、サロン一つの生活に還《かへ》つた。北ボルネオの奧地《おくち》の村に歸つて、花嫁を貰ひ、牛を飼ひ、米を作り、酒を飲んでジャングルの人たちの中で、本當《ほんたう》に寛《くつろ》いだ生活の喜びを味つた。

　野生《やせい》の動物にも、支那人の婀媽のやうに、家族《かぞく》の一員になり切つてしまふものもあるが、奧地の若者のやうに、結局《けつきよく》ジャングルへ還るものもある。手長猿のジョジョなど家族の一人のやうに、家の中に出入して暮してゐる。庭のマンゴー樹《じゆ》の天邊《てつぺん》で暇をつぶすこともあり、餌《えさ》をもつて出ると、枝から枝へと傳はり「森の焰《ほのほ》」の燃えるやうな赤《あか》い花《はな》の間を押し分けて走つてくる。女主人が二階で讀書《どくしよ》してゐる間、傍の花嫁道具にさはつたり、紐《ひも》の長いスタンドをぶらんこにしたり、半年もかゝつて本國から取寄せた口紅を喰べてしまつたり、テーブルの花瓶《くわびん》を落したり――彼は完全に家庭《かてい》の一員になり切つてゐる。

　麝香猫《じやかうねこ》は書齋の小さい抽出や本棚の後を棲家《すみか》にしてゐる。日中彼はそこで眠《ねむ》つて、日が暮れて涼しくなつた頃、飲物を求めにくる。一杯のミルク、生卵やウエイファーなど與へてやる。主人が服の着替をしてゐると素足《あし》にとびつき、部屋をかけめぐり、擽つたり、嚙んだりする。けれどもつかまらない時は、唯寢臺《しんだい》で横になつて、寢た風をするとすぐ側へ寄つてくる。(四七頁につゞく)

讀★書

造型美論　高村光太郎著

正確な判斷力をもつて、ものゝ眞髓にふれた書物である。彫刻と繪畫とについて、造型美學の立場から素人にも解るやうに、造型本來の美を語り、更にそれを通して、讀む人をして彫刻や繪畫ばかりでなく、ものゝ本質を見究めようとする氣持を起させる力強い指導精神に充ちてゐる。

「素材と造型」にみられる明快な造型理論を始め、一造型小論」の中で行はれる數々の思索には著者一流の見解と情熱がうかがはれて面白い。

最後の「印象主義の思想と藝術」は、近代の文藝思潮や、社會思想にまで大きな影響を與へた印象派の名稱の起りから始つて、印象派の一般概念を述べ、更に此等の畫家の一人一人に就て興味ふかく述べてゐる。（筑摩書房　定價三圓）

日本昆虫記　大町文衞著

日本昆虫記と書くと、人はどんなむづかしいものだらうかと思ふ。先づ目次をひらいて見よう。

一、目出度い虫

二、大きい虫

光る虫もある。生ける飛行機　お伽噺の舞姬。さては、家庭の害虫、家畜の害虫等々。自由濶達な表題で、機智に富んだ文體で、科學者らしい正確さを文學者としての表現法でつつんで書かれたのがこの日本昆虫記である。最近　科學者の隨筆がよく出版されるが、とかく無味乾燥になり易いに反し、これは科學的精細をもつた文學である。しかも活字の組みがゆるやかで大變讀み易い上に、微妙な昆虫の形態を巧みに描いた挿畫が多く入つてゐるので、一層内容をゆたかにしてゐる。特殊な科學書としてより、教養書として、隨筆としてひろく讀まれたい本である　著者は大町桂月の次男で、農學博士である。（朝日新聞社　定價一圓八〇錢）

勤勞と文化　輝暖義等著

勤勞と文化は、今迄の勞働は苦痛であるといふ定義を破つて、勤勞の中に人は喜びを見出し、將來の日本は、勤勞生活にきたへられた人々の手で礎かれるといふ著者の信念を書いたものである。さうした立場から、工場勞働、農村勞働を研究し、よりよき勤勞生活をするための方法論をたて、勞務者住宅、疲勞と休息の問題を提供し、女子勞働のことに及んでゐる。これらのことは社會の重大問題であり、勤勞と文化が、著者の意の如く、勤勞卽文化となるためには多くの改革がなされねばならない。本書は現社會の過渡期としての思潮を一面代表してゐると見られる。（科學主義工業社　定價一圓八〇錢）

すまひといふく

すまひといふくは、住居と衣料とについて、最低の生活の中で、如何に上手に、しかも美しくやりくりするかといふ事を、各方面に亙つて多角的に編輯したものである。それ故、思ひ付き的なところが多く　又　趣味に流れるきらひもあるけれども、便利で、容易なことを好む世情には迎へられるであらう。深さはないが單行本と雜誌の中間を行く編輯方針は、時代の好みを、單的に示してゐる。

（生活社　定價一圓三〇錢）

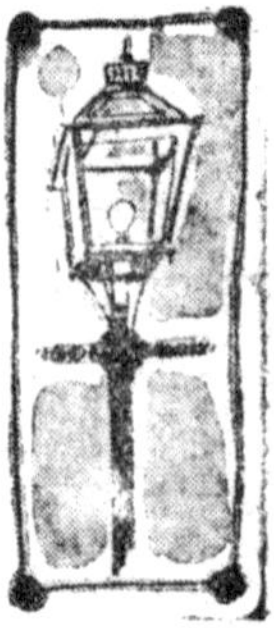

生活と照明

臼井啓

照明への無關心

この間友人に會つた時、自分は今照明の仕事に關係してゐるのだと語つたら、「あゝ赤や青の光を舞臺に出す仕事か」と至極簡單に片づけられ今更反答のしやうがなかつた事がある。

一般に照明といふものは夢幻的なそして華美な仕事であるかの如き通念を抱かせ世間から誤解され勝ちであるが、決してそのやうなものではなく、その眞意は人間生活上缺く可からざる光といふものに對する正しい使用が目的とされてゐるのであつて、適切な照明は結局電力國策にも副ひ又明朗な生活社會をも生む、云はゞ生活の合理化に資する譯である

最近「物資不足」「品不足」とまるで流行語にでもなりかねない程誰しもが此の言葉を口にしてゐる。若しも此の物資不足が我々家庭に最も大切な食料の上に現はれたとしたならば何うであらう。早速誰しもが決められた範圍でその對應策に腐心されるに相違ない。

そして又食料と電氣とが置き替へられたならば多くの人々は申合せた如く、打つて變つた冷淡な態度に出る事も亦間違ひなき事實であらう。

電氣も亦食料品以上に大切なものであるのに何故に一般の關心を得られぬのであらうか。その昔、「電氣の原料は水である。少々雨でも餘計に降れば餘つて了ふのだから、何も儉約する必要はない」と心なき人からあつさり片附けられたものだつたが、現代にはこのやうな非常識な人は恐らく皆無であらうと信ずる

假令只の水力で起す電氣にせよ我々家庭のソケットに來る迄には，如何に多くの貴重なる物資がその間に費ひやされてゐる事であらうか。單にこれのみ考へただけでも無駄には使へぬ筈である。

今や全國擧げて節電が叫ばれてゐる。節電を提唱する程電力も亦他の物資同樣不足をしてゐるのであらうか。いや決してさうではない。平常通り或はそれ以上に發電設備がなされてゐると聞く。今日重要生産部門への電力供

給が頓に倍加されつゝある折であるから、所謂不要不急の消費方面への電力は國策上是が非でも節約を力行せねばならない。

節電と照明

此の節電と照明とは兎角其の眞意を穿き違へ易く、その爲めいろいろの問題を生んでゐる。例へば消燈、減燈、減燭と云つた早合點が皆それであつてその爲め工場に於ては生産の減少、學校に於ては生徒の視力障碍、又家庭方面にては餘り暗きに過ぎた結果の氣分沈滯等、諸種の原因を造り、およそ時局の要求と正反對の結果を招く事になる。

一體我が國ほど照明の問題が長く等閑に附せられてゐたところも稀であるらしく、又それが急激に發達した例も珍らしいといはれてゐる。今日照明の各分野を見るのにその各々がそれぞれの權威者によつて完成の域に達しつゝあるにも拘はらず、生活と最も不可分の關係にある住宅照明がひとり置去りにされてゐるのは一寸不可解な現象であり如何にも殘念なことである。玆に一例を擧げれば、完全な照明が出來る狀態にある立派な邸宅の中には、照明と生活との有機的關係を深慮せず、唯徒らに趣味外觀にのみ囚はれたシャンデリアを取付け、或は各部屋の機能を考慮せず單に意匠の粹を凝らした器具を取付けてこれが模範照明だと自負する向もあるやうに聞く。

若しも聖戰下このやうな舊態依然の住宅があるとすれば、今ひと息照明に對する眞の認識と電力國策の眞義を摑まれて正しい照明の具體的方法を講じて欲しい。さうしてはじめて廣義の電化住宅となるのであり、生活化照明の眞髓が躍如として生まれるのである。

合理的生活化照明

即ち現在提唱されつゝある金屬回收運動の主旨に早速賛同してシャンデリア類並に贅澤器具の撤回をなし、實生活に即したものに置き替へて照明器具の一元化を圖ると同時に、現在無駄に使はれる電力の有無を調査なし節電に一層の協力をよせて合理的生活化照明を得るならば、我が家は樂しく明朗となり、一方電力國策にも副つて一家の經濟をも圖る事が出來るのであるから正に一石二鳥の良策であらう。速かに實行に移されん事を望む次第である。

それでは何處をどの樣な方法にて改善したならば良いか？　其れには判り切つた事ながら「笠」といふものゝ性質、使ひわけを先づ知らねばならない

昔より多くの人々の間に愛された裸電球は必要以外の場所にまで光を投げて電力をそれだけ無駄に消費してゐる無駄の光線は節電の大敵であるから何とか必要とする方向へ直してやらねばならない。それには「笠」といふ云はゞ光の方向轉換機の樣なものを使ふのである。

電球より出た光は此の笠の内面に當つて撥ね返る。此の時、十の光が其の

儘十だけ反射はされないのであつて、笠の反射面に依つて種々と異なるのであるが、先づ半分の五位は返される。残りの五は反射賃として笠自身が頂戴するのである。この反射賃の安い程其の笠の反射率は良好なのであつて、從つて之を能率のいい室、我々は効率何パーセントの笠と稱してゐる。

然し此の反射率の良好なもの程、下方への光の量は增すけれど天井へ投射される分量は反對に減つて來る。即ち天井が暗くなる。換言すれば、家庭に例を採つて臺所の用事とか、針仕事等には恰好の笠となるが、一般の居間、客間等は上下の明暗の差がひどくて陰氣な感じを受けるので餘り適當でない。玆に於て作業別による笠の種類選擇が必要となつて來る。

作業別の器具撰擇

今玆に丸グローブの照明器具が使はれてゐたと假定する。丸グローブが投げる光の量は大體上下左右同量である。即ち天井も壁もテーブル面も亦同じ明るさなのである。從つて室全體を和やかに照明するには良いが上部左右に明るさは大して必要ない樣な所では全く不經濟な話であるから、この時は盥型のグローブに替へて見る。此の型のものは下部に光量多く、上左右に少い。同じ硝子のグローブでも下方への明るさは後者の方が二割から明るい。從つて若し前者と同じ明るさでよいならば使用電球のワツト數は二割減ずる事が出來る。こゝにグローブの撰び方一つで二割の節電が出來る事になる。

更に部屋の氣分を損じないならば下方の開いた椀型笠を用ひる。光量は更に三割近く增す。結局前記丸グローブとくらべ、同照度では電力が半分になつて節電は此度にも見られる。

然しいくら良い明るい笠でもその室の大きさに適した電球を用ひなければその性能は百パーセント出ない。即ち笠より電球が下方に飛び出てゐる場合には偏平笠乃至は裸のまゝ灯したのと同結果になり、反對に電球が笠の奥の方に引込んでゐる時は內部で反射されて下方へ出るべき光の殆が相殺されて了ふので笠より出る光は電球の下方に向つて出る量のみとなり、何れの場合でも大して明るくならないのである。大體に於て電球の最下端部が笠の方部內にやつと納まる程度にある時、一番能率よく使へる。そして笠の形は前申した樣な椀型か釣鐘型が一番良好であり大概の部屋に向くし、又厭味のないものである。市場には獨籠目編の竹のかけた笠もあるが、申すまでもなく外觀本位だけのものである。

以上述べた笠の使ひ分けを實際如何に各部屋に施したら宜いものか、決戰下質實剛健な家庭の照明となり得るか次にこれを簡單に記して見よう。

家庭照明の實際

玄關及廣間は來客に落付きを與へる爲と節電とを兼ねて二〇ワツト迄位にする。洋風玄關なれば一〇ワツト程度の橙色電球を用ひて親みを濃くするやり方もよい。此處は照度とか能率を云々する程でないので笠は適宜撰定になるがよい。

應接間はスタンドばかりにする。來客の數によつて光源の數も亦增減する。スタンドの照明は落付きと親みを增すと同時に節電に最適である。

客間居間が和室の場合は、多く採用されてゐる紙ばり燈器は能率が惡い爲め椀型硝子笠に替へて同時にワットを一段落す。針仕事にはスタンドを用意する必要がある。

居間が洋式の時は應接同樣の方法を採る。勝手は食物を扱ふ所であるから他より明るく、衞生保健の見地から一坪當り三〇ワット程度にして健康ランプを點灯する。燈火管制を考慮して常時その準備に工夫する。

廊下の燈りは手元スキッチを便利な位置に置いて豆に點滅させて節電を圖る。庭に面した廊下にある電燈は利用價値が少いから此の際思ひ切つて取外し、差込みコンセントにしておくと何時でも役立ち便利である

大體照明は實際に實驗してみて初めて納得出來るものである。筆者は至極當然過ぎる位當然な事を冗々と記した。皆常識程度の事で別に取立てて云ふ程のものは一つもない樣に思はれるであらうが、思つて出來ないのが我が家の照明改善である。

聖戰下銃後國民のなす可き多くの仕事の中に忘れられた樣な此の小さな、而も大切な意義を含んだ生活化照明に對し諸賢の御一考を煩し度く敢へて茲に當問題を取あげた次第である。

＊　＊　＊　＊　＊

（四二頁よりつゞく）

になつて、寢た風をするとすぐ側へ寄つてくる。

これが段々成長《せいちやう》して、力強くなり背丈がのびて、彼は本當のジャングルの生物《せぶつ》になると、も早や彼は人間のペットではなかつた。それればかりではなく、彼は人間《にんげん》の與《あ》へるミルクも卵もほしがらず、夜は密林に忍び出て昆虫《こんちゆう》や油虫、蛇、小さい生餌《いきえ》をとらへて食べる。暴風《ばうふう》のはげしい朝彼は本當の原始《げんし》林《りん》の獸に變つてしまつた。彼はバンガローの換氣裝置の孔から逃げだし、庭の竹籔《たけやぶ》から密林へ走つていつた。麝香猫のジョーヂは、永久《えいきう》に人間の保護を必要としないジャングルの仲間に加はつたのである。

ドイツの制服（二）

佐々龍雄

5

前號で私は「制服《せいふく》と歷史《れきし》」の關係、つまり制服が制服たり得るためには强力《きやうりよく》な歷史の支柱《しちう》が何如に必要であるかを摘說《てきせつ》した。そしてまたこの强力な歷史の支柱を獲得《くわくとく》するためには、制服自體《せいふくじたい》が如何に多くの苦難《くなん》な戰ひを體驗《たいけん》しなければならなかつたかを、ブルシエンシヤフトの運動とリユチヨヴ制服の一例《れい》を通《とほ》して見て來た。

制服が新しい世界觀《せかいくわん》を體現するに至るまでの道程《だうてい》は、いつの時代にあつてもそれは戰《たゝか》ひを必要《ひつえう》とし、この戰ひによつて世界觀を不動《ふだう》にし普及せしめたのである。宗教史《しうけうし》は「勝利の教會」ecclesi atrivmphiereの以前《いぜん》に、「戰ふ教會」ecclesia militans のあることをわれわれに教《をし》へてゐるが、これと同じやうに「勝利《しやうり》の制服《せいふく》」uniformis triumphiere の以前《いぜん》に「戰ふ制服」uniformis militans があらなければならなかつた。この最もよき例をわれわれはナチスの制服に於いて見ることができるのである。即ちナチスの世界觀《せかいくわん》は先づワイマール共和政府を倒壞《たうくわい》せしめるために闘爭《たうさう》し、戰ひを通して國民社會主義《こくみんしやくわいしゆぎ》の新しいイデーを發展《はつてん》せしめた。從つてその最初《さいしよ》にあつては、ナチスの制服は一時に多くの人々に着られたものでなく、ナチス世界觀を體得《たいとく》した一人一人によつて着固められたものはある。もし「ドイツ制服《せいふく》學《がく》」といふものがあるとすれば、われわれはナチスの制服をその結論《けつろん》として見做すこともできよう。私自身 ナチスの制服をドイツに於ける制服論《せいふくろん》及び制服史の典型《てんけい》と考へてゐるので、この意味からナチスの制服《せいふく》とその歷史を私の拙《せつ》論《ろん》の結論に豫定《よてい》してゐる。

前號の冒頭《ぼうとう》で私は制服の一般的な概念《がいねん》を定義《ていぎ》した時、ブロックハウス大辭典とウェブスターのインターナショナル・デイクショナリイの二つから、制服の義解《ぎかい》を引用《いんよう》したのであるが、それは制服が廣狭兩樣《こうけふりやう》の意味に用ひられてゐることを示《しめ》したにすぎない。しかし廣い意味での制服《せいふく》は、前號の所論《しよろん》によつてわれわれの論點から抹殺《まつ》した。それは何等かの世界觀を持たぬ制服は　前にも繰《くり》返し述べたやうに制服としての存在價値《そんざいかち》を失《うしな》つてゐるからで、敢てこれ等をも取上《とりあ》げて行くならば、もはやわれわれは制服なるものを制定する必要《ひつえう》のないほどにその意義を複雜化《ふくざつくわ》し、一般のコスチユームに低下《ていか》せしめる危險《きけん》があるからである。そのためこゝで問題《もんだい》に上し得る制服は極《きは》めて類型的《るいけいてき》なもののみに限られる譯であり、同時にさういふ種類《しゆるい》のみの歷史的《れきし》檢討から、將來《しやうらい》われわれの制服として考ふべきものの定義《ていぎ》を一層强固《きやうこ》にする理由《りゆう》からでもある。

しかし狭義《けふぎ》の制服、例へば「就中《なかんづく》、制服とは一八〇八年より一八四三年までプロシヤ歩兵部隊《ほへいぶたい》の將校が勤務服《きんむふく》として着用し、一八五六年までは禮服《れいふく》として着用《ちやくよう》せるフロツクレ(ブロツクハウス大辭典)に就いて」われわれは一考して置かなければならない。なぜならば初《はじ》めのうち制服《せいふく》と軍服とは同じものであり、軍服以外《ぐんぷくいぐわい》の制服がなかつたからである。だから實際《じつさい》のところ制服に就いて語らうとすれば、軍服《ぐんぷく》に就いて語《かた》らねばならないのである。ただ軍服以外の制服、例へば政黨《せいたう》や結社や義勇團《ぎゆうだん》等の制服は、その發生《はつせい》の過程《くわてい》に於いてわれわれの興味をより多く喚起《くわんき》するばかりでなく、かかる民間《みんかん》の制服こそが事實《じじつ》は制服としての價値をより多く持つてゐることに注意されなければならない。

それにしてもわれわれが制服の變遷《へんせん》を溯《さかのぼ》つて行く時、そして根源的《こんげんてき》な制服を探索《しんさく》しようとする時、われわれの求め得るものは軍服以外《ぐんぷくいぐわい》にないのである。それは私はここでドイツの軍服《ぐんぷく》に就いて簡略《かんりやく》ながら語つて置きたいが、しかしこの記述《きじゆつ》の目的は兵種《へいしゆ》の相違や、それによつて生ずる軍服の區別《くべつ》を示すためでなく、寧《むし》ろ軍服が如何にして生れたかに就き、そしてそれに關聯《くわんれん》して軍服の種類を幾《いく》つか示すに止まるのである。殊《こと》にドイツが統《とう》一されない前には、多くの諸國があり、夫々《それぞれ》の支配者《しはいしや》の下に各軍國があり、例へばプロシヤ、バイエルン、ヴユルテンベルク、バーデン、オルデンブルク、メクレンブルク、ザクセンなど數へ上げたら際限《さいげん》がなく、さういふ諸國《しよこく》の軍服が時代と共に變化《へんくわ》してゐるのであるから、この紙上では到底《たうてい》述べ盡《つく》せるものではない。

從つてこのやうな多くの中から私は近代《きんだい》ドイツ軍の基幹となり、ドイツ聯邦《れんぱう》を統一してドイツ聯邦を組織《そしき》してドイツ帝國を建設《けんせつ》したブランデンブルク選擧侯國《せんきよこうこく》、即ちプロシヤの軍服を取上げて見たい。だが軍服の起源《きげん》に關し、私は確たる定見《ていけん》を持つてゐる者ではない。寧《むし》ろ私の意見は推測の範圍を出でぬかも知れない。それに軍服の起源《きげん》に關し紋章や甲冑に就いても、不充分な愚見《ぐけん》を述べなければならないが、何分繁忙《はんばう》のうちに筆を進めたため言葉の足らぬところも少くないと思ふ。この點は讀者の叱正《しつせい》を煩したい。

さて、ドイツに於いてはいつ頃から軍服が軍隊《ぐんたい》にとり入れられたか、今のところ正確《せいかく》に決定されてゐない。或る種の軍服は既に中世頃《ちうせいころ》、採用《さいよう》されてゐたと云はれてゐるが、しかしそれも確實《かくじつ》な資料《しれう》に基いてゐるものではない。ただ王侯の從者《じゆうしや》や騎士がしばしば王侯《わうこう》の紋章の色彩《しきさい》で染めた軍服を裝ひ、また兵士《へいし》が都市の標色《へうしよく》の衣服を着用してゐた事實を發見《はつけん》することはできるが、それにしても今日の意味に於ける軍服からは甚《はなは》だしい隔《へだ》りを示してゐる。つまり軍裝が制服として考へられるためには、近代的軍隊《きんだいてきぐんたい》の設立《せつりつ》を俟たなければならない。從《したが》つて一般にわれわれが軍服《ぐんぷく》に就いて語《かた》り得るのは、ルードヴイヒ十四世以後《いご》となる譯である。

しかしながら紋章《もんしやう》なるものはその起源に溯《さかのぼ》る時、現在に見られる如き、殊《こと》にわが國に於ける如き無意味のものでは決してなく、これが單なる個人《こじん》、門閥《もんばつ》、團體の標識《へうしき》に過ぎないものとなつたのは、近代生活《きんだいせいくわつ》に於いて紋章がそれ程重要な役割《やくわり》を演《えん》じなくなつたためであると云へ、われわれは昔の戰爭《せんさう》からこの紋章を抹殺《まつさつ》して考へることは到底できないのである。多少《たせう》ともペダンテイツシュな説明《せつめい》になるが、ドイツ語のWappan（紋章《もんしやう》）の語源《ごげん》はWaffen（武器）であり、同樣に英語《えいご》のarmsでは、單數形《たんすうけい》の時に「武器」の意となり、複《ふく》數形《けい》の時に「紋章」の意となるのである。これはフランス語armesの場合《ばあい》も同じである。紋章の起源《きげん》と見られるのは、既に古代《こだい》に於いて諸民族《しよみんぞく》の間に持つてゐた戰爭標識であらう。そしてゲルマン人もタシトウスの時代にば、彼等の楯《たて》に色彩《しきさい》や記號を描《えが》いてゐた。この文章によつて戰士達は、混亂《こんらん》する戰場に於いても敵味方《てきみかた》の區別を知ることができた。殊に完全な甲冑《かつちう》の武裝《ぶさう》をなした騎士には、このやうな識別標が是非とも必要であつたのである。從つて紋章の本來《ほんらい》の意義は、戰爭を度外《どくわい》視して考へることができない。

だからもし紋章に用《もち》ひられた色彩や文様が軍裝《ぐんさう》に轉用《てんよう》されて、味方同志《みかたどうし》の識別《しきべつ》を容易ならしめる一つの符號《ふがう》となつた場合、これをわれわれは制服《せいふく》の起源であると見做《みな》してよいかも知れないが、直系的《ちよくけいてき》に發展《はつてん》したのでないことは明かである。兎に角、制服の職務《しよくむ》の一つは、前號《ぜんがう》に於いて述べたやうに、それを着用《ちやくよう》しない者から區別《くべつ》するところにあるので、この意義のみを取立《とりた》てて見るならば、われわれは紋章と軍服との關係が一層緊密《きんみつ》に結ばれてゐると誤解してしまふのである。

カール六世皇帝（オウストリア）

更にまたこの誤解《ごかい》は甲冑と軍服《ぐんぷく》との間にも見られるのである。この二つは時代《じだい》によつてしばしば混同《こんどう》され、甲冑から軍服が生まれて來たと類推《るいすい》されがちなのである。この解釋を根據《こんきよ》づけるものとして、われわれは兵器《へいき》の發達《はつたつ》と戰術甲兵の變革《へんかく》とによつて招來された軍裝《ぐんさう》の變化を擧げることができるが、しかし軍服自體《じたい》は決して軍裝でないことに留意しなければならぬ。無論《むろん》近代技術《きんだいぎじゆつ》が軍裝に及ぼした影響の如何に大であつたかをわれわれは知つてゐるが、甲冑と軍服とはその本來《ほんらい》の目的を異《こと》にしてゐるのであつて、甲冑は防禦《ばうぎよ》用の武器として用《もち》ひられてゐたにすぎない。ところが戰爭に銃砲《じゆうはう》が使用せられるに及んで、この防禦用《ばうぎよよう》の武器が無價値となり、輕快《けいくわい》な軍裝に變遷《へんせん》したことを以つて、現在の軍服の起源《きげん》が甲冑であると速斷《そくだん》するのは當を得てゐないであらう。

ここで注意《ちうい》したいのは、オウストリアのカール六世皇帝《くわうてい》の寫眞《しやしん》（カール六世皇帝銅版畫よりの複寫）に見られるやうな服裝である。無論《むろん》、これを今日の意味における制服《せいふく》と考へることはできないが、しかし當時、即ち一七三〇年前の時代的服飾となつてわれわれは想像《さうざう》することができるし、殊にカール六世皇帝《せいくわうてい》が、一七二八年六月二日、諸侯《しよこう》を招集して憲法《けんぽう》上の權利《けんり》と自由との保持を誓つた宣誓式《せんせいしき》の銅版畫を見ると、鬘《ペルッケ》と外被《マント》は總《すべ》てが同一であり、皇帝及び諸侯の服裝が劃一的に正式《せいしき》なものである。鬘《ペルッケ》及び外被《マント》はその時代の趣味《しゆみ》から生まれた服飾《ふくしよく》であるにすぎないといつてしまへばそれまでであるが、われわれは制服の發端《はつたん》に當つては、一人の、つまり個人《こじん》の制服が存在《そんざい》してゐることも忘れるべきではない。このやうな制服は、徽章《きしやう》や服飾などによつて、この着用者の身分《みぶん》や地位を明示《めいじ》する。例へば皇帝の正式禮裝などは最も好きな例として個人的《こじんてき》な制服の類に數へることができやう。ただそれが個別化《こべつくわ》されてゐるため、この拙論から除外《じよぐわい》しなければならないのであるが、あらゆる意味の制服を取上げるならば、このやうな特殊《とくしゆ》な制服に就いても論じなければならないのは當然《たうぜん》であらう。

ただここで私の述べたいと思ふことは、多くの個人的《こじんてき》な制服は最も純粹《じゆんすい》な制服の意義を保持《ほぢ》してゐたにも拘らず、遂ひに個人的《こじんてき》といふ價値以外のものを持ち得なかつたといふことである。そしてかかる制服の持つ歴史的《れきしてき》志向は極めて消極的《せうきよくてき》であり、更にその永續は着用者の生涯《しやうがい》に限られるといふ短時日《たんじじつ》のものである。しかし個人的な制服の歴史的研究は、單に風俗史《ふうぞくし》の立場からのみでなく、政治、軍事、經濟等の觀點《くわんてん》から深めて行くならば、興味多い對象《たいしやう》となるであらう。

6

先づ一般的に三十年戰爭《せんさう》時代に於ける制服を概觀《がいくわん》して置く。だが、武器や服飾などの詳細《しやうさい》な記述は、到底私の爲し能ふところでないから、讀者《どくしや》は宜しくその時々の挿圖《さしづ》によつてこの拙文《せつぶん》の補《おぎな》ひとされたい。なほこの記述は主としてリハルド・クネーテルの著「軍服學便覽《ぐんぷくがくびんらん》」に準據してゐることを斷つて置きたい。

a　b　c　d　e　f　g　h

三十年戰爭頃迄の武器と裝備

(a)小銃兵　(b)槍兵　(d.c)甲騎兵　(e)槍騎兵　(f)銃騎兵　(g)喇叭手

(h)龍騎兵

三十年戰爭時代にはまだ確然《かくぜん》と軍服の着用が普及《ふきふ》してをらず、兵士は各自《かくじ》所有《しよいう》の軍裝《ぐんさう》で出陣したが、しかし騎兵は實戰《じつせん》上の必要から、主として革胴衣《かわどうぎ》を愛用してゐた。だが武裝《ぶさう》といふ點を考慮《かうりよ》して、或る種の軍服着用が次第に有力となつて來たのは當然である。槍兵《さうへい》（第一圖b）は、鐵製《てつせい》の防禦用甲冑を纏《まと》ひ、鐵兜、胸甲、背甲、頸當《くびあて》を着用してゐたが、しかしこの種類《しゆるい》の軍裝は明《あき》らかに十七世紀以前のものであり、一六一八年より四八年まで續いた三十年戰爭《ねんせんさう》の初めに於いて既に廢《はい》れたのである。小銃兵（第一圖a）は多く廣緣の帽子を被《かぶ》つたが、時として鐵兜を用ひ、甲騎兵（第一圖cb）は最初のうち瞼甲帽と完全な板鎧を纏ひ、下腿部は武裝《ぶさう》せず長靴の胴で包んでゐた。また腕の前膊部《ぜんはくぶ》も裝甲《さうこう》されてゐたのであるが、時代の經つにつれ漸次《ぜんじ》これは除かれ、それに代つて右手は革製《かわせい》の籠手《こて》で包まれ、左手は指狀の鐵手袋《てつてぶくろ》で覆はれてゐたが、事實《じじつ》、右手は刀の鍔によつて充分に守られてゐたからである。後には瞼甲帽《けんこうばう》も多くは他の兜形に變遷《へんせん》して行き、殊に過つて名付けられたパッペンハイムの兜《かぶと》が非常に流行《りうかう》した。パッペンハイムの兜と云ふのは、三十年戰爭に於いて偉勳《ゐくん》を樹てたパッペンハイム將軍麾下の騎甲旅團《きこうりよだん》が用ひた兜をさすのであつて、第一圖のcの兜《かぶと》がさうである。
槍騎兵《そうきへい》（第一圖e）の武装ほど甲騎兵のそれと似てゐたが、この部隊《ぶたい》は既に三十年戰爭の初めになくなつてゐた。また銃騎兵（第一圖f）は甲騎兵に比較《ひかく》して輕快な武装《ぶさう》であるが、それはこの部隊の行動目的が然らしめたもので、甲騎兵とは異つてその武器の性質《せいしつ》上、敵と離《は》れて戰ふためであると思はれる　龍騎兵（第一圖h）に就いては讀者《どくしや》の多くが承知して居られることであらうから、ここでは消略《せうりやく》するが、兎に角、以上のやうな兵種《へいしゆ》のうち、活動に困難な武装は時代と共に漸次《ぜんじ》廢《すた》れて行つたのである。殊に三十年も戰爭が繼續《けいぞく》した結果、この間に起つた戰術の變化と武装の代謝とは著しいものであつた。われわれの想像《さうざう》し得る範圍内《はんゐない》でも　甲冑が活動に不便な用具として次第《しだい》に顧みられなくなり、寧ろ攻撃的な武器を使用するに便な軍装へと轉換《てんくわん》して行つた事實を認めることができる。

またこの時代にはよく青色軍團《せいしよくぐんだん》とか、また黄色軍團とか云ふ名稱《めいしやう》が用ひられたのであるが、この名稱の根據《こんきよ》は兵士の制服にあるのでなく、主として軍旗の色が青色であつたか、また黄色《こうしよく》であつたかによるのである。更に當時は、今日のやうな階級章と云ふものは存在《そんざい》しなかつた。だから士官と兵士の區別《くべつ》が出來なかつたので、士官《しくわん》は兵士よりも豪華な軍装をすることによつて自己の地位と階級《かいきう》を明示《めいじ》し、それが歩兵部隊や龍騎兵部隊《りうきへいぶたい》にあつては　後に一般化した短槍《スポントン》の前身たる有鉤戟《パルティザーネ》を持つてゐた。そして友軍と敵軍の識別標として用ひられてゐた陣中綬章は、ただ士官のみによつて帶《を》びられてゐたらしい。例《たと》へばこの綬章はヴアレンシュタイン軍にあつては赤色《せきしよく》であつたが、スウェーデン軍にあつては綠色《みどりいろ》であつた。

ここでわれわれの注意《ちゆうい》を惹く事實《じじつ》は、まだ一定した制服が着用《ちやくよう》せられなかつた時代に於いて必要だつた。かかる識別標が後世《こうせい》になつて制服の色彩に強く影響を及ぼしたと云ふことである。しかしこの識別標の色彩が如何なる理由で生まれたかに就いては、今のところ詳《つまびらか》にすることが出來ない。それに識別標は一樣に色彩《しさい》のみによつて明示するとは限られてをらず、一六五六年のワルシヤウの戰ひではブランデンブルク軍は槲の小枝《こえだ》を、スウェーデン軍は藁箒を帽子に挿してゐた。一六八三年のウイーンの戰ひでは、ポーランド軍はトルコ軍と非常《ひじやう》によく似てゐた武装《ぶさう》をなし、胴に藁縄《わらなは》を巻き付けてゐたのである。またプロシヤ軍（少くとも皇帝聯隊の第二第三大隊はこの事實を證明《しようめい》してゐるのであるが）は一七一五年のシュトラールズンドの戰ひに當つて、その帽子に二箇の赤い心臓《しんざう》を描いてゐたが、恐らくこれはプロシヤとザクセンの同盟《どうめい》を象徴するものと想像されるのである。フリードリヒ大王《だいわう》麾下《か》のプロシヤ軍と殆んど同じ軍服を纏つてゐたヴュルテンベルク擲弾兵《てきだんへい》は、七年戰爭の時、雪白《せつぱく》の擲弾兵帽《てきだんへいばう》を被り、白色の上張りを纏つてゐた。一七六二年フリードリヒ大王《だいわう》は、同一の軍装《ぐんさう》をしてゐる敵軍《てきぐん》の騎兵隊から容易《ようい》に見分け得られるやうに、全プロシヤ騎兵に羽冠《はねかんむり》を與へた。

所謂《いはゆる》、この時代には特定の制服なるものが存在《そんざい》せず、敵も味方《みかた》も同じやうな軍装であつたため、相互の區別《くべつ》のため容易な標識《へうしき》が必要であつたのは當然《たうぜん》で、殊にわが國に於ける戰國時代《せんごくじだい》にも等しい時代では昨日の敵も今日の味方となる狀態であるから、同盟軍《どうめいぐん》の間でもしばしば同志討ちの悲劇も惹起《じやくき》されたのである。そこで一八一三年ナポレオンに抗して立つたドイツ解放戰爭《かいはうせんさう》の同盟軍は、同盟軍共通のバンドとして左手の上膊《じやうはく》に白色の布を巻いた。また瑞西では州毎に軍服が相異《さうい》してゐたため、聯合軍を組織《そしき》する場合、白色の聯邦十字章《れんぱうじふじしやう》が描かれた赤色のバンドを帶びた。一八六四年にはプロシヤ軍とオウストリア軍とは再び白色のバンドを用ひ、部分的《ぶぶんてき》にはプロシヤの軍服と相似してゐる南ドイツ軍は、左手の上膊に黒赤黄《くろあかきい》のバンドを巻いたである。

以上は各國各州の軍隊特有《ぐんたいとくゆう》の識別標に就いてスケッチしたのであるが、このやうな識別標《しきべつへう》が一般化された例としてわれわれは先づ帽章《ぼうしやう》を擧げなければならない。殊に國際的《こくさいてき》中立章として、一八六三年ヂュネーヴの會議に於いて決定された赤十字《せきじふじ》のはいつた白バンドは、現在までも普ねく用ひられてゐるものである。

7

本章からプロシヤの軍服《ぐんぷく》に就いて述べることにするが、最初に軍服の變化によつて次の如き時代區分《じだいくぶん》のあることを示して置く。

（一）　創始期《さうしき》よりフリードリッヒ・ウイルヘルム一世の

一千八百六年迄の小銃兵 プロシヤ（a）小銃兵下士官（c）小銃兵鼓手
（g）士官 その他は小銃兵

登位までを第一期とし、一般にこの時代の軍服《ぐんぷく》は市民の衣裳《いしやう》に倣つてゐた。

（二）フリードリツヒウイルヘルム一世より一八〇八年の改革《かいかく》までを第二期とし、この時代の軍服は第一期軍民混淆《ぐんみんこんかう》のそれより脱し、簡素な型を撰ぶやうになり、初めて市民《しみん》の衣裳から岐れるやうになつたその特徴とするところは、上衣の裾《すそ》が折返しなつてをり、辮髪《べんぱつ》を垂らし、帽子を被つてゐる。

（三）一八〇八年より一八四三年までを第三期とし、上衣は短い裾《すそ》のフロツクに代へられ、一般的な頭被物として軍帽《ぐんばう》が用ひられてゐる。

（四）一八四三年より世界大戦前《せかいたいせんぜん》までを第四期とし、この時代は軍服《ユニフオーム》の上着《フロツク》と尖頂兜とによつて特徴づけられてゐる。

また帽章は一八〇八年の改革《かいかく》までは黒色であつたが、それ以後は白色の環《リング》のある黒色となつた。

第一に歩兵《ほへい》の軍服《ぐんぷく》から述べてみたい。

軍服に關する最初《さいしよ》の記録《きろく》は、選帝侯ゲオルグ・ウイルヘルムの統治時代《とうちじだい》、正確に云へば一六三二年に現はれてゐるボーランドの皇帝選擧《くわうていせんきよ》へ出席する選帝侯に隨伴《ずいはん》したプロシヤの近衞兵《このゑへい》（歩兵千名、騎兵百五十名）がマルク・ブランデンブルクに歸還して來た時、この近衞部隊は一樣に暗青色の軍服を纒《まと》つてゐた。だがわれわれがこの時代の劃一的な軍服から未だ純粹な概念《がいねん》を抽象し得ないことは、約五十年後の一六八三年、大選帝侯《だいせんていこう》の近衞兵勤務服に就いて述べられてゐる閱兵報告《えつぺいはうこく》、即ち「十五ケ月前に初めて勤務服が兵士に頒布《はんぷ》せられたが、しかし概してそれは粗惡不揃《そあくふぞろ》であつて　あるものは靑色の布製《ぬのせい》のズボン、またあるものは革製のものを穿き、平ぺつたい錫製《すずせい》のボタン、丸いボタン、眞鍮《しんちう》のボタンがつけられてあり、一部は淡靑色の上衣であり、また一部は暗靑色《あんせいしよく》のものを着用してゐた」と云ふ報告文が如實《によじつ》に證明してゐるのである。一六三二年には僅か近衞兵のみに限られてゐた軍服も、一六七〇年頃、比較的《ひかくてき》大規模に採用《さいよう》せられるやうになつたことが想像される。上衣の地色《ぢいろ》は、歩兵にあつては暗靑色が基調《きてう》となつてゐたが、赤色、綠色《みどりいろ》のものも存在《そんざい》してゐた。また歩兵は當時の流行に從つてヘルメツト帽を被り、頸卷《くびまき》をし、廣い上衣、長いチヨツキ、膝關節の上まで達する靴下、ガーター、及び扣子附の靴といふ服裝であつた。

ここに軍服の細目に就いて記して置く。大選帝侯麾下の徒歩近衞兵は白い折返しのついた靑色の上衣を着てゐた。士官は主に赤色の上衣であつた。選帝女侯ドロテア聯隊は、一六八一年の詳細な閱兵報告によれば、白裏の赤色の燕尾服を着用し、折返しは中隊に從つて異つた備品がつけられ、マントは白裏の赤色靴下も赤色であつた。從つてこの聯隊では軍服の總てが赤色であり、僅かに白い頸卷と、黑い帽子が違つてゐたが、頸卷には赤いリボンがついてをり、また帽子には赤白のリボンが卷かれてあつた。

一六八八年のアンハルト聯隊は一般に赤裏の靑色の上衣で、折返しがついてをり、クールランド聯隊の軍服は靑裏の靑の上衣とマントであつた。

選帝侯《せんていこう》フリードリヒ三世（後に皇帝フリードリヒ一世）の治下では、一般の軍服型《ぐんぷくがた》は前時代とほぼ同樣で、羚羊革《かもしか》製のチヨツキは廢《はい》され、布製《ぬのせい》のものが代用された。また既に前時代から用ひられてゐた士官の頸甲《リングクラーゲン》は聯隊長の紋章で飾られてゐたが、これはしばしば大鼓にも描《えが》かれてゐたのである。頸甲《リングクラーゲン》の紋章は一種の裝飾であるか、それとも所屬聯隊《しよぞくれんたい》の徽章としてつけられたものであるか、われわれの疑問《ぎもん》とするところであるが、ただそれを士官のみに限つてゐることから一種の階級章《かいきふしやう》として考へてもよいやうである。兵卒《へいそつ》と士官との軍服はその地色《ちいろ》に於いて相違することがあり、また裝飾品《さうしよくひん》に於いて相違することもあるが、また頭髪《とうはつ》によつても區別《くべつ》されるのである。卽ち一般兵士は長髪を結《ゆは》えもせず垂らし、つまりざんばら髪《がみ》であるに反し將校には上品な現代的《げんだいてき》整容《せいよう》が許され、更に高級司令官は干日鬘《から》を頂いてゐた。

この時代（第一期）の軍服の細目《さいもく》にわたつて、リハルド・クネーテルは丁寧懇切《ていねいこんせつ》な記述をなしてゐるが、それはわれわれにとつて左程重要《さほどぢゆうえう》でもなければ興味ある對象でもない。

要するに第一期の末葉《まつえふ》は、軍裝から純然たる軍服に移り變つて行く過渡時代《かとじだい》と見て差支えないと思はれる。卽ち混亂した兵士の服裝が次第に統一純化《とういつじゆんくわ》され、遂ひに一定の型と色彩《しきさい》とを持つに至つたのである。統一純化を促進《そくしん》したものは、前に縷說《るせつ》した通り近代兵器《きんだいへいき》の使用がその最大の原因であるが、われをれがここで看過《みすご》してならぬことは、今までまちまちであつた軍裝の統一が改めて軍人精神《ぐんじんせいしん》を强化したことである　軍服を着用《ちやくよう》することによつて、その着用者は武勳《ぶくん》を表示すると共に、世人の尊敬《そんけい》と羨望《せんばう》の標となることができた。ところで若し軍服が雜多《ざつた》であり、三十年戰爭以前のやうに市民的《しみんてき》服裝《ふくさう》と何等相違するところがなければ多くの兵士は服裝を通してお互ひに結びつけられることがなく、またその着用者《ちやくようしや》が兵士と見做されることもない。從つてそこには服裝に對する責任感《せきにんかん》もない譯であつて、軍服による團結《だんけつ》は單に戰場のみに止まるのである。

最初《さいしよ》、軍服の制定は識別標としてのみ考へられたのであらう。この想像は多くの事實《じじつ》が確證《かくしやう》してくれるのであるがしかし實戰《じつせん》上から必要とされた軍服の制服も、その反面《はんめん》に於いては、精神的《せいしんてき》な統一純化が結果されたのである。これは軍服の持ち得た大きな利得《りとく》と云はなければならない。勿論、軍服を着用し得る適格者《てきかくしや》は個々に於いて卓《すぐ》れた人々であるであらうが、着用者が自己の軍服に對して責任《せきにん》を持たなければならなくなつたことは、個體《こたい》を統率《とうそつ》する上に少なからぬ便利《べんり》を與《あた》へたのである。

爭奪戰物語（五）

高村敦

葡英鬪爭へ

ゼムランから密《みつ》使を受けて印度洋の三角波の上に乘り出した一小帆船《はくせん》は、百噸《トン》餘りのものに過ぎなかつた。それでも當時の英吉利東印度會社所有の武裝《ぶそう》商船《せん》は平均二百五六十噸位のものであつたので、小間使走《こまづかひ》りの船としては偉容《いよう》を示すに足る巨《きよ》船《せん》であつたに違ひない。が、この船はポンヂンエリーの北方《ほくはう》海岸《かいがん》にあるマドラスパタムに行くとよかつたが印度の南端《なんたん》コモリン岬を廻つて西海岸沖を北上《ほくじやう》したものだ。マドラスパタムには英吉利《イギリス》のもの共がランカスター船長といふものに率《ひき》ひられてベンガル灣《わん》にやつて來てから、殆んどそれは武力《ぶりよく》で海岸の一地點を占據して、セントジョージ要塞《ようさい》の小部分を造營《ぞうえい》してゐた。あの有名な「貿易振興《ぼうえきしんこう》」號と命名された千百噸の巨船《きよせん》、それは長さ百五十呎、幅四十呎、喫水《きつすい》二十呎、マストの高さ千百呎、乘組員四百人、大砲《たいはう》二十門《もん》といふ當時として世界《せかい》第一の巨艦だつたものであつたが、それがマドラスパタムにも寄港《きかう》して印度人にこの偉容《ゐやう》を示したものだ。さういふこともあつてマドラスパタムは、東印度會社の東洋《とうよう》での唯一《ゆいつ》の據點《きよてん》だつた。そこには、常に少くとも一隻《せき》か二隻の英吉利の武裝船《ぶそうせん》が碇泊《ていはく》してゐた。一六一五年には、英本國では東印度會社の造船所《ぞうせんじよ》で二十艘の武裝船を進水《しんすい》し、その總噸數一萬噸に及ぶ大建船を行ひ、これらの船に二千五百人の船員を乘込ましめて東洋に廻送《くわいそう》せしめた。

當時の船の形は、わが國ではむか

し和蘭船《オランダせん》といつたもので、船首は比較《ひかく》的《てき》低く、よく向ひ波をかぶる形であるが、その代《か》り船は幾階《いくかい》にも高い層を爲して幾つもの壁窓《かべまど》や大天窓が付いて、外部《ぐわいぶ》から見たところ雄大《いふだい》な感を與へてゐるが、それといふのも單に船《せん》尾が高いといふばかりではなく、船の中腹《ちゆうふく》が大鼓腹《たいこはら》をしてゐて鈍重《どじゆう》な而も積荷の大きた收容《しうよう》力を持つてゐるから。造船の設計《せけい》としては船足が早いといふよりはなるたけ澤山《たくさん》の荷物を積込《つみこ》むことの出來るやうに造《つく》つたものだ。船足を早くするために三本の大中小檣《マスト》があつて、之に幾つもの下桁《けた》に三角帆を取付けて風を一ぱいに孕ませて走るのだが、帆の操作《さうさ》がたいへん手間取るので、風の方向《はうかう》の變るに從つて早急にそれに應じるやうに帆の向を變へるに容易《ようい》でなかつたことはさすが巨船《きよせん》だつた貿易振興號の如きも、後《のち》に印度からジャヴァに航行したときに船の破損《はそん》を修繕するためにバタヴイアの海岸《かいがん》近くにやつて來たときに、究風《とつぷう》に押しやられて海岸に横《よこ》になつたきり船體《せんたい》がいふことをきかなくなつたといふ笑《わら》へぬはなしもある。この巨船がジャヴァで沈沒《ちんぼつ》したといふ報知《はうち》があつたとき、實はそれは沈沒でなく當時《たうじ》スラトを除いては、東洋のいづれの場所《ばしよ》にもまだドツクらしいものがなかつたので、貿易振興號《ぼうえきしんこうがう》もジヤヴアではドツクに入れて修繕《しうぜん》することが出來ず、破損《はそん》のまゝ海岸に巨大なからだを横《よこ》にしたまゝ見捨《みす》てられたものだが、その報知《はうち》がロンドンの會社に達《たつ》したとき、この船の建船《けんせん》のために力を入れたジョン・ハウブロンが會社の入口の柱《はしら》に寄りかゝつたまゝ聲を擧げて泣《な》いたといふ。一體《たい》英吉利人といふ奴は義理のためとか悲哀《あい》に感激して泣くなどといふ事はなく、損をしたから泣くのだ。その損失が利益《りえ》ですぐに補充して餘《あま》りあるときは泣かないが、丸《まる》損《そん》だといふ直感《ちよくかん》の場合に泣く。この遺物は今日《こんにち》は獨逸の大爆撃《だいばくげき》でやられて破壞《くわい》し去られてしまつたか何うか確かめることが出來ぬが、數年前《すうねんまへ》まではオールド・レデイ・オブ・スレツドニイドル・ストリートの入口舊邸《きうてい》宅《たく》廻廊大柱こそその時の遺物《ゐぶつ》なのだ。

そこで、ゼムランは、なぜすぐ近《ちか》い海岸のマドラスパタムの英船に使《つかひ》を立てなかつたかといふことに、今日猶疑問《もん》を與へてゐるのである。これについて貿易振興號の如《ごと》き巨船隊《きよせんたい》がマドラスに居《を》らないことを知つてゐるからだといふものもある。例《たと》へばチャールス・アインボウの如きもそういふのであるが、しかしそう見るのは間違《まちが》ひであつて、筆者《ひつしや》はゼムランがマドラスよりもスラトに於ける英吉利の據點《きてん》を重要視したからだと見る說《せつ》を採る。

元來《ぐわんらい》このゼムランといふのは、英吉利の東印度會社を正式《せいしき》に代表した機關ではなく、この會社の重役《じゆうやく》ゼームス・ランカスターの個人的利益の代辯者《だいべんしや》であるに過ぎないものであるのだ。蔭《かげ》で利益の蔓《つる》を見付けて、これを本國のゼームス・ランカスターに報告して手柄《てがら》を立てようとする。そこにゼムランとランカスターとの密接《みつせつ》な利害關係があるわけであつて　ゼムランの手によつて確保《かくほ》された東洋での資源《しげん》をランカスターのものとして莫大《ばくだい》な利益を設定《せつてい》せんとする。ランカスターとしては東洋での自己《じこ》の勢力範圍《せいりよくはんゐ》内にある利益を東印度會社に極めて有利な條件《でうけん》で賣込《う》まうとする意圖《いと》があるので、ゼムランを印度に私設特使《しせつとくし》として派遣してあるのだ。

だが、マドラスには東印度會社の船が、常《つね》に大小取り交ぜて幾隻《いくそう》かが碇泊して、そこに經營基地《けいえいきち》を確立するまでは、それを以て武力的に擁護してゐるのだが、ゼムランとしてはるなたけその基地《きち》との連絡を圖《はか》りたくなかつた。それといふのも、ポンヂシリエでの利益關係は、その基地の東印度會社の手に奪《うば》はれることを警戒《けいかい》してゐるから。そこに行くとスラトの方には、まだゼムランの手下《てした》がゐて、その地方からの織物《おりもの》の集荷をひそかにやらせてゐるものがあるし・また東印度會社關係以外の英吉利の利益集團《りえきしゆうだん》がごつちやに存在してゐた。

だからゼムランは、密使《みつし》の船をマドラスとは反對《はんたい》のスラトの方へ向けたのである。

だが、スラトは彼が考《かんが》へてゐたほど英吉利の勢力《せいりよく》が確立してゐなかつた。

元來《ぐわんらい》はスラトは印度におけるポルトガルの基地《きち》であつたもので、こゝにおける葡國の印度地盤《ちばん》は數十年に亘る長年月で築《きづ》き上げたものであつただけ、英吉利がこのスラトに進出《しんしゆつ》して新な基地を築《きづ》こうとしたのであつたから、兩國の闘爭《とうそう》の激甚《げきじん》であつたことは想見に値するものがあつた。しかし英葡兩國間の闘爭《とうそう》はスラトからはじまつたものでなく、千五百八十年代にベーカー少佐と行を共《とも》にした英商船隊のベンガル灣進出《しんしゆつ》の報に刺戟《しげき》された英吉利貴族階級の不良《ふれう》青老年等が、アフリカ西海岸ギニア沖《おき》でポルトガルの東印度商船隊を襲撃《しゆうげき》した海賊行爲からはじまつたものである。葡國船の一隻《せき》より分捕つた寶物、それが東洋よりの貴重《きちやう》商品としてロンドン橋畔の市場に賣買されたときのキヤリコ綿布《めんぷ》、絹織、絨毯《じゆうたん》象牙、紅玉、琥珀細工、刺繍《ししゆう》織物、堆朱製品翡翠細工、七寶燒《しつぽうやき》等が如何に英京好事者等の購買心《こうばいしん》をそゝつて、見る間に數十萬英貨の巨利を齎したか。かゝる巨利が印度等東洋諸領域《れうゐき》において、葡萄牙やその他の國人等によつて獨占《どくせん》的に占《し》められてゐたものであるが、今後は之《これ》を英吉利のために、しかも自分《じぶん》等の利益として獨占《どくせん》せねばならぬといふ確信《かくしん》、それはジョンブルの自分勝手な慾望《よくばう》であるが、を固めしめた。

この意圖《いと》のもとに英商船隊を引具《ひきぐ》して希望峰を迂廻し、印度に航行したものは千六百八年のホーキンスであるが、彼《かれ》はその商船隊を印度兩海岸の北《ほく》方《ぱう》スラトに着《つ》けて、奥地アグラに到《いた》つた。それは第三次航海《かうかい》と呼ばれてゐるものであるが、實《じつ》をいへば第一次も第二次航海も出稼《でかせぎ》海賊《かいぞく》であつたのである。ジョンブルのこの惡魔行爲《あくまかうゐ》は、ポルトガルや和蘭人によつて世界《せかい》の港といふ港にすばやく傳《つた》へられた。ホーキンスがスラトに着く前《まへ》に他國の船によつて、そこのポルトガルの經營者《けいえいしや》等の耳に入つてゐた。

ホーキンス等の一行《かう》がスラトで下船《げせん》すると、大名行列《だいみやうぎやうれつ》をつくつて印度の奥地に這入《はい》つて行つた。スラトはポルトガル商隊の根據地《こんきよち》であり、印度商人等もそれと密接《みつせつ》な商行爲をやつてゐるので、こゝでの葡國人の勢力《せいりよく》はたいしたものであつたから、彼等《かれら》はホーキンス等一行をアグラに到る途中《とちゆう》で仇敵として襲撃《しふげき》しようとした。ところがこの英人の一行は、自分等は英吉利國王の使者《ししや》であると威嚴《いげん》を示したものであつたから幸ひにもその襲撃《しふげき》を免《まぬか》れた。

ホーキンスは英王《えいわう》ジェームズ一世の親翰を所持《じさん》してゐたが、その名宛《なあて》の印度王はアクバー大帝《たいてい》であつたが、大帝はすでに四年前に崩御《ほうぎよ》してゐた。それでも彼は大帝の後繼《こうけいしや》たるジヤハーンギール皇帝に英王の書翰を恭《うやうや》しく捧呈した。この書翰といふのは、ホーキンスを印度商人に斡旋《あつせん》してくれとの紹介狀《せうかいじやう》に過《す》ぎなかつたが、彼は之を國書《こくしよ》として奉呈したものであつたから、彼に對する莫臥兒帝室の取扱《とりあつかひ》はたいしたものであつた。が、それには彼が英京で私《し》費《ひ》で買入れた美裝の甲冑《かつちう》や華美な硝子器や小銃《せうじゆう》を英王からの贈物として奉呈したことにもよるので、莫臥兒皇帝は彼に宮廷《きゆうてい》の侍中よりアルメニアの娘を妻として賜《たま》つた。彼はこの美女と二年餘《あま》りを享樂《けうらく》してゐた間に、葡國勢力は強心《けうくわ》し茲に葡英の鬪爭《とうさう》となつた。

明日の健康のために

★豫防醫學の話★

大東亞《だいとうあ》戰の赫々《くわく〱》たる戰果《せんくわ》は、神國日本歴史初まつて以來《いらい》の大飛躍《だいひやく》を、日本民族に約束《やくそく》した。われわれは來る可き建設《けせつ》の期間に於て、一層《そう》わが身を自愛《じあい》し、目前の敵《てき》に對《たい》しては、あくまで勝ち拔《ぬ》かなければならぬ。

國民生活《こくみんせいくわつ》の分野《ぶんや》に於ても、あくまで合理的《がふりてき》に、すべてを處し、日本國民《につぽんこくみん》の最高能率《さいかうのうりつ》を發揮《はつき》せしめなければならない。

そこで、健康《けんかう》の問題《もんだい》もあらためて檢討されなければならない。個人《こじん》々々の健康《けんかう》は、一億《おく》の健康となる。

昔から「豫防は治療《ちれう》にまさる」といふ。鍛錬《たんれん》といふことから見れば、豫防《よばう》も消極的《せうきよくてき》であるかも知《し》れないが、病氣になつて始めて病菌《びやうきん》に立向《たちむか》ふとよりは遙《はる》かに賢明《けんめい》である。

この世の中《なか》から、病菌《びやうきん》をなくするわけに行かない以上、病菌《びやうきん》との闘爭《とうさう》は人生に課《くわ》せられた宿命《しゆくめい》だ。彼等と如何に闘《たゝ》ふか、未然《みぜん》にこの宿敵《しゆくてき》を防ぐことにより、どんな利益《えき》がもたらされるか、我々の健康《けんかう》を護る最前戰《さいぜんせん》の戰術を、厚生省豫防局《かうせいしやうよばうきよく》防疫課長《くわちやう》、南崎雄七《みなざきゆう》氏《し》に御指導を仰《あふ》いだ。

高木　力

豫防醫學は何故大切か

問　豫防醫學《よばうゐがく》といふのは、どんなところに目標《もくへう》をおいてゐるのでせうか。

答　一口にいへば罹《かゝ》らずにすむ病氣に、人間が罹らないやうにすることです。また大きい立場から見ると死亡率《しばうりつ》を下《さ》げるとか、平均餘命（壽命《じゆめう》）を延長《えんちやう》するとかいふことにもなる。どうせ人間《にんげん》は一度《ど》は死ぬものだが、折角《せっかく》生きてゐる者は天壽《てんじゅ》を完うすべきであるし、また如何《いか》に人間《にんげん》が多《おほ》くても、どし／＼死《し》んで行つては何にもならない。言《い》ひ換《か》へれば死《し》なせることを防《ふせ》ぎ、生きてゐるもの丶壽命《じゅみょう》を延ばすことが最終《さいしゅう》の目標《もくひょう》です。これは治療醫學《ちりょういがく》だけに頼《たよ》つてゐては出來ないことで、どうしても豫防《よぼう》に主眼《しゅがん》をおかねばなりません。

問　我國《わがくに》ではそれがうまく行《い》つてゐるでせうか。

答　殘念《ざんねん》ながらこれまではあまり香《かんば》しい成績《せいせき》をあげてゐない。昭和十三年度の統計《とうけい》で見ると日本人の死亡率《しぼうりつ》は人口一〇〇〇人に對し一七人となつてゐるこれを諸外國《しょがいこく》に較《くら》べると、フランスが一五人、イタリー一四人、イギリス一二人、ドイツと北米合衆國《ほくべいがっしゅうこく》が各一一人オランダの如きは八人《にん》といふ數字を示してゐます。つまり文明國《ぶんめいこく》の中では日本が最も死亡率《しぼうりつ》が高《たか》いわけで、これは卽ち疾病豫防《しっぺいよぼう》の力が弱《よわ》いことを證明することにもなります。

壽命《じゅみょう》の方からいふと、日本人《にっぽんじん》は男四六年、女四九年といふのが平均餘命《へいきんよめい》になつてゐるが、イギリスは男五八年、女六二年、ドイツは男五九年、女六二年、衞生施設《えいせいしせつ》の行屆《ゆきとど》いた瑞典の如きは男《をとこ》六三年、女《をんな》六五年も生きることになつてゐる。この方も日本《にっぽん》は面白《おもしろ》くない狀態《じょうたい》を示《しめ》してゐるわけです。

問　天折する人《ひと》が多いことになりますね。それは病氣《びょうき》の治療《ちりょう》が行屆《ゆきとど》かないのが主《おも》な理由《りゆう》ではないのですか。

答　それも勿論《もちろん》ある。米國《べいこく》のフイツシヤー氏は、米國に於《お》ける死亡者《しぼうしゃ》のうち四二%は、もし醫者《いしゃ》の現に有する知識《ちしき》が、合理的範圍《ごうりてきはんい》に於て合理的に應用《おうよう》されてゐたなら、確實《かくじつ》にその死亡《しぼう》を喰ひとめ、若《も》しくはその壽命《じゅみょう》を延長《えんちょう》することを得《え》たものである、といつてゐます。死亡率《しぼうりつ》の高い國《くに》では、もつとこの率が高いと見てもい丶でせう。

また或る英人《えいじん》は、米國が病氣《びょうき》と死亡によつて一ケ年に失《うしな》ふ費用《ひよう》は六億ポンドと見積《みつも》つてゐるが、その三分の一は豫防《よぼう》し得《う》るものであるといつてゐる。そして、

「豫防可能《よぼうかのう》なる疾病の救濟《きゅうさい》、或ひはその罹病《りびょう》を治療《ちりょう》するが爲に時間、金、技術を盡《つく》すことは、明らかな浪費《ろうひ》だ。何故ならばこれらの精力《せいりょく》を、その病因《びょういん》を取除《とりのぞ》くことに捧《ささ》げる方が一層有効《いっそうゆうこう》だから」といつてゐる。

この言葉《ことば》は、豫防《よぼう》といふことの重要さを端的《たんてき》に示《しめ》してゐると思ひます。

米國《べいこく》で或人が病氣《びょうき》を評價して、その

平均代價《へいきんだいか》を出《だ》したものがあります。病氣をすれば金《かね》がかゝるのは判《わか》り切つた話《はなし》だが、大略どの位かゝるかといふのです。それによると、蟲様突起炎《ちうやうとつきえん》の代金四五〇弗《どる》、神經衰弱《しんけいすゐじやく》は八〇〇弗、乳《にう》嘴突起炎《しとつきえん》は七五〇弗、癌《がん》はどうせ死ぬのだが、死《し》ぬまでに一五〇〇弗《どる》つかふことに見積《みつも》られてゐる。

問　豫防《よばう》の方の代金《だいきん》は？

答　治療《ちれう》の一圓より豫防《よばう》の一〇錢といふ通り豫防《よばう》の爲に拂ふ金額《きんがく》は、少くても非常に効果《かうくわ》があります。兒童福祉《じどうふくし》事業《げふ》の米國七十二都市《とし》に於ける經驗《けいけん》では一ケ年七仙―八仙で、子供《こども》の傳染性疾《でんせんせいしつ》患《くわん》を含んだ病氣《びやうき》を豫防《よばう》することが出來るといひ、また看護事業を含む傳染病《でんせんびやう》撲滅運動《ぼくめつうんどう》にたづさはる諸團體《しよだんたい》の計算では、一人《にん》當り五〇仙、公衆保健《こうしゆうほけん》事業《げふ》の爲米國大都市《ためべいこくだいとし》の團體《だんたい》で計上してゐる豫《よ》防費《ばうひ》も一人あたり五〇仙で充分《じゆうぶん》といふことになつてゐます。これは社會衛生《しやくわいせいせい》として行《おこな》はれる場合《ばあひ》のことですが、個《こ》人衛生《じんえいせい》として考へると一層安《やす》い、手を洗つて赤痢《せきり》を防《ふせ》ぐとか、うがひで感冒その他の傳染病《でんせんびやう》を防《ふせ》ぐ、といつたたぐひで、金《かね》よりもむしろ心がけ次第《しだい》といふことになります。

問　豫防《よばう》できる病氣《びやうき》と出來ない病氣の割合《わりあひ》は？

答　それも米國《べいこく》のマサチユセツツ州《しう》の或村で一九一九年精密《せいみつ》な健康檢査《けんかうけんさ》が行はれた報告《はうこく》で、大體《だいたい》を推《お》しはかることが出來ませう。その村で全住民《ぜんぢゆうみん》の健康《けんかう》狀態《じやうたい》を委《くは》しく調べた、その結果身體《けつくわしんたい》に何か缺陷《けつかん》のあるものが七七%を占めてゐたといひます。そのうち重症患者《ぢゆうしやうくわんじや》は二五%、六一%は醫學上《いがくじやう》豫防《よばう》し得るか、または容易《ようい》に治療《ちれう》できるものだつた。そして現代《げんだい》の醫學《いがく》で豫防し得ないと認《みと》められるものは、その中《ち》わづか一五%に過ぎなかつたといふことです。

問　豫防できない病氣《びやうき》とはどんなものでせう。

答　癌《がん》とか、腎臟《じんざう》の病氣、肝臟《かんざう》の病氣、腦溢血《なういつけつ》などは豫防困難《こんなん》な部類です。これとても、長年衛生《ながねんえいせい》に注意し、完全《くわんぜん》な健康《けんかう》を心がけてゐれば或程度《あるていど》豫防《よばう》することもできますから、絶對《ぜつたい》に豫防不可《ふか》能《のう》といふのではないが、一般的概念《ばんてきがいねん》の上ではまあむづかしい。その他の病《びやう》氣《き》、殊に傳染性疾患《でんせんせいしつくわん》の大部分は、必らず豫防し得るといつても過言《くわごん》ではありません。

豫防法の具體策

問　豫防醫學《よばういがく》といつても、ごく專門的《せんもんてき》に亘《わた》ることもあるでせうが、私共《わたしども》が常識として心得《こゝろえ》てゐなければならないのはどんな事でせうか。

答　病氣《びやうき》を豫防《よばう》する方法《はうはふ》を大きく分けると、二つの方面《はうめん》が考《かんが》へられます。

一つは社會衛生《しやくわいゑいせい》、一つは個人衛生《こじんゑいせい》。直接《ちよくせつ》個人《こじん》が行はねばならないのは勿《もち》論《ろん》個人衛生《こじんゑいせい》ですが、社會衛生《しやくわいゑいせい》に就ても一應の理解《りかい》が必要です。

社會衛生《しやくわいゑいせい》といふのは一口にいへば、環境《くわんきやう》をよくすることです。これは國家や自治體《じちたい》で努力を拂はねばならない例へば公立《こうりつ》の病院《びやうゐん》を建てるとか、都市《とし》や農村の住宅《じゆうたく》を衛生的見地《ゑいせいてきけんち》から整《とゝの》へて行く事、この問題《もんだい》は推し進《すゝ》めて行けば國土計畫《こくどけいくわく》とかかはりを持つ事柄《ことがら》です。また下水設備《すゐせつび》を整へ、便所《べんじよ》を水洗《すゐせん》に改めて、危險《きけん》な便が直接被害《ちよくせつひがい》が及ぼさぬやうにすること、これも個人の力《ちから》では及ばない。水道《すゐだう》で安全な水を供給《きようきふ》することも社會衛生《しやくわいゑいせい》の一つです。そのほか都市《とし》ならば、塵埃《ちんあい》、音響《おんきやう》の防止《ばうし》、小公園の設立《せつりつ》なども公《おほやけ》の手で行はるべきことです。

しかしいかに衛生的施設《ゑいせいてきしせつ》が完備しても、それを人が充分利用《じゆうぶんりよう》し、使《つか》ひこなさなければ效果《かうくわ》はあがらない。各個人《かくこじん》の衛生思想《ゑいせいしさう》が充分であり、社會道德《しやくわいだうとく》がよく行《おこな》はれる、といふことが社會衛生《しやくわいゑいせい》施設《しせつ》を活用する前提《ぜんてい》とならねばなりません。

問　狹い意味の個人衛生《こじんゑいせい》とはどんなことですか。

答　昔《むかし》からいはれてゐるいはゆる衛生《ゑいせい》法《はふ》がそれです。早起早寢《はやおきはやね》だとか、食物の榮養《えいやう》に注意《ちゆうい》し、よく嚙《か》んで食べるとか、家の通風《つうふう》を考慮《かうりよ》するとか、淸潔《せいけつ》、殊に手をよく洗《あら》ふとかいつたごく卑近《ひきん》なことです。

このありふれた小《ちひ》さな日常《にちじやう》の注意《ちゆうい》が、結局病氣《けつきよくびやうき》の豫防上何《よばうじやうなに》よりも役立つのです。

問　そのありふれたことが案外《あんぐわい》行《おこな》はれないのではないでせうか。

答　さうです。殊《こと》に日本人は社會衛生《しやくわいゑいせい》の方面で、その施設《しせつ》を充分《じゆうぶん》使ひこなしてゐない憾《うらみ》がある。これは社會道德《しやくわいだうとく》觀念《くわんねん》の不足といつた方が妥當《だたう》でせう。傳染病患者《でんせんびやうくわんじや》を隱《かく》したがつたり結核患者の衣服《いふく》を消毒《せうどく》もせずに賣つたり、人に與《あた》へたり、また麻疹《ましん》や百日咳などに罹つて癒り切らない子供《こども》を學校に行かせたりする。共同便所《きようどうべんじよ》の不潔《ふけつ》は通り相場だ。個人衛生《こじんゑいせい》の方では、手を洗《あら》ふとか、うがひをするとかいつた事柄《ことがら》は、最近大分《さいきんだいぶ》實行《じつかう》されるやうになつたが、まだ〱一般的《いつぱんてき》に見ると知識《ちしき》が不足してゐる。

そこで衛生知識《ゑいせいちしき》を知らせる機關《きくわん》を作ることも必要《ひえう》になつて來ます。それは中等學校《ちゆうとうがくかう》、國民學校上級生《こくみんがくかうじやうきふせい》に、學校で正しい衛生《ゑいせい》知識教育をするのも一つの方法《はうはふ》であり、またその機會《きくわい》のないものは一人々々摑《つか》へてゞも指導しなければならない。その役目は保健所《ほけんじよ》と保健婦《ほけんふ》の任務です。保健所《ほけんじよ》には綜合的《そうがふてき》なものもあるし、母性乳幼兒健康指導《ぼせいにうようじけんかうしだう》に重點をおくもの、結核豫防《けつかくよばう》、花柳病《くわりうびやう》、癌など、それ〴〵特色《とくしよく》をもつものもある。また保健婦《ほけんふ》も乳幼兒《にうよう》、結核《けつかく》、工場、學校、農村等專門的《のうそんとうせんもんてき》に分れてゐますが、保健所《ほけんじよ》なり、保健婦《ほけんふ》なりは、いはゞ大きい立場からの豫防醫學《よばういがく》の尖兵《せんぺい》として民衆《みんしゆう》に接する立場《たちば》にあるのですから、一般大衆《いつぱんたいしゆう》はその仕事を理解《りかい》し、その活躍《くわつやく》を期待《きたい》することが大切《たいせつ》です。イギリスの母性乳幼兒保健所《ぼせいにうようじほけんじよ》は、豫防醫學の施設として世界《せかい》に冠《くわん》たるものとの定評《ていへう》があるが、これは一九〇六年後にはたつた二ケ所しかなかつた。それが一九三三年には二九九三ケ所《しよ》に殖《ふ》え、その數《かず》が殖えると共に、逆比例《ぎやくひれい》して乳兒死亡率が下《さが》つてゐる。これなどは、保健所《ほけんじよ》の重要性《ぢゆうえうせい》を示すものです

傳染病はすべて豫防できる

問 夏はチブスや赤痢《せきり》などの消化器系《せうくわきけい》傳染病《でんせんびやう》、冬は感冒《かんぼう》やヂフテリヤ、百日咳など、呼吸器系《こきふきけい》の病氣、と年中《ねんぢゆう》傳染病《でんせんびやう》の猛威が絶えませんが、これは豫防さへすれば絶對《ぜつたい》にかゝらずにすむものでせうか。

答 完全《くわんぜん》に豫防《よばう》し得るといつていゝでせう。大體人間《だいたいにんげん》は、自分自身《じぶんじしん》の身體の中に、病氣《びやうき》を治療《ちれう》する力《ちから》と、病氣を豫防する力と二通《とほ》りの力《ちから》を備へてゐるものです。これは醫學《いがく》が教へる原則《げんそく》ですヂフテリヤの血清《けつせい》、六〇六號の發見《はつけん》で有名《いうめい》なエーリツヒ博士が側鎖説といふものを唱《とな》へてゐる。それは豫防する力《ちから》はどうして産《うま》れるかを説いたものです。

それによると體内《たいない》に病菌や病毒《びやうどく》が入つて來ると、我々《われ〳〵》の細胞《さいはう》はそれぞれある種の突起物《とつきぶつ》を出すといふのです。まあ手のやうなものといつてもいでせうその毒を中和《ちゆうわ》する爲に、細胞《さいはう》が手を伸ばし、その手は細胞《さいはう》から遂に離《はな》れて毒を中和《ちゆうわ》してしまふ。澤山《たくさん》の細胞がこのはたらきをするので、中和されたあとにも、細胞《さいはう》から離《はな》れた澤山の手、即ち側鎖が、血液《けつえき》の中に浮いてゐる。これが即ち免疫《めんえき》の原理《げんり》だといふのです。チブスの豫防注射《よばうちゆうしや》は、生きた菌を入れる

と大變《たいへん》なことになるので、死んだ菌《きん》を使ふ。死んでも毒素はもつてゐるので體内《たいない》では盛《さか》んにこの側鎖が働《はたら》き、毒を中和《ちゆうわ》したあとにも、チブス菌の毒を消さうと待ちかまへてゐる側鎖が澤山《たくさん》あることになる。その爲《ため》にたとへ菌《きん》が入つてもチブスニ罹《かゝ》りにくい狀態《じやうたい》になるのです。

病氣《びやうき》を癒す力《ちから》は、説明《せつめい》するまでもなく、傷《きず》などが自然《しぜん》になほる現象《げんしやう》を見てもわかるでせう。傷《きず》は細胞《さいはう》自體《じたい》が作用してふさいでしまふ。もし化膿《くわのう》したとしても、その膿《のう》は白血球《はくけつきう》の集りで、癒《なほ》さうといふ自然《しぜん》の働きが益々旺盛《ますますわうせい》になつてゐることを知ることができます。

かういふ人間に備《そな》はつた力《ちから》を利用《りよう》すべく研究《けんきう》された豫防注射《よばうちゆうしや》の方法が、今では相當信頼《さうたうしんらい》できるところまで進《すゝ》んでゐるので、傳染病《でんせんびやう》 跳梁期《てうりやうき》を控《ひか》へて豫防注射を勵行《れいかう》するといふのも、一つの豫防《よばう》の良策《りやうさく》です。もつとも前に述べたやうな衛生《えいせい》に充分《じゆうぶん》注意《ちゆうい》することはそれ以上に大切《たいせつ》ですが――

問 チブスの豫防注射《よばうちゆうしや》の行はれる頃、自分は頑健《ぐわんけん》だからチブス菌なんか平氣《へいき》だ、注射《ちゆうしや》をする必要はない、と豪語《がうご》する人もよくありますが、身體《しんたい》が丈夫《ぢやうぶ》なら、菌《きん》はその中で生存《せいぞん》できないものでせうか。

答 結核《けつかく》ならばその説《せつ》があてはまるかも知れないが、チブスやコレラや赤痢《せきり》となると話《はなし》はちがふ 免疫性《めんえきせい》のない體内に菌《きん》が入つてゆくと、忽《たちま》ちくつついて、しかも人體《じんたい》そのものが菌の培養器《ばいやうき》の役をつとめることになる。まづどんな丈夫《ぢやうぶ》な人でも、チブス菌《きん》を食べたが最後《さいご》發病《はつびやう》するといつて差支《さしつか》へはない。もつとも菌《きん》の量《りやう》にもよることで、ほんの少しばかりなら、健康體《けんかうたい》の人には影響《えいきやう》がなくてすみ、平常胃腸の弱いやうな人は少々の菌《きん》でもやられるといつた相異《さうゐ》はあるでせう。

問 傳染病《でんせんびやう》に對する免疫《めんえき》の方法《はうはふ》は、全部が完成《くわんせい》してゐるのでせうか。

答 大概《たいがい》は出來てゐます。痘瘡《とうさう》やチブスは勿論《もちろん》、コレラでも、狂犬病《きやうけんびやう》でも、ヂフテリヤや百日咳でも、皆《みな》一應《おう》効果《かうくわ》が認《みと》められてゐる。たゞ殘《のこ》されてゐる主《おも》なものが、また一番厄介《やくかい》な結核《けつかく》と赤痢です。

問 その豫防法《よばうはふ》は？

答 結核《けつかく》の方は、菌《きん》を吸《す》はないといふことは不可能《ふかのう》ですが、幸《さいはひ》に身體《しんたい》が健康であれば、弱《よわ》い結核菌《けつかくきん》はすぐ體内《たいない》で殺《ころ》されてしまひ、むしろ輕い免疫性《めんえきせい》を構成《こうせい》するのに役《やく》立つ位です。この方は環境《くわんきやう》をよくし健康で、過勞《くわらう》を避けるやうにすれば一應豫防《おうよぼう》できる。
　そこで一番の難題《なんだい》は赤痢《せきり》だ、といふことになります。赤痢《せきり》の豫防《よぼう》として考へられることは、まづ赤痢菌《せきりきん》をこの世の中から撲滅《ぼくめつ》してしまふことで、もしこれが出來れば理想的《りさうてき》だが、これは一寸不可能だ。そこで、何とかして赤痢菌と人間とがくつつかないやうに、その通路《つうろ》を遮斷《しやだん》することが殘《のこ》された一つの道《みち》です。
　こゝでまた問題《もんだい》となるのが、個人々《こじん》の生活指導《せいくわつしだう》、即ち病菌《びやうきん》に對する豫防思想への徹底《てつてい》です。赤痢菌《せきりきん》が口に入る徑路《けいろ》を調《しら》べて見ると、風呂で感染《かんせん》した例もあるが、普通《ふつう》に考《かんが》へられるのは、人糞尿《じんぷんにょう》をかけた野菜、水《みづ》の汚染《をせん》、飲食物、鼠《ねずみ》、蠅《はへ》、手などです。ところが實《じつ》際問題《さいもんだい》としては、赤痢菌《せきりきん》は弱い菌なので、野菜《やさい》についても二日間とは生きてゐないし、水も特別の場合《ばあひ》のほかはさう危險《きけん》のある筈がない。鼠《ねずみ》は便所《べんじょ》でも臺所《だいどころ》でもおかまひなしに歩くので危險《きけん》ではあるが、鼠《ねずみ》の歩いた食物《しょくもつ》をすぐ食べる人もさうざらにはない。結局《けつきょく》は蠅《はへ》と手が最後《さいご》に殘る一番確實《かくじつ》な徑路《けいろ》と見られます。中《なか》でも手の危險《きけん》なことは、調査《てうさ》して見ると、全《まつた》く驚《おどろ》かされる。一體赤痢といふ病氣《びやうき》は、その人の體質《たいしつ》によつて發病《はつびやう》の程度《ていど》が違ふ。少し腹具合《はらぐあひ》が惡い程度《ていど》で起きて働《はたら》ける人もある。これが健康保菌者《けんかうほきんしや》で、知らずに病菌《びやうきん》をまき散《ち》らすのです。素人考《しろうとかんが》へでは、その便に直接《ちよくせつ》手を觸れないのだから危險《きけん》はないと考《かんが》へられるがさにあらず。用便者《べんしや》の普通の紙《かみ》は八枚位《まいくらゐ》の厚さでなければ、赤痢菌《せきりきん》は必らず手にまで浸透《しんとう》して、一旦ついた菌《きん》は一寸《ちよつと》水で洗《あら》つた位ではとれない。それが便所《べんじょ》の把手につき、その把手をにぎる人《ひと》の手につき、その手で持つて臺所《だいどころ》に行つて食物《しょくもつ》につき、その手で持つものすべてにつき……といつた具合に廣《ひろ》くばらまかれる。丁度便所《ちやうどべんじょ》から出て來た蠅《はへ》と同《おな》じことです。
　近年《きんねん》夏を中心に猛烈《まうれつ》に手洗ひ運動《うんどう》を起してゐるが、最近《さいきん》赤痢《せきり》が減少の傾向《けいかう》を見せてゐるのも、これがあづかつて力《ちから》あると確信《かくしん》します。

問　赤痢や疫痢《えきり》に内服豫防藥《ないふくよばうやく》があると聞きましたが――

答　原則《げんそく》としては赤痢《せきり》の豫防注射《よばうちゆうしや》も可能な筈だが、實際《じつさい》は反應《はんおう》がひどくて用ひられない。内服藥《ないふくやく》もあるにはあるが調査の結果《けつくわ》は殆んど効果《かうくわ》が認《みと》められない。

問　傳染病《でんせんびやう》にかゝり易い體質《たいしつ》といふものがあるでせうか、殊《こと》に赤痢《せきり》ではどうですか。

答　それは體質《たいしつ》といふよりも、年齢《ねんれい》に關係《くわんけい》が深《ふか》いやうです。つまりその菌《きん》の親和力《しんわりよく》によつて子供專門《こどもせんもん》のものや、大人に多い病氣《びやうき》ができてくる。例《たと》へば赤痢菌は子供《こども》につきたがるもので、子供につくと疫痢《えきり》になる。その子供《こども》も滿一年以内の乳兒《にゆうじ》には稀《まれ》で、三才から學齢《がくれい》期《き》までの子供が年々これで澤山《たくさん》の命を奪はれてゐる。チブスとなると、幼兒《ようじ》にはめつたにつかず、一番危險《きけん》な時期《じき》は十五才から二十才前後《さいぜんご》といふことになつてゐます。ヂフテリヤも主《おも》に子供《こども》が罹《かゝ》ることも知られてゐる通《とほ》りです。

冬の傳染病とうがひの効能

問　食物《しよくもつ》から入る消化器系《せうくわきけい》の傳染病《でんせんびやう》の豫防注射《よばうちゆうしや》は大體わかりましたが、空氣中の細菌《さいきん》から起る冬の傳染病《でんせんびやう》はどうして豫防《よばう》すればいゝのですか。流行性感《りうかうせいかん》冒などはあまり豫防注射《よばうちゆうしや》といふやうなことも行《おこな》はれないやうですが――

答　流感《りうかん》やヂフテリヤなど、咽喉《いんかう》に原因する病氣《びやうき》が冬に多《おほ》いのは、三つの原因が考《かんが》へられます。第一に冷たい空氣《くうき》を呼吸《こきふ》する爲に、我々の呼吸氣道《こきふきだう》(鼻・咽喉、氣管など)の粘膜が刺戟されて充血し、抵抗力《ていかうりよく》が減《げん》じてゐること、第二に室内《しつない》に閉《と》ぢこもりがちである爲塵《ぢん》埃《あい》を吸ひ易《やす》いこと。第三に冬は空氣中《くうきちゆう》の細菌數《さいきんすう》が夏より却《かへ》つて多いこと、この三つです。

即ち氣《き》道がたゞさへ弱《よわ》つてゐるところに、餘計《よけい》な塵や煤が附着《ふちやく》するので、その刺戟《しげき》のため益々病菌《びやうきん》に冒され易い狀態《じやうたい》になつてゐるわけです。

この原因《げんいん》がわかれば、豫防法《よばうほふ》も自ら判《わか》りませう。度々うがひをして、ゴミをとり除き、細菌《さいきん》の門戸《もんこ》であり、最も細菌《さいきん》の繁殖《はんしよく》し易い咽喉を清潔《せいけつ》に、且保護する工夫《くふう》をしておく外《ほか》はないのです。たとへ病菌《びやうきん》が附《つ》いても、すぐうがひで洗《あら》ひ流してしまへば、そこで繁殖《はんしよく》して發病させる機會《きくわい》を失《うしな》ふわけです。

問　うがひの出來ないやうな小さい子供のヂフテリヤはどうして豫防しますか。

答　ヂフテリヤの血清《けつせい》は、治療《ちれう》の上に非常な効果《かうくわ》をあげ、世界的《せかいてき》にその死亡率を低下《ていか》させてゐますが、最近《さいきん》は豫防注射《ちゆうしや》もできてゐます。やはり原理《げんり》は、前に述べた側鎖説です。ヂフテリヤの毒素に或處置《しよち》を加へて變化《へんくわ》させたものを注射《ちゆうしや》すると、體内に免疫性《めんえきせい》が作られる。この注射《ちゆうしや》は生後《せいご》一ヶ年後に二・三回やり、滿《まん》二才の時またやり、最後《さいご》に國民學校《こくみんがつかう》に入つた時やる。かうすると完全《くわんぜん》に豫防《よぼう》ができます。

問 百日咳も豫防注射《よぼうちゆうしや》がありますね。感冒《かんぼう》はうがひだけで防ぎ切れるものでせうか。

答 菌《きん》はまづ咽喉《いんかう》に附着《ふちやく》して起る以上うがひで早《はや》くそれを洗《あら》ひ出すことは相當有効《さうたういうかう》ですが、勿論《もちろん》そればかりとはいへません。身體全體《しんたいぜんたい》が疲勞《ひらう》して居るとか。ひどい空腹《くうふく》で寒《さむ》い目に合ふとか、色々の惡條件《あくでうけん》が重なると、附着《ふちやく》した菌はこの時とばかり猛烈《まうれつ》な活動《くわつどう》をはじめるので、慌《あわ》てゝうがひをした位《くらゐ》では防ぐことはできない。要《えう》するに身體全體《しんたいぜんたい》の調子《てうし》をよくしておくことも、その他の病氣《びやうき》より以上に、感冒《かんぼう》の場合は大切《たいせつ》です。

問 豫防法《よばうはふ》はみな、何でもない事《こと》のやうで、實行《じつかう》の段《だん》になるとむづかしさうですね。

答 些細《ささい》な事柄が重大な結果を産《う》むのは、敢て病氣《びやうき》ばかりではありませんが殊に豫防《よばう》と病氣の關係《くわんけい》を考へると、その感が深いでせう。重《かさ》ねてJ・R・Sテイラー氏の言葉《ことば》を引《ひ》いて見ませう。それは「明日の國民保健のために金を貯蓄《ちちく》する最も手近《てぢか》な方法は、今日《こんにち》それを出資することにある。健康《けんかう》なる國民《こくみん》を作る爲にする出資《しゆつし》は、常に有利《いうり》な投資である」といふのです。

これは金錢《きんせん》の問題から、一國《こく》の保健《ほけん》施設《しせつ》の重要な點《てん》を解いた言葉《ことば》ではあるが、個人の保健《ほけん》に就ても適用《てきよう》される。個人《こじん》の場合の出資額《しゆつしがく》は殆んどとるに足りない。手を洗《あら》ふとか、うがひをするとか、必要《ひつえう》に先んじて豫防注射等《ちゆうしやなど》を行ふなど、ほんの一寸《ちよつと》した心がけや勞力《らうりよく》ですむものばかりです。しかもそれが明日の健康《けんかう》のための最も有利な投資《とうし》になる點《てん》に就ては國家《こくか》の場合《ばあひ》と同じです

繪と文

高澤圭一

兵隊《へいたい》は美しい。

戰場《せんぢやう》にある兵隊はそれは限《かぎ》りない美《うつく》しさである。

戰《たゝか》つてゐる時、寢《ね》てゐる時、飯を食つてゐる時、軍服《ぐんぷく》が破《やぶ》れてゐても、汚《よご》れてゐても、また髭《ひげ》だらけでも眞黒《まつくろ》でも戰場の兵隊《へいたい》は美しいのである。

しかもこの軍服《ぐんぷく》に血《ち》のあとをみる時は、もう何《なに》もかもなく頭《あたま》が下る、有難いのか、神々しいのか解《わか》らないが、さうなのである。

彈道下《だんだうか》を匍匐し、百城《じやう》を落《おと》し、靑刀紅槍の間《あひだ》を生きぬいてきた姿《すがた》、そしてかくも激《はげ》しい瞬間《しゆんかん》を戰ひ戰《たゝか》ひ抜き、飢《うえ》やら疲《つか》れやらいろいろのものを克服《こくふく》し、他愛もなく眠《ねむ》つてゐる時など誠《まこと》に平凡な風景《ふうけい》であるが一層美しいのである、それは巖の樣《やう》にも見えれば また子供《こども》の好く可愛《かあい》い兵隊さんでもある。

若し反對《はんたい》に自分の軍服《ぐんぷく》が少しでも綺麗《きれい》であれば恥《はづか》しく感ずる。

最近《さいきん》の新聞で、世界《せかい》一汚《きた》たない兵隊云々、と云ふ處《ところ》があつたが、勿論《もちろん》これも醜《みにく》い汚たなさを言ふのでなく戰《たゝか》ひ抜いた光榮《くわうえい》の汚れを言ふのであらう。

かつて私は戰場《せんぢやう》に於いて特別工作《とくべつこうさく》の爲、軍服《ぐんぷく》と背廣を交代《かうたい》に着てゐた事があつた、處《ところ》が背廣《せびろ》を着ての工作はどうも妙《めう》なのである、何か壓迫《あつぱく》に似た不安《ふあん》を絶えず感《かん》じてゐた、軍服を着て戰場《せんぢやう》にゐる時の樣な安心《あんしん》しきつた感情《かんじやう》に入りきれない、欣然《きんぜん》として命《いのち》あれば死地に進《すゝ》んで行くあの逞《たく》ましく勇敢《ゆうかん》な精神は何處《こ》へ行つてしまふのか、彈《たま》を敵陣《てきぢん》にたゝき込んでゐる時の方《はう》がじつくりと落《お》ちついた確《たし》かに晴々とした氣特なのである。

決して武器《ぶき》を持《も》たないからではない、支那人《しなじん》が恐《おそ》ろしいのでもない、どうせ死ぬなら軍服《ぐんぷく》で……と云つた決定的《けつていてき》なものでもなく、何か不可解な儘《まゝ》で私《わたし》は過ごした。

處が漸《やうや》くそれが解《わか》つた。

ひとつに　陛下《へいか》より拜領《はいりやう》してゐた軍服《ぐんぷく》である事が、勿論《もちろん》他《た》にもいろいろの感情《かんじやう》的な氣分が働《はたら》いたこともあるが、何よりもあの單調《たんてう》なカーキ色《いろ》の軍服《ぐんぷく》を身にまとつた時に決《けつ》せられたものと思《おも》ふ。

お召しを受けたとき覺悟《かくご》は定《さだま》つた樣なものゝ、やはり軍服《ぐんぷく》を着るまでは正直《じやうぢき》の處、自分の身邊《しんぺん》の總てが心に糸をひいてゐた、だが一と度び背廣を脱ぎ軍服《ぐんぷく》に着替《きか》るや、これでいゝ、これで死《し》んでもいゝんだ――と誰れにともなく呟《つぶや》いた、ほんとに初めて勇氣《ゆうき》やら決斷《けつだん》が湧いて、男だ男だぞと自分《じぶん》に言《い》つた。

だから昨日《きのふ》まで炭燒きであつた男も、學者《がくしや》も、坊主も、戰場《せんぢやう》では同じに働き立派《りつぱ》な日本の兵隊《へいたい》になつてゐる。

彼等《かれら》もきつと軍服《ぐんぷく》を着た時、死んでもいゝ

そう思《おも》つたに違《ちが》ひない。

戰爭と云ふ事實《じじつ》が餘りに大きく、整理《せいり》したり理解《りかい》しにくい樣に、この實に大きな、死《し》んでもいゝと云ふ定まりきつた極《ご》く自然な精神《せいしん》が、餘りにあたりまへの爲《ため》に解《わか》らずにゐるのではなからうか。

八月一日 夕方、陣地變換の命令が出た。

ホルステン河の對岸へ放列陣地が引越をするのである。かうなると「段列」は急に忙しくなる。何しろ蒙古の夏と來たひにや、じれつたい程日が永い。其の日沒を待つて行動を起し、そして拂曉にはもう赤軍陣地の寢とぼけ眼へ目覺しの「榴彈」を擊込んでやれる樣に、其の一切の準備を、此の、短か過ぎる夜の中に完了してしまはなければならないのである。「段列」が持つて居る丈けの貨車と、兵隊の全部を指揮した、小隊長 平野准尉が、

「中川上等兵、各分隊の彈藥車を連れて直ぐ來いよ」と言ひ捨てる樣に命令を殘すと「放列」へ向つて稜線の彼方へ全速力で消えて行つてしまつた。私は、云はれる迄も無く「出發準備完了」の牽引車の各車長が「準備よし」の合圖をして居るのを見極めると、「指揮旗」を打振りつゝ「前へ－」と大聲で號令を掛けて、小川上等兵の運轉する先頭牽引車の車長席へ飛乘つた。

そして一勢に我鳴り立てる樣に起つた牽引車の無限軌道の地響ももどかしい氣持で輕車輛隊の後を追つた。

斜右の前線からドドンドドンと、友軍の野砲隊が射擊をして居る音が、遠雷の樣に聞えて來るけれども、薄暮の戰野は都會の夕暮時と違つて實に靜かである。そして空が本當に美しい。觀測所の丘稜の眞上で宵の明星が鋭い程の光を投げてきら〱と三叉路の處迄進んだ時、側の〇〇の陣地の右前方千米位の處へ、いきなり敵重砲彈が一發四圍の靜けさを突破る樣に轟然と炸烈した。「おやつ」車上の私達は思はず目を見張つた。敵彈の爆發した箇處の「中天」へ、爆風に突上げられた樣に大きな白い煙の輪が、それは丁度煙草のみ

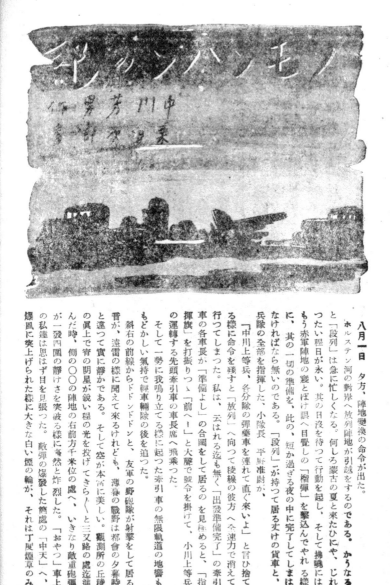

が何かの拍子にふうーつと吹き出した時の樣な恰好でくる〳〵と廻り乍ら上へ上へと風の凪いだ空へ上つて行く。「やあ面白い〳〵」「何だらうか」「あれはガス彈ですぜ——きつと」小川上等兵が言つた。

「さうかしら、何にしても面白いもんだな」と言ひ乍ら私は未だ一度も實地に使つた事の無い軍裝の「ガスマスク」を袋の上からそつと撫でて見た。

「放列陣地」へ着いた。各小隊とも隊長以下全員各自の持場々々で、一生懸命に撤收作業の眞最中である。彈藥車が順々に各分隊の處で止る。一番奥になつて居る第一分隊の陣地へ行くと、小林上等兵か「おーい中川上等兵ー彈藥車を此方へ廻して呉れー」と、彈藥の置場で手を振り乍ら呼んで居る「承知」と答へて其處へ止めると早速積載を始めた。

小川上等兵の牽引車は、もう片桐軍曹の指揮下に這入つて、分隊の砲車を、閉却、連結を終へて掩帶から引出し掛けて居る。

後の地平線からは皆の作業を覗き込む樣に素晴しく大きな月が顔を出しかけて四圍が段々明るくなつて來た。

作業が終はつて隊列を整へ「出發準備よし」の隊型を取り終はると「さあ出發迄少し間があるから今の中に飯を喰つてしまへ」との小隊長の命令で久しぶりに片桐軍曹と並んで、分隊の皆も車座に坐つて飯盒の蓋を取つた。「どうだい中川上等兵、家から手紙が來たかい」と片桐軍曹が食後の煙草に火をつけ乍ら私に言つた。「えつ誰か受取つた奴が有んのかい」と、私は戰場へ來て未だ一度も郵便行囊が來ない事と、故郷の事を一度に思ひ出し乍ら、彼の方へ向き直つた。

「なあに未だ誰も貰は無いけれども一寸聞いて見たんだ、故郷の便りも聞き度いからな」

「さうだらう、新婚三日目じあね——無理無いよ」私は彼が公用證を貰つて外泊して結婚式を擧げて三日目に戰地へ出發したんだからなあと思つた。そして、私も、故郷の事、もう一人で歩ける樣になつたらう可愛い盛りの一人娘の千鶴子の事など想ひ浮べて、

「うーん千鶴子は如何して居るだらうな」と何氣無しにつぶやくと、

「何だ、此奴心安さうに」とおどけた片桐軍曹の聲と一緒に爆笑が起つた。

「あ、さうだつたつけ、彼の新妻もやつぱり千鶴子さんだつたな」と思ひ出すと急に可笑しくなつてわつはつはと大聲で笑ひ出してしまつた。

皆で故郷の噂話や雜談に花を咲かせて居たら、「皆準備は好いな」と言ひ乍ら松本少尉殿がやつて來られた。「はい、準備完了であります」と片桐軍曹以下皆同時に立ち上つた。そして擧手の敬禮をして居る私に「おーどうしたい中川上等兵」「はい、益々張り切つて居ります」と言ひ乍ら私は傍に立つて居られる將校の方に敬禮すると

「あゝ、さう〳〵中川上等兵は將軍廟へ行つて居つたので未だ御目に掛からなかつたらう、此の方は、今度中隊長殿として新しく來られた土屋大尉殿たよ」「はい、さうですか、自分は第一分隊の彈藥車長を勤務して居ります中川上等兵であります」と挨拶をすると

「あゝ自分は土屋だ、中川上等兵が立派な鬚だな」「はい、月明りで見ますと立派に見えますが晝間ですと赤くて困ります」

「さうか赤いか、それは困るな、あつはつは、――松本小尉時間だ」「はい」と答へる松本小尉と觀測所の方へ行かれた。やがて中隊長指揮の下に中隊長車・觀測小隊等の輕車輛群が出發した。續いて戰砲隊に「乗車ー、運轉始めー」の號令が掛けられた時、

「中川上等兵ー」と戰砲隊の先頭で呼ぶ聲がする「おーい」と大聲で答へて驅けて行つて見た。石川准尉が先頭車輛の上から、

「おい中川上等兵、君は昨日ホルステン河へ水汲に行つて道を知つて居るだらう」「はい、昨日段列から行つた事は行きましたが」「さうか、それでは此の車でホルステン河の處迄案内して與れ」「さあそいつはどうも」「何がどうもだ、速く乗れ乗れ」大丈夫かなと思つたけれども、石川准尉のせき立てる聲に「はい」と威勢よく乗込んでしまつたのが飛んでも無い間違の元だつた。

然しまあ何と云ふ素晴しい名月であらうか。

青白く濡れる樣な月明りを浴びて、四圍の景色は、近くの草叢も處々の砂漠地帯も遠くの稜線も夢の樣に美しい。何だか深い／＼湖の底へでも沈んで行く樣に、頭の蕊がしーんとして牽引車の無限軌道の響も其の儘地の中へ吹込まれて行つてしまふのでは無からうかと思はれる樣な靜けさである。

放列を出發してから二十分も經つたであらうか、もう此の邊で確かに段列から行つた時の三叉路での別れ道と交叉して居る道がある筈だ。それを右へ取つて行けばホルステン河を見下す急坂路の眞上へ出ると思つて居るから、可笑しいな／＼と思ひ乍らも、もう少し先かな、確か此處なのだがなとかれこれ四十分も走つてしまつたらうか。石川准尉も「おい中川上等兵、大丈夫か、道が違つとりやせんか」等と、しきりに氣をもんで居るらしい。

右前方に見馴れ無い丘が見えて來た。丘の下には機關銃座があると見えて盛んにぱつぱつと青い火を吹き出し乍ら機銃が唸つて居るのが見える。あつ違ふ、道が違つたのだ。感違ひして居たのかしらさあ事だ、と思ふと流石に青くなつてしまつた。一口に「迷子」と言つても、此の前自分の牽引車一輛丈けで道に迷つてしまつた時とは譯が違ふ。何しろ、たとひ指揮官としての責任者は石川准尉には違ひ無いが、道案内を頼まれて乗つて居る自分の車の後には、中隊の砲車と彈藥車全部の重車輛隊が續いて居るのである。然も觀測所や新砲列陣地では、此の戰砲隊の到着を待つて居るであらう。さあ大變だ。頭の中が否全身がかつと熱くなつてしまつた。「おい、止まれ止めろ／＼」と運轉手に呶鳴りつける樣に言つて車から飛降りると、後續車輛に向つて指揮旗を振乍ら「止まれ／＼」と大聲で叫んだ。

「おい如何した、中川上等兵矢張り道が違つとつたんだらう」と言ひ乍ら石川准尉が降りて來た。

「はい、どうも、自分は昨日段列から行つた時の事を考へて此の道にホルステン河の十字路があると確信して居たのですが」

「うーん、實は俺も、初めてなのでよく知らんが、先刻出發する時此方へ來ると言ふ事は聞いて居るし、中川上等兵が知つて居ると言ふので安心しとつたんるが、こいつは困つた事になつてしまつた

ぞ、おい誰か知つて居る者は無いか」と車上の兵隊に聞いては見たものゝ、もとより誰も知つて居る者の居やう筈が無い。

「どうしたんですか」第一分隊の先頭車から片桐分隊長が飛んで來た。外の分隊の車長も集つて來た。

「實はかういふ譯なんだが」との私の話を聞いて皆、「さあ困つたな――」「うん、彼處の機關銃陣地へ行つて聞いて見たらどうだらう」と誰かが言つた。「おい待て、もうかうなつたら、やたらな者はやれない。どうだ片桐軍曹、君行つて聞いて來い」と
石川準尉の命令に「はい」と片桐軍曹が駈け出した。間も無く一臺の乘用車が全速力で部隊の後方から飛んで來た。觀測小隊の須田曹長で有る。

「おいどうしたんだ、何、冗談じあ無い、道に迷ふに事をかへてこんな敵地深く這入り込んでしまつては處置無しじあ無いか」「何此處が敵陣の眞中」と聞き返す石川準尉以下皆流石にぎよつとしてしまつた。

「何、彼處が敵の機銃陣地か、そりや大變だ、今片桐軍曹を彼處へ使ひにやつたばかりだ」「須田曹長、速く後を追つかけて呉れ」「はい、中隊は直ちに廻れ右をして後へ戻つて下さい、直ぐ追かけます」と須田曹長の車が片桐軍曹の駈けて行つた方へ飛んで行つた私は實に身も心も一ぺんに凍る樣な思ひがした。

間も無く片桐軍曹を乘せた須田曹長の車が今度は中隊の先頭に立つて、今來た道を後へもどり始めた。

「あゝ驚いた、何が驚いたつてこんな驚いたのは初めてだ」皆がほつとすると同時に石川準尉が急にがみ〳〵叱言を言ひ始めた。何と言はれても私たる者實に一言も無い。然し赤軍の奴等も隨分ぼんやりだ。

「それにしてもこんな重車輛隊が一箇中隊もがら〳〵行くのによく氣が付かなかつたもんだな、尤も氣が付かれちや飛んでも無い事に成つちまふが」「危い〳〵」等と、皆勝手な事を云つて居る。實際危い處だつた。が、これが歩兵部隊なら彼の機銃陣地を叩き潰してやるんだが、もつと〳〵重大な任務を帶て居る我々にはそんな者にかまつちや居られない。

約三十分も後戻りをした處に、成程やつぱり自分の確信した通り彼の三叉路で別れた道との十字路が有つた。それが放列を出ると直ぐだつたのだ。それた此方は未だ〳〵先だと思ひ込んで居るから「あゝ好い月なあだ」と、月明りに輝くばかり美しい四圍の景色に見惚れてうつとりとして居る中に通り越して了つたものと見える。そうたると元々「確か此の道がさうだ、たな」位の見當をつけた程度の確信だし任務の重大さが重大さなので「さあ大變だ」と思ふとたんに「之は俺の感違ひだつた」と思つて慌てゝしまつたので有る。然しまあよかつた〳〵。「明月」もかうなると飛んだ惡戯者で有る
若干心配だつたホルステン河の急坂路も難無く下りて、軍橋も滲り向ふの急坂路を登り掛けた時、我々の樣子を見に戻つて來られた中隊長殿は、須田曹長の報告を聞かれて「おい、石川準尉、どうしたと言ふのだ、しつかりせんか」「はい、それが中川上等兵が道を」「何が中川上等兵だ、指揮を命ぜられた者がそんな事でどうする、もしもの事が有つたらどうするつもりだ」「はい」と先刻石川準尉が私に言つた通りに中隊長に叱られて、石川準尉たるもの又一言も

無い。

側で聞いて居る私は、此の時ばかりは全く穴が有つたら這入り度い氣持で小さくなつて居た。

唯、月ばかりは、「おいらのせいじあ無いや」と言はぬばかりに益々大きな顔をして冴渡つて居る。向ふ岸の稜上に出ると、中隊長は一旦部隊の停止を命じて一々、各小隊毎に「此處から約五百米先の砂漠地帶の箇所迄行くともう其處から先、約千五百米の間は、全く敵の野砲陣地からの暴露地帶で有る。各員は充分注意を怠る事無く、各車輛毎に五百米の距離を取つて、一氣に通過してしまはなければならぬ、たとひ敵に發見され射撃を受けても、みだりに道路上から離れたり又故障等の爲、途中で停車したりする樣な事が絶對有つたりしてはならぬ」と嚴重に注意をしに來られた。それを聞くと私達はきゆーつと身心の引締るのを覺えた。此の明る過ぎる程の月明りの下に何十門の敵の野砲が狙つて居るで有らう暴露地帶の道路上を、約千五百米の間絶對に敵に發見される事の無い樣に、然も輕車輛隊と違つて速力の遲い牽引車で、無限軌道の音をがら〳〵と響かせ乍ら通り抜けるので有る。

尤もよしんば發見されて撃たれたつて一寸も驚く事なんか有りやしないけれども、中隊の任務の重大さを思ふ時、我々は如何しても無事に此處を通り抜けて新放列陣地を完成しなければならぬ責任を有つて居るので有る。

やがて「前へ」の號令と一緒に部隊は再び前進を開始した。間も無く示された地點で有る。私の前を行く第一分隊の砲車が、其の前を全速力で飛ばして行く中隊長車を見送つて五百米の距離を取ると敢然と躍り出る樣に飛出して行つた。さあ愈々俺の番だ。

「おい、好いな」私は運轉手に先刻から何度も何度も念を押した事を、もう一度確めて前車との距離を取る間をじつと見守つた。運轉手も助手も喰ひつきさうな顔をして離れて行く前車を見つめて居る。

二百米―三百―四百―五百今だ。「前へ」運轉手が「えいつ」と氣合を掛ける樣に操縦桿を引いた。一分―二分――と息詰る樣な時間が過ぎて、前車も、後車も整然と此の暴露地帶の道路上を進んで行く。敵は全々氣が付か無いらしい。私は敵陣地の方を睨んだ。茫漠たる眞平な地平線が月明りに海の樣に光つて居る。あの地平線の何處かに敵の野砲陣地が有るのだらう。

どうか全車輛が通過してしまふ迄敵の奴等氣が附かずに居て吳れ全く敵陣地から此處迄の距離は正確な觀測がして有る事は勿論で有らうし、遊園地の射的じあ有るまいし、何十門の野砲で砲口揃へて道路上に行進中の牽引車を狙ひ擊にされてたまるもんか。

あゝ、前車が向ふの叢みの中へ姿を消した。もう少しだ、四百米――三百―二百―百―五十―ほつとした。實際息詰る樣な緊張の數分間で有つた。後を振り向くと、五百米づつ置いて後の車輛が續いて來る。南無八幡大菩薩、私は無想の内に心に念じ後續車輛の無事通過を神に祈つた。暫く行つて、叢みの土手下に止つて居る中隊長車の後に居る前車に追ひついて停車した。間も無く後續車輛が次々と追ひついて來た「後續車輛到着―異狀無し」と後から遞傳が來た。あゝ、敵は遂に氣が付かなかつたのだ、好かつた好かつた、ほつと安心すると

「全くロスケの奴等、ぼんやりしてやがんな―、明日の朝になつて驚くな、わつはつは」等ともう何時もの樣に滿々たる鬪志が、へらず口と豪傑笑となつて爆發して居る。

やがて中隊は、新放列へ、隊伍堂々陣地進入を開始したので有つた。

八月二日　短い夜の張がミルク色の朝になつてすーつと流れ初める頃、各分隊共火砲を掩帶の中へそれぞれ分隊長の指揮の下に引入れて、やつと新放列の陣地構築を終はつた。

輕車輛隊は平野準尉の指揮下に戻つて段列指して歸つて行つた。私は、中隊命令で新放列の後の小高い草叢の中に各分隊の牽引車を集結して、放列陣地の對空監視の勤務に當つた。

牽引車の集結位置の設定や、歩哨位置、其の順番の指令等も終はつたので、第一小隊長の小川小尉の處へ報告に行かうとした時「ダダーン」天地をつん裂く樣な大音響と共に、第一分隊の砲口が火を吐いて「ゴゴー」と明方の中空へ彈道の龍卷を卷起した。續いて第二、第三の各火砲も一齊に火を吐き、敵陣擊滅の火蓋を切つたので有る。

「やつた〱」私達は自分達の任務に追はれて氣が付か無かつたが何時の間にか完成した新觀測所からの射擊號令に即應して、早速射擊が始まつたのだ。

「わつはつは、どうですロスケさん、おめざの味は」

寢とぼけ眼にいきたり榴彈の猛擊を喰つて忽ち大混亂に陥つた敵陣の慌て樣が目に見える樣だ。此處を先途と咆哮する中隊の火砲、私達は餘りの小氣味好さに暫し我を忘れて此の新放列の「雄叫び」

に見惚れて立ちつくした。

全く曉の雷撃戰である。

今日も又雲一つ無い上天氣である。灼熱の大陽に照りつけられて一寸の蔭も無い新戰場の暑さは物凄いばかりだ。其の上此の草叢は牽引車の集結場としては申分の無い自然のカムフラージであるが、其の代りむん/＼する草いきれと名物の蚊の大軍に絶えず攻められるのとで、一寸でもじつとして居る事も出來無ければ勿論腰を下ろす事すら出來無い。火の様に灼け切つた鐵兜の重みと連日の撤夜作業の疲れとが相俟て目がくら/＼する。氣が變になりさうである。「對空監視」の重任を帯びて居なかつたら皆ぶつ倒れてしまふ處であらう。皆大病人の様にうーん/＼と唸り乍ら、敵機よ御座んなれと許り空を睨んで頑張つて居る。時々、放列から、ダダーンドーンと「氣付藥」の様に射撃の爆音が轟いて、我々を勵まし慰めて呉れる。「あつ友軍機が敵を爆撃して居ます」立番の歩哨が叫んだ。私は返事をするより速く歩哨の位置へ駈け上つて見た。ズズズーンズシン/＼放列の左後方であるが此處からは可成遠いと見えて、ずつと向ふの稜線に遮られて目標は分ら無いが、我が空軍が敵の戰車でも發見したのであらうか、それとも昨夜の野砲陣地でもあらうか、三機で交る/＼急降下爆撃をして居る。ズズズンズシンズシンズシーンと斷續的に爆音が地響となつて傳はつて來る。

もく/＼と白煙が天を突上げる様に立上つて居る。「やつた/＼」何に命中したのだらう。眞黒な煙が物凄い勢で立ち始めた。續いて二筋、三筋——「うわー凄い/＼」私達は暑さも苦しさも忘れて、友軍機の爆撃の素晴しさに感歎の眼を見張つた。友軍機の爆撃に呼應するかの様に放列が射撃を始めた。其の轟音にはつと我に返つた。私は此の「狀況」を放列小隊長に報告する爲一氣に丘を駈け降りた。

晝食に配給された乾緬麭を喰つて居ると、先刻觀測所へ「傳令」に行つた初年兵町田一等兵が息せき切つて歸つて來た。「中川上等兵殿、た、たいへんであります、み、みずを一口一口丈け呑ませて下さい」見ると炎天の中を餘程急いで駈けて來たと見えて、汗も出切つてしまつたのか青くさへなつて居る。胸がどき/＼して喉が詰つて、物が言へ無いらしい様子である。私は「おいどうした」と云ひ乍ら水筒の栓を取るとそれを肩に掛けた儘いきなり町田を抱へ込む様にして水を呑ませた。皆、町田を取卷いて「何だ/＼」「どうしたんだ」「何が大變なんだ」等と彼を見守つて居る。

「グ、グリコを呉れます」何か重大事を豫期した私達は「何、グリコ」と言つたきり、呆氣に取られて、町田の顔を見返した。

「そうですグリコであります、放列の向ふの臺上です、榎本軍曹殿と牛奥伍長殿が居られます、各分隊長は人員を報告して其の數だけ取りに來いと言つて居られました、外の加給品と、手紙も渡すさうです、今來がけに放列へも傳へて來ました、中川上等兵殿速く行つて下さい」「何、本當か、おい」成程これは大變である。「よし小川上等兵、新海上等兵も來て呉れ、各車長は兵一名づゝ出して呉れ」と叫ぶ様に云ふと、先刻「對空監視長」を命ぜられた時調べてあるので、「員數」を承知して居る私は、忽ち集つた「使役」の兵を後に脱兎の如く配給所目差して飛出した。「あゝ、今日は何たる吉日ぞや」待ちに待つた故郷からの、初めて受取る手紙が來た。然も三通、女房から妹から、そして在郷軍人會の友達から。故國の樣子が手に取る樣に判る。「うふゝゝうーん、千鶴子が、わつはつはつは「彼方でも此方でも「何々うーん、さうか、彼奴も征つたか、隣村のうふゝゝ」等と此の故郷からの第一報をむさぼる樣に讀んで悦んで居る。私は此の時程手紙と言ふものの有難さをつくづくと感じ、さうして手紙の來なかつた數名の戰友達を氣の毒に思つた事は無い。然しそれ等の人達にも外の加給品はある。便箋封筒ちり紙タオル鉛筆、さうして問題のグリコである。ランニング姿の繪のついた眞赤な紙箱。故郷の匂ひを運んで呉れた何と云ふ素晴しい慰問使であらう。故郷に居た時は子供の菓子と許り別に關心を持つて居なかつたグリコが、こんなに迄私達を悦こばして呉れる力を持つて居るとは思はなかつた。口の中で心迄とろかす樣な甘味其の美味さ、皆髯面を綻ろばせてにや〳〵笑つて悦んで居る。

グリコは大人の菓子であつたのかしら、それとも私達が砲煙彈雨の中に土にまみれた泥人形に成つて居る中に、元の子供に返つてしまつたのであらうか。お蔭で灼熱の太陽も蚊の大軍も暑さも苦しさも一ぺんに吹飛ばして、各分隊共急に活氣付いてしまつた。「さあ皆緊張して、緊張して」と言ふ樣に轟音を響かせて放列が又射撃を開始した。此方の歩哨達も銃をきゆつと握り直して大空を睨んだ。

敵は、餘りにも突然に思ひ掛け無い方向から撃出した我が砲撃の嵐に泡を喰つて新放列陣地の見當がつか無いのか、それとも反撃の出鼻を先刻の爆音に叩き潰されてしまつたのか、敵機はおろか、彈一發飛んで來ない張合の無さである。

八月三日　此の二日間の我が奇襲砲撃に、此の方の向敵陣地を散々に叩潰し大戰果を收めた中隊は、日没を待つて又元の放列陣地へ歸る事になつた。

來る時には、敵の野砲陣地からの暴露地帶であつた筈の處も、歸りはもう何でも無い唯の道路に成つて居る。案の定昨日の我が荒鷲の爆撃にすつ飛ばされてしまつたのである。

ホルステン河を見下す急坂路の上迄來た時、「あつ」シュルーンと彈道の唸りも無氣味に、ダダダーンガーンと敵重砲彈が軍橋の左側の河中へ炸裂して、兩岸の土手より高く、火柱が泥と水を吹上げた。續いて向ふの土手の中腹へ「ヒュルーンダダーン」と一發。雲をあざむく月明りとは云へ、夜は火柱と火花と成つて飛散る眞赤な破片の渦巻が、鮮かである。あつ又、今度は軍橋の右の濕地へ、敵の奴等、我々が此の軍橋を通過するのを感知したのであらうか、それとも何時もの樣に唯此の軍橋を落さうとしての射撃を、初めて夜間試みた處へ、運惡く我々が行き合はせてしまつたものであらうか。どつちにしても先發した輕車輛隊は、もう元の陣地に着いて作業を開始して、我々の着くのを待つて居るであらう。今我々はたとひ幾ら撃たれても、彈幕の中を早急に潜り抜けて一氣に此の軍橋を押渡つてしまはなければならないのである。敵彈は益々激しく次から次へと轟然と炸裂の火柱を立てゝ居る。唯一つしか無い軍橋を墜とされてしまつては此の場合大變な事に成つてしまふ。さあ急げ。「前へ」と叫んで指揮旗を打振らうとした時「あつ」ダダダーンダダーンと二發續いて橋の手前の道路の右側に落下、眞赤なそして眞黒な煙と土砂の幕が立籠めて、軍橋が見え無くなつた。「あつ橋が」と私はいきなり牽引車から飛降りて橋の樣子を見に駈け出さうとした時、軍橋を守つて居る工兵隊の兵が一人、飛出さうとする私を遮つて「自分が見て來ます、自分の任務ですから」と云つて引止めた。見れば現役兵らしいがつちりとした若い元氣其のもの の樣な伍長勤務の上等兵である。「自分が合圖したら直ぐ前進して下さい」と云ふなりジグザグの急坂路を駈下りて行つた。あゝ、橋は無事だつた。軍橋の手前で、此方を向いて手を振つて合圖をして居る。今だ。「前へ」無限軌道の響も勇み立つ樣に敢然として前進を開始した。忽ち急坂路を下り切つてしまつた其の時、又ダダーンと今度は道路の左側へ一發、彼ががばつと伏した。「あつ」然し好かつた。ぱつと火花が飛び散つてしまふと、彼は起き上つたのだ。そして此方を向いて、何でも無い〳〵と云ふ樣に「急げ〳〵」と手を振つて居る。

彼の顔がはつきり見える處迄進んで行つた時だつた、又道路の左側へ火柱が立つた。ダダーンと火花が飛んで彼が再びがばつと伏した。「あつ」と叫んで私は牽引車から體を乘り出す樣にして彼を見守つた。煙がもう〳〵と流れる。橋は無事だつた。然し、彼は――今度は起き上らない。あゝ彼は永遠に起き上らなかつたのである。何と言ふ悲壮さ!! 何と言ふ壯烈な戰死であらうか。自分達の手で掛けた軍橋を守り、そして友軍を通す爲に自分をかへりみない。あゝ何と言ふ責任感の强さ!! 大和魂の權化。然し我々は又我々として重大な任務を帶びて居る。今、「此處は御國を何百里」あの名高い軍歌「戰友」の一節にある樣に、思はず駈けよつて、しつかりせよと抱起してやる事は勿論の事、それこそ、一秒間でも牽引車を停める事すら出來無いのである。戰友よ、許せ、敵はつきつと取つてやるぞ。軍橋へ差掛つた時、ダダダーンと急に目の前が眞赤になつた。耳がじーんと鳴つて目がくら〳〵とした。軍橋がぐら〳〵大きく上下に搖れた。「やられた」と瞬間に思つたが、敵彈は橋の右方の水中へ落下して炸裂したのだ。

ばしッと何か押潰す樣な大音響がしたと思つた。水と泥が牽引車の前ガラスへ叩きつけられる樣にぶつかつた。ガリガリガリンと前照燈の破れる音がした。あゝ、神佛の加護か、機關には何らの故障もなく、對岸の急坂路も一氣に登り切つてしまふ事が出來たのだ。後續の各車輛も皆異狀なく續々坂を登つて來た。奇蹟だ、奇蹟だ。全く奇蹟以外の何物でもない。さあ放列へ――先刻の戰友は如何したらう。出來る事なら、私一人だけでも引返して看取つてやり度い衝動にかられた。あれ丈の彈幕の中をくぐり拔け乍ら、少しも自身の危險を感じなかつた程砲彈には無神經になり切つて居る我々も、今眼の前で、然も自分達の中隊を通す爲に、壯烈極りなき戰死を遂げられた戰友を悼む氣持は堪らない。

唯月は「落着け、落着け」と青白く、冴渡り、無限軌道の轟きも任務だ、任務だと、我々を勵まし慰める樣に響いて來る。（完）

×

×

×

医療

熱帶居住の適應性

歐米人に比較して、日本人が南方居住に、より適應性を持つてゐることは ずつと前から一般にはいはれてゐたことですが、これについての學問的研究が最近の學會で發表されてゐます。これは汗腺といつて汗を分泌する腺が、われ〳〵人間には皮膚面に澤山ありますが この汗腺の數をしらべて見ると、一番澤山あるのは熱帶の原住民で、歐米人はこれから見るとずつと少ない。それが日本人はどうかといふと、熱帶の原住民よりは少ないが歐米人より多く有してゐるといふことになつてゐます。熱帶人に汗腺の多いといふことは、汗腺の多いことが熱帶の居住には必須條件であることを示すものです。これは民族的に見ての熱帶居住の適應性ですが、體質の點から個々の人についていへば、つぎのやうな人達は不適症といはれます。第一がキニーネに對して特異體質を持つてゐるもの、これは長期に亙つて南方滯在をする場合一度は必ずマラリアに罹患するものと見るのが至當であり この場合キニーネに對して特異體質を持つてゐるものではマラリア治療藥としてのキニーネを用ふることが出來ないからです。もちろん今日では昔と違つてマラリアの特効藥はひとりキニーネだけでなく他にもありますが、それにもかかはらずキニーネはなほ治療上他の藥とともに絶對必要だからです。熱帶地での死亡率を見ると心臟性疾患が極めて多いといはれます。これは取りも直さず心臟性疾患を持つてゐる人々の不適症を示すものです。これと同じやうに結核性の疾患で既往症のあるものも適しません。神經質なものもどちらかといへばまづ不適といはれます。といふわけは、熱帶生活を數年も續けると記憶力や批判力、作業力といつた力が漸減して來る。これは萬人共通といはれますが特に神經質のものにこの傾向が濃厚であるからだとされてゐます。

近視の原因

近視にはどうしてなるか、從前からこの原因としては遺傳、體質、生活環境などがあげられ各方面で論じられてをり、今日までこの結論は出されてゐませんが、最近眼科醫の發表をした數字を見ましても兩親に近視のないものは、兩親に近視のあるものよりも近視の發生率が多いことから遺傳が考へられます。しかし兩親に近視があつて、その子も近視だから近視は遺傳なりとも斷ぜられないといふ。わけは、生活環境が近視を發生しやすいやうな狀態にあるときは 親の遺傳なくしても近視になるからで、たとへば近業者には、非近業者よりも近視の發生率が多い。最近の學會で、農村での調査が發表されてゐますが、こゝに興味のあるのはこの近業者と非近業者について兩親に近視のあるもの、その近視の程度との關係で、近業の影響は弱い近視に影響があり、強い近視には遺傳の傾向が見られる點です。　（荻窪秀一）

社會時評

新人議員への期待

五年振りでクリーニングをかけた新議會は出來上つた、異色ある人物も相當に登場した、いはゆる新人議員は百九十八名である。普選實施後の新人の當選數をみると、第一回の昭和三年が百八十一名、五年が百廿七名、七年に百廿名、十一年が百廿五名、前回の十二年は林内閣の解散選擧で、またかといふ氣乘薄のせいもあつたらうが、八十一名しかなかつた。今度の總選擧の大眼目は、淸新强力な政治力を集結して新政治體制を確立することである。この確立に新人が果すべき役割は、大きい。また世間の期待も、大きい。といふのは新人議員は議會の古强者よりも政治的な義理や人情に、からみつかれてゐないと考へられるからで、時局は今までの一切の行きがかりを振り捨てよと要求してゐるのだ。新人と申しても、はじめて議會に罷り出たといふお上りさん的新顔だけでは意味がない。映畫界や花柳界なら新入りの顔を突き出しただけで相當の役目を果し得る。議會の新人の「新」は顔ではいけない、肚を出さねばならぬ。辯ではない、行動力である。今までの調子では新人議員は選擧の時だけは新人らしく振舞ふが一度議席を持つと忽ち人間がニコポン的に出來上つて終うて、新鮮味も實行力も棒に振る習しである。滑稽なのは選擧前と後との御辭儀の仕方まで趣が違つて來て、漫畫の種になつたりする。總選擧すでに廿一回その度に百四、五十名の新顔的新人が出てはゐる。そして結局は、茶話的興味を與へはしても、議會に何程の新しい力を寄與してはゐない。

無産黨議員の無能

早い話が昭和三年の普選第一回の時以來、無産黨議員は、時の新興勢力を脊負つて登場した。かれ等の鼻息は荒かつた。筋の通りすぎる程通つた話し振りだつたので世間の期待も大きかつた。が後で氣付いてみると開院式の時にフロックコートを持ち合せなかつた事を得意がつた趣向位が落で、仲間喧嘩繰り返して消え去つたのは、少々みぢめであつた。都々逸にうたつてゐる―燒いたお芋と、ふかしたお芋、どちらのお奈良がくさからう――新人議員諸公よ、成程、都々逸は、穿つたことをいふわいと世間が感じ入るような、だらしのない事を議會行動を通して仕出來かさないように願みます。

西瓜のよしあしは掌でたたけば分る。茄子や胡瓜なら、みただけでよい、人間の眞、僞に至つては、たたいても、みても分らない。腹を眞二つにたち割つて五臟六腑を引き出して、鹽でもんでみないことには分らない。そこで例へば新人など云はれる諸公は、選擧民から盥でもまれた揚句　當選したといふ自覺と、その自覺から來る責任の苛烈さを充分嚙みしめて貰ひたい。但しチューインガムやするめぢやあるまいし嚙みしめ放しでは何んにもならない。行動で證を立てて欲しい。威武も屈する能はず、富貴も淫する能はざる底の信仰に生きて、　天皇の大政を眞に翼賛し奉るために選擧民への公約を忘れては困る。從つて會期中だけの議員であつたり　汽車に乘つたり、視察に行く時だけ得意になられては、たまらない。國民と政府との革新的結び役として四、六時中の議員であるべし。

東條首相の放送

東條首相はラヂオ放送に曰く――今回の總選擧の結果は全國民の眞摯純正なる政治的意志を表明し、大東亞戰爭下に於ける擧國鐵石の決意を中外に顯示するものである。既に武力戰に自信を失ひ僅かにわが國内體制の動揺に一縷の望みを托する米、英、重慶政權に對し文字通り一億一心の威壓を加へて彼等を唖然たらしめるものである　と　この首相の火のような確信に滿ちた結論を議會も國民も裏切つてはいけない。選擧で散々に「覺醒」を呼びかけられた國民は、こんどは新議會人に對して、國家改造の推進力として衆議を盡すといへども小異をすてて大同に就くといふ大勇猛心、行動力を要求する順序であるといふわけで、選擧の意義從つて議會の役割が今日より切實なるはない、貴いものはない、これから益々そうなるだらう。ほんとうは一度や二度のクリーニングや色揚げでは永い間の滓やシミが拔けるものぢやない。煮つめて、もんで、しぼつてといふより戰線將士の英靈と血潮でとろ〳〵に熔かし切つて初手から出直すべき時できへある。

選擧區制の再編

だから早い話が、選擧法の改正位は早く片付けねばならぬ　今回の總選擧の實際は切實にその實現を迫つてゐる。推薦制度の確立や選擧制そのものゝ根本的改正の段はともかくとしても、選擧區制の再編は、とり敢へず問題となつた。現在の中選擧區制は行き詳つてゐる。少くとも人口移動の實狀とは大いに副ひ兼ねてゐる。例へば東京第五區は有權者數四十五萬二千餘で定員は五名である。だから最高點者は七萬六千もとつた。落選の筆頭さへ二萬餘票の信任を貰つてゐる。そしてこの區では七千六百卅三票なければ供託金を沒收される勘定になるのに同じ東京第四區では七千九百十四票で當選してゐる。地方などでは九千票位で樂々と當選してゐる始末である。「淸き一票」はもつと大切にして貰ひたい。まつたく「淸き一票」であつたといふのは、選擧違反の有様をのぞいても分る。卅日の投票日當日現在で内務省警保局に集つた件數は百九十三件、五百五十九名で、昭和十一年の同日現在千百三件、二千三百卅六名、同十二三の五百六十五件、九百三名に比べて非常な減少ぶりである。

江口榮治

(筆者は東京日日新聞社生活部副部長)

小説

若鮎

長谷健

脇田和画

ひる前までは、たけ〲しいばかりの雨《あめ》であつたが、午後になると、ぴたりと止んで、甘《あま》い五月の空氣《くう》が、開け放された窓《まど》からしのび込み、部屋に閉ぢこもつてゐる江禮をじつとさせておかなかつた。庭前《ていぜん》の新綠は、すつかり洗ひ清められ、折《をり》から西の窓から一せいに晴れあがつて來る青空をうつして、じつとしたたゞずまゐのひと時であつた。

江禮はぶらりと家を出た　何となく人の訪ねて來さうな氣もしたが、一寸散歩《ちよつとさんぽ》して來るといひおいて、時間などのことも顧慮《こりよ》しないまゝであつた。いつも來る川越街道《かはごえかいだう》は、洗濯《せんたく》したてのやうな美しさで、遠近圖を見るやうに遙《はる》かな彼方まで見透しが利くほどであつた。兩側《りやうがは》の銀杏《いてふ》の並木も新鮮《しんせん》な息吹にはずんで、いく度となく、江禮に快い背伸びをさせた。江禮は、そのやうな背伸《せの》びをすると、いくつかの輕い欠伸《あくび》をする。そして、その拍子に少しばかりの涙が出る。この時節《じせつ》にこの道をふらりと歩くと、江禮にはきつと思出す記憶《きおく》があつた。

指《ゆび》を折つてみれば、すでに六年前《ろくねんまへ》になる。そのころ江禮は小學校《せうがくかう》の三年生を受持つてゐた　男女合せて六十名位のあさくさの子供《こども》であつた。ある日曜のひる前、江禮はやはりこの道を散歩《さんぽ》してゐた。と、廣い舗装道路《ほさうどうろ》の輕い勾配をじつに輕快《けいくわい》に、すべるやうな速力《そくりよく》で、一臺の自動車が駈けて來た。かく別用件《ようけん》もない江禮は、しばらく佇《たゝず》んで、その自動車を見まもることにした。それほどゆつくりした久しぶりの日曜の散策《さんさく》であつた。ガラスを通して見ると、自動車には五六人の子供《こども》が立つたり腰《こし》かけたり、あるひは折重なるやうにして乘つてゐた。ふだん子供たちを扱つてゐる江禮は、はつとしてなほよく注意《ちうい》してみると、それ等の顔は、どれも知つてゐるもののやうであつた。向ふでも江禮に氣づいたらしく、疾風《しつぷう》のやうに過去《すぎさ》つた自動車の後部のガラスを通して二三人の顔が、何ごとかしきりにしやべりながら江禮を見返《みかへ》つてゐた。そのうち、自動車も速力をゆるめ、それと氣づいた江禮が、車道《しやだう》に下りて小急ぎに歩出すと、二本目位の銀杏《いてう》の並木《なみき》のあたりで車は停つた。ドアを排して、ぞく／＼と下りて來たのは、正に江禮の受持《うけもち》の子供たちであつた。先生、ずゐ分捜《さが》したわよ、と、眞先《まつさき》に近づいて來たのは石本零子《いしもとれいこ》であつた。少し長目なオカツパをぶるんとふるひ、つぶらな眼を仰山《ぎやうさん》に見開いて、ふざけてなじるもののやうであつた。と、そのあとから女三人、男二人、都合《つがふ》六人だけが、どや／＼と駈けつけた。口々に、先生、先生、と連呼《れんこ》する。先生のお家隨分《ずゐぶん》遠いわね、とかあゝくたびれちやつたとか、止めどもないしやべり方で、やがて江禮はとり圍まれて了つた。と、その子供たちのあとから、眉毛《まゆげ》のずつとつまつた、少し眼の芯《しん》の鋭《するど》い、あまり感じのよくない四十恰好《かくかう》の運轉手《うんてんしゆ》が近づいて來た　おいお前たち、もう十錢足りねえよ、と、短身《たんしん》なからだに似合はぬほど廣い手に、十錢貨幣《くわへい》を並べて突出した。それでいゝ筈ぢやないの、と、石本零子が運轉手《うんてんしゆ》に近づいて少し肩をそびやかしていつた。子供だと思つてみくびつてゐるわ、六人だから六十錢の筈《はづ》よ、ねえゑと、いひつめられ、運轉手はびつくりしたやうな頬付で、手の平《ひら》の貨幣をしらべなほした。

　江禮は、前後の事情《じじやう》を問《と》ひたゞす前に、石本零子の大人びた落付き加減《かげん》に壓倒《あつたう》されて了つた。これが僅か十そこそこのあさくさの子供であるのか、と、あらためて眼をみはる思ひであつた。そのころ江禮は、九州の片田舎から上京したてであつたのだ。農村《のうそん》の子供たちばかりを相手にして來た江禮には、空恐《そらおそ》しいやうな驚異でさへあつた。

「いつたいどうしたの」と、江禮は、江禮の存在《そんざい》に氣づいて、澁々《しぶ〳〵》引返《ひきかへ》していつた運轉手が、車を動かしはじめてから訊ねた。零子と勢津子とが、双方《さうはう》からその經緯《いきさつ》を話しはじめた。

零子が主唱者《しゆしやうしや》となり、江禮先生の家に遊びに行かふといふことになつたのである。しかし零子にいひ出された時は僕もあたしも、といふやうに忽《たちま》ち十人位の顔が揃《そろ》つたが、いざとなると、電車賃《でんしやちん》のことやら、母の許しがなかつたことなどのために、六人に減つて了つた。さいしよ、淺草《あさくさ》から上野までは地下鐵《ちかてつ》で行き、上野から池袋まで省線電車《しやうせんでんしや》にしよう、と勢津子が母親の入智慧《いれぢゑ》をかりていひ出したが、零子はどうせ地下鐵《ちかてつ》と省線とで九錢づつつかふやうなら、圓タクを拾ひませう、といつて聞かなかつた。石井《いしゐ》欽彌《きんや》もそれに贊成《さんせい》するし、たつた一錢位なら、運轉手《うんてんしゆ》さんに先生のお家をさがしていたゞくだけでもましだ、といふことになつたのである。零子が松屋の前で、小器用《こきよう》に手を擧げて自動車をとめた。池袋まで六十錢で行つてよ、と、ドアに手をかけて交渉《かうしやう》すると、運轉手ははじめ一寸小首《こくび》をかしげて僅かにしぶつたが、どうせあとになつたら、何とかうまくだます口實《こうじつ》もあらうと、多寡《たか》をくくつて應じたのだ。

「面白《おもしろ》かつたわね、みんなでもつと早くもつと早くといふもんだから、運轉手も一生けんめいスピードを出したのよ」と、零子は自慢《じまん》たらしくいふのであつた。子供たちは軍歌を歌つたり、大聲で吹鳴つたり、きやつきやつとはしやいだりしながら、流石《さすが》の運轉手をさへ、はら〳〵させたのである。

「僕、學校《がくかう》に行つて小使さんに、先生の所番地《ところばんち》を教へていたゞいたんです。それを運轉手さんに見せたけど、なかなか分らなかつたんです」と欽彌《きんや》は齒切《はぎ》れがよかつた。なるほどさうであらう、と、まるで反對側《はんたいがは》から來た自動車のことを考へてうなづきながら、江禮は子供たちの大膽《だいたん》さにびつくりするのであつた。それまで何度か停車《ていしや》して、運轉手は、江禮の住所《ぢうしよ》を人々に尋ねた由《よし》であつた。まだ東京の地理にさほどあかるくない運轉手だつたらしく、尋ねるたびに、變な方向《はうかう》に行つてしまつたのである。それでも子供たちは、いつまでも乘つてゐられるうれしさで、江禮の家が見つからないのにも、少しも氣にしなかつたのである。

(89)

一通り話了《はなしをは》つてから、
「とも角《かく》、先生の家に行かう」と、江禮が先《さき》に立つて歩きだすと、零子は眞つ先につゞきながら、
「隨分《ずいぶん》間ぬけな運轉手だつたわね」と、みんなの賛成《さんせい》を求めるのであつた。

その日江禮は、零子たちには、お晝《ひる》のご飯《はん》がはりに、お鮨《すし》をとつてやつた。男の子も女の子も少しも遠慮《えんりよ》するところなく、またたく間に食べつくした。そしてそのあと、江禮は子供たちとかるたをとつたり、トランプを弄んだりして、夕刻《ゆうこく》近くまで遊び相手《あいて》をつとめた。やはり六月近い新綠の季節《きせつ》であつたが　夕方近くなつて、急にあたりが薄暗くなり、江禮が驚いて窓《まど》を開けると、すでに大粒《おほつぶ》の雨が、トタン屋根のそこここに、黑い斑點《てん》を印してゐた。低く垂下がつた雲のけはひから考へても、どうせ一雨通過《つうくわ》しなければ、收まりさうにも思はれなかつた。

「雨だよ、弱《よわ》つたな」と、江禮が子供たちの方に引《ひき》返して來ると、それまでとりとめもなくはしやぎまはつてゐた子供たちが、急にお喋舌《しやべ》りを止め、當惑《たうわく》した表情にかへつた。江禮はそれと察《さつ》したが、今はどうにも處理《しより》のしようもなく、また窓側《まどがは》に行つて空を仰《あふ》いでみるより外なかつた。そしてしばらくそのまゝの姿勢《しせい》でゐたが、ふとふり返つてみると、子供たちはトランプを疊の上に散亂《さんらん》させたまゝ、互に少しづつからだをすり寄せてゐる。生暖《なまあたた》かい風がさつと吹いてぬけた。と、突然《とつぜん》思ひがけなく、激しい稲光を追つかけるやうにして、雷鳴《らいめい》がとゞろきわたつた。江禮は、空模様などから察して、こんなことにもならうか、と思はないでもなかつたが、子供たちもゐることとて、默つてゐた。さうした時であつたが、ぎくツとうろたへた江禮は、反射的《はんしやてき》に窓を閉めた。子供たちは、その窓の音にいよ〳〵おびえ、ます〳〵からだを寄せあつた。江禮が子供たちの氣分《きぶん》を引《ひき》立てようとして、口を利かうとしたとたんに、いきなり零子が、先生恐《せんせいこは》いわ、といひながら兩手で顔を蔽つて泣出し、圓陣《えんじん》に並んだまん中にうつ伏せになつた。すると、その場の緊迫《きんぱく》した空氣に感染《かんせん》したものとみえ、みんなが一時に泣き出したのである。まつたく咄嗟《とつさ》の出來ごとであつた。

「なにを泣くの。先生《せんせい》がついてゐるぢやないか――」

江禮はさういひ、わざとつくつてつけたやうな笑ひ方を

した。雨はます〳〵降りつのつたが、雷鳴はそれ以後あまり聞えなかつた。零子たちは、それでもぐす〳〵鼻をつまらせてゐたが、江禮が、かさねて「泣《な》き虫《むし》毛《け》虫《むし》つまんですてろ」と、ひやうきんにいひながら、泣く子供たちの襟《えり》がみをつまみ上げると、やうやく泣きやんだ。江禮は自動車の運轉手《うてしゆ》をさへやりこめて來た零子たちが、たつた一度だけの雷鳴に泣き出したのが、はじめは腑に落ちない氣がしたが、しかし又、そこにこそ、子供たちの本然《ほんぜ》の姿が見られるやうにも思ふのであつた。農村《のうそん》の子供たちには、このやうに感情の脆弱《ぜいじやく》な者は少かつたやうに思ふ。こころあたりにも、都會文化と地方文化《ちはうぶんくわ》の違ひが暗示《あんじ》されてゐるやうにも考へられるのであつた。

その日、雷雨が一過したあと、江禮はやはり雨後《うご》の川越街道《かいだう》に、子供たちを連れて出た。そして次々に來る自動車の車體《しやたい》などまで點檢《てんけん》するやうな贅澤《ぜいたく》な餘裕《よゆう》を見せて、圓タクを拾つてやつたのである。

江禮は、すでに六年になる、と、いく度も指を折つてみた。そして、その間に轉換《てんくわん》した時代の足音に、強い感慨《かんがい》を覺えるのであつた。この坦々とした大道《だいだう》には、すでに三十分も歩きつゞけても一臺の空タクシーも見かけなかつた。道に添つた家々には、防火用の水槽《すいさう》が並べられ、軒先《のきさき》には火たゝきが立てかけられてゐる。

江禮は、このやうにのんびり散策《さんさく》などに出て來た自分に何かうしろめたさに似たものを、ちらと感じた。それでも日ごと働きつゞける自分《じぶん》にも、たまには雨後の淸淨《せいじやう》な空氣ぐらゐ吸つてもいいだらう、と、いひわけのやうなことを考へながら、歸りかけた。

×

玄關《げんくわん》に見なれない靴《くつ》が三足並べられてゐた。大人のものともつかないし、今受《うけ》持つてゐる子供のものとも思はれなかつた。障子《しやうじ》をあけると、いきなり妻の瀧子《たきこ》が出て來て、「綺麗《きれい》なお孃さんたちが見えてゐますわ」と笑つて、二階をあごでさし示した。「あなたがお出かけになつてから、ほんの直ぐでしたわ」

黑い應接臺《おうせつだい》の三方に、それ〲出された座布團《ざぶとん》を側に押しやり、つゝましく坐《すわ》つてゐるのは、零子《れいこ》と道子に、勢津子であつた。それ〲の女學校の制服《せいふく》をきちんとつけ、潑溂として若鮎《わかあゆ》のやうにぴち〳〵してゐた。とり分け、零子は、豊《ゆた》かに肉づきもよく、若鮎《わかあゆ》の女王《じよわう》のやうであつた。

「いらつしやい――」と、江禮は氣輕《きがる》に一揖《いつしふ》して、開いてゐる一角に座《ざ》を占《し》めた。三人は一せいに、兩手をついて挨拶を返したが、どうやら少しかたくなつてゐるやうであつた。

「珍《めづら》しいねえ」

零子たちは、小學校を卒業《そつげふ》してから、時たま學校《がくかう》に江禮を訪ねて來たことはあつたが、女學校にあがつてから、三年に進級《しんきふ》した今日まで、彼の私宅《したく》に來たのはこれがさいしよであつた。

「先生、どうしてあさくさをおやめになつたんですか――」

小學校時代にはもつとも無口《むくち》だつた道子がだしぬけに訊ねたので、江禮もびつくりして見直《みなほ》した。江禮はこの四月あさくさを引拂つて、わせだ近くの國民學校《こくみんがくかう》に轉任《てんにん》したのであつた。江禮先生が轉任《てんにん》したと聞いた時零子たちは、なぜか肩《かた》すかしをくらつたやうにうろたへ、何はともあれ江禮に會つてみたくなり、なんきん豆を一袋買つて訪ねて來たのであつた。

「なんだ、そんなことか――」と、要領《えうりやう》を得ない答方をして、江禮は机《つくえ》の上に散らばつた原稿用紙《げんかうようし》などを片よせた。そして出來ることなら、零子たちには、轉任《てんにん》の理由などいひたくなかつた。それが單純《たんじゆん》な理由でなく、大人の世界のさま〴〵に入りくんだものであり、下手《へた》に說明《せつめい》しても、殊更に構《かま》へたいひわけらしく聞かれさうな氣にもなるし、零子たちの胸に、暗《くら》いかげを投影《とうえい》させたくもなかつたのである。

「でも先生、みんな色んな噂《うはさ》をしてゐるわよ」

聲の調子《てうし》がすつかり大人びた零子は、兩手の指《ゆび》をテーブルの上で弄びながら、じつと江禮の顏を注視《ちうし》した。頰の血色はます〳〵冴えかへり、生々とした眼の色には、江禮も思はず目をみはる思ひがしたのであつた。

「いゝぢやないか。そんなこと――そんなことより、先生はね、今先《いまさき》ね、いつかほれ、もう六年前、あんた方がここで泣いた日のことを思出してゐたよ」

「あらいやだ。そんなことないわね」

そら呆《とぼ》けてゐることは、江禮には直ぐ分《わか》かつた。零子にいはれて、道子も

「さうよ、そんなことないわね」と勢津子をかへりみた。

「でもひどい雷《かみなり》のなつた日、先生の家に來たことは覺えてゐるだらう」と、江禮の追及《つひきふ》はます／＼鋭い。

「それは覺えてゐますわ」と勢津子がひきとつて答へた。座が一寸白《しら》けやうとしたので江禮は、

「まあどちらでもいゝが、みんなすつかり大人になつたね」と、わざと仰山《ぎやうさん》らしく小手をかざして、あらためて三人を見直す恰好《かくかう》をしてみせた。

やがて瀧子《たきこ》によつて、お茶と氷砂糖の少しが運ばれたが、零子たちはなか／＼手をつけようとしなかつた。

「甘いよ。おあがり」

二三度つゞけていつたが、やはり彼女たちは、遠慮《えんりよ》深く辟退《じたい》して受けなかつた。そこにも江禮は、成熟《せいじゆく》して行く彼女たちの、纖細《せんさい》な感情《かんじやう》の波を感ずるのであつた。そして靜かにお箸《はし》をとり上げると、氷砂糖の一つづつをつまみ上げ、零子から順に、彼女《かのぢよ》たちの手の平《ひら》にのせてやつた。

「さあ、今日《けふ》は昔の先生になつて號令《がうれい》をかけるかな……」

といひ、わざととりつくろつた表情をして、

「お口を開きなさい」と、命令《めいれい》した。それでも彼女たちはなか／＼口を開かない。うつ向いてくす／＼笑ふばかりであつた。江禮は一寸氣を利かして階下に下りて行つた。

妻の瀧子《たきこ》は、

「またお鮨《し》ですか――」と、いつかのことを覺えてゐたらしく、ラジオのスヰッチをとめながら訊《たづ》ねた。

「いや、食べざかりの女の子だ。鮨《すし》ではとても間にあふまい……」

「でも、あの年ごろの娘《むすめ》は、いくら食べたくても遠慮してたべないものだわ」と、瀧子はうがつたことをいつて反對した。

「一寸待て、やうすを見て來よう」

江禮がとつて返《かへ》すと、零子たちの手からは氷糖の姿《すがた》は消え、湯のみのお茶もからになつてゐた。江禮はそれを見屆けると、何か忘れものでもしたふうに、その場をつくろひ急いで瀧子のところに駈《か》け下りていつた。

「ともかく、上等の丼《どんぶり》を一つづつと、お鮨《すし》を二圓ぐらゐとつてもらふよ」と、きびしくいひつけた。瀧子は、

「さうですかあ」と、しばらく不審《ふしん》顔であつたが、重ねて拒むことも出來かねるのであつた。

×

零子たちを送つて、江禮は又しても川越街道《かはごえかいだう》まで出て行つた。

美しい夕燒《ゆふやけ》であつた。さつと一刷毛《はけ》はいたやうな雲が赤い更紗《さらさ》のやうに燒けてゐた。

「綺麗《れい》だらう。東京にもこんな美しい夕燒があるんだよ」と、江禮は自分のものでも見せるやうないひ方をした。零子たちもしばらく立止まつて、

「綺麗《きれい》ねえ」と小さい聲《こゑ》でささやき合つてゐた。江禮は

「夕燒《ゆふやけ》はいつ見ても綺麗だが……」といつて一寸口を噤《つぐ》み

「しかし、世の中は隨分《ずいぶん》變つたね。ほら、五六年前あんたたちが來たころには、どの自動車に乘らうかと、選るのに一苦勞《くらう》したものだつたつけね……」

「それあ先生、戰爭《せんさう》ですもの」

勢津子がさういつてふり仰いだ。

「さうだ。この戰爭《せんさう》は一年や二年ではなかなか收《をさ》まりはつくまいよ。しぜんみんなの生活形式《せいくわつけいしき》も變らなくちやならないんだな」

江禮はそんなことをいつたが、なんだか少し說教《せつきやう》めかしくなつたので中途《ちうと》でやめた。

「それや先生——」と、それまで無口《むくち》だつた道子がいひ出した。「そんなこと分かつてゐますわ。だからあたしたちだつて　お姉《ねえ》さんたちの女學生時代《ぢよがくせいじだい》とすつかり變つてゐますわ」

江禮がまん中で、零子と勢津子がその左右《さいう》に並び、道子は少し後からつゞいて、驛《えき》の方に歩いてゐた。江禮は時々零子たちの方をふり向き、すでに自分の耳許《みゝもと》までにも生長した彼女たちの生長《せいちやう》のすばやさに、あらためて驚異《きやうい》の眼をみはるのであつた。この娘たちが、かつては、肩車《かたぐるま》に乘せたり、抱き上げてひつくり返したりした子供たちであるとはどうしても思はれないほどであつた。

「先生、先生《せんせい》のそこんとこに白髪《しらが》があるわ」

少し後から來る道子が江禮の後頭部《こうとうぶ》をつゝいてさういつた。江禮もそのことは知つてゐる。

「あゝ、いよ〳〵先生も、おぢいさんだ——」

「あらいやだ。そんなことないわ」と、零子が江禮をふり仰ぎながらいつた。

「そんなことないこともないさ。だが人間は大體《だいたい》年齡の順に死んで行くんだから、あとは賴《たの》むよ」

「また先生の冗談《ぜうだん》がはじまつた」

勢津子である。江禮は、日頃機會《きくわい》があれば、南方に挺身《ていしん》してみたいと、思ひつゞけてゐた。そんなことを零子たちにあけすけに話してみたとて、どうにもなることではなかつたが、若し南方《なんぽう》にでも行くことになつた曉には、やはり不慮の死も決意《けつい》しなければならないと思つてゐる。さうした矢先《やさき》だつたので、しぜんそんな言葉《ことば》がころがり出たのであつた。

「冗談《ぜうだん》かも知れないさ。だけどこんなきびしい時代《じだい》には、女學生だとて、何時如何なる場合《ばあい》、死ぬことを覺悟《かくご》しなければならないかも知れないよ」

「分かつてゐるわよ」と、勢津子がやゝ突けんどんに答へた。江禮は、別れぎはの話題《わだい》には、一寸ふさはしくないとは思つたが、折角《せつかく》きり出した話題なので、

「でも人間は、どんな場合《はあい》に出合つても、自分の姿を見失ふやうでは駄目だな。そしてそれが、この激《はげ》しい戰時日本とどんなつながりがあるかを、わきまへてゐなければいけないと思ふな」

「小學校のころの、先生の持論《ぢろん》だわね」

零子がさういつてにつと笑つた。

街は、すでに薄暮《はくぼ》であつた。人々の出そめた植木の市の雜踏《ざつとう》にさしかゝると、彼女たちは、若鮎《わかあゆ》のやうにたくましく泳ぎぬけていつたが、江禮はともすれば、彼女たちを見失はうとしてあわてて人の足をふんだりした。

驛《えき》に近《ちか》づくと、零子が
「先生は、おビールがお好きだつたわね。なんきん豆はビールのおつまみのつもりでもつて來たのよ」といつてくす〳〵笑つた。

江禮はあきれてすぐにはものがいへなかつた。

やがて驛の出札口《しゆつさつぐち》に近づいた時、江禮は金入をあらためてゐる零子を押しのけ、

「先生が買つてあげる」といつて、頑固《ぐわんこ》にこばみつゞける零子をひぢで斥けとほした。

警戒管制下《けいかいくわんせいか》の薄暗い階段《かいだん》をはづみをつけて下りて行く、三人の女學生を見下しながら、江禮は心樂しかつた一日を反芻《はんすう》してゐた。いよ〳〵見えなくなる曲角のところで、三人はひらりと手をあげ、婉然《えんぜん》と笑つて白い歯を見せた。

戰爭と女性

増田抱村

一

戰爭《せんそう》で敵國を負かして我方が勝《か》つためには、之に要するあらゆる條件《じやうけん》が必要であつて、國民《こくみん》の殆んど全部のものが最大《さいだい》の能力を擧《あ》げて働かねばならない。それがうまく行けるか、どうかといふ所に最後《さいご》の勝敗《しやうはい》が決まるのである。それにつけても國民の半分《はんぶん》を占めてゐる婦人の地位《ちゐ》といふものが　戰爭の場合《ばあひ》に極めて重要《じゆうえう》なる勢力として登場するのである。

むかし支那の兵法學者《へいはふがくしや》であつた孫子といふ人が、戰爭に勝つための根本原則《こんぽんげんそく》として幾つかの條項を擧げてゐるが、その一つに道といふことを說《と》いてゐる。これは上が下のものを慈《いつく》しみ、下のものが上に心服《しんぷく》して上下心を一にし、融合《ゆうがふ》一體を爲すことの必要《ひつえう》である意味であつて、今日の言葉《ことば》でいへば國家總力戰《こくかそうりよくせん》のことである。戰爭に勝つためには、國民が上下一體となつて目的《もくてき》完遂《くわんすい》のためによく働いてゐるかどうかといふことが極《きは》めて必要なのである。

このことは吳子といふ人も、「和《わ》なる國でなければ軍《ぐん》を出すべからず」といつてゐるが、それと同じ意味《いみ》である。和とは國民の協力《きやうりよく》一致《いつち》のことである。クラウゼウィッツといふ人は近代獨逸《きんだいどいつ》の戰爭理論《せんそうりろん》の大家ですが、この人は「戰爭は國家と國家との力と力との爭ひである」といつてゐる。そしてこの力といふ意味《いみ》には、銃後の人々の働《はたら》きといふものをかなり重《おも》く見てゐるのです。その中《なか》には婦人《ふじん》の力といふものを見逃《みのが》してはならない。そこで、戰爭には婦人《ふじん》の地位《ちい》といふものが何んなに重要なものであるかを考へねばならぬ。

二

世の中が今日ほど進歩《しんぽ》せず國家の組織《しき》が單純《たんじゆん》な時代には、支配階級における婦人の意思といふものが政治《せいぢ》を支配したし、從《したが》つて戰爭發生の原因《げんいん》にもなつたのである。これはキリストが生れたときから數百年《すうひやくねん》もむかしのときのことであつたが、エジプト國王アマシスに對し、ペルシヤ國王キウロスの子カムビウセスが、その支配下《しはいか》にあつた諸民族《みんぞく》と共に、希臘《ギリシヤ》のイオニア人とアイオリス人の多勢《おほぜい》の軍隊《ぐんたい》を引つれてエジプトに攻入《せめい》つた戰爭の如《ごと》きも、これはひとりの婦人の意思によつて起《おこ》つたものである。戰爭《せんそう》と婦人との關聯については、婦人の力に俟《ま》たねばならぬといふよい場合もあるし、また婦人がそれを惹起《じやくき》したといふ惡《わる》い場合もあつた。よいことについて語《かた》る前には、先づその惡い場合《ばあひ》についても顧《かへり》みる要があるので、茲《こゝ》ではそのことについて先づ少しく語《かた》りたい。

ペルシヤの國王《こくわう》カムビウセスは、エジプトへ使者《ししや》を遣《つか》はしてアマシス國王の王女を自分《じぶん》の妃に貰《もら》ひ受けたいと申込んだ。これは、エジプトからペルシヤに無理《むり》に派遣された一人の醫者のすゝめによつたものだと歴史《れきし》で傳《つた》へられてゐる。この醫者はエジプト國王に怨《うらみ》を抱《いだ》いてゐた事情《じじやう》があつたので、そのやうにすゝめたのであるがこの申込《まをしこみ》によつてこまつたのがエジプト國王であつた。アマシスは、ペルシヤ人の威勢《いせい》におそれを感《かん》じてゐたので、それを拒《こば》むことも出來《でき》ず、さればといつて自分のほんとうの王女を遣《つか》はすわけにも行かず、ついに一策《さく》を案《あん》じ出した。それは、先王《せんわう》アプリエスの王女でニテティスといふ背丈《せだけ》の高い眉目《びもく》の美しい娘のゐることを思《おも》ひ出したので、この娘を呼出《よびだ》して華麗《かれい》な衣裳《いしやう》を着せ、黄金の細工物で飾《かざ》り立て、これを自分の娘としてペルシヤ國王へ送《おく》り届《とゞ》けた。ペルシヤのカムビウセス國王は、彼女を眞《しん》のエジプト王女と思ひ込んで愛《あい》した。

しかし、それは正妃《わうひ》としてゞはなく、嬪妾に過ぎなかつたものであつたから、ニテテイスは心中不滿《ふまん》でならなかつた。彼女は彼に云《い》つた。「王様《わうさま》、あなたはエジプト王アマシスに騙《だま》されたことが、お解《わか》りにならぬのですか。アマシスは私の父アプリエス王を弑虐《しぎやく》して、エジプトの王位を簒奪《さんだつ》した悪い奴《やつ》です。彼は自分の娘《むすめ》が可愛いので、それを遣はさずに私《わたし》をその身代りに送り届《とど》けたのです。王様は私をアマシスの娘と思《おも》ひ込《こ》んでゐますけれど、あなたはアマシスにほんとうに騙《だま》されたのです。あんな奴は許《ゆる》しておくわけに行きませんから、王様の偉大《ゐだい》な軍隊で攻め亡《ほろ》ぼして下さい」この若き美しいエジプト娘はこのやうにして盛《さか》んにペルシヤ王を口説《くど》いて、エジプト遠征《ゑんせい》の戰爭を起《おこ》したのである。カムビウセスのエジプト征服《せいふく》が、當時の世界情勢を如何に變化《へんくわ》さしたかは、古代史を知るものに取つて感興を惹《ひ》くところの大事件《だいじけん》であつたのである。

三

紀元前《きげんぜん》四世紀に起つたペルシヤ國王ダレイオスの希臘征服《ギリシヤせいふく》の戰爭も、その王妃《わうひ》アトツサの主張《しゆちやう》によるものであつた。この時代とあまりへだたりのなかつたスキテア民族《みんぞく》とペルシヤ國との戰爭も、婦人がその發生原因《はつせいげんいん》だつた。戰爭勃發の原因として、當然《たうぜん》女にその大半の責を負《お》はせなければならぬ場合《ばあ》もあるのである。國家組織の單純《たんじゆん》だつた古代の國家興亡の跡《あと》に、その事例を多く見受《みう》けるのである。

しかし、それは古代においてのみあるとはいへぬ。近代《きんだい》においても、女が戰爭の勃發《ぼつぱつ》を助長した事例の存することとは否定《ひてい》出來ない。例《たと》へば一八七〇年七月下旬《げじゆん》に勃發した普佛《ふふつ》戰爭の如きも　チユルリー宮殿の奥深き一室《しつ》において、ナポレオン三世に對して說いたユージエニー皇后《くわうごう》の主張の如きも、この戰爭の開始《かいし》を早めたといふことが云へる。

「佛蘭西《フランス》の名譽といふよりも、わたし達の帝室の榮光《えいくわう》を保持するために、戰爭するより他に良法《りやうはう》を見出すことが出來なくなりました。皇帝は、今に及んで何も躊躇《ちう》なさることがありません。わたしは、聖母樣の加護《かご》を受けて居ります。それはきつと奇蹟《きせき》があります。今は一刻も猶豫《いうよ》がなりません。おわかりになりまして？　陛下。」

普佛間の關係《くわんけい》はかくしてその開戰を早《はや》めたのであつた。

しかし、それは古代や近代的な事例ばかりではない。現《げん》に一九四〇年の春《はる》における佛蘭西爲政者《ゐせいしや》等に對するエレーヌやブジーエといふやうな巴里《パリー》の美人等においてもその現實的《げんじつてき》な例を認めるのである。

戦争《せんそう》と女性との關聯《くわんれん》において、婦人が戦争勃發《ぼつぱつ》の直接の原因となつたり、若くは原因としての要素《えうそ》の働きを爲さなくとも、少くとも之が發生を助長《じよちやう》させたことについては、近代《きんだい》や現代においてもその事例について、指《ゆび》を屈《くつ》するに足るものがあるのである。

　そこで、これらの事例《じれい》について感《かん》じることは支配階級《しはいかいきふ》にある婦人の行動が、政治《せいぢ》に影響を與《あた》へることの出來る生活環境《せいくわつくわんきやう》にある場合に、特に愼重を要《えう》するのである。もし然らずして、主我的な感情《かんじやう》のまゝ行動し、國策《こくさく》の動向について感情に從《したが》つて意見の主張を爲《な》すが如きは、國家に取つて實に危險《きけん》なことであると言はねばならぬ。殊《こと》に相手國の實力について明確《めいかく》な認識《にんしき》を持つことなくして、判斷《はんだん》を誤つてたゞ相手國が嫌《いや》だからといふので、之と戦争をすることを助長《じよちやう》した例は、敗戦の重面史に登場《とじやう》する婦人の姿である。

　あのみじめな佛蘭西敗戦の責の一端を負ふべき政治家《せいぢか》等のうちレイノーとダラヂエ、この二人はあのとき、佛蘭西といふ國家が危急存亡《ききふそんばう》の秋であつたから、個人的感情を抛《はう》つて一心同體となつて彼等の祖を統率《とうそつ》して行くのが爲政者としての義務《ぎむ》であり、國家に盡《つ》くす彼等の本分《ほんぶん》であつたのに、右にも述べた二人の女性の誤《あやま》つた行動に乘《の》つて爲政者として救《すく》ふべからざる禍誤《くわご》に陷つてしまつた。佛蘭西の敗戦《はいせん》は、この事情からいつても當然《たうぜん》であつたのである。しかし、それだけ此《こ》の敗戦については、佛蘭西の女達《をんなたち》もその責の一端を負《お》はねばならぬ。これは單《たん》に佛蘭西ばかりの問題《もんだい》ではないのである。

四

　今次歐洲大戦《こんじおうしうたいせん》の勃發直前、それはミユンヘン會談《くわいだん》の後に、佛蘭西の新《あら》しい悲劇《ひげき》の女主人公たるヱレーヌ・ド・ポルトや、ド・クリユツソル侯爵《こうしやく》夫人やアントアネツト・ダルクールだの、またはマドレーヌ・ド・モンゴメリーだのいふ巴里社交界《パリーしやかうかい》の才媛等は、獨逸元帥ゲーリング主催の夜會《やくわい》に招かれてベルリンに赴《おも》いたことがあつた。彼女等は、その私行において親獨的《しんどくてき》であつたといふが、表面は英佛合體論者《えいふつがつたいろんしや》であつて、英佛軍を以て獨逸を打倒《だたう》すべしと常にその紅唇より縷々說かれたものだ。佛蘭西の親英的な政客《せいかく》や政府當事者等が、彼女等の熱心《ねつしん》なそうした口說によつて對獨開戦の氣運《きうん》へと驅走された。彼女等は、一方においてそうした對獨開戰熱を昂揚《かうやう》するとともに、他方また各政黨《かくせいたう》や爲政者等の派閥的壓軋を助長することに懸命《けんめい》だつた。

それらの婦人等が佛蘭西のために何《なに》を爲したかといふに、近代的《きんだいてき》佛蘭西に亡國《ばうこく》の黑幕を以てそれを蔽《お》ふたに過ぎぬ。

かくて自分達の感《かん》じることは、愛國的感情の缺如《けつじよ》せる婦人の多い國ほど憐《あは》れむべきものはない。國家のために眞《ま》心《ごころ》から盡くすといふ精神《せいしん》の缺如せる婦人の多《おほ》い國は、國家として發展《はつてん》の見込がないばかりでなく、むしろその國《くに》をして亡國的深淵《ばうこくてきしんえん》へと倒壞せしむるものである。

この危險性《きけんせい》のある婦人は、民主國に氾濫《はんらん》してゐるのである。

「わたし達は、國のために犧牲《ぎせい》になるといふことは何《ど》うしても出來《でき》ない。自分達は、自分達の生活を幸福《かうふく》にしてくれるから國家あるものと思《おも》つてゐる。自分達の生活《せいくわつ》を苦しめてまで國のために盡くすといふことは矛盾《むじゆん》です。戰爭《せんさう》は自分達に取つて、こうした矛盾《むじゆん》を感ぜさせるから戰爭は嫌です。」

これは一九四〇年夏《なつ》、佛蘭西敗戰に關《くわん》して述べた或米國婦人の意見《いけん》であつた。米國の女共は、自分の生活《せいくわつ》をひどく苦《くる》しめてまで戰爭《せんさう》のためにあくせく働くといふ努力《どりよく》の理論性がないし、また赤誠《せきせい》の報國精神《はうこくせいしん》を見出し得なからう。彼女等にあるものは、たゞ相手《あひて》國に惡感情を抱いて罵詈雜言を與へるだけであらう。彼女等はまたこうした態度で、對日《たいにち》開戰を助長したものであつた。

五

開戰の氣運《きうん》を助長する役割《やくわり》として、いづれの國でも、また古今《ここん》を通じて、婦人は實《じつ》によくそれをやつたし、主動《しゆだう》的《て》な地位にも立ち得《え》たことは、すでに說《と》いた通りである。しかし、一たび戰爭になつた場合《ばあひ》に國內總力の一半《はん》を背負《お》ふものとして婦人がその苦《くる》しみに耐《た》え得《え》るか何うかといふとによつて、戰爭完遂《くわんすゐ》が出來るものであるから、これを心に銘記《めいき》しておかねばならぬ。相手國をまだ倒《たほ》さないうちに、早く戰爭を止《や》めてくれるとよいがと思ふことでは、戰爭の目的《もくてき》を達成《たつせい》することが出來ぬのである。そういふ弱《よわ》い心は、兎角《とかく》婦人の側から生《しやう》じ易いが、戰爭との關聯において婦人は重要《じゆうえう》なる地位にあるものであるから大いに戒心《かいしん》を加ふべきものである。

戰爭の場合《ばあひ》に、婦人は個々《こゝ》の地位に

おいて英雄的《えいゆうてき》な盛名を擧げ得ることは、古昔にはあつたが近代戰にはその機會《きくわい》がない。殊《こと》に現代戰は勝敗を決するものは總力戰の形を採るので國民皆兵であり、婦人も之に參加《さんか》せねばならぬからである。例《たと》へば百年戰爭のときのジャンダークだの、源平戰《げんぺいせん》時代の巴御前だのいふあゝした婦人のやうな英《え》雄風《いうふう》の姿を現す機會《きくわい》にめぐまれない。その代り國家總力戰の一方法である勞働力の中に加《くは》はつて、そこに國家の一員《ゐん》として婦人が國のために盡くす機會がいよ〳〵多《おほ》くなつて來たのである。戰爭と女性《じよせい》との關係がその重要《じゆうえう》なるものとして此《こ》の點《てん》にメーキアップされるのである。

六

戰爭に關聯《くわんれん》を持つ婦人の報國的努力《どりよく》として、個人的な特性《とくせい》の能力を發揮して英雄的な役割《やくわり》を演ずる職能《しよくのう》が現時でもないわけはない。例へば今次《こんじ》歐洲大戰の場合《ばあひ》もそうであるが、特《とく》に第一次大戰の場合にベルギーや佛蘭西の美人《びじん》等が聯合軍《れんがうぐん》のために盡くしたスパイ行爲の如《ごと》き、その美しい容色《ようしよく》とフランス的エロの特技《とくぎ》を利用して獨逸軍側に盛んに機密漏洩《ろうえい》事件《じけん》を頻發せしめた如きはそれである。だが、かくの如きは平時に於ける墮落《だらく》生活の清算《せいさん》であつて、婦人の報國行爲《はうこくかうゐ》として邪道《じやだう》で正道ではない。戰時における婦人の報國努力はその生活の可能《かのう》な限度に於ける勞働力の供給《きやうきふ》である。これは應召《おうしやう》によつて不足を來す男子勞働力の減退《げんたい》を補つて軍需生產力を昂揚《かうよう》するための婦人の生產參與であり、そこに國家總力戰の一部として献身的《けんしんてき》な義務を遂行《すゐかう》し得る婦人の本領《ほんれう》が存するわけである。

しかし、產業部門《さんげふぶもん》に於て勞働力の一部として國のために義務《ぎむ》を遂行し得ない婦人のあることを何うするかといふ問題《もんだい》が提出される。

報國的赤心に於て異《こと》なる所なき婦人、それは家庭婦人《かていふじん》たる生活環境にあつて終始《しうし》せなければならぬ多數の婦人であるが、そこにはまたそれ相應《さうおう》の戰時義務があるわけである。それは人口政《せ》策上《さくじやう》の使命達成のために子供《こども》を生み得る可能性《かのうせい》と機會のあるものは、第二の國民たるべき子供を多《おほ》く生み且つ愛育《あいいく》することであります。戰時國民經濟《けいざい》の昂揚《かうよう》のために家庭消費を制約《せいやく》して貯蓄に努《つと》め、以て惡性インフレを防止《ばうし》することは、また戰時女性の愛國《あいこく》的本分である。

共榮圈の服裝めぐり(一)

支那服の檢討とその作り方

大東亞の盟主として、めざましい發展に邁進すべき時がきました。正に東亞の春であります。米英の手からアジアを奪ひ返し、アジア人のアジア建設といふこの輝しい一つの歴史的使命を達成するために、東亞の諸民族の生活樣式を理解してゆかねばなりません。

私たちは支那へ行つては支那服を着、蘭印にわたつては蘭印人の服をきる――それ位の雅量をもつて、彼等の生活に自分を融けこませてゆく。日本はたゞ日本だけの日本ではなくなつてきたのです。服裝は民族心理の表現であります。言語や習慣、信仰などと共に、服裝はその民族を理解し融和し合ふための鍵であります。共榮圈内の服裝を一巡してみませう。

○　○

現在一般に用ひられてゐる支那服は、旗袍《チーパオ》といつてゐます。むかしは上衣とズボンと別れた短衫褲《タンサンワー》が用ひられてゐました。いまでも中流階級以下の平常服は、短衫褲《タンサンワー》が多いのです。

旗袍《チーパオ》は背を高く見せ、なか〳〵優美な服裝で、着たり脫いだりが簡單ですし、着て輕く和服に比べて帶がないので胸が非常に樂に出來てゐます。また丈が長いのと袷や綿入れに出來るので、寒い冬を暖かく過すことが出來ます。たゞし形の上からみて、身體の線がそのまゝにはつきり現はれ過ぎるので、和服のやうに身體の線をカムフラージするものがないため、ちよつと具合の惡い場合もあるわけです。それに以前は立襟が極端に高かつたため、首のところが詰つて稍々窮窟さをまぬがれませんでした。

近頃の支那服の特色といへば　丈と袖が短かく、襟が低くなり、布地や柄合などもすべて洋服風になつてきたことでせう。次第に支那服の特色は失はれてゆくやうですが、反面では用布の經濟と衞生的な點など改良されたことが諸所にみとめられます。

裁縫をしない支那婦人

支那の婦人は　下層階級のものを除いては全然裁縫といふものをしないのです。女子中學校の學科目は、全部男子中學と同樣で　女學生でも裁縫の時間といふものがありません。従つて自分たちの着る衣服の縫方も知らず、大抵仕立屋に頼んで拵へるのです。

働かぬことを誇とする支那婦人の生活態度がこゝにもうかゞはれるでせう。それ故支那服の作り方を知らうとすればまづ仕立屋に聞かなければならないのです。この仕立屋といふのも、如何にも大陸的にのんびり出來てゐて、標準寸法などといふものもなく細かい寸法などあまり氣にとめずに、裁つたり縫つたりしてゐます。尤も支那服はそれほど形も單純なのですが――。

裁方

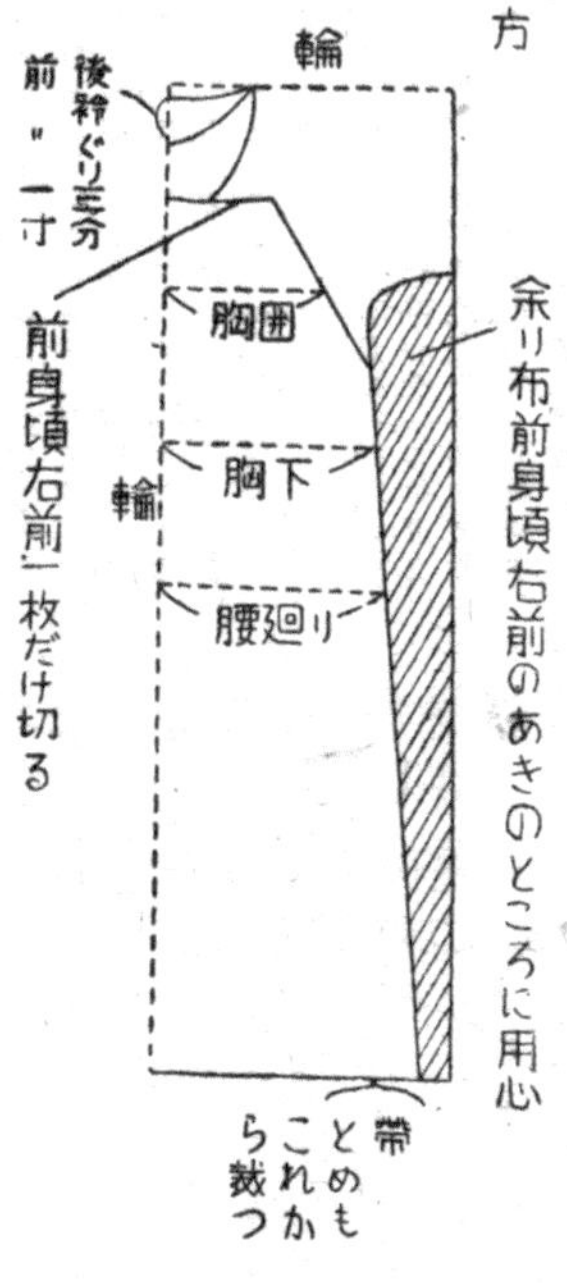

（裁方要領）

一、次に支那服の大體の裁方を示しませう。布地が片面物の場合、布の表裏の置き方に注意のこと。

前のあきは、右側故裁つときに注意する事。用布、中巾約三ヤール、支那尺にて八尺より七尺か七尺五寸位、つまり着丈に縫代を加へたもの二倍あればよいわけです。

襟、裏表二枚同じものを裁ち、芯を入れて縫ひます。

○標準寸法は右の圖に示すやうに。洋服と同じ要領で、胸圍、胸下、腰廻りの寸法をはかり、これによつて各自の身體に合ふやうにこしらへます　たゞあまり身體にぴつたりしすぎないやう、少し巾にゆとりをつけます。

着丈―背の高い者はやはり長目に、丈の低いものは膝頭との中間程度の丈にします。

袖丈―夏は短かく、冬は長く。

立襟―近ごろは低目になり、六七分の前後です。

裾の開き―六寸乃至七寸程度。

一、縫方

手縫ひでも簡單ですが、ミシンならば一層樂でせう。一番むづかしいのは襟の縫ひ方で、襟は裏表二枚の間に薄い芯を入れて縫ひ合せたものを身頃につけます。

裁方圖のところに出來た前身頃のあきの部分のあまり布を（12）の如く持出し

のやうにつけます。これは前身頃右側だけ裾の開きの始まる所までつけます。
右脇は全部あけておいて、留めをつけるものと、洋服のやうに輪に縫つてしまふのと二通りあります。脇縫ひ、裾の折返しなどはまつり縫ひにいたします。

(とめのつけ方)

とめはスナップなど不足の折柄、大變よい方法ですし、支那服の唯一の飾りともなるべきものです。共布を用ひてこしらへてもよく、服地と配色のよい他の布を選んでも一層美しさをまします。

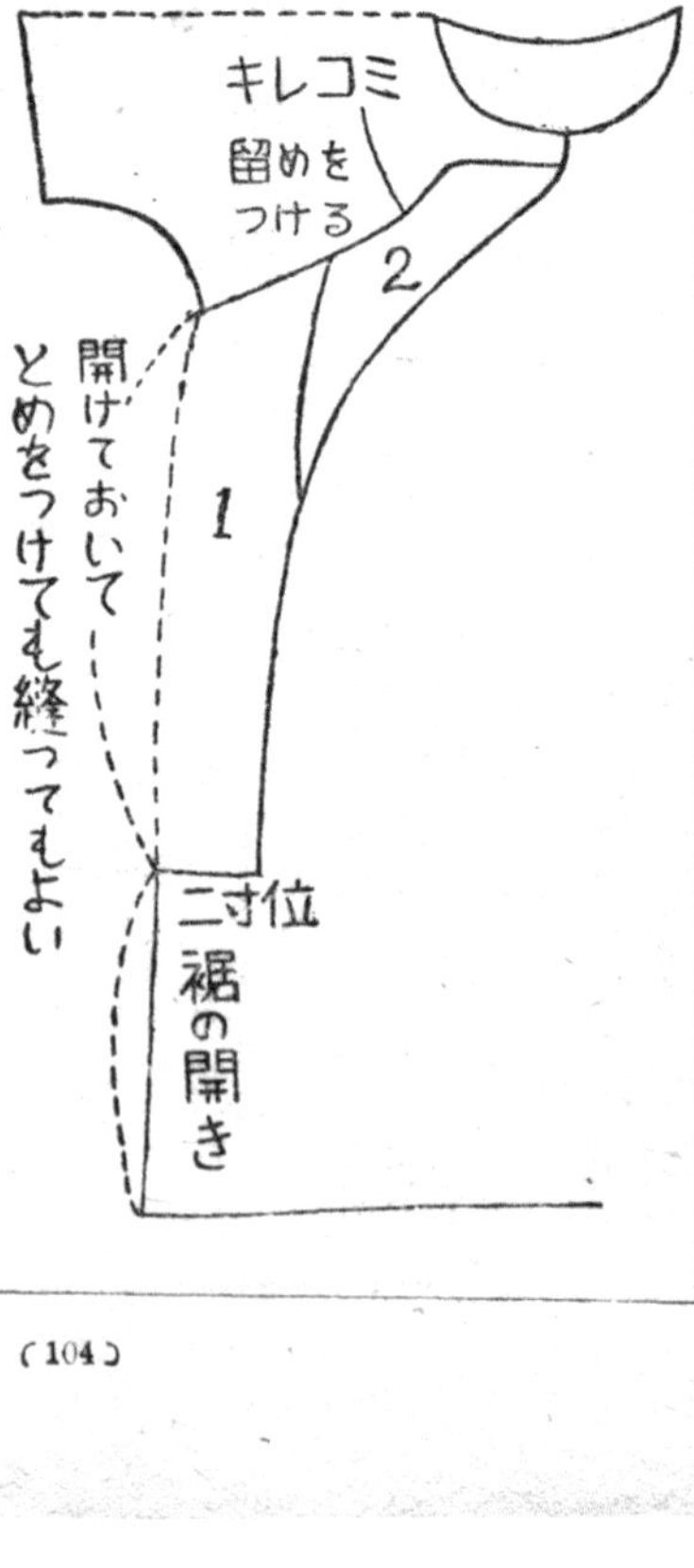

とめの位置

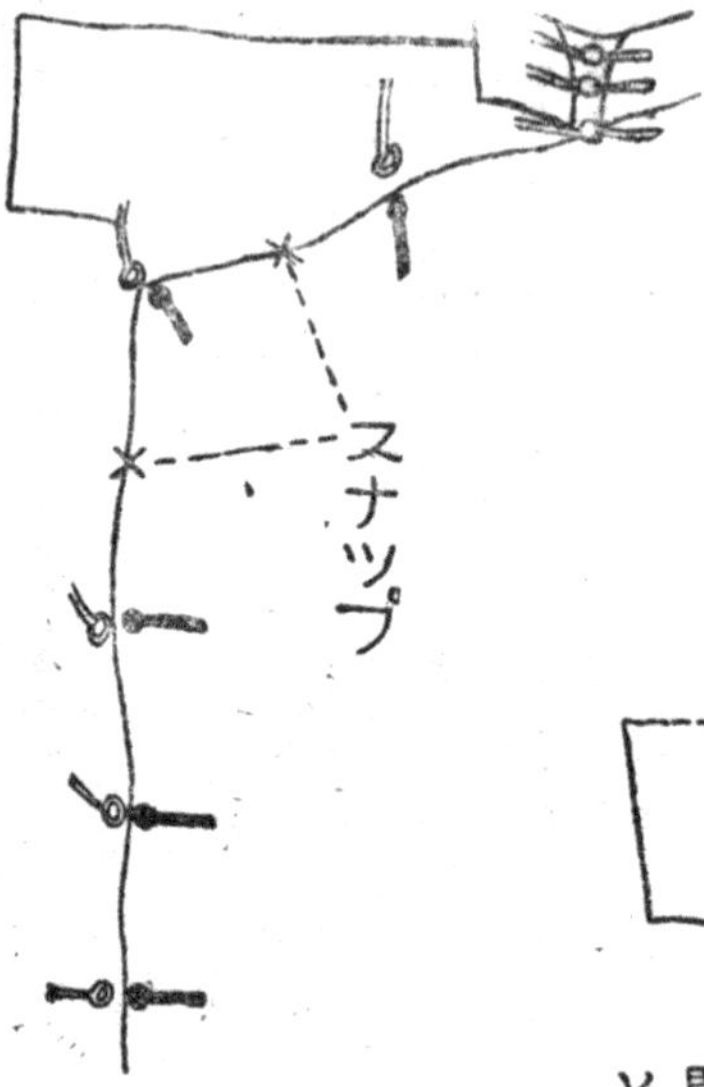

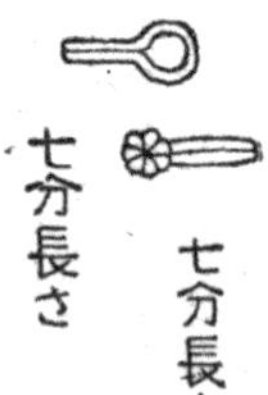

とめの圖

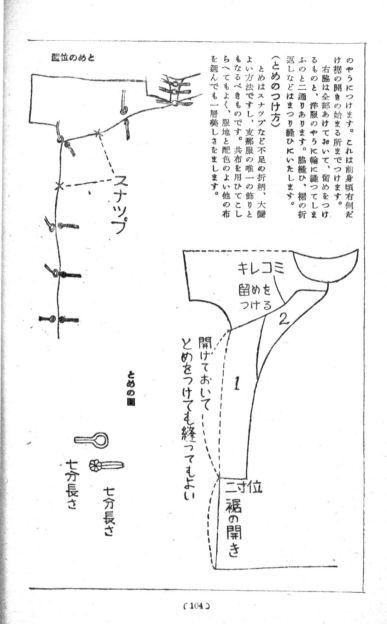

近ごろはレデイメードのとめを賣つてゐますから重寶です。ちやうど和服のコートや被布の飾紐と同じやうな作り方です。共布の細い紐を作り、これで七分位の長さのもの、一方は紐を結んだまゝに一方は輪にしてこれをかけます。とめの數は大抵九、十三、十七などの數にすることも面白いと思ひます。

布　地

冬期―人絹、ウール、シフオンベルベットなどを袷にしたり、綿入れにしたりします。綿の代りに白ネルを間に入れます。

夏期―木綿、麻、ジョーゼットなど。

平常着は大抵淺黃の木綿が多く、そのほか縞、格子、浴衣地の模樣の細かいものでも作ります。

下　着

旗袍《チーペオ》とじずで、ボタン、立襟袖が不用です。大體上半身は洋服の下着と同じで裾の方は旗袍《チーペオ》と同じに裾を開きレースなどつけます。生地は大抵、絹、人絹を用ひます。

外套　スタイルは殆んど洋服と同じで冬はウールや毛皮の丈の長い外套を用ひ

下　着

裾開きのところにレースをつける

室内ではスエーター、ジャケット、ハーフコートなど用ひることは洋裝と變りありません。

合着の外套は白セル、軟らかな絹織物繻子類などで作ります。

帽子　無し。夏はパラソルをさします。

靴　インテリ階級やモダンな女性たちは洋裝のときの靴と同じものを履きます。老人や下層階級の女たち又お纏足婦人は、布でこしらへた靴を用ひます。姑娘の刺繡をした赤い朱子の靴など色とりどりの縫ひが映えて美しいものです。

姑娘《クーニャン》は日本語でいふとむすめさんで、お孃さんのことは小姐《シャオチエ》と云ひます。

（青島に永年居住された櫻楓會員米田幸子さんのお話）

衣料相談

△梅雨どきの被服の手入れ

（問）入梅になると、箪笥にしまつておいた衣類は、黴や虫などがつきますが梅雨時の被服の手入れを御指導下さい。

（答）これからは濕度が日増しに高くなり、毎日じめじめして衣類に種々の弊害を起しがちです。汚點の中でも最も多いのは、汗のしみで、襟の汗が茶色に變色して困ることは、どなたも經驗なさるところでせう。

汗じみの古いのは漂白しても、どんな手段を講じても取れないものです。汗ばかりでなく汚點は、着いたすぐならば大抵湯か水でとれるものですが、そのまゝ置いておいたためしみついてとれなくなるのです。これから特に氣をつけなければならないのは、ワイシャツです。ワイシャツは脇下の脂肪がつくためですから、サツと水で汗を落すやうにします。

また六月頃から厚地の毛織物には、いろいろの虫が産卵の用意をして、その生れた卵が幼虫となり、この時代に純毛を喜んで喰ひ荒します。特に汚點のついてゐるところから虫がつきはじめますから油斷もすきもありません。防ぎ方は虫よけや殺虫劑を併用するか、防虫函を求めて虫や濕氣を防ぐことが大切です。

大抵の家庭では、ナフタリンを入れておいたが、虫に喰はれたと云ひますが、ナフタリンや樟腦は殺虫劑ではなく、只の防虫劑ですから、虫を醉はせることは出來るが、醉つても若しぶりかへすと、活動を開始するのですから、この月から十月位までは、一ケ月一回位は、少しづつ量を増すやうに注意しなければなりません。殺虫劑の方は効果は强烈ですが、揮發性が早いので、防虫劑と併用して虫をつけぬやうに、主婦の心くばりを怠らぬやうにしませう。

梅雨期は六月の中旬から約三週間といふことになつてゐますが、きちんと定つてゐるわけではなく、時によると、から梅雨の年もあります　しかし、大抵梅雨期前後は、何となく天候が定まらず、外氣も濕りがちですから、衣類は平常着や止むを得ないものの外は、なるべく密閉して開かないやうにする方がよいのです。

濕つた衣服は、そのまゝ丸め込んだり、放置すると、地質を弱らせたり、黴を生じたり、色が滲んだりする恐れがありますから、火熱を用ひて、なるべく早く乾かすやうにします。

たとへ容器内に密封しておいてもなほ衣類は自然と濕つぽくなりたがるものですから容器内に吸濕劑を布又は紙に包んで封入しておきます。

△簡單な防水法二種

（問）家庭で容易に出來る防水法はありませんか。

（答）防水は大體二種類に分けることが出來ます。その一つは布面にゴム、油、タール、樹脂などのやうな、水に不溶性の材料を塗るか、纖糸の一部を溶かして、皮膜を作つて布目を塞ぎ、水の透過を防いだもので、他の一つは布に水をはじく性質の藥劑を吸收固着させて水の滲込むのを防いだものとあります。

防水力は何と云つても前者の方法に依つたものが優れてゐますが、空氣が流通しませんから、長く着てゐると衞生上好ましくありません。

後者は衞生上の缺點はなく、目方も輕く、劑合に布味を損ねないが、完全な防水力は期待出來ないわけです。防水の加工法の内、第一種のものは、なか〳〵面倒であり、相當設備を要しますが、第二の方は比較的簡單です。そのうちでも家庭で容易に出來る方法を述べませう。

蠟防水——揮發油三分の一立に、パラフキン（又は白蠟、蠟燭の屑など）二十瓦を削り入れ、振盪して一二間放置し、すつかり溶けた液を、霧吹器で布に一面に吹きかけ、日蔭の火氣のない處で乾かし、揮發油を發散させれば、もうそれですつかり出來上ります。

アルミナ防水—水一立に明礬五十瓦乃至百瓦、水一立に醋酸鉛五十瓦乃至百瓦。以上の劑合に明礬と醋酸鉛（鉛糖）を湯で別々に溶かし、一旦冷ましてから、各々同量の割合で兩方を混ぜ合すと白く濁りますから、攪拌してそのまゝ靜かに暫らく放置し、その上澄液（醋酸アルミナ液を別器に移しとり、この中に布を浸し込み、平均にしみこませて搾り上げ、そのまゝ日蔭で自然に乾かし、アイロンをかけて仕上げます　綿布は濃くし、絹布には五十瓦、綿布には百瓦の見當に用ひます。

△防虫劑はどんなものがよいか

（問）毛織物をしまふ時に用ゐる防虫劑は何がよいでせう。

（答）防虫劑は大體ナフタリン、樟腦、パラヂクロールベンゾールを各々主劑にした三つに大別されてゐます。どれを主劑にした防虫劑がよいか、比較試驗をしてみますと、

パラヂクロールベンゾールを試驗容器に害虫と共に入れておくと、一晝夜後には、すべて假死の狀態か又は全く死にます。

ナフタリンは三六〇瓦（パラクロールベンゾールの九〇倍）の割に入れたとき、同じ成績になります。

樟腦の場合は、容積一立方尺に對して五四〇瓦（パラヂクロールベンゾールの一三五倍）の割に使用しても遂に害虫は殆生きてゐました。

以上の試驗成績で分るやうに、パラヂクロールベンゾールは、その殺虫力が拔群であると同時に、揮散力も極めて大きいのです。ナフタリンは殺虫力は、パラヂクロールベンゾールに比べて劣り、揮散力も低いことがわかります。樟腦は揮散力はナフタリンの約二倍ですが、殺虫力は問題にならぬ程度です。人間に害のない程度の刺戟をもつ藥劑の殺虫力は、そのものゝ瓦斯濃度によつて定まるもので、瓦斯濃度を同一にした場合の試驗では、むしろナフタリンの方が、虫に及ぼす影響は、幾分强いやうです。ナフタリンの殺虫成績がよくないのは、その揮散力が低いために、容易に高濃度のガス狀態にならないからです。

これに反してパラヂクロールベンゾールは、揮發力が旺盛で、高濃度の瓦斯狀態に容易になりますから、從つて殺蟲力

が良く發揮されるわけです。防蟲劑は單に防蟲力ばかりでなく、殺蟲力も必要ですから、この點から云つてパラヂクロールベンゾールを主劑としたものが優秀と云へませう。

△手近にある代用染料

（問） 初夏は染色の好時季とき〻ますが、最近染料が少く、思ふやうな色もありません。代用品として役立つ染料を敎へて下さい。

（答） 家庭での一寸した染料などは、わざ〳〵染料を求めなくても、附近の野や庭の草木を利用すれば、立派な代用染料になり、經濟的でしかも藥品染料より染付が上品で趣味的です。容易に手に入る植物性染料を紹介しませう。

黑＝胡桃の外皮、どんぐりの皿、ざくろの實の皮などを硫酸鐵で媒染します。

鼠＝桐、梅の樹、黑豆などをアクで煤染します。櫟、クヌギ、栗、ザクロ、アセビ、山桃、げんのしようこなどは硫酸銅で媒染すれば濃鼠になります。

茶色＝櫟、ザクロ、丁子、杉、山桃の樹皮、栗の樹皮といがと果皮、玉蜀黍の毛、茶の煎じ粕、栗の花、コーヒーの煎じ滓などは茶色になります。

黄＝くちなしの實、玉葱の甘皮、ザクロの果皮、ハブ草などはアクで媒染し、キハダの皮、サフラン、ウコンの根莖、山桃の樹皮、ゲンノショウコ、甘草などは明礬で煤染すると麻色に發色します。

綠＝茶の若芽、ヨモギをアクで煤染し玉葱の甘皮、キハダの皮、ハブ草などはオハグロで媒染すると淡綠になります。

赤＝ダリヤ、朝顔の花、蘇枋の木、茜草の根、ザクロの花などを搾ると赤い色が出ます。

植物染料は滲透力が非常に强いので、染めるにも煮る必要はありません。冷めた染液に一二時浸ひたしておけばよいのです。しかし急ぎの場合は　弱火でかき廻しながら、三十分位煮染してもよろしい。

染めついたら、引上げて水氣をきり、乾かすと、色がはつきり出ますから、煤染劑を三四匁水解きして、二十分ぐらゐ浸しておき、水濯ぎを充分して、もう一度乾かします。

黑は色を濃くするため、數回繰り返して染めます。材料の植物は、一度で捨てずに、何度でも煮出して用ひられます。

△國旗の色褪せぬ洗ひ方

（問） 事變以來國旗掲揚の機會が多くて、汚れもひどくなりましたが、洗濯法を――。

（答） 大日本の象徵、日の丸の國旗は淸く穢さぬやうに心掛けませう。國旗だけは洗濯屋に出さず、家庭の主婦が自分で洗ふやうにしませう。次にその生地によつての洗ひ方を紹介します。

國旗は絹製、モスリン　木綿など、地質によつてそれぞれ洗ひ方も違ふし、赤い色の褪せ易いものは、うつかりすると使用できなくをります。赤い色が落ちるかどうかを調べるには、白い布の上に載せて、上から濡れたタオルで壓しつけて見ると、色の落ちるのはすぐに滲み出ますから、洗ふ前に微溫湯に酢酸を少量混ぜた液に二時間ほど浸さてをけば色止めができます。

國旗汚れは主に風雨油煙に當つて煤けたもので、油や垢とは違ひます。木綿ものは極ぬるい水（一たん沸かして冷ましたもの）に良質の石けんを泡立てゝ布を半日ほど浸してから、絹ものは盥一杯の水にアンモニアを四五滴たらした液にしばらく浸け、モスリンは石けんをきらいますから、長く浸さずに、良質のもので洗ひ、白地のところを先に揉洗ひして、赤地は軽くつかみ洗ひをします。白地と赤地を一緒揉んだり板に擦つたりしては駄目です。

スフの國旗は、新洗濯剤を使へば、毛は立たず上手に洗へます。乾いたら霧を吹いてアイロンをかけ、きまつた箱にいれて、防蟲剤を入れ　國旗と名記しておくと、いつでも出せます。

△生地を傷めない漂白の仕方

（問）暖かくなるにつれて白地の洗濯ものが多くなりますが、純白にする漂白の知識を與へて下さい。

（答）白いものゝ黒ずんでゐるのは感心できませんね。生地によつて漂白はそれ〴〵違いますが、一通り家庭で出來る方法をお傳へしませう。

白の木綿、麻、人絹は晒粉で漂白します。晒粉の分量は、品物の分量によりますが、大體水二リツトル（約一升）に對して、晒粉茶匙二、三杯が適當です。分量が過ぎると地質を傷めます。また晒粉が十分に溶解されずに滓になつて品物に穴があいたりします。

晒粉はじめ葛粉を揑るやうにコツプの中に入れ、水一二滴を加へて箸でよく揑り、徐々に水を加へて溶かしたものを、更に木綿の布片でよく漉して滓の入らぬやうにすることが大切です。

この液の中に布をつけておくと、一二時間で漂白されますが、品物をたつぷり浸けないで液の上に浮き出させてゐたりすると、空氣にふれた部分が傷みますから、品物を浮き出さぬやうに、木蓋のやうなもので押へます。

用器はバケツや金盥は腐蝕しますから避け、桶、かめ、硝子器、陶器又は琺瑯引の洗面器など使用するとよろしい。

かうして漂白が出來たら、四五回清水でよく濯ぎ、のち温湯で更に四五回濯いで、完全に晒粉を除きます。濯ぎが足りないと殘留した晒粉のため地質を傷めます。

白い絹、毛は酸性亞硫酸曹達で漂白するのです。これも品物の分量にもよりますが、大體微温湯二リツトルに酸性亞硫酸曹達（液體）を盃一杯位入れて、これに洗濯を終つた品物を浸けて、一二時間放置しておくと、立派に漂白されます。

この場合液の上へ品物の浮き出さないやうに注意することは、晒粉の場合と同じです。別に洗面器に微温湯四リツトル（約二升）に醋酸三四滴の割でおとした液をつくつておいて、漂白したものをそのまゝ引き上げて、この液の中にしばらく浸けておくと、一層よく漂白されます。

漂白剤を下手に使ふと、あとで布地が傷んだり黄ばんできたりすることがあるので、とかく一般の方は臆病になつて、漂着剤を使ひたがらないやうですが、何といつても白地の場合、仕上げが段違ひに美しく白くなります。決して失敗しない漂白剤の使い方として、少し専門的ですが、次に述べておきませう。

晒粉を使つた場合、よく濯がないと何故傷むかといふ原理は、晒粉中の鹽素が、布の纖維に殘つてゐるために傷んでくるので、この鹽素をよく落す方法さへ講ずればよいわけです。それには晒粉を使つたのち、布を充分水洗ひしてから次亞硫酸曹達（別名ハイポ＝寫眞現像の定着液）を布を浸す水にその量の百分の一の割合で溶き入れ、一升の水ならば一勺（盃二杯位）入れます。この中に布を浸して振り洗ひし、最後によく水濯ぎすればよいのです。

△弱い生地のアイロンかけは——

（問） 生地の弱つた洋服にアイロンかけは禁物でせうか。また色物にアイロンをかけると變色して失敗します、御教示を願ひます。

（答） 生地の弱いものにあまり度々強度のアイロンをかけることは考慮しなければなりませんが、毛織の生地が相當弱つてゐるが型を整へたいといふ場合は、生地に彈力性をつけるため、ゼラチンを吹きかけます。このゼラチンは工業用のもので結構ですから、一グラム——三グラムを水一立（五合五勺）に溶します。水に三十分ほど浸しておくと柔くふやけてきますから、これを溫めると直にとけます。そしてこのゼラチンの液を霧吹きで毛織物一面に吹きかけ、一度乾燥してからアイロンをかけるのです。

アイロンをかけるときは天竺木綿のやうなものを當て、この當て布の上を霧吹きで水ぬらしして　熱目のアイロンをかけます。アイロンは決して擦らずに、出來るだけ重味をかけ乍ら　壓すやうにしてあて布から出る水蒸氣で布をむして、アイロンの壓力と共に型をとゝのへると生地も損めず立派に型が整ひます。

色物の布にアイロンをかける時は、熱いものを直に當ると變色がひどく、特に一度色あげしたものは少し熱くてもすぐ變色しますから、アイロンをかける前に布の端に一度あてゝみて試してみることが大切です。

すべて色物は一度で仕上げるよりも、弱いアイロンを數回かける方が結果がよく、殊に鮮やかな色ものほど、アイロンをかけたら一度冷まして、更にかけるといふ風に五六回かけます。ぢかにあてないで白木綿か天竺をあてゝ、上からアイロンをかけると、布目がつぶれて光るやうなこともなく變色する心配もありません。紺地のやうな青色を含むものは、アイロンをかけると一度變色しますが、冷めるとまた元の色に戻ります。

またアイロンをかけて光つたものは、アンモニアを五倍の水で薄めたもので霧吹きして、その上から白い布を當てアイロンをかけると綺麗になほります。この方法を全體にすると仕上げが引立つて見えます。

※　※　※

財團法人 大日本國民服協會

役員名簿

（昭和十七年二月現在）

相談役 厚生省生活局長 川村秀文
同 陸軍省經理局長 栗橋保正
同 陸軍被服本廠長 西原貢
同 陸軍製絨廠長 古川武次
同 商工省纖維局長 梶原茂嘉
同 農林省蠶糸局長 石井英之助
同 貿易局長官 石黑武重
同 熊谷憲一
同 日本蠶糸統制會社副社長 吉田清二
同 日本原麻株式會社々長 鹿野澄
同 産業組合中央金庫理事 井川忠雄
同 陸軍主計中將 森武夫
理事長 陸軍主計中將 石川半三郎
常務理事 陸軍主計大佐 石原通
理事 厚生省生活課長 中島賢藏
同 陸軍省經理局衣糧課長 吉良五市
同 衆議院議員 龜井貫一郎
同 被服協會理事 三德德次郎
同 農林省蠶糸局絲政課長 佐野憲次
同 宮内事務官 中田虎一
同 厚生省囑託 齋藤佳三
同 熊本縣總務部長 武島一義
同 東京日日新聞地方部長 瀨口正央

監事 株式會社第三銀行常務監査役 富永靜雄
評議員 厚生事務官生活局生活課 美馬郁夫
同 滿洲海拉爾安井部隊本部 高木六郎
同 南支派遣藤井部隊本部 下川又男
同 陸軍省經理局高級課員 森口德治
同 陸軍省經理局衣糧課員 有田實
同 陸軍被服本廠技師 小川安朗
同 陸軍技師 小泉竹藏
同 日本化學機械製造工業組合専務理事 八木靜一郎
同 商工技師 岸武八
同 商工省纖維局絹毛課長 霜島潛
同 商工省物價局總務課長 吉田悌次郎
同 商工省總務局附 瀦淵正利
同 商工省纖維局綾業課長 和田太郎
同 商工事務官 今井善衞
同 農林技師 田口敏夫
同 内務事務官 丹羽喬四郎
同 東京日日新聞社編輯副主幹 西野入愛一
同 大阪毎日新聞社副主幹 世川憲次郎
參與 益田友之助
同 新田義次
既成服中央製造配給統制株式會社社長 中谷虎司

後記

服裝を中心として生活を見ると、多くの關聯性を發見する。本號で「住」の問題を取扱つたのも服裝が進展する場合、住の部門を如何にするかと云ふ問題に、示唆を與へんとする意圖からである。

一億一心、大東亞戰爭完遂に邁進しつゝある吾等は、生活にも統一性を與へなければならない。高い文化性と强烈な意志を以て、新らしい統一ある生活をつくり上げるのは吾等大東亞戰下に生きる者の任務である。

皇軍の向ふ所、眞に「神兵」の如き强さと慈愛を以て、萬里の涯に御稜威を輝してゐる戰ひにこの上勝ち續ける事は勿論、困難なる建設戰に於て、勝ち拔くためには、强い意志が根本となる。服裝に於ける强い意志とは、國家が要請する線に向ひ、その線上にある服裝を理解する事である。

現在、所有する種類の物を破棄する必要はないが、改造の出來る物、染色の可能な物は染め替へる事など、今日迄直ちに實行出來る事である。

國民服裝に於ける建設戰は今や漸く軌道に乘つたところである。破壞は最少限度に止めなければならぬが、建設はより大なる規模に於て進まなければ、往々にして、中途半端なものに終る恐れがある。

これまで、明治、大正時代に現はれた改良服運動が泡沫の如く沒し去つたのは、その考案に國家の意志が加はらず、國民も冷淡そのものであつた事も原因であるが、何よりも考案そのものが中途半端であつた事が、最大の弱點であつた。況んや、當事者の眼界が狹く、運動が强力でなかつたとしたら、その成果知る可きのみ。

吾等は今や國家の意志を體し、國民諸氏の後援に勵まされてゐる、責任重大なるを自覺してゐる。これから起るであらう種々なる困難も、出來るだけ圓滿に打開して行かう。

× ×

本誌の樣に、これまでの雜誌にない部門―服裝中心の新生活雜誌―に進むには前人未踏の分野を切り拓かなければならぬ、といつてジャングルの中をうろうろしてゐるわけにも行かない。坦々たる本街道には、多くの先人の轍跡があるが、それでは追求したところで、道は同じである。

今しばらく本誌の行手を見て戴きたい。意あつて力足らざる吾人はさういつて望みを將來に托する外はない。(眞)

「國民服」每月一回十五日發行 第二卷第五號

㊟定價一册四十錢(郵税一錢五厘)

「國民服」はなる可く豫約して下さい。御希望の方は書店へ御申込下さい。定期御購讀の方は左記の前金を添へて本協會へ御申込下さい。

半年分(六册)	金二圓四十錢(郵税とも)
一年分(十二册)	金四圓八十錢(郵税とも)

㊟御註文は總て前金で願ひます。

●御送金は振替が便利です。

廣告料は本協會編輯部廣告係へ御照會下さい。

昭和十七年五月廿五日印刷納本
昭和十七年六月十五日發行

發行人 石原通
編輯人 井澤眞太郎
印刷人 淺野剛

東京市芝區櫻川町一一
印刷所 株式會社金羊社

(禁無斷轉載)

東京市芝區西久保廣町一八
發行所 社團法人 大日本國民服協會
電話芝(43)四五〇五番
振替口座東京一四四、六七五番

文協會員番號第二一六〇四三號

東京市神田區淡路町二ノ九
配給元 日本出版配給株式會社

國民服中衣の代用に 新案特許 日之出印 副襟と附袖

○甲號用二枚重副襟（絹交織）（公）一圓・九〇
○甲、乙號兼用副襟（〃）（公）一・一六
○附　袖（〃）（公）一・〇九
右の他本絹製品其の他各種あり

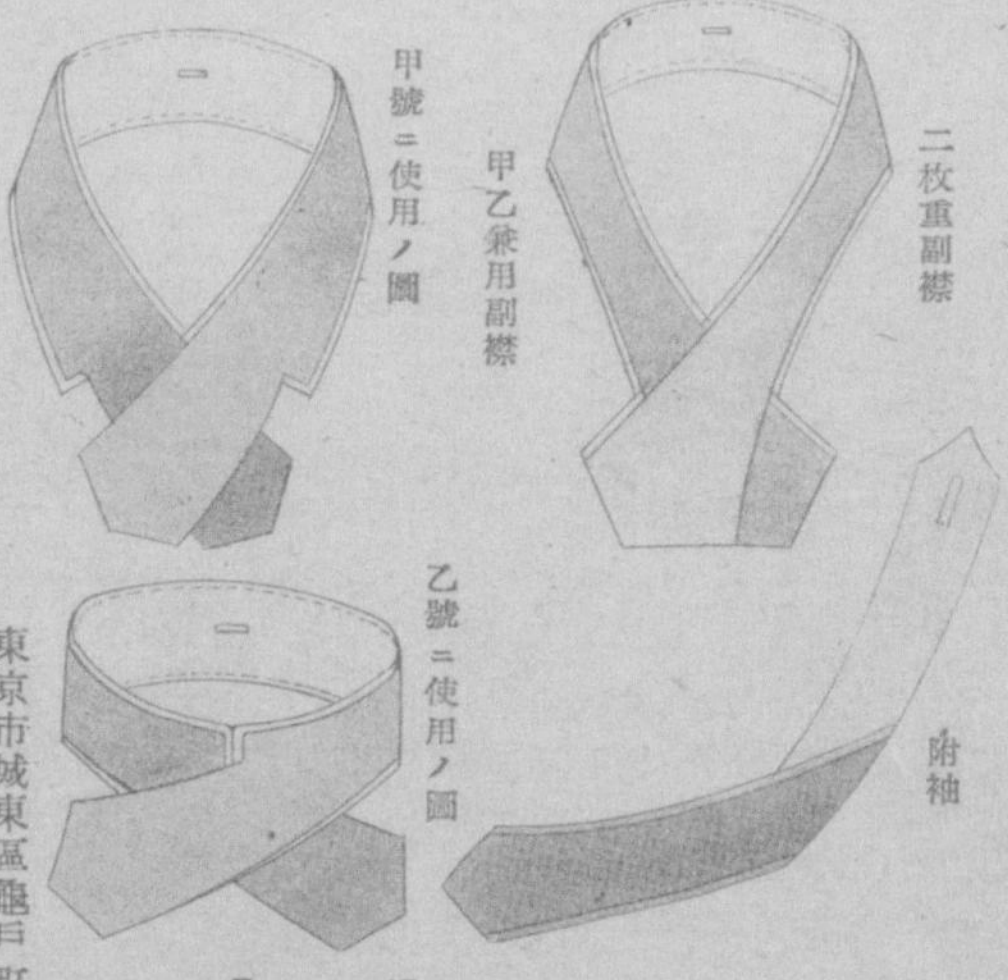

注意

一、類似品あり必ず日之出國民衿と御指名下さい。
一、本品は數種の特許權を有するに付弊所の許諾なく生地又は型式の多少變更に依り模造販賣頒布をなす時は法律の定むる處に依り刑事上、民事上の制裁を受くべし。

販賣店

全國百貨店
〃洋品店
〃洋服店
〃洋服附屬品店
にて
日之出國民襟と御指名お買求願ます

日之出

（御取引に付ては御一報次第詳報致します）

製造元
東京市城東區龜戸町五丁目四十一番地
東京被服工業所
電話墨田（74）〇〇九四番
振替東京一四九六四九番

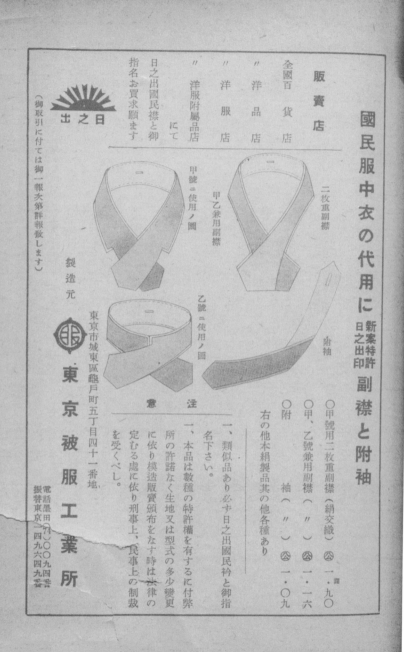

昭和十六年十一月十五日第三種郵便物認可
昭和十七年五月二十五日印刷納本（毎月一回十五日發行）
昭和十七年六月十五日發行

定價金四十錢

国民服《こくみんふく》・衣服研究《いふくけんきゅう》　第3巻

『国民服』1942年(昭和17年)4月号～6月号

（『国民服』第2巻第4号　4月号／『国民服』第2巻第5号　5月号／
『国民服』第2巻第6号　6月号）

監修・解説　井上雅人《いのうえまさひと》

2019年10月18日　印刷
2019年10月25日　発行

発行者　鈴木一行
発行所　株式会社ゆまに書房
〒101－0047 東京都千代田区内神田2-7-6
電話 03-5296-0491（営業部）／03-5296-0492（出版部）

組版・印刷　富士リプロ株式会社
製本　東和製本株式会社

定価：本体18,000円＋税　ISBN978-4-8433-5608-1　C3321
Published by Yumani Shobou, Publisher Inc.
2019 Printed in Japan